고용보험법

제정의 역사

정병석·신영철·이재갑 공저

History of Enactment of the Employment Insurance Act

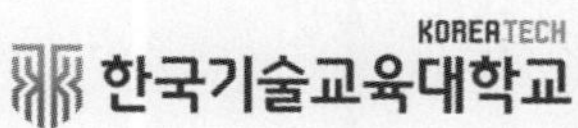

차례

차례

발간의 글

고용보험법이 제정되어 시행된 지 벌써 27년이 지났다. 고용보험제도는 도입 이래 우리나라 고용정책의 근간 제도로 엄청나게 발전되고 확대되었다. 그동안 고용노동부는 『고용보험 10년사』, 『고용보험 20년사』 발간 등 두 번의 작업을 통해 고용보험의 역사를 정리해 왔다. 그런데 이 두 권의 책에서는 실제로 법을 제정하게 될 때까지의 정부 내에서의 세부적인 논의 과정과 그간에 검토하고 고민하였던 내용은 상세하게 기록하지 못하고 법제의 변경과정과 현재의 집행내용 중심으로 정리하고 있다. 법 제정의 실무작업을 맡았던 노동부 관료들 간에는 오래전부터 우리의 경험과 자료를 모아 책으로 출판해 둬야 한다는 공감대와 사명감이 있었고 그런 시도도 일부 있었다. 그러나 그동안 모두 현업에 바쁜 나머지 본격적인 시도를 하지 못하고 20년 이상의 세월이 흘러가고 말았다.

그러던 중 결정적인 계기를 마련해 준 것이 KDI에서 주도한 한국의 사회보험 도입과정에 대한 역사 기록물 편찬 작업이었다. KDI와 재경부 출신 원로 관료들은 한국의 경제발전 과정을 정책담당자들 생전에 그 육성으로 생생하게 기록하는 것이 중요하다는 판단하에 2011년 '육성으로 듣는 경제기적 편찬위원회'를 발족시켰다. 그동안 한국의 경제성장 과정은 『코리안 미러클』 시리즈로 이미 4권이 발간되었다.

『코리안 미러클』 제5권이 바로 한국의 사회보험을 다루게 되어 있었다. 그 집필을 책임진 분이 이계민 전 한국경제신문 주필이었다. 이 주필은 당시 한국의 사회보장제도 전반의 결정과정을 기록, 정리하는 과제를 수행하면서 노동부 소관의 고용보험과 산재보험의 역사를 정리하자고 필자에게 제안했다. 2017년에 필자와 이 주필이 만나 대강의 구상을 논의한 후에 고용보험 인터뷰는 정병석 전 차관, 산재보험 인터뷰는 이재갑 전 차관(이 과제 후에 고용노동부장관으로 영전)이 맡기로 합의해 진행했다. 이재갑 전 장관은 노동부 법무담당관 등 주요 보직을 거쳐 노동법의 법리에 정통하며 근로복지공단 이사장을 역임하여 산재보험에 대해서도 가장 포괄적인 이해를 갖고 있다 하여 추천된 것이다. 사실 산재보험의 원조는 심강섭 국장으로 인정되나 워낙 연로하여 이런 작업을 추진하기가 어려웠다.

고용보험법의 제정 과정은 필자가 정리하여 당시의 우리 팀들에게 회람하며 기억을 되살리고 관련 자료를 추가 발굴하고 수정, 보완해 갔다. 이렇게 해서 2017. 10. 27 인터뷰를 진행했다. 그 내용은 2019년 3월에 '육성으로 듣는 경제기적 편찬위원회'가 주관하는 『코리안 미러클』 시리즈 제5편으로, 『한국의 사회보험, 그 험난한 역정』이란 이름으로 나남출판사에서 발간되었다.

이러한 인연으로 우리는 고용보험법 제정의 역사에 대한 회고와 정리를 시작하게 되어 이를 발전시켜 이 책을 쓰게 된 것이다. 집필자 3인, 즉 정병석, 신영철, 이재갑은 2018년 초에 만나 고용보험법 제정의 역사에 관한 상세한 책을 공동 집필하기로 합의하고 대강의 집필계획과 작업 분담계획을 세웠다.

발간의 글 : 정병석

제1부 초기 논의부터 법 제정까지의 경과 : 정병석

제2부 법안의 주요 내용과 쟁점, 조정과정 : 이재갑

제3부 시행령의 주요 내용과 쟁점, 조정과정 : 신영철

마무리 글 : 이재갑, 신영철, 정병석

우리는 집필 시의 주요 원칙으로 1) 이론 중심이 아닌 당시의 실제 경험과 사례 자료 중심으로 기술하여 노동부 내부 논의, 관계부처의 의견, 노사의 의견, 학계의 주장 등 후세에 남길 주요 사항을 충실히 소개하고, 2) 후배 공무원, 업무관련자, 연구자들에게 제정의 역사를 대화로 설명하듯이 쉽게 기술하되, 중요한 에피소드, 애로사항을 포함하여 생생하고 재미있게 작성하기로 의견일치를 보았다.

분량은 총 30만 자 내외(원고지 1500장)를 목표로 잡고 2018. 12. 31까지 각각 초안을 작성하기로 했다. 이후 2019. 1~3월 교차로 원고 검토 및 수정, 보완 작업을 거쳐 2019년 6월 출판한다는 계획을 정했다.

3명의 집필진은 수시로 만나고 이메일로 협의하며 당초의 약속보다 이른 2018년 7월까지 분담한 대로 초안을 완성하는 진전을 이뤄냈다. 이미 초안 상태에서 분량이 30만 자에 이를 정도였고 방대한 자료를 수집

하여 기본적인 작업을 완성하고 원고를 서로 돌려보며 미진하고 명확하지 않은 부분을 보완하는 단계에 이르렀다. 그런데 2018년 7월에 공동 집필자 중 이재갑 전 차관이 고용노동부 장관으로 내정되며 우리의 작업에 제동이 걸렸다. 이미 원고를 완성하는 단계에 이르렀지만 현직 장관이 집필자의 일원으로 포함되는 것에는 여러 가지 고려할 사항이 있었다.

아무리 법 제정의 역사 중심으로 집필한다고 하더라도 현재 운영 중인 중요한 제도를 관장하는 장관이 직접 집필자에 포함되는 것은 이 책의 역사적 객관성에 대한 오해의 소지 등 부담이 될 수 있었다. 고심 끝에 우리는 거의 완성된 책의 출판 일정을 조정하는 것이 합리적이라는 결정을 내렸다. 장관 임기가 끝난 후 출판하는 것이 불필요한 논란을 피하는 길이라는 판단이었다. 그래서 당초 계획보다 이 책이 수년 늦게 출판되게 되었다는 점을 밝혀둔다.

원고 집필 과정에서 가장 중요한 과제는 법 제정 당시의 기초자료를 수집하는 것이었다. 그런데 이미 30년 가까운 시간이 지나 당시의 자료를 구한다는 것이 너무도 어려웠다. 각자 수차례 이사를 다니며 과거의 자료를 분실하거나 폐기해 버린 상황이었기 때문이다. 우리가 필요로 하는 자료는 고용보험백서나 고용보험 10년사 등의 공식적인 책자에는 수록되지 않은 것이 거의 대부분이었고 또 당시 노동부 담당 부서에서 같이 작업했던 우리 팀원들이 아니면 그 존재조차 모르는 그런 성격의 자료였다. 고용노동부 소관부서에서는 그렇게 오래된 자료를 보관하고 있지도 않았고 우리 집필진에게 가장 가치있는 자료는 공식 문서보다는 검토자료 등 비공식 내부자료이었기 때문에 더욱 구하기가 어려웠다.

그런데 자료 찾기에 애로를 겪던 우리는 2018년 여름에 결정적인 자료를 확보했다. 장신철 국장이 부모님 댁에 보관했던 서류박스를 찾아낸 것이다. 부모님은 아들의 옛 서류박스를 창고에 그대로 보관해 두었는데 장 국장이 기억을 되살려 그 자료를 확보했다. 비 오는 날 장 국장에게 서류박스를 전달받은 필자는 그 자료를 가슴에 꼭 껴안고 집으로 돌아와 먼지를 털고 검토를 시작했다. 먼지에 찌들었지만 기억도 생생한 자료를 하나하나 확인하면서 너무도 반가워 만세를 불렀다. 이렇게 거의 2000쪽에 달하는 고용보험 기초자료를 확보하게 된 것이다. 우리는 이렇게 소중한 그 자료를 20부씩 복사하여 제본해서 서로 나누어 관리하고 USB에도 저장해 보관하기로 했다. 이 자료는 고용노동부 담당과와 일자리위원회, 집필자 등의 자택에 보관되어 있다.

이 책의 필진에는 처음부터 고용보험 업무를 전담한 장신철 사무관(현 한국기술교육대 교수)이 당연히 참여하는 것이 마땅하나 집필을 시작할 때에 그는 일자리위원회 부단장, 직업능력정책국장 등 너무도 바쁜 자리에 있어 도저히 참여할 수 없었다. 마지막 단계에 장신철 교수는 이 책의 원고를 꼼꼼히 읽고 미진한 사항을 지적하고 보완하였으며 한국기술교육대에서 출판하도록 주선하여 고용보험제 도입 때 시작한 역할을 마무리했다고 생각한다.

한국기술교육대학교 이성기 총장은 이 책을 다른 기관이 아닌 한국기술교육대에서 출판해야 한다는 분명한 의지를 갖고 그런 결정을 주도하고 많은 도움을 주었다. 고용보험법 탄생의 핵심 주역들(정병석, 이재갑, 유길상, 어수봉, 장신철 등) 중 상당수가 한기대 재직 경력이 있으니 고용보험제와 한기대가 깊은 인연이 있는 것은 분명하다고 할 것이다. 사실 이 총장 본인이 노동부 사무관 시절에 고용보험제 탄생의 실무 주역이었는데 결국 고용보험법 역사를 정리한 책의 출판에도 핵심적인 기여를 하게 된 셈이다.

이 책을 집필하는 우리의 목표는 고용보험법을 제정할 때의 목적, 상황, 과정 등을 상세히 기록해 두는 것이었다. 오랜 기간이 경과하여 지금은 기억하는 사람도 적고 제도 자체가 많이 달라졌지만 초기의 기록은 매우 중요한 의미를 갖는다고 보았다. 『코리안 미러클』 시리즈에서 육성으로 듣는 경제기적이 매우 의미 있는 자료이듯이 고용보험제 도입에 관한 우리의 증언도 후대에 소중한 자료가 되리라 믿는다.

자료를 토대로 기술하지만 집필자의 시각에서 과거의 역사를 기록하다 보니 객관성에 다소 문제가 있을 수 있다는 의견도 있었다. 그러나 객관적인 자료는 법령으로 구체화되고 각종 자료에 나와 있으니 그것을 문제 삼을 것이 아니고 그러한 결정에 이르게 된 배경, 당시 정책결정자들의 의도와 고민이 훨씬 더 중요할 것이라고 믿었다. 3명의 공동 필자가 각각 나누어 집필함으로써 일부 중복되는 부분도 있지만 각자 맡은 역할에 따라 서로 다른 관점에서 기술하는 것도 중요한 의미가 있다고 판단했다.

이 책에는 수많은 관련자들이 대부분 당시의 직책과 실명으로 등장한다. 고용보험제 창설에는 수많은 사람들이 참여하고 헌신적으로 기여했다. 일부 참여자들은 본문에 언급된 내용이 본인의 기여도에 비해 작게 취급되었거나 잘못 기술되었다고 오해할 수도 있다. 이 기록은 집필자들을 중심으로 우리 시각에서 기술하다 보니 당초부터 그런 한계가 있음을 이해해주시기 바란다. 당사자로서 일부 마음에 들지 않은 내용도 있겠지만 과거의 기록이므로 대범하게 넘겨주시기를 부탁한다. 법령 제정과정 중심으로 기술하다 보니 시행과정에 참여한 많은 기여자들이 제대로 언급되지 못하는 사례가 있고 대부분 당시의 직책으로 기재되어 그후 발전된 근황을 소개하지 못한 사례도 있는데 양해해주시기를 부탁한다.

2022년 4월

집필자들을 대표하여 정병석

추천의 글

1995년 7월 고용보험이 시행된지 어언 30년 가까운 세월이 흘렀다. 이제 고용보험은 우리나라 고용정책의 핵심 수단이 되었고, 우리 국민들을 위한 든든한 사회안전망으로 자리 잡았다. 그러나 우리나라에 고용보험을 도입하고자 하는 과정은 험난했고 1993년말 고용보험법 제정과 1995년 7월 제도 시행까지는 많은 우여곡절이 있었다.

이 책은 당시 고용보험제를 추진하고 설계했던 많은 분들 중 핵심 역할을 했던 정병석, 이재갑, 신영철 세 분이 3년 여에 걸쳐 집필한 역작이다. 거의 30년 전의 역사를 이렇게 생생한 기록으로 남긴 것은 세 분이 아니면 할 수 없는 일로서 그동안의 노고에 많은 감사를 드린다.

역사를 정리하는 것은 미래를 준비하기 위함이다. 고용보험은 1997년 외환위기, 2008년 세계 금융위기, 2020년부터의 코로나 위기 시마다 중요한 버팀목이 되어 왔으나, 동시에 많은 도전에 직면해 있다. 아직 취업자수의 약 50%에 불과한 적용률을 높여야 하고, 가입기준을 근로시간이 아니라 소득기준으로 바꾸어야 하며, 고용보험의 재정도 안정화시켜 나가야 한다.

한국기술교육대학교에서 이 책을 출간하게 된 것은 정병석, 이재갑 두 분이 몸담았던 대학이고, 동시에 고용보험 초기 작업을 했던 필자와 장신철 교수가 현재 일하고 있는 대학이기 때문이다. 한국기술교육대학교는 2022년 3월 고용서비스정책학과를 신설하여 전문인력을 양성해 나가고 있기 때문에 향후 고용보험의 발전에도 기여할 수 있을 것으로 본다.

다시 한 번 이 책의 출간에 감사와 축하를 드리며, 아무쪼록 이 책이 학계, 노사단체, 정부 등 많은 관계자들에게 널리 활용됨으로써 고용보험의 발전에 밑거름이 되기를 기대한다.

2022년 4월

한국기술교육대학교 총장 이성기

제 1 부

초기 논의에서 법 제정까지

제1장

고용보험제 준비단계

제1장

고용보험제 준비단계

1. 1980년대까지의 준비

역사적으로 보면 실업보험은 우리나라 최초의 고용 법제인 직업안정법(1961년)에 이미 규정되어 있었다. 우리나라의 초기 법률에는 일본의 법제를 가져와 우리 실정에 맞게 조정하여 도입한 것이 많다. 당시 우리나라 경제사회 여건이 일본의 제도를 그대로 도입, 시행할 만한 상황이 아니었지만 군사정부는 1961년 12월 6일 '조선직업소개령(1940년)'이라는 구법을 정리하고 직업안정법을 새로 제정하였다. 직업안정법은 일본의 법을 인용하여 직업소개 업무와 실업대책, 실업보험 등의 업무를 정부의 기능으로 규정했다. 1962년 1월 1일에 시행된 직업안정법 제2조에 정부가 행할 업무를 다음과 같이 명시했다.

1. 구직자에 대한 직업소개와 직업지도 및 직업보도에 관한 사항
2. 노동력의 수요공급에 필요한 조사, 연구, 계획과 실업대책에 관한 사항
3. 민간인이 행하는 근로자의 모집, 소개와 직업보도 사업에 대한 지도 감독에 관한 사항
4. 인력관리자훈련사업의 조정에 관한 사항
5. 실업보험 사업과 이에 관련된 사항
6. 전 각호의 업무수행에 필요한 사항

이 법이 제정된 1961년 당시는 본격적인 경제개발을 추진하려는 단계에서 정부의 기능이 아직 취약했으나 기본적인 정부 기능을 일단 규정해 두고 조금씩 체제를 갖춰가는 상황이었다. 실업보험도 일단 정부가 장차 해야 할 업무로 법에 규정해 두고 단계적으로 논의하면서 준비하는 차원이었다. 1960년대에는 실업보험을 도입할 여건이 아니었는데, 법제상 실업보험 업무가 규정되어 있으니 노동청에서는 계속 검토하면서 때를 기다렸다고 봐야 할 것이다. 노동 관련 업무 담당 조직은 대한민국 정부가 수립된 1948년에 사회부 노동국이었다가 1963년 8월에 보건사회부 산하의 노동청으로 독립했고, 1981년에 노동부로 승격됐다.

직업안정법은 그 목적으로 '각인이 그의 능력에 적응한 직업에 취업할 수 있는 기회를 제공하여 유휴노동력의 생산화와 국민 생활의 안정에 기여함을 목적으로 한다.'고 규정했다. 유휴노동력을 동원하여 생산인력으로 취업시키는 것이 중요한 목적이었다.

1962년 보사부 내에 사회보장심의위원회가 설치되어 사회보장제도 연구를 수행하고 있었는데 여기에 4개 분과 중 하나로 노동반을 두어 실업보험, 산재보험 도입방안을 연구했다. 초기에는 실업자 대책의 일환으로 실업보험 연구에 우선순위를 두었으나 위원회 내부에서도 시기상조라는 의견이 있어 산재보험을 먼저 도입하기로 했다. 노동반에는 심강섭 전문위원, 민부기 전문위원 보조원이 임명되었는데 심강섭 국장은 산재보험제도가 도입되고 나서 노동청의 노동보험국장을 맡아 계속 산재보험 업무를 담당하여 제도발전에 헌신했고 나중에 후배들로부터 '산재보험의 산 역사'로 불렸다. 앞에서 지적한 대로 노동반에서는 실업보험도 연구했으나 우선순위가 산재보험으로 결정되면서 명칭도 산재보험반으로 변경되었다.[1]

1968년에 작성된 것으로 추정되는 노동청의 보고서(대외에 공개되지 않음)에 의하면 경제개발 초기의 고실업 상황에서 저소득 실업자의 생활안정을 위해 일반재정에서 일정 기간 실업수당을 지급하는 방안을 노동청장에게 보고하여 결재를 받았다고 한다. 그러나 당시에는 시기상조라는 판단에서 내부자료로 관리하며 다른 부처와의 협의나 일반 공개는 이뤄지지 않았다. 1981년 노동청이 노동부로 승격될 때까지도 실업보험은 내부에서만 논의한다는 의미에서 대외비사항으로 취급됐다고 한다.[2]

---

1 사회보장심의위원회에 대한 상세한 논의는 '육성으로 듣는 경제기적 편찬위원회'에서 펴낸, 『한국의 사회보험, 그 험난한 역정』, (나남, 2019) 프롤로그(pp. 32~38)에 정리되어 있다. 이 책은 한국의 4대 사회보험 도입 등에 직접 참여한 분들의 증언을 모아 이계민 한국경제신문 전 주필이 정리한 것이다.

2 유길상, '우리나라 고용보험제도의 도입 경위', 『고용보험 10년사』 제3장 pp. 9~14(노동부 2005)

실업보험이나 고용보험은 경제개발 단계와 밀접한 관련이 있다. 1970년대 중반까지 정부가 경제개발에 매진하면서 산업이 발달하고 일자리도 많이 늘어나면서 국민들이 성장의 혜택을 누리게 되었다. 제4차(1977~1981년) 5개년 계획에서부터 비로소 인력개발과 사회개발에 대한 관심이 높아지며 이후 5개년 계획의 명칭도 '경제사회발전 5개년계획'으로 바뀌었다.

경제개발 초기에는 취업 기회가 절대적으로 부족하여 빠른 속도의 경제성장을 통해 일자리를 확대하는 것이 핵심 정책과제였다. 취업 기회가 문제였지 실직자 생계지원은 생각할 단계가 아니었다. 더구나 경제가 빠르게 성장하면서 일자리가 늘어나다 보니 실업자에 대한 별도의 정책 지원에 관심이 크지 않았다. 4차 계획부터는 중화학공업화를 추진하면서, 기술인력의 질을 제고하면서 공급능력을 확대하는 문제에 관심을 갖게 됐다. 따라서 1970년대 중반부터 기술인력 개발, 인력계획과 같은 부분이 경제개발 계획에서 중요하게 취급된 것이다. 그래서 정부 차원에서 직업훈련에 대한 질적 수준 향상과 양성 능력 확대, 전반적인 인력개발계획, 직업안정 업무 등에 관심을 갖게 된다. 당시 노동청의 핵심 정책은 기능인력 양성이었다.[3]

---

3 직업안정법 제정과정을 비롯한 초기의 논의는 김성중·성제환(2005,『한국의 고용정책』, 한국노동연구원)에 단계별로 상세하게 정리되어 있다.

2. 노동부 승격과 고용보험제 도입 구상

노동부로 승격된 이후 부내에서 정책연구기능이 활발해졌다. 사실 노동청 단계에서는 정책보다는 집행기능 중심이었고 정책연구를 위한 부내 여건도 제대로 갖춰지지 못한 상태라고 할 수 있다. 필자가 1981년에 노동부 임금과에 근무하면서 겪은 사례를 보자. 필자는 부로 승격되면 임금정책의 역할이 중요해지리라 판단하여 경제학 전공임을 내세워 임금과를 자원해서 보직된 상황이었다. 어떤 기회에 근로기준국 내에서 '임금정책이 어느 부처 소관이냐'는 논쟁이 있었는데 '임금정책은 경제기획원이 할 일이다'고 목소리를 높이는 공무원이 여전히 남아 있었다. 노동청은 '정책' 업무가 아닌 '집행' 업무를 수행해야 한다는 인식이 많았던 시절이었다. 그런 반성에서 노동부 승격 이후 임금과에서는 임금정책에 관련된 국내외 자료를 수집하고 관련 통계를 다각적으로 분석하며 100쪽이 넘는 임금정책 보고서를 작성했다. 이런 식으로 노동부 승격을 계기로 여러 부서에서 그동안 추진하지 못했던 정책과제를 발굴하며 논의하게 되었는데 고용보험제에 대해서도 이때부터 관심이 높아졌다고 볼 수 있다.

특히 5차 5개년계획의 명칭이 '경제사회발전 5개년계획'으로 바뀌면서 사회발전에 대한 관심이 높아졌다. 기존의 '경제개발계획'에 '사회'라는 개념이 추가되어 '경제사회발전계획'이 되면서 사회안정, 사회균형발전이 중요한 이슈로 부각되었다. 1980년대 초에는 2차 오일쇼크 여파로 경제 사정이 어려워서 물가안정과 임금안정이 국정의 핵심과제로 규정될 만큼 중요했다. 1980년대 노동정책 분야에서 가장 큰 관심사는 최저임금제였다. 임금안정 정책이 불가피한 상황에서 그나마 저임금근로자를 보호할 수 있는 제도적 장치는 갖추어야 근로자의 불만을 흡수하고 사회 안정을 기할 수 있다는 의미였다. 이런 맥락에서 5개년 계획과 관련해서는 사회개발을 위한 정책의 일환으로 인력개발 및 고용안정 대책의 강화가 명시되었다. 그동안 인력의 효율적 배분과 활용, 이를 위한 고용안정 대책에는 크게 관심을 갖지 못했다는 반성이 반영된 것이다. 고용안정 대책의 강화를 위해 214개소의 공공직업안정소를 설치하며 직업지도와 취업알선 기능을 강화하자는 내용도 포함되었다. 고용안정과 효율적인 실업대책을 추진하기 위하여 '고용보험제도의 실시기반을 조성한다'라는 정도의 추상적인 계획이 언급되었다.[4]

실업보험에 대해선 사회적인 인식이 별로 좋지 않아 도입 논의를 대외적으로 본격 추진할 상황이 못 되었다. 이 무렵 독일과 일본의 고용정책이 적극적 노동시장 정책으로 바뀌면서, 노동부도 그런 분야에 관심을 갖고 집중적으로 연구하며 대처해가고 있었다. 이 시기에 정부나 학계, 노동계에서도 사용하던 용어가 '실업보험'에서 '고용보험'으로 바뀌었다. 우리가 도입하게 되면 실업보험이 아닌 고용보험 제도를 도입해야 한다는 취지에 공감하게 되었고, 그럴 때 적극적 노동시장 정책을 어떤 내용으로 어떻게 시행해야 하는지에 대해 논의했다. 이런 수준에서 경제기획원과 노동부의 공감대가 형성된 것으로 이해하고 있다.[5]

---

4 김성중·성제환, 앞의 책 pp.232~237

5 유길상, 앞의 글

노동부의 1980년대 초 연구 검토 결과를 집대성한 자료가 뒤늦게 알려졌다. 그동안 필자도 노동부의 고용보험 관련 종합보고서의 존재 여부를 몰랐다가 고용보험 역사를 정리하면서 확보하여 읽어본 자료가 1983년 7월 13일자 노동부의 『총합(總合)실업고용정책과 고용보험제도 도입 검토』라는 보고서(이하 '83 노동부보고서'라 한다)이다.[6] 당시 고용관리과에서 50부를 인쇄하여 1984. 7. 31.까지 대외비로 관리한다는 표시가 되어 있다. '83 노동부보고서는 아래와 같이 본문과 부속 자료를 합하여 총 147쪽에 달하며 고용정책과 고용보험제에 관한 상세한 보고서이다. 뒤에서 소개하는 한국노총의 건의도 이 '83 노동부보고서에 수록된 내용이다.

1) 고용보험제도의 성격과 국제동향

2) 실업, 고용정책과 고용보험

3) 실업, 고용정책의 개선 방향

4) 각국의 실업(고용)보험 운영현황

5) 한국적 고용보험의 모형

6) 도입할 고용보험제도 개요

7) 고용보험의 기대효과

8) 제기될 문제점

---

6 이 자료는 1990년대 초 고용정책과 장신철 사무관이 고용보험 업무를 수행하면서 당시의 관련 자료를 모두 수집하고 정리했는데 이때 확보한 자료이다.

부속자료

- 중요 국가의 실업보험 운영현황
- 보험료율 환산표 및 수지 예상표
- 복지연금제도 요강(안)에 대한 각계 의견과 주요 여론 내용
- 노동유동 조사 보고서
- 고용보험제도의 도입 및 실시에 관한 건의(한국노총)
- 서독의 고용촉진 제도에 관한 개요 보고(서독주재 노무관)

이 '83 노동부보고서는 1980년대 당시의 고용보험제도에 대한 자료와 이해, 초기 단계 노동부의 구상, 시행을 위한 준비의 적정성 등 많은 정보를 담고 있는 귀중한 자료이므로 여기에서 더 자세히 소개할 필요가 있다.

(1) 고용보험제도에 대한 소개

자본주의 발달과정에서 실업이 불가피하게 발생하게 됨에 따라 점차 실업을 개인적 책임이 아니라 사회적 사고로 인정하게 되었다. 각국이 실업문제에 대하여 직업소개와 실업부조 방식으로 대처해 왔으나 국고 지불능력의 한계와 보험제도의 발달로 보험방식의 제도 도입이 불가피하게 되었다. 고용보험제도는 1차적으로 비자발적 실업기간에 급부를 지급하여 근로자의 생활수준 유지와 구직활동의 지원을 목적으로 한다. 2차적으로는 경기부양 대책에 대한 기여, 사회비용의 할당에 대한 기여, 인력의 효율적 활용 및 개선, 고용안정에 관한 사업주의 자극, 숙련노동력의

유지 등을 목적으로 한다.

고용보험은 민간보험과 달리 실직기간 중 노동의 의사와 노동능력 보유자에 한하여 생활보호를 도모하고, 보험료를 노사가 공동 부담하되 정부가 지원하며 정부가 강제적용 방식으로 운영한다. 급여는 일정 기간 보험료 납부를 조건으로 하며 직업소개와 불가분의 관계가 형성된다. 이러한 보험방식은 1901년 벨기에의 겐트(Ghent)시 노동조합이 노조 자율적으로 시행한 실업수당 지급 제도에 지방 또는 국가에서 보조하는 방식(Ghent Scheme)에서 출발하여 점차 프랑스, 덴마크, 영국 등지로 확대되었다.

'83 노동부보고서는 이러한 고용보험의 역사적 발달과정을 개괄하고 1960~70년대에 실업보험을 고용보험 방식으로 전환한 서독과 일본의 사례를 소개한다. 이어 1970년대 석유 위기에서 비롯된 저성장과 고실업 위기에서 정부가 고용확대를 위한 공공부문의 직접투자 외에 주로 기업의 자기 부담과 책임하에 실업 전 고용수준 유지를 지원하는 제도를 비롯한 최근의 고용정책과 고용보험 개선사례를 소개하고 있다.

서독과 일본의 고용정책제도 변경은 당시에도 노동부의 집중적인 관심과 연구의 대상이 되었다. 일본은 1960년대에 노동력 부족 시대에 진입하여, 산업 간, 지역 간, 연령계층 간 노동력의 수급불균형이 심화되면서 노동력의 수급 조절기능 강화와 실업대책기능 개선이 중요해지는 단계에서 1966년 고용대책법을 제정하고, 1974년에 실업보험을 고용보험으로 전환했는데, 이 경험은 당시 한국의 전문가들에게 많은 시사점을 제공했다. 서독도 1960년대에 노동시장 구조가 급변하고 구조조정이 증가하자 1969년 실업보험법을 고용촉진법으로 전환하여 실업보험과 직업 훈련, 고용촉진사업 등을 통합하여 운영하고 그 운영을 전담하는 기구로 '연방고용청'(Bundesanstalt für Arbeit, BA)[7]을 설치하여 적극적 고용 정책을 추진하였다.[8]

또한 고용보험제 시행 가능 여부를 입증하기 위하여 우리나라의 구인 배율, 인력수급 전망조사, 교육정도별 인력수급 전망 등을 상세히 분석하였다. 이러한 분석을 바탕으로 우리나라의 고용정책은 완전고용의 전 단계인 '완전고용 기반조성'을 기본목표로 설정해야 하는 단계라고 규정했다. 이를 위해 노동력 수급예측, 수급조절, 고용유지, 실업대책 및 특별계층 특별프로그램 개발 등의 과제를 제시했다. 이때에 제시된 고용정책 체계는 나중에 실제 구현된 것과 매우 유사하다.

(2) 한국적 고용보험제 모형

이 '83 노동부보고서에서 제안된 한국적 고용보험제도 모형을 자세히 살펴보자.

적용범위에서는 노사의 보험료 부담 능력 등을 고려하여 1차적으로 광업, 제조업, 전기가스업, 운송보관통신업을 설정하고, 2차적으로 건설업, 도소매음식숙박업, 금융보험업, 농림수산업, 사회 및 개인서비스업 등을

7 연방고용청(Bundesanstalt für Arbeit, BA)이라는 기구는 연방 노동사회부 소속으로 자치적으로 운영되는 독특한 조직인데 1980년대부터 한국에서는 '연방고용청'이라 번역했고 2004년에 하르츠개혁의 일환으로 '연방고용공단'으로 조직 형태가 공법인 성격으로 개편되었다.

8 당시 일본, 서독 등 주재 한국대사관에는 노무관이 파견되어 있었다. 노무관들이 주재국 고용촉진제도 변경 등 고용정책에 관한 보고서와 자료를 주기적으로 본국에 제출하여 노동부에서는 외국의 제도에 관하여 비교적 잘 파악하고 있었다. 이 부분은 서독 노무관의 보고서 내용을 일부 요약한 것이다.

제안했다. 적용근로자로는 1차적으로 1년 이상 상용근로자로 하고 2차적으로 일용근로자, 1년 이내 단기 또는 계절근로자로 확대하자고 제안했다.

보험급여 지급대상은 1년 이상 계속근로자로 비자발적 실직자이며 6개월 이상 보험료를 납부하고 노동 의사를 갖추고 적극적으로 구직 중에 있고 직업안정기관에서 수급자격이 확인된 자로 정했다. 이 경우에도 근로자 귀책 사유에 의한 해고자나 부득이한 사유 없는 자발적 퇴직자와 정당한 이유 없이 취업알선 또는 직업훈련을 거부하는 자는 급여를 제한하도록 설계했다.

실업급여는 구직자 급부와 취업촉진 급부로 구분하고 임금일액의 50% 이내에서 연령에 따라 90일에서 300일간 지급하게 했다. 실업·고용안정사업은 고용유지사업, 직업훈련사업, 실업대책사업, 근로자 복지사업, 연구개발사업 등으로 구성했다.

재원 부담은 노사정 3자 부담을 원칙으로 하고 실업급여는 노사가 각각 2분의 1씩 부담하고, 실업 및 고용안정사업비는 기업이 부담하며, 정부는 인건비를 포함한 운영비 전액을 부담하고 실업대책사업비를 부담하는 것으로 상정했다.

제도 운영은 노동부가 관장하는 것을 원칙으로 하되 특이하게도 산하기관 및 시·도에서 구체적인 사업을 분담하는 것으로 상정했다. 즉 시·도에서 실업대책사업과 취업알선, 근로자 복지사업을 담당하고, 노동부 지방사무소에서는 보험료의 징수와 보험급여, 직업훈련과 고용유지사업을 담당하는 것으로 분장했다. 중앙직업안정소에서는 광역취업알선과 노동시장 조사분석, 연구개발 업무를 담당하는 것으로 상정했다. 고용보험료 징수업무는 지방사무소 산재보험 징수과에서 산재보험료에 부가하여 징수하자고 했고 보험급여 지급업무는 지방사무소 직업안정과에서 직업훈련, 고용유지사업과 연계하여 운영하도록 했다. 아울러 구인구직 데이터의 수집과 분석 등을 위해 노동시장센터 온라인 시스템을 구축하는 방안을 구상했다. 1983년에 온라인 정보시스템을 계획한 것은 매우 선진적이었다고 판단된다.

'83 노동부보고서에는 고용보험제를 도입하면서 퇴직금제도, 직업훈련분담금제도, 노령연금제도, 사회부조제도와 상호연계되어야 한다고 판단하여 구체적인 연계방안을 제안하였다. 장기 근속자에 대한 퇴직금은 기업연금과 복지연금으로 전환하고 단기 근속자에 대한 퇴직금의 일부는 실업급여의 일부로 전환하도록 조정할 것을 제안했다. 근로기준법 제27조의 2에 의한 해고수당은 실업수당의 성격이므로 고용보험에 흡수하여 사업주 부담을 경감하는 것이 타당하다는 의견을 제안했다. 또한 종합적 고용정책 수단으로서 고용보험이 도입되면 직업훈련분담금은 당연히 고용보험에 흡수되어야 한다는 제안을 했다. 또한 국민연금과의 관계에 있어서도 국민연금 지급 개시 전에는 실업급여, 퇴직금과 기업연금, 60세 이후에는 노령연금과 기업연금으로 보호하는 등 상호보완체계 마련을 제안했다.

한편 고용보험제 도입 시 제기될 여러 문제에 대하여도 대응 논리를 마련하여 제시하였다.

첫째, 기업부담 가중으로 국제경쟁력이 약화될 것이라는 지적에 대하여 우리 기업의 복지후생비가 일본 등 타국에 비하여 낮고 예상 고용보험료도 다른 사회보험료에 비하여 낮아 이로 인해 기업의 국제경쟁력에 미칠 영향은 무시할 정도라고 평가했다. 더구나 고용안정사업에 의한 기업지원, 직업훈련분담금 등의 폐지 등을 감안하면 기업의 부담은 매우 낮을 것으로 보았다.

둘째, 퇴직금제도는 기업연금제도로 전환을 검토해야 하고, 복지연금보다는 고용보험의 시행이 더 우선시 되어야 한다는 의견도 제시하였다. 국고 부담에 대해서도 현행의 직업안정조직, 산재보험 징수업무, 직업훈련관리공단 등의 기능을 활용하면 대폭 경감 가능하다는 의견도 제시하였다.

셋째, 재취업이 곤란하여 보험수지가 악화될 것이라는 지적, 직업안정망의 취약, 적용대상 파악 미흡, 실업유형에 관한 정보 부족 등의 문제도 제기되었으나 그다지 심각한 애로 요인이 될 수 없는 사항들이었다. 오히려 바로 이런 문제가 고용보험제 도입을 통하여 개선될 것이므로 우려 사항이라고 할 수는 없었다.

부속 자료에는 24개 국가의 실업(고용)보험제를 비교하는 도표를 첨부하였다. 또한 보험료율 추정과 이에 따른 수지예상표도 작성하여 제시하고 있다. 실업급여 보험료를 노사 각각 0.6%로 하고 고용안정·직업훈련사업을 위한 기업보험료를 0.5%로 가정했다. 당시 직업훈련분담금의 임금평가액(실제 분담금 납부 금액과 자체 훈련비용 평가액의 합)이 임금총액의 0.43%로 환산되어 기업의 고용안정·직업훈련보험료 0.5%는 큰 부담이 되지 않을 것으로 보았다. 이렇게 하여 연간 보험료 수입으로 759억 원(1983)~1130억 원(1986)을 예상하여 4개년에 걸친 보험수지 추정표를 작성하였다.

1983년 시점에서 이렇게 구체적으로 연구하고 보고서로 작성하여 내부 논의했다는 것은 감탄할 만한 성과라고 생각한다. 실제 많은 내용들이 1990년대에 구현된 고용보험법 내용과 비슷하다. 이것은 이 '83 노동부 보고서가 그대로 인용되었다기보다 외국의 제도를 토대로 구상한 이 보고서의 내용이 오랜 기간 한국의 전문가들에게 널리 공감대를 이뤄 왔고 계속 연구 발전되다가 1990년대 실제 제도화 과정에서 구현된 것이라고 보아야 할 것이다.

3. 한국노총의 1983년 고용보험제 도입 건의

노동부 승격을 계기로 각 부문에서 노동정책에 대한 기대가 높아지고 있을 때 1983년 6월 한국노총에서 '고용보험제도의 도입실시에 대한 건의'를 노동부에 제출했다. 본문이 6쪽 분량의 작은 보고서였지만 1980년대 초반 노동계가 노동시장 상황과 고용정책에 대해서 어떤 인식을 가졌는지를 보여주는 역사적으로 중요한 내용을 담고 있었다. 주요 내용을 요약해 보자.[9]

9 한국노총의 건의는 '고용보험제도의 도입실시에 관한 건의'라는 명칭으로 앞에서 논의한 '83 노동부보고서에 첨부되어 있다.

(1) 고용보험제 도입의 필요성

- 경제개발 추진으로 고용기회가 확대되었으나 여전히 많은 실업자와 광범위한 불완전취업이 존재하고 고용형태의 불완전성이 계속되고 있다. 앞으로 예상되는 산업구조의 변동이나 노동력 수급구조의 변화, 경기변동에 따라 이에 적극 대응할 수 있는 합리적인 고용정책 수립이 절실하게 요구된다.
- 근로자가 실직할 경우에 필요한 급부를 제공함으로써 근로자의 생활 안정을 도모하고 취업을 촉진하여 직업의 안정과 고용구조의 개선, 근로자의 능력개발, 근로자의 복지를 증진해야 한다는 요구가 어느 때보다도 증대되고 있다.
- 고용보험제도의 시행은 근로자의 구매력 유지를 통해 경기침체의 충격을 완화하고 실직에 기인하는 사회적 불안 요인을 제거하며 사회비용의 공평한 배분과 인력의 효율적 활용에 기여할 것이다.
- 고용보험제도는 직업안정 기능의 정착을 전제로 하므로 근로자의 등록에 의한 노동시장의 정확한 정보 파악과 취업알선, 직업훈련, 고용복지, 실직 예방 등 고용정책 수립에 기여할 것이다.
- 기타 고용보험기금 적립으로 저축증대와 자본시장 육성에 기여, 사회보장제도의 확충 등 복지사회 건설에 필수적인 제도라고 강조하고 있다.

(2) 고용보험제도의 기본방향

- 상용근로자 16인 이상 전 사업장에 적용하고 1년 이상 피보험의무

이행자에게 적용한다.

- 보험료는 노사가 공동부담하고 정부는 보조금을 지원한다.
- 고용보험사업 : 실직자 급부, 취직촉진 급부, 고용안정사업, 고용개선사업, 능력개발사업, 고용복지사업을 운영한다.

한국노총은 결론적으로 고용보험제는 실업보험제도와는 근본적으로 달라 근로의욕 상실이나 생산의욕 저하 우려가 없고 경기변동이나 신기술의 도입 등 산업구조 변화가 주는 충격에 신축적으로 대처하게 할 수 있다고 강조했다. 또한 최적의 고용안정 상태를 유지하게 하여 사회적 마찰과 경제적 동요를 억지할 수 있다고 강조하고 있다.

1980년대 초에 작성된 보고서였지만 근로의욕 상실에 대한 우려를 불식시키고 오히려 고용보험제도가 산업구조 변화에 더 탄력적으로 대처하게 할 것이라는 등 제도에 대한 이해, 기본골격 등에서 1990년대의 인식과 큰 차이가 없다.

4. 제5차~6차 5개년계획 기간(1982~1991) 중의 논의

1980년대 이후 경제개발 5개년계획이 수립될 때마다 고용보험의 실시 문제가 제기되고 논의되었다. 특히 1981년은 그 분수령이 된다. 노동청이 노동부로 승격되면서 그해 공식적으로 제기된 문제가 실업보험의 도입이었고, 이때가 1982년부터 1986년을 계획기간으로 하는 제5차 5

개년계획의 준비단계였기 때문에 실업보험 도입에 대한 논의가 공식 의제로 제기됐다. 그러나 실업보험제도의 부작용에 대한 우려와 기업에 주는 부담, 그리고 우리나라 산업구조의 취약 등을 이유로 일단 유보되었다. 1987년부터 1991년까지를 계획기간으로 하는 제6차 경제사회발전 5개년계획 수립과정에서는 노동부의 적극적인 노력에도 불구하고 '고용보험제도의 도입을 적극 검토한다'는 구절이 반영되는 정도에 그쳤다.[10]

1983년에 제5차 5개년계획 목표가 당초 계획보다 빨리 달성되면서 수정계획을 만들게 됐다. 수정계획에는 직업안정업무의 전산화, 광역취업알선체계의 확립, 직업안정 전문요원의 확보, 직업지도기능의 강화 등에 대한 내용이 구체화되었다. 고용보험제 도입에 대한 것은 정부 차원에서는 '적극 검토한다'는 수준에 머물렀지만 노동부에서는 앞에서 논의한 '83 노동부보고서와 같이 상세한 검토가 있었다고 판단된다.

제5차 경제사회발전 5개년계획을 만들 당시만 해도 사회 분위기는 실업보험이란 '놀고 먹기를 조장하는 제도' 정도로 오해되고 '도덕적 해이는 물론 근면 분위기를 해치는 제도'로 인식되고 있었다. 더구나 당시만 해도 기업 성장을 통한 경제성장이 최우선 과제였기에 기업에 과도한 부담을 지우는 정책은 터부시되어왔던 터였다.

결정적인 전기는 1987년 민주화 선언에서 마련되었다고 보아야 할 것이다. 민주화 선언 이래 1987년부터 1990년 사이 정치사회적 분위기의 변화에 따라 고용보험제 도입에 호의적인 여건이 조성되었고 1990

10 유길상, 앞의 글 11쪽

년~1991년 제7차 계획 입안과정에서 도입 공감대가 정부 내에서 형성되었다.

1987년 6월 29일 민주화 선언이 이뤄지고 노동개혁이 본격적으로 추진되면서 노동계에서 많은 건의가 제안되었다. 한국노총은 1989년 9월 국회에 고용보험제도 도입을 청원하고, 노동부에도 고용보험제도 도입을 건의하였다. 또한 한국노총은 1990년 5월에 당시 집권당인 민주자유당에 고용보험법 제정을 요구하고, 1990년 8월에는 야당인 평화민주당에도 고용보험법 제정을 요구하였다.[11] 이전에는 이런 건의가 있어도 크게 의미있게 논의되지 않았는데, 민주화 이후에는 상황이 바뀌었다. 노동자들의 목소리나 조직적인 건의가 중요한 의미를 갖게 되고 정책부서에서 깊이 검토되었다. 정부로서도 무게있게 받아들이고 신중히 검토하게끔 사회적 여건이 바뀐 것이었다.

결국 범정부 차원에서 본격적으로 논의한 것은 제7차 5개년계획부터였다. 제5~6차 계획에서는 내부적인 논의만 있었지, 구체적인 성과는 별로 없었다. 1980년대 후반에 산업구조의 변화에 따라 노동시장에서 고용구조가 크게 변화했고 인력부족 문제가 본격적으로 대두되었다. 뒤에서 기술하겠지만 인력부족 시대가 고용보험 도입에 중요한 계기가 되었다. 인력부족 대책으로 세웠던 정책이 유휴인력자원(청소년, 고령자, 주부 등)을 모두 일할 수 있게 유도하는 정책을 만들자는 논의였다. 노동부는 1990~91년 내내 인력부족 대책을 수립하는데 매달렸다.

11 유길상, 앞의 글, 11쪽

제2장

제7차 계획과 고용보험제 도입 결정

제2장

제7차 계획과 고용보험제 도입 결정

1. 인력부족 대책과 적극적 노동시장 정책

고용보험제 도입은 제7차 계획 준비기간 중에 결정되었다.[12] 필자는 1991년 1월 초 직업안정국 고용대책과장으로 발령받았다. 고용 관련 업무를 처음 맡게 되어 매우 부담이 되는데 더구나 국의 주무과장 자리여서 더욱 부담이 컸다. 당시 고용정책의 현안 과제는 인력부족 대책을 수립하는 것과 제7차 계획을 수립하는 것이었다. 이 2개의 핵심과제를 직업안정국에서는 당시 경력 2년차인 이성기 사무관이 전담하고 있었다. 인력

12 고용보험제 도입 논의에 대한 일부 내용은 『한국의 사회보험, 그 험난한 여정』에 정리된 것을 토대로 했다. 고용보험 관련 부분은 집필자인 이계민 전 한국경제신문 주필과 필자가 2017. 10. 27 인터뷰한 것을 토대로 한 것이다. 필자는 이 인터뷰를 자료로 활용하기 위해 고용보험법 제정 관련 자료를 수집·정리했고 당시의 동료들과 협의하며 자료를 다듬었다. 이 인터뷰를 계기로 관련 자료를 대폭 보완하여 이 책의 원고를 작성했다.

부족 문제는 1980년대 말부터 심화되어 정부에서는 그 대책 수립에 전력을 기울이고 있었다.

한국의 산업구조에서는 1989년, 1990년에 제조업 고용 비율이 정점에 이르렀다. 이후 제조업에서 서비스업으로 인력이 급속히 이동하며 제조업 고용 비중이 줄어들고 중소제조업에서 심각한 인력 부족 현상을 겪고 있었다. 전국에 노래방, 유흥주점 등이 붐을 이루며 도우미로 수만 명이 일할 때였다. 이성기 사무관은 경제활동인구통계를 분석하여 국내에 산업인력이 부족한 가운데서도 정책적 노력 여하에 따라 동원 가능한 인적자원이 240만 명 가량 있다는 것을 찾아내었다. 적절한 노동시장정책이 시행된다면 유휴인적자원을 활성화하여 인력부족을 해결할 수 있다는 정책 발상은 당시로서 획기적인 것이었다. 노동부는 국내의 유휴인적자원을 활용하는 정책을 마련해 시행하는 것이 핵심 인력부족대책이라고 역설하여 관계부처의 폭넓은 공감을 얻어 내었다.

240만 명의 유휴인적자원은 주부, 고령자, 청년 구직자, 장애인 실업자 등을 포괄하였다. 이들은 일할 의욕도 있고 일할 능력도 갖추고 있는데 고용정보의 부족, 적극적 취업알선 매개기능의 미비, 취업지원정책의 부족 등 다양한 사유로 취업을 하지 못하고 있는 상태였다. 이를 이성기 사무관이 '유휴인력'이라 작명하였는데 정부 관계부처의 실무관료들로부터 전폭적인 지지를 받았다.

핵심 관건은 유휴인력을 어떻게 생산가능인력으로 전환하느냐에 있었다. 고용대책과는 경제기획원과 실무협의하며 이 대책 마련에 주야로 매달렸다. 필자가 과장으로 부임하자마자 이 사무관은 그동안 논의된 현황

분석 및 대책 보고서를 여러 개 가져다주며 상황이 급박하니 단기간 내에 읽고 업무를 파악하라고 독촉했다. 수시로 부처 간 회의가 있었으므로 그만큼 시급하게 대처해야 할 과제였다. 당시 우리는 인력부족을 메우기 위한 대책 마련에 온갖 노력을 기울였다. 관계부처를 설득할 정책수단을 발굴하고 그 타당성을 입증하기 위하여 우리는 주야를 가리지 않고 논의했다. 밤늦게까지 일하다 퇴근하던 우리 과의 여직원이 과천 시내에서 불량배에게 납치되었다가 지나가던 택시기사의 도움으로 구조되는 극적인 사건도 있었다.

그런데 1992년 후반부터 노동시장 상황이 갑자기 반전되었다. 중소제조업에서는 인력부족 사태가 계속되는 가운데 다른 한편에서는 산업의 구조조정이 본격적으로 진행되면서 기업의 기존 인력을 조정하는 사태가 일어나고 있었다. 노동시장에서 단기간에 사태가 반전되어 인력부족에서 고용조정으로 핵심 이슈가 바뀌고 인력부족과 고용불안이 동시에 진행되는 초유의 사태가 발생한 것이었다. 이렇게 단기간에 노동시장 상황이 급변한 것은 정책당국에 엄중한 도전이었고 각별한 정책적 관심과 대응을 요구하였다.[13] 우리는 노동시장정책의 격변기라고 판단하며 매우 긴장하여 상황을 분석하면서 대응했다. 이 문제는 다음에 상술한다.

1990년대 초의 인력부족 문제는 수많은 중소기업 제조업체의 가동이 어려울 정도로 큰 걸림돌이 됐고 사회적으로 중대 이슈로 부각되었다. 정

13 당시 1년 내내 야근, 특근하며 인력부족대책에 매진했는데 어느 날 갑자기 180도 바뀌어 고용불안대책을 검토한다는 것은 논리적으로나 감성적으로도 대단히 충격적인 반전이었다.

부는 중소기업의 핵심 현안으로 부각된 인력문제를 풀기 위해 모든 정책 수단을 강구하며 무진 애를 썼다. 당시 필자는 고용대책과장으로서 경제 정책을 총괄하는 경제기획원 및 상공부 등과 실무 수준에서 많은 회의를 하며 의견교환을 했다. 인력 문제, 고용정책과제를 해결하기 위해 정부에서 그렇게 많은 관심을 갖고 협의하며 대책 마련에 몰두했던 전례가 없었던 전환기적인 시기였다고 기억한다.

이때에 주부, 고령자, 청년, 장애인 등에 관한 노동시장 정책 이슈들이 새롭게 부각되며 조명을 받게 되었다. 그간 오랜 기간에 걸쳐서 기혼 여성들의 취업 촉진을 위한 보육시설 확대, 고령자 취업촉진을 위한 취업알선 기능 강화 방안 등을 논의했지만 예산 부족, 관심 미흡 등으로 큰 진전이 없었다. 그런데 인력부족이 국가의 핵심 정책 이슈로 부각되자 이런 정책이 거의 전폭적으로 채택되고 시행되었다. 고령자고용촉진법은 우리 과에서 초안을 만들어 관계부처 장관회의에서 논의하여 방침을 결정하자 신속한 입법을 위해 바로 여당인 민자당에 전달하여 의원입법(이인제 의원 제안)으로 제정되었다.[14] 법안 마련에서 국회 의결까지 6개월도 걸리지 않았다.

취업알선 업무가 중요하다는 논의는 예전에도 여러 차례 제기돼 왔었는데 그간 사회에서 심각하게 받아들여지지 않았었다. 그런데 1990년대 초부터 노동시장에 유휴인적자원이 240만 명이나 있는데 이들을 산업현장에 연계하기 위해서는 취업알선 업무가 중요하다는 점을 강조하자 이

14 이 법안은 당시 고용대책과에서 수습을 막 마치고 바로 정식 발령받은 박형정 사무관이 담당하여 작성했다. 공무원으로 임용되고 법안을 입안하여 입법까지 가장 최단기간 내에 완료한 기록을 가진 공무원으로 기억한다.

제는 노동부 이외의 다른 부처에서도 그 중요성을 실감하게 되었다. 노동부가 작성하여 관계부처 장관회의(1991. 8. 2)에서 확정된 '여성인력 등 유휴인력 활용과 직업안정 기능 확충방안'이 그러한 내용을 담은 대표적인 보고서였다.[15]

노동시장 대책 중 유휴인력 활용을 위한 취업알선 기능이 특히 주목을 받았다. 정부에서는 취업알선 기능을 확충하기 위하여 주민들이 가장 접근하기 쉬운 전국의 시군구청에 취업알선 전담 창구를 일시에 만들기로 합의했다. 해당 업무를 추진하기 위해 시군구청에 전담 공무원 1~2명, 모두 450명이 한꺼번에 증원되고, 모든 읍면동 사무소에 취업알선 전담자를 지정하여 배치했다. 당시 중앙부처 공무원 증원은 지극히 어려웠던 반면, 지방공무원 증원은 회의 한 번으로 쉽게 결정되었다. 비영리단체인 YWCA, 노인인력은행 등에도 취업알선 업무를 수행할 수 있도록 업무위탁을 했다. 이제 고령자나 주부, 실업자 등 구직자가 일할 생각만 있으면 어디 가든 취업 관련 정보를 얻고 취업알선 서비스를 받을 수 있는 체제가 갖춰졌다. 고령자나 주부를 위한 단기 취업준비훈련처럼 예전에 예산지원이 안 되던 것들도 획기적으로 시행되었다. 이 사업들은 나중에 주요 정책과제로 제7차 계획에 대부분 포함되었다. 이때는 인력부족을 해결하기 위해서 유휴인력자원을 동원하고 활용하기 위해 필요한 시책이라면 쉽게 정부의 지원을 받을 수 있었다.

---

15 이 보고서는 필자와 이성기 사무관이 작성하였는데 자료는 현재 보관되어 있지 않다. 구체적인 내용은 김성중·성제환 앞의 책 378쪽에 기술되어 있다.

잠시 정리해보면 노동력의 동원과 활용, 취업을 촉진하는 정책들을 통상 노동시장 정책이라고 하는데 우리 정부가 노동시장 정책에 깊은 관심을 갖게 되고 이를 본격적으로 추진하게 된 중요한 계기가 1990년대 초의 인력부족 사태였다. 인력부족이라는 초대형 사회적 이슈에 직면하자 그동안 시행이 어려웠던 정책들에도 관심을 갖게 되고 부처간의 협의로 그다지 어렵지 않게 시행될 수 있었다. 고용보험제도가 없는 상태에서 노동시장 정책 수단을 다양하게 개발하고 추진할 수 있는 계기였다. 인력부족 사태는 한국의 고용정책 발전에 큰 전기를 만든 역사적 사건이었다는 것을 다시 한번 강조하고 싶다.

2. 고용불안 대책

앞에서 필자는 1991년과 1992년에는 인력부족 대책 마련에 온통 매진했다는 경험을 이야기했다. 그런데 1992년 후반기에 들어서자 곳곳에서 경기침체와 산업구조조정의 영향으로 감원, 고용조정 등 고용사정이 불안하다는 정보가 많이 들어왔다. 이제 고용불안 문제가 고용정책 차원에서 본격적으로 검토돼야 할 당면 과제로 등장한 것을 의미했다. 노동부 직업안정국은 이러한 문제 인식에 따라 1992년 말~1993년 초 주요 공단의 휴폐업, 감원이 진행되는 사업체, 인력부족업체와 용역업체를 방문조사하고 업종별 협회와 노동조합, 공단관리사무소 등에도 직원들을 파견하여 심층면접 조사를 진행했다. 그 결과를 정리한 보고서가 '기업체 고용관리실태조사 보고서(1993.3)'였다. 고용정책과에서는 이를 요약하고 고용정책과제를 정리한 별도 보고서 '고용불안 실태와 대책(1993.3)'이라는 보고서를 작성하여 부내의 논의와 다른 부처 등 관련 기관에 전파하며 관심을 촉구했다. 고용불안이라는 사태는 국민에게 불안감을 줄 수 있다고 판단하여 우리는 이 보고서를 대외비로 분류하여 엄격하게 관리하며 정부 내에서만 활용하고 대외에 유출되지 않게 유의했다. 아래에 주요 내용을 살펴보자.[16]

(1) 고용동향과 제기되는 문제

당시 경기침체와 산업구조조정에 따라 1991년에서 1992년에 걸쳐 실업자가 증가(436천명 → 464천명)하고 실업률이 상승(2.3% → 2.4%)하는 동향이 고용지표에서도 나타나고 있었다. 휴폐업체는 전년 대비 53.5%가 늘어나 50인 이상 기업 544개소로 집계되었고 이로 인한 실직자가 76,000명으로 33.7%가 늘어났다. '92년 전국 72개 공단을 실태조사한 결과 총근로자 수가 2% 감소했고 그간 증가해 오던 제조업 취업자 수도 '92년에 3.4%가 감소한 것으로 조사되었다.

이 같은 고용불안 사태에 따라 보고서는 고용 문제를 쟁점으로 하는 노사갈등이 급증하는 추세라고 분석했다. 기업은 신규채용 축소, 희망퇴직자 모집, 외주·하청의 확대, 임시·파견근로자의 활용, 소사장제 실시 등의 편법을 동원하여 인건비 절약에 부심하고 있었다. 이에 대해 노조와 근로자 측에서는 생존권과 관련된 직장 상실 우려로 불안감이 확산되며

16 본문에서 언급한 노동부 '고용불안 실태와 대책'(1993.3) 보고서를 토대로 정리한 것이다.

조직적으로 반발하는 추세였다. 이러한 노사갈등은 빈도가 많지 않더라도 고용 문제가 쟁점이 될 경우에는 그 해결이 어렵고 장기화될 가능성이 커 사회불안 요인이 될 우려가 있다고 지적되었다. 결국 이 시기에 기업의 고용조정은 노사 모두에게 이미 큰 부담이 되고 있었다. 우리나라에는 기업의 고용조정을 지원할 제도적 장치가 갖춰져 있지 않아 기업은 해고가 용이하지 않음으로써 과잉인력을 계속 보유하면서 과도한 인건비를 감수할 수밖에 없었다. 이러한 추세가 계속될 것으로 예상되기 때문에 고용 문제에 대한 근본적인 대응이 필요하다고 진단했다.

(2) 고용안정 대책

이러한 분석과 전망을 토대로 장단기적인 고용안정 대책을 제안했다. 우선 당면 대책으로는 지방노동관서를 통해 고용불안업체 동향을 점검하고 5인 이상 감원 시에는 사전신고하도록 지도하며, 고용조정 시에는 근로자 측과 우선 협의하여 합리적인 기준에 따라 단계적으로 최소한의 인원만 감원토록 지도하자는 방침을 정했다. 기업이 유휴인력을 재배치할 경우에는 전직 훈련을 실시하도록 하고 그 비용을 직업훈련분담금에서 면제하고 실직자에게는 고용촉진훈련을 이수하도록 지원하게 했다.

중장기 대책으로는 산업구조 변화에 따라 고용조정이 불가피한 업체를 대상으로 고용조정을 지원하는 제도를 신설해야 한다고 제안했다. 기업이 감원대상 근로자에게 직업훈련을 실시하는 경우에 그 훈련비용과 훈련수당을 지원하고 일시휴업·조업단축을 시행한 경우 휴업수당의 일부를 지원하는 내용을 포함하도록 했다. 근로자의 재취업 지원제도를 보완하여 직업정보의 제공, 취업알선에 추가하여 구직활동비, 취직된 장소로의 이사비 등도 지원하고 실직 우려 근로자에게 직업훈련을 수강토록 수강료 등을 지원하여야 한다고 제안했다. 아울러 인력파견사업 등 편법적인 고용조정 사례를 규제하여 예외적인 경우에만 가능하도록 법제를 보완해야 할 필요성을 제기했다.

이런 중장기적인 정책을 구현하기 위하여 고용대책법, 고용보험법, 근로자의 파견사업규제법 등을 1993년 말까지 입법하여 법적 근거를 확보해야 하며 이러한 업무를 담당할 직업안정 기구를 시·구 단위로 설치하고 담당 직원을 대폭 증원해야 한다고 제안했다.

이러한 정책 제안은 1993년 하반기에 추진된 고용관련 법제를 통하여 대부분 반영되는 성과를 거두었다. 이때에는 제7차 계획으로 고용보험제를 도입한다는 방침이 정해져 있었는데 고용정책의 구체적인 체제를 만드는 과제는 노동부 책임이었고 고용불안 대책에 그런 내용이 많이 반영된 것이다. 결국 1993년 초 노동부가 제안한 고용불안 대책은 관계부처가 이를 토대로 공감대를 형성하는 시의적절한 근거자료로 활용되었으며 적극적 고용정책을 법제화하는데 크게 기여했다. 이때부터 고용정책에 있어서는 노동부가 다른 부처를 주도해 나가는 계기가 되었다.

3. 제7차 계획과 고용보험제 도입 논의

(1) 제7차 계획 과정에서 본격적으로 추진

그동안 5개년 계획 수립과정은 중장기적으로 검토할 국가 정책과제를 집중적으로 검토하고 논의하는 생산적인 정책토론의 계기를 제공했다. 고용보험제에 대하여 그동안의 5개년 계획에서는 '도입 여부를 검토한다'는 원론적인 언급만 해 왔다고 앞에서 지적했다. '검토'가 5개년 계획 과제이지 '도입'하는 것이 과제는 아니었던 셈이다.

1990년에 7차 계획을 수립할 당시 기본구상에 고용보험 도입 논의가 포함되었다. 정부 내에서 본격적인 논의 끝에 정부의 핵심 정책과제 10가지 중의 하나로 고용보험을 포함하는 것으로 정리가 되었던 것이다. 이 의미는 5개년 계획에 반영시킬 것인가의 여부를 본격 검토한다는 뜻이었다.

경제기획원은 1990년 6월 7차 5개년계획 작성지침을 관계부처에 보내고, 분야별 실무작업반을 구성하면서 주요 정책과제를 발굴했다.[17] 1990년 11월부터 1991년 6월까지 실무작업반과 지정된 연구기관이 부문 계획을 작성하였고 경제기획원은 이를 주도하면서 주요 정책과제를 선정하여 정책협의회를 통해 조정하는 방식으로 진행하였다.

---

17 경제개발 계획을 강력히 추진하던 당시의 경제기획원은 경제정책을 총괄 조정하는 부처로서 경제개발 5개년계획 수립을 총괄하여 책임지고 있었다. 경제기획원장관은 부총리를 겸하였으며, 경제기획원이 경제장관회의, 경제차관회의를 주도하여 모든 경제관련 법령과 정책을 조정하는 권한과 예산편성권을 갖고 있었다. 경제장관회의와 경제차관회의를 통과하지 않은 법령 등의 안건은 국무회의에 원칙적으로 상정할 수도 없었다. 지금의 정부조직, 기획재정부가 수행하는 역할보다 더 광범위하고 포괄적인 권한을 갖고 있었다. 이러한 상황을 이해해야 본문에서 서술하는 정책조정 과정이 이해될 것이다.

제7차 고용부문 계획은 초기에 노동부에서는 고용대책과 이성기 사무관 혼자서 경제기획원과 실무협의하며 추진하는 단계였다. 아직은 장차관 등 상급자에게 보고하고 지침을 받을 상황은 아니었다. 이때에 필자가 과장으로 부임하면서 이 사무관과 함께 본격적으로 검토하고 추진하게 된 것이다.[18]

1980년대 후반에는 인력부족 대책을 추진하면서 대외적으로는 고용보험제 제도 자체를 거론하지 않았다. 노동부 고용정책과에서는 인력부족 대책으로 종합적인 고용정책을 추진하는 한편 인력대책과 고용보험을 연계해서 체계적인 시스템을 만드는 구상을 계속 검토하고 있었지만, 그때까지만 해도 그것은 내부적이고 실무적인 구상에 그치고 크게 진전이 없는 상황이었다. 그러다가 7차 계획 논의가 시작되면서 경제기획원에 고용보험제에 대한 검토를 본격적으로 해보자고 실무자 수준에서 조심스럽게 요청했다.

사실 노동부에서 '고용보험의 원조'라 해야 할 분은 조순문 직업안정국장이었다. 조순문 국장은 1976년 노동청으로 전입하면서부터 직업안정국 직업안정과장을 맡았고 노동부 경력의 대부분을 고용관련 부서에서 근무했다. 본인의 얘기로는 청와대 홍보실에서 5년을 근무하다가 행정부처로 전출할 수 있다는 제안을 받자 많은 부처 중에서 고용업무를 해보고 싶어 노동청을 선택했다고 한다. 당시 노동청의 위상이 높지 않은 상태였

18 초기에는 '고용대책과'이었는데 그 명칭을 '고용정책과'로 1992.2.13 변경했다. 이에 대해서는 뒤에 더 상세하게 기술한다.

고 직업안정 업무에 대해서는 정부 내에서도 관심이 거의 없는 상황이었다. 그런데도 고용업무에 대한 열정 때문에 불리한 제약조건에도 불구하고 노동청을 선택하게 되었다고 여러 차례 얘기했다. 청와대에서 함께 근무하다가 다른 부처로 전출한 동료들에 비해 조 국장은 노동청 고참들의 텃세로 상대적으로 승진이 늦고 불이익도 많았다.

조 국장은 노동청에 전입하면서부터 고용, 직업안정 업무를 줄곧 담당했다. 드디어 1991년 3월에 직업안정국장을 맡으면서 그동안 쌓은 역량을 마음껏 발휘하게 되었다. 조 국장은 지금까지는 인력부족 차원에서 인력대책 업무를 해왔는데 이제부터는 고용보험제와 결합해서 종합적이고 포괄적인 고용정책체계를 만들자고 제안했다. 조 국장은 인력대책과 고용보험을 결합해서 고용정책의 체계화를 제안하고 외부에는 한국노동연구원의 어수봉 박사, 유길상 박사 등 학자들을 독려하며 고용보험제의 논의를 주도했다. 어수봉 박사와 유길상 박사 등 학자 그룹이 이론 개발을, 노동부 고용정책팀이 고용정책체계 개발과 고용안정기관 확충방안을 분담하면서 상호 긴밀한 협업을 통해 진행되었다. 유길상 박사는 이때부터 고용보험제 연구를 전담하며 각국의 제도를 연구하고 우리나라에 맞는 제도 모형을 설계하는 데 전념했다.

조순문 국장은 직업안정국장으로 부임하기 전에도 우리에게 고용정책에 관한 자문을 아끼지 않았다. 그가 산재보험 업무를 담당하는 노동보험국장으로 재직할 때 필자는 주요 정책 사항이 있을 때마다 최고의 고용전문가인 조 국장과 상의하고 자문을 받았는데 드디어 담당 국장으로 부임하니 정말 확실한 팀장을 모시게 된 셈이었다. 고용보험제는 그렇게 하여 본격적으로 추진할 여건을 갖추게 되었다.

제7차 계획수립 초기 단계에서 고용보험은 아직 시행되지 않은 4대 사회보험의 마지막 과제로서 이제 도입 여부를 논의하는 수준이었고 전체적인 인력정책, 고용정책과 연계되어 검토하는 수준은 아니었다. 아직 우리가 가야 할 길이 너무도 멀었다. 고용보험을 어떤 체제로 도입할지에 대해 충분한 논의가 없었고, 종합적인 고용정책 등에 대한 포괄적인 공감대가 없었기 때문이다. 이러한 인식이 정부의 담당 기구 편성에서 여실하게 드러나 있었다. 고용보험을 다루게 된 7차 계획 '사회보장부문계획위원회'는 보건사회부 정덕조 사회복지정책실장과 인하대 박종기 교수가 공동위원장을 맡고 경제기획원 사회개발계획과장과 보사부 복지정책과장이 간사를 맡아 '사회보험과 공적부조'를 주요 검토과제로 논의했다. 그 소속하에 사회보험소위원회(17명), 소득분배·공적부조소위원회(15명), 사회복지서비스소위원회(18명)와 고용보험소위원회(8명)가 있었다.

고용보험소위원회는 고려대 신수식 교수가 소위원장, 노동부 정병석 고용대책과장이 간사를 맡고, 한국노총 조한천 실장, 경총 김영배 부장, 건국대 김원식 교수, KDI 민재성 실장, 노동연구원 유길상 박사와 경제기획원 장수만 사회개발과장 등 8명으로 구성되었다.[19] 소위원회 규모도 다른 소위원회의 절반밖에 되지 않았다. 필자가 고용대책과장을 맡고나

19 고용보험에 대해 초기부터 평생에 걸쳐 연구한 분은 노동연구원 유길상 박사(2005년부터 한국기술교육대 교수)이며 그의 업적은 참으로 지대하다. 고용보험소위원회에 대한 유길상 교수의 앞의 글(유길상, '우리나라 고용보험제의 도입 경위', 『노동부 고용보험 10년사』)은 필자가 갖고 있는 노동부 자료와 다소 상이하다. 이 책의 관련 부분은 당시 노동부 실무진들이 보관하고 있던 자료와 필자의 기억을 토대로 작성했다.

서 1991년 1월 7차 계획 사회보장부문계획위원회 회의에 처음 참석해보니 대부분 사회복지·사회보장 전문가들인 위원들은 고용보험 논의를 하면서도 인력정책 차원에는 관심이 없고 순전히 실업급여에 대한 이슈 위주로 논의하고 있었다. 마지막 남은 사회보험인 고용보험제를 빨리 도입하여 사회보장체제를 완성하여야 한다는 것이었으며, 그런 맥락에서 실업급여 혜택을 가급적 확대하여 사회보장을 강화하는 방향으로 도입하자는 입장이었다. 인력정책과 연계된 논의는 관심의 대상이 아니었다.

노동부와 한국노동연구원(유길상 박사)은 실업급여에 대한 논의에 집중하면 고용보험제 도입 자체가 어렵다고 판단했다. 그래서 7차 계획 작성의 주무부서인 경제기획원에 담당 기구를 변경하자고 제안했다. 즉 고용보험제 논의 자체를 사회보장 분과에서 검토할 것이 아니라 인력정책 분과로 바꿔 인력정책 차원에서 다루자는 제안이었다. 이미 구성되어 있던 '인력정책부문계획위원회'는 과기처 인력정책관과 국민경제제도연구원 김중수 부원장이 위원장을 맡고, 과기처 인력계획담당관과 경제기획원 인력개발계획과장이 공동간사를 맡았다. 소속 위원들도 문교부, 상공부, 노동부 소관과장(고용대책과장, 훈련기획과장)과 학계의 인력정책 전문가 30여 명이 민간위원으로 참여하는 대규모 기구였다.

소관 기구의 변경은 참여하는 전문가 그룹이 사회복지 전공에서 인력정책 전공으로 바뀌고 '인력정책 차원에서 향후 보완해야 할 제도가 고용보험'이라는 논리를 정립시키는 중요한 의미가 있었다. 동시에 담당 연구기관이 한국보건사회연구원에서 한국노동연구원으로 변경되었고,[20] 이

---

20 유길상, 앞의 글

때부터 한국노동연구원이 우리나라 고용보험 연구의 중추기관으로 자리잡게 되었다. 이 시기에는 '고용정책'이라는 용어보다 '인력정책'이 훨씬 더 보편적으로 활용된 용어라는 것을 지적하고 싶다. 사실 고용정책은 아직 정부나 사회에서 사람들에게 친숙한 용어가 아니었다. 그러다가 고용법제의 논의과정에서 고용정책의 개념과 위상을 확실하게 정립하게 되었다는 것도 첨언한다.

(2) 초기의 고용보험제 도입 논리

이때 고용보험을 도입해야 한다고 관계부처와 노사단체, 여론 주도층을 설득한 논리는 무엇이었을까? 1990년 초반에 인력부족과 고용불안이 거의 동시에 진행되는 상황에서 이러한 문제의 심각성을 부각시키자 관계부처, 학계 전문가 등이 인력정책의 중요성을 재인식하게 되었다. 이제는 한국도 적극적 노동시장 정책 체제를 구축해야 할 때라는 인식과 고용정책의 패러다임을 근본적으로 바꿔야 한다는 문제의식을 공유했다. 이때 노동부가 앞에서 언급한 '고용불안 현황과 대책'이라는 대외비 보고서를 만들어서 정부 내에서 공유했다. 인력이 남기도 하고 부족하기도 하는 등 수시로 고용상황이 변하니까 인적자원에 대한 효율적인 관리체제를 갖추지 않으면 이러한 상황변화에 효율적으로 대응할 수 없다는 문제를 제기했다. 그 중심이 고용보험제가 되어야 한다는 것이었다.

가장 대표적인 근거로 제시한 것이 독일과 일본 사례였다. 독일이 1969년에 '직업소개 및 실업보험에 관한 법'을 '고용촉진법'으로 변경하는 등 고용정책기능을 대거 보강하고, 일본도 1974년에 '실업보험법'을 '고용보험법'으로 제도를 바꾸었다. 캐나다는 1996년 '실업보험법'을 '고용보험법'으로 개편했다. 영국은 법 자체를 바꾸진 않았지만, 고용정책 관련 내용을 대거 추가했다. 장기실업이 늘어나니까 노동시장에서 제도적으로 장기 실업자들을 지원하고 취업을 알선해야 하는데 실업급여 지급만으로는 안 된다는 판단이었다. 구직활동을 열심히 하고 직업훈련에도 참가해야 실업급여를 받을 수 있도록 제도화한 것이었다. 우리도 그런 방향으로 정책체제를 구축하는 것이 옳다고 판단했다.

선진국에서는 처음에 실업보험 제도가 갖춰지고 나서, 인력대책 수단이 추가됐다. 우리나라는 상황이 외국과 너무 달랐다. 실업보험에 대해서는 너무도 반대가 많았다. 실업보험을 도입하기도 어려운 상황이 됐을 뿐만 아니라 선진국들이 실업보험에서 고용보험으로 개편한 것을 보고 나서, 우리는 처음부터 고용보험으로, 즉 적극적인 고용정책 수단으로서 도입해야 한다는 인식이 더 강화됐다.

인력부족과 고용조정에 제도적으로 대비할 필요성에 대해서는 경제단체들이 모두 당면 현안 과제로 공감하고 있었다. 문제는 그러한 제도를 새로 도입하는 비용을 기업들이 부담해야 하는데 기업을 어떻게 설득하느냐 하는 것이었다. 아무리 좋은 제도라도 비용부담 주체가 그만큼의 필요성을 인정하지 않으면 추진할 수 없는 것이었다. 우리는 당시 공식, 비공식적으로 경제단체 임원들과 많은 대화를 했다. 그 과정에서 우리나라가 시행하고 있던 직업훈련분담금 전환 논리가 가장 주효했다. 기업들이 이왕 직업훈련분담금을 내고 있는데 이를 바꿔 고용보험료로 전환한다면 기업의 저항을 줄일 수 있겠다는 것이었다. 경제단체 임원들은 이 논리로 회원 기업들을 설득할 수 있겠다고 공감했다. 비록 구체적인 비율이나 부담 기업 범위가 일치하는 것은 아니지만 적어도 기왕의 제도를 전환하여 그것으로 고용보험의 (능력개발)보험료로 대체하겠다는 발상은 충분한 설득력을 가졌다. 직업훈련의무제와 훈련분담금제도는 고용보험제 도입을 가능하게 한 강력한 설득 무기였다. 당시에 이 제도가 없었더라면 기업을 어떻게 설득할 수 있었을지 모르겠다. 고용보험제 시행단계에서 실제 책정된 능력개발보험료는 직업훈련분담금 요율체제를 거의 그대로 수용했다.

노동계에 대해서도 실업급여에 대한 과도한 기대, 무리한 요구를 하지 않도록 설득하는 것이 중요했다. 노동계에는 정말 오랜 숙원과제였던 실업에 대한 고용안정 체제를 갖게 된 것에 만족하고 한꺼번에 너무 많은 것을 요구하지 않도록 자제하라고 요구했다. 제도가 도입되면 조금씩 확대될 것인데 처음부터 너무 많은 것을 기대하면 제도 도입 자체가 어려워진다는 논리였다. 노동계 지도층에서도 사회 기득권층이 실업급여에 대해 갖는 거부감을 충분히 알고 있어 그런 논리에 수긍했다.

(3) 정부내 실무적 합의

고용보험제는 워낙 중요한 정책과제이기 때문에 사전에 경제기획원과 노동부 실무자가 여러 차례 만나 협의를 했다. 어느 정도 논의가 진행되고 나서 노동부 조순문 국장과 경제기획원 강봉균 차관보가 1991년 3월 집중적으로 논의하는 기회를 가졌다. 7차 계획수립을 정부 내에서 총괄하는 강봉균 차관보가 7차 계획의 핵심 정책과제들을 해당 부처 실무진들과 심층토론해서 조정하는 절차였다. 노동부로서는 국가 인적자원을 효율적으로 관리하고 적극적인 고용정책을 시행하려면 고용보험제가 꼭 필요하다는 논리를 전개했다. 한국노동연구원의 유길상 박사는 경제기획원에 재직했었던 경력을 토대로 그동안 여러 차례 경제기획원 관료들에게 고용보험의 도입 필요성을 설득한 바 있는데 이 회의에서도 연구보고서를 작성해 이와 같은 취지의 보고를 했다. 경제기획원 실무진에서도 노동부 제안에 상당 부분 공감한다는 의견을 제시했다.

이러한 논의를 지켜보고 나서 강봉균 차관보가 “모두의 의견이 그렇다면 이번에 고용보험을 해봅시다.”라고 결론을 내렸다.

이날의 논의는 고용보험제 도입에 있어 결정적으로 중요한 의미가 있었다. 첫째, 고용보험제 도입을 정부에서 실무적으로는 사실상 결정하는 계기였다는 점이다. 적어도 경제기획원과 노동부에서 실무적으로는 더 이상 도입 여부를 놓고 논란하지 않게 되었고 이후 집중적으로 도입을 추진할 수 있게 되었다. 둘째, 고용보험제를 인력정책, 고용정책의 수단으로 도입한다는 방침을 정했다는 점이다. 전략적으로 또 정책적 차원에서도 한국적 고용보험제의 성격을 이렇게 결정한 것이었다. 이 점은 반드시 강조해야 할 사항이다. 후일 제도 시행과정에서는 다소 변화가 있었지만, 제도 도입을 결정하는 과정에서 참여한 관료들이 이러한 정책 방향에 공감했다는 점은 매우 중요했고 강조되어야 할 사항이었다. 참여한 관료, 학자들이 주로 경제 관련 마인드가 강한 성향이었다는 것도 한 이유였을 것이다. 이후의 고용보험제 논의에서는 이날 결정된 방침이 줄곧 유지되었다.

인적자원을 효율적으로 관리하려면 노동시장의 구인정보·구직정보와 구직자, 재직 중인 전 근로자에 대한 상세한 데이터베이스가 대단히 중요하다. 컴퓨터로 집중관리하면서 인력이 부족하면 그쪽으로 인력을 보내고, 또 실업의 경우에는 왜 실업이 됐는지를 분석해서 거기에 맞게끔 교육훈련과 전직 지원, 고용창출 프로그램 등 대책을 만들자는 것이다. 그런데 인적자원을 등록시키려면 그러한 시스템과 인센티브가 필요하고 그래서 고용보험제가 꼭 필요하다고 했다. 1990년대 초반에 한국이 이런 정책을 추진할 여건이 되는지, 추진할 정책적 우선순위가 높은지 설득할 논리를 정립해야 했다.

우리나라는 1990년대 초에 인력부족 현상을 겪으며 인력확보 문제로 중소제조업의 가동이 힘들어지고 국제경쟁력이 저하될 수 있다는 경험을 했다. 더불어 국제경쟁이 치열해지면서 인적자원을 국가경쟁력의 핵심으로 삼아야 한다는 것에 대해 관계 당사자 모두 공감하게 되었다. 기업의 구조조정도 시급한 과제가 되었는데 이 경우에도 고용보험제도의 뒷받침이 필요했다. 고용보험제도가 만들어져야 고용안정조직과 고용정보체제가 구축되고 데이터베이스에 구직자와 근로자의 등록이 가능해진다. 노사가 보험료를 내도록 제도화해야 이 재원으로 인적자원을 관리하고 노동자들의 직업능력 향상과 수요처 개발을 지원할 수 있는 체제를 갖출 수 있겠다고 한 것이다.

(4) 노동부 장관의 반대와 7차 계획 정책심의회

이러한 과정을 거쳐 정부 차원에서는 '7차 계획 정책심의회'에서 고용보험제에 대해 1991년 8월 공식적으로 논의했다. 부총리 주재로 1991. 8.23. 개최된 7차 계획 정책심의회에는 관계부처 장관, 노사대표, 학계 전문가 등 20여 명이 참석했다. 여기에서 '고용보험제도의 도입 등 직업안정제도의 확충방안'이라는 안건에 대한 최종 논의를 거쳐 7차 계획 후반기에 고용보험제를 도입한다는 정부 차원의 방침을 최종결정하기로 예정되어 있었다.[21]

그런데 이날 정책심의회에서 벌어졌던 역사적인 사건은 우리들에게 잊지 못할 전설이 되었다. 수많은 실무 검토를 통해 경제기획원과 노동부가 이날의 회의안건 '고용보험제도의 도입 등 직업안정제도의 확충방안'을 공동으로 작성하여 제안했었다. 그런데 이날 회의에서 정작 주무부처이고 제안 부처인 노동부의 최병렬 장관이 고용보험제 도입방침에 반대한다고 선언한 것이었다. 회의 참석자뿐만 아니라 역사적으로 중요한 회의라고 판단하여 대거 배석했던 노동부와 경제기획원 간부들까지 대경실색한 참으로 난감한 상황이 벌어졌다.

여기에 관련된 에피소드부터 설명해야 이해가 될 것이다. 전두환 대통령이 1980년대 초 유럽 순방 시 스페인 어느 바닷가 휴양지에 갔는데 평일인데도 수많은 피서객들이 해수욕을 즐기는 것을 목격했다. 전 대통령이 "이들이 유럽의 부자들이냐?"고 질문을 했다. 이 질문에 주변 측근이

21 1991.8.23. 개최된 회의를 유길상(앞의 글)은 '경제장관회의'로 표현하고 있는데 이는 '7차 계획 정책심의회'가 더 정확한 표현이다. 필자는 이 회의에 안건을 작성하고 배석하여 회의 과정을 끝까지 지켜보았다. 노동부 관련 자료에는 일관되게 이 회의를 '7차 계획 정책심의회'로 명시하고 있다. 예컨대 『신경제 5개년계획』, '노사관계 재정립(1993.6)' 보고서 20쪽에도 '7차 계획 정책심의회에서 제7차 5개년계획 후반기에 고용보험을 실시하기로 결정'했다고 명시하고 있다.

"아닙니다. 이들은 부자가 아니라 독일의 실업자들인데 실업급여를 받아 와서 일하지 않고도 이렇게 잘 먹고 논답니다."라고 답변했다고 한다. 그러자 전 대통령이 "실업보험제라는 것은 국민의 일할 의욕을 떨어뜨리니 결코 도입해서 안 되는 제도구나!"라고 선언했다는 스토리가 지도층에 널리 유포되었다고 전설처럼 전해졌다. 사실 여부를 떠나 그 스토리는 우리가 1990년대에도 다 알고 있을 만큼 관가에 널리 퍼져 있는 얘기였다.

이 스토리가 너무나 많은 사람들에게 알려졌고, 최병렬 장관도 실업보험은 근로의욕을 떨어뜨려 경제를 쇠퇴시킬 제도라고 생각했던 것이다. 1991년 상반기에 7차 계획과 관련해 고용보험제 진행 사항과 인력정책 등을 장관에게 보고하고 지침을 받아야 할 일이 많았다. 3월쯤 조 국장, 과장(필자), 이성기 사무관이 함께 장관에게 보고하러 갔을 때의 상황을 잊을 수 없다. 장관실에는 4명 정도 앉는 라운드 테이블이 있었는데 장관을 중심으로 앉아 보고하고 토론하는 장소였다. 필자가 보고서를 펼치며 보고하려 했더니 장관은 그럴 필요가 없고 자기 자신이 직접 읽어보겠다고 했다. 조선일보 편집기자 생활을 오래 한 장관은 자신의 눈으로 자료를 빨리 읽고 핵심을 파악하는 능력이 뛰어났었다.

보고서를 건네받은 장관은 죽 넘겨보고 나더니 보고서를 필자에게 휙 던지며 말했다. "고용보험제? 나는 고용보험제 도입에 반대합니다. 이 서류는 캐비넷에 넣어 두었다가 장관이 바뀌면 그때 꺼내서 다시 추진하시오." 우리는 너무도 황당해서 서류를 챙겨 장관실을 나올 수밖에 없었다.

국장실에 돌아와 우리는 이 난감한 상황을 어떻게 돌파해야 할 것인가를 오래 논의했다. 결론은 여기에서 물러나서는 안 되고 최 장관 성격이

직설적이니 우리 관료들이 계속 부딪혀 설득하는 것이 최선이라고 판단했다. 이후 필자가 수차례 보고를 시도했는데 그때마다 "나는 반대야!" 하고 소리 지르며 고용보험에 대해서는 보고 자체를 받지 않겠다고 고집했다. 우리는 전략을 바꿔 '고용보험제'라는 제목을 쓰지 않고 '7차 계획 관련 인력정책 방안' 등으로 다른 제목을 붙여 보고를 시도했다.

당시 인력부족 대책이 현안 이슈이며 이를 위해 적극적인 고용정책이 필요하다는 논의가 진행되고 있었는데 이 부분에는 장관이 적극 이해하여 지원하고 있었다. 그러나 최병렬 장관은 이런 보고서에도 고용보험제 도입 의미가 포함되면 "이것도 결국 고용보험제 하자는 이야기구먼. 나는 반대야!" 하면서 고용보험이라는 단어가 들어간 서류는 보고 자체를 기피하고 구두로 보고해도 보고서에 일체 싸인을 하지 않았다. 필자는 고용보험제에는 반대하더라도 인력정책 보고는 받았으니 싸인을 해달라고 요구했다. 그러자 최 장관은 번번이 서명 대신에 첵크 표시만 했다. "장관님, 이게 싸인도 아니고 무엇입니까?" 하고 물으면 "그게 보고받았다는 표시다. 내가 반대하는 서류에 싸인할 수는 없지 않으냐?"고 대꾸했다. 그런 일이 여러 차례 반복되었다. 최 장관이 고용보험제에 대해서는 완강히 반대했지만 부하 직원들이 소신을 갖고 주장하면 신뢰하며 들어주는 포용력이 있었다.

최 장관이 고용보험제가 아닌 유휴인력 활용대책 등 인력대책에 대해서는 적극적으로 지원하여 노동부가 마련한 유휴인력 활용대책이 관계부처 회의에서 확정되고 고령자고용촉진법, 보육시설 확충, 시군구 취업알선 기능 확충 등의 정책을 추진하는 데에 장관이 결정적인 역할을 했다는 것은 인정해야 한다.

그러다가 1991년 8월 23일 드디어 '7차 계획 정책심의회'가 열리게 된 것이었다. 회의 전날 조 국장과 필자가 최병렬 장관에게 보고를 드리면서 '고용보험제도의 도입 등 직업안정제도의 확충방안'이 회의안건으로 올라간다고 조심스럽게 말씀드렸다. 그동안 장관이 반대했지만, 관계부처간 실무협의로 추진해왔고 이제 마무리 단계에 와 있다는 것을 설명했다. 관계부처에서 모두 동의하고 있고, 더 중요한 것은 보험료를 낼 경제단체를 포함한 노사단체에서 모두 찬성한다고 설명했다. "여건 조성이 다 되었으니 장관님은 정책심의회에 참석해서 아무 발언도 할 필요 없이 그냥 앉아 계시기만 하면 됩니다."라고 얘기했다.

그러자 최병렬 장관이 마지못해 우리한테 이런 답변을 했다.

"나는 지금도 고용보험제에 대해서는 반대합니다. 그런데 장관의 반대에도 불구하고 당신들 같은 전문관료들이 줄기차게 추진하는 집념, 열정, 논리는 충분히 인정하겠소. 그러니 내일 회의에 가서 논의를 지켜보고 나서 공론에 따르겠소."

정책심의회 당일 최각규 부총리가 회의를 주재하면서, 고용보험을 시행하면 기업에 부담이 늘어나지만, 이제는 우리나라도 이 제도가 필요한 때가 되었다고 말하며 분위기를 만들었다. 이 회의에서는 20여 명의 참석자들, 특히 경총과 상공회의소, 중소기업중앙회 대표까지 모두 고용보험제 도입에 찬성하겠다고 발언해서 사실상 논의가 끝난 판이었다. 논의가 마무리될 무렵 의장인 최 부총리가 최병렬 장관에게 "노동부는 안건 제안 부처이니 특별한 의견이 없지요?" 하며 논의를 끝내려 했다. 그런데 최병렬 노동부 장관이 마이크를 잡더니 그 자리에서 "나는 고용보험제 도입에 반대합니다."라고 폭탄선언을 하고 말았다.

참석자 모두 경악했다. 참석자들이 모두 동의했어도 안건을 제안한 주무부처 장관이 반대하니까 회의는 결론을 내릴 수 없어 결국 최종결정이 유보될 수밖에 없었다. 최각규 부총리 겸 경제기획원 장관은 이런 과정에 격분하며 회의가 종료된 후에 노동부에 최종적으로 최병렬 장관 의사를 다시 확실하게 재확인하라고 요구했다. 최 부총리는 벌어진 상황에 분노했지만 그렇더라도 주무장관이 끝까지 반대한다면 더이상 추진할 수는 없다는 입장이었다. 그래서 다시 확인해서 만약 장관이 끝까지 반대하면 추진하지 않는 것으로 결정하겠다고 노동부에 통보해 왔다. 당시 최병렬 장관은 언론인 출신의 정치인으로 청와대 정무수석 비서관도 역임하고 문공부장관을 거쳐 노동부장관에 임명된 노태우 대통령의 신임이 두터운 여당의 실세 정치인이어서 부총리라도 그 의견을 무시할 수 없는 그런 상황이었다.

회의를 마치고 사무실로 복귀하자마자 조순문 국장과 필자가 다시 장관실에 들어가 "어제 장관님께서 하신 말씀과 달리 오늘 적극적으로 반대 의사를 표명해서 부총리가 난감해하며 결론을 내리지 못하고 있습니다."라고 설명하며 최 장관께 "정말 끝까지 반대하시겠습니까?"라고 물었다.

이때 장관의 대답이 걸작이었다.

"내가 어제 공론에 따른다고 하지 않았소? 오늘 회의에서 나 빼고는 모두 찬성하더구만. 내가 반대했다는 것은 역사적 기록으로 남기고, 공론이 그러하니 그대로 추진하시오." 이렇게 해서 정부 내의 오랜 논쟁에 종지부를 찍게 되었다. 고용보험제는 7차 계획 후반기에 도입한다는 정부 방침이 1991. 8. 23. 마침내 확정되었다.[22]

최병렬 장관과 관련해서는 그 이후의 에피소드가 더 있다. 고용보험제가 시행된 이후 1996년 크리스마스 새벽에 국회에서 정리해고 조항의 조기 실시를 규정한 노동법이 날치기로 통과되어 노동계를 격동시킨 이른바 '노동법 파동'이 있을 때의 일이었다. 노동계가 총파업을 벌이며 전국이 격동기를 겪고 있을 때 고용보험심의관으로 있던 필자에게 당시 국회의원이 되어 있던 최 장관이 전화를 했다. 최 장관은 노동부장관을 거쳐 서울특별시장도 역임하고 국회의원이 되어 당시 여당의 주요 당직을 맡고 있었다. 최 장관은 필자에게 "정 국장, 고용보험기금이 많이 적립되어 있지? 정리해고자에게 실업급여를 높여주면 노동계의 불만을 달래며 이 파동을 수습하는 데 도움이 되지 않을까?" 하고 물었다. 필자는 "다른 사람은 몰라도 장관님은 그런 말씀 하시면 안 됩니다. 그렇게 고용보험제 도입을 반대하셔 놓고 이제는 그 기금을 더 쓰자고 하면 되겠습니까?" 하며 반박했더니 최 장관은, "그래도 내가 마지막 단계에서 동의했으니 제도가 도입된 것 아니요?"라고 답변했다. 그것도 사실이었다. 최 장관이 끝까지 반대했다면 고용보험제 도입 시기는 더 늦어졌을 것이다.

이제 비로소 고용보험제 도입을 정부 방침으로 확정하고, 7차 계획에

22 이 사례는 앞에서 소개한 『한국의 사회보험, 그 험난한 역정』, 제7장, 특히 pp. 344~ 345에 기록되어 있다.

반영하게 됐다.[23] 이때 정부 내의 합의로 고용보험제를 실업급여 지급이라는 사후적·소극적 측면보다는 인력수급의 원활화, 고용구조의 개선, 근로자의 능력개발, 실업의 예방 등 적극적인 인력정책 수행을 위한 제도적 장치로서 추진한다는 방침을 확정했다는 의미가 중요했다. 도입원칙과 핵심 방향을 정부 내의 합의로 결정한 것에 깊은 의의를 두어야 할 것이다. 이때부터 취업알선기능과 직업안정기관 확충, 요즘 용어로 고용센터와 고용서비스 기능 확대가 고용보험제와 하나의 패키지로 결정되었다는 것을 다시 강조하고 싶다. 고용정책팀의 오랜 숙원이었던 고용서비스 체제 구축은 고용보험제와 함께 실현되었다.

1991년 4월 대한상공회의소와 한국무역협회는 고용보험제도 시행이 필요하다는 의견서를 국회와 정부에 제출했었다. 한국의 기업을 대표하는 두 단체는 인력수급 원활화를 위한 직업안정기관 확충과 근로자의 직업교육 촉진을 위하여 고용보험제도가 필요하다는 판단을 하게 된 것이었다. 경제단체가 당시 어떤 논리로 고용보험제 필요성을 지적했는지에 대해서도 주목할 필요가 있다. 직업안정기관의 확충, 고용서비스 확대는 이제 노동부 차원을 넘어 국민적 관심사가 되었다. 이렇게 출발 당시에 고용보험제도는 이미 폭넓은 지지를 받고 있었다.

(5) 고용보험 연구기획단의 구성

1992년 노동부는 한국노동연구원에 고용보험제 연구의 실질적인 추

23 정부가 고용보험제 도입방침을 확정하면서 노동부 고용정책과에는 담당 인력이 보완되었다. 장신철 사무관이 고용보험 업무를 전담하게 되었고 후에 미국 유학에서 돌아온 이재갑 사무관이 합류했다.

진을 위한 연구기획단을 구성하도록 의뢰했다. 연구기획단의 구성에도 경제기획원의 강봉균 차관보가 관여하게 되었다. 강 차관보는 우리나라의 관련 전문가를 모두 동원해서 대규모의 '고용보험 연구기획단'을 만들어보자고 제안했다. 연구기획단을 100명 정도로 크게 구성하자는 것은 당시 경제기획원 강봉균 차관보가 조순문 국장에게 제안한 아이디어였다. "고용보험제 도입에 대해서는 관심도 많고 논란이 많으니 관련 학자들을 모두 포괄하여 기획단을 크게 구성해 보세요. 적어도 기획단에 참여한 학자들은 대놓고 반대하지 않을 것이니 반대 여론을 축소할 수 있으며 이들이 나서서 글과 말로 홍보하면 홍보에도 유리할 것입니다."라는 논리였다. "노동부에 기금이 많으니 기금에서 재원을 여유 있게 확보해서 대규모의 기획단을 만들어 크게 해 보세요."라는 제안도 했다.

이 제안에 따라 우리는 연구기획단을 100명 정도로 구성하려고 노동부 관련 부서와 예산실을 대상으로 예산확보를 위하여 열심히 노력했다. 결과적으로는 노동부 내에서 직업훈련촉진기금 재원에서 1억 원 정도밖에 지원받지 못하였다. 예산지원도 충분하지 않게 되자 이 과제를 책임수행하던 노동연구원의 유길상 박사가 인원 조정을 제안했다. 인원이 너무 많으면 예산이 부족하고 의견조정에 애로가 많으니 효율적 운영을 위해서 30명 정도가 적당하겠다는 의견이었다. 결국 기획단은 실제로 30명으로 구성됐다.

1992년 3월 부총리가 주재한 인력정책심의회에서 '고용보험 추진계획'이 결정되고 그 추진방안의 하나로서 1992년 5월 한국노동연구원에 고용보험연구기획단을 설치하여 본격적인 연구작업을 진행하게 되었다.

이듬해 1993년 6월에 연구 결과를 발표했다.

고용보험연구기획단은 한국노동연구원장을 단장으로 하여 총괄조정반(노동연구원 부원장 좌장, 유길상 간사), 노동시장 및 고용안정연구반(박훤구 좌장, 어수봉 간사), 모형개발연구반(박래영 좌장, 유길상 간사), 직업훈련연구반(김수곤 좌장, 유길상·정택수 간사), 그리고 재정분석 및 영향평가연구반(김대모 좌장, 박영범 간사) 등 5개 반을 두었다. 아래의 그림과 같이 연구기획단에는 노동경제, 노사관계, 노동법 등 당대의 학계 전문가들이 대거 포함되었다. 운영과정에서 일부 연구진의 변동이 있었기에 보고서를 마무리할 때의 기획단 연구진을 기준으로 정리했다.

고용보험연구기획단이 가동되는 과정에서 노동부 고용정책 담당자들은 각 부문별 회의에 참석하여 토론하고 의견을 제시했다. 사실상 연구기획단과 노동부는 하나의 팀처럼 협력하며 작업했다. 고용정책과에서는 장신철 사무관이 초기부터 고용보험 업무를 전담했다. 장 사무관은 고용정책과에서 수습하면서부터 고용보험 업무를 맡기 시작하여 정식 임용되면서 노동부 최초의 고용보험 전담사무관이 되었다. 1993년 미국 유학에서 돌아온 이재갑 사무관이 합류하여 장신철, 이재갑 팀이 본격적으로 법안을 준비해 나갔다. 조순문 국장 지휘하에 노동연구원의 유길상, 어수봉 박사와 고용정책팀은 수시로 회합을 가졌다. 유길상 박사는 고용보험 제도의 구체화, 어수봉 박사는 적극적 고용정책의 체제마련을 주로 담당했다.

그때 우리가 노동연구원팀과 긴밀히 논의했던 주요 정책과제의 하나

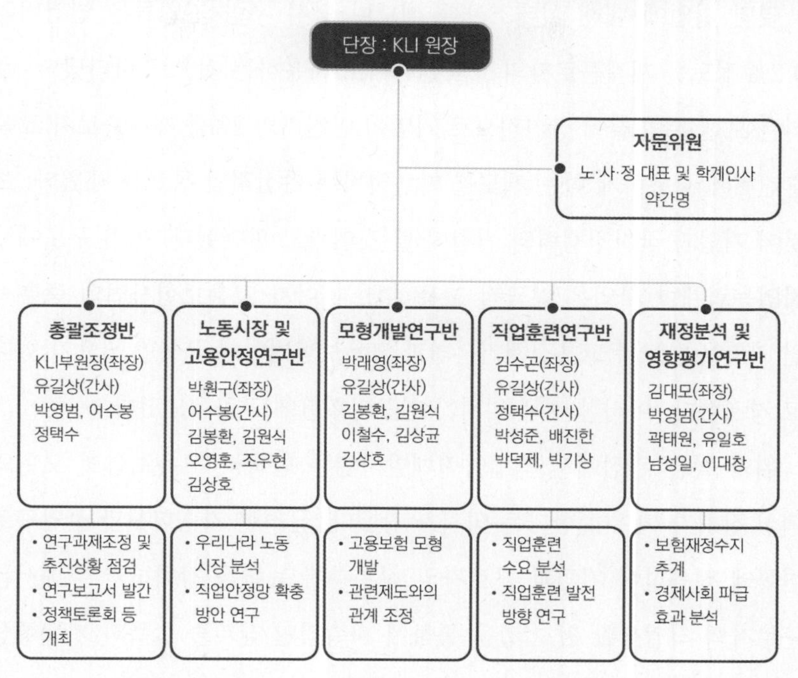

가 전 근로자에 대한 평생능력개발체제를 도입하자는 것이었다. 특히 고용정책과장인 필자의 의견과 어수봉 박사의 생각이 일치되어 적극적 고용정책의 핵심 수단이면서 고용보험 직업능력개발사업의 근간으로 체계화하기로 합의하였다. 우리는 급변하는 국제경제 환경에서 우리 기업과 근로자의 경쟁력, 즉 직무수행 능력을 키우는 것이 핵심이고 그것이 국가경쟁력 강화의 지름길이라고 판단했다. 앞으로의 직업훈련은 실업자나 신입 근로자에 대한 양성훈련 중심에서 벗어나 모든 재직근로자를 대상으로 하여 매년 지속적으로 교육훈련을 시행하게 하는 제도가 중요하다고 생각했다.

몇몇 기업에 대해 실태조사를 해보니 당시 우량 기업들은 인건비의 0.2% 정도를 재직근로자의 교육훈련비로 사용하는 것으로 나타났다. 우리는 오랜 논의 끝에 장기적으로 기업이 인건비의 2%를 재직근로자 교육훈련비에 사용하게 하는 제도를 마련하자는 야심적인 목표를 세웠다. 그것이 기업과 국가경쟁력의 원천이 될 것이라고 판단했다. 이런 구도에서 직업능력개발 사업은 적극적 고용정책, 나아가 고용보험사업의 중추적인 역할을 하도록 고용정책기본법과 고용보험법안에 규정할 필요가 있다고 강조했다. 이러한 정책 의지가 연구기획단에도 공유되었다.

위와 같은 관점에서 직업능력개발사업은 한국적 고용보험제 모형의 핵심 장치가 되어야 한다는 의지가 강했다. 급격한 기술혁신과 산업구조 변화에 적응하여 기업과 근로자의 직무수행 능력을 강화하기 위해서는 근로자의 직업생활 전 기간을 통하여 지속적인 신기술 습득과 기능향상이 필요해졌다고 판단했다. 기업의 지속적인 근로자 교육훈련을 유도할 수 있는 제도적 장치(법적 기반과 기금)를 마련하여 근로자의 평생에 걸친 능력개발과 생산성 향상을 지원하는 것이 핵심적인 노동시장 정책과제로 제기되었다.

고용보험제 시행과 함께 이제부터는 모든 재직근로자를 평생에 걸친 능력개발훈련의 대상으로 하되 기업에 대해서는 훈련의무제가 아니라 능력개발 보험료를 의무적으로 납부하게 한 후 실제 훈련을 실시한 기업에 그 비용을 환급하게 하자는 구상이었다. 기업이 인건비의 2% 정도를 교육훈련비로 사용하게 할 수 있다면 우리나라 근로자와 기업의 경쟁력이 획기적으로 향상되리라는 것이 우리의 판단이자 목표였다.

초기에 고용보험료 체계에서 고용안정사업 보험료와 직업능력개발사업 보험료를 구분하고 별도의 계정을 두게 한 것도 능력개발사업의 발전을 위해서는 향후 기업의 구조조정 과정에서 고용안정사업 자금 소요가 일시적으로 기금 수입을 초과해 늘어나더라도 능력개발 기금을 잠식하지 않게 하려는 의도가 있었다. 고용보험의 능력개발 사업은 이러한 원대한 목표에서 마련된 제도라는 것을 강조하고 싶다. 1990년대 초에 제도를 설계하면서 정책담당자들이 고심했던 능력개발사업의 목표와 의도에 대하여 잘 알려지지 않았기 때문에 이 기회를 통하여 그 배경을 제대로 전하고 싶다.

4. 김영삼 정부의 신경제 5개년계획

(1) 신경제 계획에 고용보험제 실시방침 반영

정부의 고용보험제 도입방침에 따라 정치권에서는 선거공약으로 1995년 실시방안을 제시하게 되었다. 1990년 3당 합당이 이뤄진 이후인 1992년의 국회의원 총선거 및 대통령선거가 실시되면서 민자당, 민주당, 국민당 등 주요 3당은 고용보험제를 1995년에 시행하겠다는 선거공약을 채택했다. 1993년 2월 25일 출범한 김영삼 정부는 집권 초기에 마련한 경제계획인 '신경제 5개년계획'에서 고용보험제를 1995년에 시행하겠다고 명시했다.

김영삼 정부에서는 7차 5개년계획을 중단시키고 이를 '신경제 5개년 계획'으로 대체했다. 경제사회발전 5개년계획 기간 중에 신경제 5개년계획으로 변경되었는데 일부 내용상 수정이 있었지만 고용보험제 부분은 기조에서 변화가 없었다.

고용보험제를 도입하는 것은 이미 정부 방침으로 정해져 있었고 김영삼 정부가 고용보험제를 반대할 이유가 없었다. 그때는 노동부 업무를 청와대 경제수석 비서관이 담당했는데 박재윤 서울대 교수가 경제수석으로 임명되었다. 김영삼 대통령이 취임하고 나서 노동부가 청와대에 고용보험제에 대한 업무보고를 했다. 그때 박재윤 경제수석의 반응이 지금도 생생하다. 박 수석은 보고를 듣고 너무도 좋아하면서, "고용보험제는 김영삼 정부의 5대 업적 중 하나가 될 것입니다. 노동부가 아주 큰 일을 했습니다."라고 크게 칭찬하였다. 노사 등 이해당사자를 설득하고 국민적 공감대를 얻어야 할 중대한 국가 과제를 대통령 취임 전에 모두 끝내 놓았으니 너무도 반가웠다는 것이었다. 김영삼 정부의 정책기조와도 부합되고 시기적으로도 적절하다고 판단했다고 한다.

1993년 4월 정부는 신경제계획의 중점 추진과제의 하나로 고용보험제 실시를 채택하고 이어 노사정 대표와 학계 전문가로 '고용보험실무작업반'을 구성했다. 실무작업반은 경제기획원 기획국장과 노동부 직업안정국장이 공동으로 반장을 맡고 고용정책과장이 간사, 유길상, 어수봉, 송하중, 김원식, 정택수 교수와 노총의 조한천 정책실장, 경총의 김영배 이사 등이 참여했다.

'신경제 5개년계획 노사관계 재정립' 보고서(1993.6)의 제4장이 '고용보험제도의 도입'이었다. 여기에서 고용보험제도의 도입 필요성을 검토하고 제도의 기본골격, 주요 사업내용을 정리했다. 1990년대 들어 인력의 고령화, 고학력화, 인문화 등 인력의 공급구조가 변화하여 생산직 인력난이 계속됨을 설명하고 인력난 속에서 실직자 증가와 고용불안 확산, 직종별·기업규모별 인력수급 불균형 등 고용의 이중구조가 형성되고 있음을 지적했다. 그러나 산업구조조정에 대응하는 고용조정을 위한 제도적 장치가 부재하여 구조조정 과정에서 발생하는 잉여인력에 대한 대책이 미흡하며 향후 고용문제가 우리 경제의 불안 요인이 될 것이라는 우려를 제기했다. 이에 따라 산업구조조정을 촉진하고 인력수급 원활화와 직업안정 기능을 활성화하기 위하여 고용보험제라는 제도적 장치를 도입해야 한다고 제안했다. 특히 모든 가용인력 자원에 대한 '고용정보의 풀'을 형성하여 원활한 인력수급 조절과 생산적인 재배치를 유도하자는 내용이 명시되어 있다.

제도의 기본골격에서는 실업급여 지급이라는 사후 구제적 차원이 아니라 실업의 예방, 인력수급의 원활화, 고용구조의 개선, 근로자의 능력개발 등 적극적 인력정책을 실현하는 제도적 장치로 개발한다는 당시의 정부 방침을 확고히 천명하고 있다. 선진국의 경험을 바탕으로 부작용을 최소화하고 효과를 극대화하는 방향으로 제도를 설계하고 노사의 부담을 고려하여 고부담, 고복지가 아닌 저부담, 저복지 원칙으로 추진하는 원칙을 정했다. 관리운영에 있어서는 기존 조직과 인력을 최대한 활용하여 추가적인 재정 소요를 최소화한다는 부분도 명시했다.

고용보험의 적용 범위는 10인 이상 사업장으로 하고 실업급여 보험료는 노사가 각각 1/2을 부담하고 사용자는 고용안정과 능력개발사업 보험료를 따로 부담하며 관리운영비는 정부가 부담한다는 원칙을 정했다. 한편 노사정 3자 대표로 구성되는 고용보험심의기구를 두되, 집행기구에 대해서는 아직 결론을 내지 못하고 정부기구 또는 공단 형태를 검토하되 기존 기구와의 통합 가능성을 검토하기로 했다.

주요 사업으로는 고용정보 제공, 직업지도와 취업알선, 고용조정지원 등의 고용안정사업을 추진하고 사업체의 직업훈련을 지원하며 지자체 등 공익기관의 직업훈련도 지원하는 능력개발사업을 추진하기로 했다. 실업급여는 일정 기간 보험료를 납부한 실직자에게 지급한다는 방침을 확인했다.

이러한 방침에 따라 노동부에 고용보험제도 추진단을 하반기에 설치하여 1995년 제도 시행에 차질이 없도록 준비하게 했다. 1993년 김영삼 정부의 신경제 5개년계획에서 고용보험제 도입 결정이 확정된 후 정기국회에 법안을 상정하겠다는 계획을 밝히며 노동부가 당시의 노동부 공식 홍보 매체인 '노동뉴스'에 발표한 자료를 인용해 보자(노동뉴스 제70호, 1993.6.21).

> 고용보험제는 적극적인 취업 알선을 통한 재취업의 촉진과 근로자의 직업안정과 고용개선을 위한 고용안정사업, 근로자의 능력개발사업, 그리고 실직 근로자에게 실업급여를 지급하는 생활안정사업 등을 상호 연계하여 실시하는 사회보험제도이다.

고용보험제는 근로자에게 생활안정, 고용안정 및 능력개발 등의 혜택을 제공할 뿐만 아니라 총체적인 고용정보체제를 구축하여 인력수급의 원활화에 기여하는 등 사업주에게도 많은 지원이 주어지므로 노사 및 일반 국민들도 이 제도의 시행을 적극적으로 수용하는 자세가 요구된다.

노동부는 고용보험제의 시행 필요성으로 1) 각계의 제도 시행 요구, 2) 산업구조의 조정 촉진, 3) 구조적 인력부족에 대한 대응과 인력의 효율적 활용·배분, 4) 근로자를 위한 능력개발 훈련의 촉진, 5) 실직근로자의 생활 안정을 제시했다. 당시 정부가 어떤 취지로 고용보험제를 도입했는지를 공식적으로 밝힌 것이고 이 기조는 법 시행단계까지 정부 내에서 그대로 유지되었다는 것을 다시 강조하고 싶다. 이후 알려진 고용보험제 도입 취지와는 다소 강조점이 다르다는 것을 느낄 것이다. 이 부분은 앞에서도 여러 차례 언급했다.

1993년 3월 한국노총은 '신정부에 바란다'는 건의서에서 1994년도에 고용보험제 시행을 건의했고 1993년 4월 노사 양측이 임금인상에 대한 합의 시 고용보험제의 조기 실시를 건의하기도 했다. 5월에는 경제개혁 촉구 범국민대회에서 고용보험제도 실시를 촉구하는 내용이 반영되기도 했다.

(2) 고용보험제에 대한 예산 당국의 반대와 애로

정부차원에서 도입방침이 확정되고 신경제 5개년계획에 반영되었는데도 고용보험제는 예산 당국의 반대로 초기부터 예산지원을 거의 받지 못했다. 법이 제정되고 나서도 예산실의 비협조적인 태도 때문에 제도 시행과정에서 차질이 발생하고 상당히 왜곡되기도 했다. 예산실에서는 노사가 보험료를 내서 소요 재정을 모두 부담해야 한다고 주장하고, 일반회계 지원에는 반대했다. 고용보험을 담당하는 관장기구, 전산, 인력 등은 사회의 인프라이므로 일반회계에서 담당해야 하는데, 예산실은 그것까지 노사의 보험료에서 부담하라는 주장을 굽히지 않았다. 이런 반대로 인하여 실제 시행할 때 여러 단계에서 굉장히 큰 어려움을 겪게 되었다.

"오는 1995년부터 실시키로 한 고용보험의 운영 주체를 놓고 경제기획원(예산실)과 노동부가 첨예하게 대립, 고용보험법 제정이 막판 진통을 겪고 있다...(중략)...경제기획원은 공무원조직의 확대가 불가능하다는 점과 고용보험업무가 서비스업무라는 점을 지적, 기존의 산업인력관리공단을 포함한 별도의 공단이 담당해야 한다는 입장이다. 그러나 노동부는 법률 제·개정에 따른 후속조치 사항은 공무원정원 동결에서 제외돼 있을 뿐만 아니라 민간이 담당할 경우 부조리의 소지가 크다는 점을 들어 기존 입장을 고수하고 있다." 당시 부처 간 이견 상황을 신문에서도 크게 보도했다.[24]

당초 고용보험법안에는 '노동부장관은 직업안정소를 설치하여 그 지휘·감독하에 보험에 관한 사무를 수행하게 한다.'는 규정이 있었다. 법안 협의과정에서 명시적으로 직업안정소를 설치한다는 이 문구를 삭제하고 법률제정 직후 KDI, KLI 등의 공동연구용역을 거쳐 최종결정하기로 하

24 매일경제신문 1993. 9. 30, 1면 기사

여 애매한 상태로 놓아둔 것이었다. 국회에 제출된 고용보험법안에서 '직업안정기관'이 고용보험의 집행기관으로 명시되어 있고, 같이 추진된 직업안정법안에서는 직업안정기관을 '직업안정업무를 수행하는 지방행정기관'으로 규정하고 있었다. 두 법안을 연결해 보면 노동부 지방행정기관이 직접 담당하는 것을 전제로 고용법 체제가 구성되어 있었던 셈이다. 결국 연구용역을 거치고 나서 실제 그렇게 시행되었다.

5. 고용보험연구기획단의 보고서

(1) 연구기획단의 활동

고용보험 연구기획단은 '고용보험제도 실시방안 연구'라는 보고서를 만들어서 1993년 6월에 정부에 제출했다. 연구기획단에서 30명의 전문가가 1년여 집중적인 연구와 논의 끝에 방대한 보고서를 작성했는데 그 요약보고서만 50쪽에 이른다. 이 보고서가 법안에 대부분 반영되며 한국적 고용보험제 모델을 형성하게 된 것이다.

이 보고서는 고용보험제도의 의의, 최근의 고용동향과 문제점, 노동시장 문제해결을 위한 고용보험제도의 도입 필요성, 우리나라 고용보험제도의 실시방안 및 향후 추진계획 등 5개의 장으로 되어 있다. 최근의 고용동향과 문제점에서는 경제활동인구 증가세 둔화와 노동력 부족, 제조업 취업자의 감소와 경제의 서비스화, 산업구조 변화와 경제성장 둔화에 따른 고용불안의 증대, 인력수급의 불균형과 직업안정 기능의 취약 등의 문제를 다루었다.

고용보험연구기획단은 학자 30명으로 구성되었는데 노동부의 해당 부서에서도 관련된 정책논의에 적극 참여하여 활발하게 의견을 개진하고 노동부의 강조점을 전달하였다. 여기에 참여한 학자들은 한국적 고용보험제를 설계하는데 기여한다는 사명감과 자부심을 갖고 적극 참여하며 열띤 토론을 계속했다. 이런 과정을 통하여 연구기획단의 전문가 상호 간, 또 전문가와 노동부 정책팀 간에 충분한 공감대가 형성되었다. 연구기획단의 보고서, 노동부의 관련 보고서 및 법안을 비교해 보더라도 정책 방향이나 주요 내용, 사용하는 개념 등에서 거의 차이가 없다는 것을 알 수 있다. 당시 고용정책 관련 학계 전문가와 정책담당자들 간 협업작업은 그만큼 원활하게 작동하고 있었다.

노동부 정책부서에서는 논의된 내용을 토대로 초기부터 고용보험법안의 조문화 작업을 진행하고 있었다. 보고서가 최종 완성되기 전에 이러한 방식으로 연구진과 정책팀 상호 간에 공감대가 형성되어 입법기간 단축 등의 성과를 거둘 수 있었다. 실제 연구기획단의 보고서가 공식 제출된 것은 1993년 6월인데, 이미 노동부는 7월에 법안을 완성하여 관계부처 협의에 돌리는 일정을 추진할 수 있었다.

(2) 연구기획단 보고서의 주요 내용

연구기획단 보고서에서 노동시장 문제해결을 위한 고용보험제도의 도입 필요성으로 다음의 5개 항목을 제시했다.

가) 고용조정의 원활화와 경제의 효율성 제고

나) 직업안정 기능의 활성화와 인력수급의 원활화

다) 직업훈련의 활성화와 경쟁력 강화

라) 실직 근로자의 생활안정과 재취업의 촉진

마) 남북통일에 대비한 적극적 노동시장 정책의 추진

연구기획단 보고서에서 제시한 우리나라 고용보험제도 실시방안을 집중적으로 검토해 보자. 제도의 골격에는 실직자에 대한 실업급여 지급이라는 사후 구제적 차원이 아니라 실업의 예방, 인력수급의 원활화, 고용구조의 개선, 직업훈련의 활성화 등 적극적 고용정책과 연계하여 기업의 경쟁력을 강화하고 근로자의 복지도 구현하는 제도적 장치로 설계했음을 밝히고 있다. 한편 고용안정사업, 능력개발사업 및 실직근로자 생활안정사업 등 고용보험사업을 통하여 인력의 형성, 배분, 활용, 보존의 제 기능이 유기적으로 연계되도록 설계했다.

제도 모형은 포괄적 적용 범위를 갖는 강제적 고용보험제도이며 원칙적으로 모든 사업장의 근로자를 적용대상으로 하였다. 다만 연금 등 별도의 사회보장제도에서 보호받는 공무원, 사립학교 교직원은 제외하고, 자영업자와 가족종사자도 제외하며 60세 이상은 국민연금의 보호대상이므로 적용 제외하기로 했다. 또한 초기의 행정부담과 보험재정 안정을 감안하여 10인 미만 사업장은 일시적으로 적용을 유보하며 10인 이상부터 적용하자고 제안했다.

고용안정사업에서는 전국적인 직업안정망을 구축하여 종합적인 인력관리 체계를 확립하고 취업알선 기능을 강화하여 마찰적 실업의 최소화, 적재적소의 취업을 유도하고, 고용조정과정에서 발생하는 실직자를 흡수하고 인력부족을 조절할 수 있는 완충장치를 마련하여 고용불안 해소와 가용인력자원의 활용 극대화를 도모하자고 제안했다. 사실 고용정보 제공기능과 취업알선 기능 강화를 위한 직업안정망을 확충하여 인력수급을 원활히 하자는 것은 노동부의 오랜 숙원이었다. 그것이 고용보험제를 통하여 학계의 폭넓은 지원을 받으며 구체적으로 수용되는 계기를 마련한 것이었다.

1990년대 초에 한국은 구인난과 취업난이 공존하는 인력수급 불균형이 심화되고 있었다. 그 배경에는 노동력의 수요 측면과 공급 측면에서의 구조적 변화 외에도 이를 매개하는 직업안정 기능이 취약하여 노동시장의 변화를 파악하고 인력수급을 조절하는 제도적 장치가 미흡한 요인이 있었다. 따라서 고용보험제를 실시하면서 동시에 공공직업안정기관을 대폭 확충하는 계기로 활용할 필요가 있었다.

'공공직업안정기관(Public Employment Service, PES)'은 국제적으로 PES로 통용되며 국가의 기간 조직인데 당시까지 우리나라에서는 이에 대한 인식이 부족하고 용어도 통일되어 있지 않았다. 고용보험제 도입을 계기로 우리는 공공직업안정기관을 설립하여 실업급여 업무뿐만 아니라 사업주 및 구직자에 대한 고용정보 제공, 구직자에 대한 직업상담, 직업지도, 직업훈련 상담 및 훈련알선, 취업알선 등 종합적인 고용서비스를 제공하는 체제를 갖추게 되었다. 이로써 직장탐색과 채용비용을 최소화하고 인력수급 조절기능을 원활히 수행할 수 있는 장치를 갖게 되었다.

실직자가 실업급여를 신청하기 위해서는 공공 직업안정기관에 구직등록하는 것을 필수적 요건으로 하고 사업주가 공공직업안정기관의 소개로 근로자를 채용하는 경우 일정 기간 그 근로자에 대한 고용보험료의 일부를 감액하는 제도를 제안하였다(이 제도는 시행상 너무 복잡하여 행정비용이 많이 든다는 등의 이유로 실제 채택되지는 않았다).

고용조정지원 제도는 고용보험제 도입과 함께 채택된 중요한 지원제도였다. 산업구조의 변화·기술혁신과 함께 구조조정과 고용조정의 필요성이 증가하고 있으나 한국에는 이를 고용정책적으로 지원하는 제도가 마련되지 않았다. 정리해고 등 고용조정이 불가피하더라도 전직 훈련을 통해 새로운 부문에 재배치되도록 고용보험에서 지원한다면 실업 예방과 고용조정의 원활화에도 기여할 것이다. 이러한 목적에서 고용조정이 불가피한 근로자에 대해 전직 훈련을 시켜 배치전환하거나 이들을 재취업시킨 기업에 대해 그 소요 비용과 훈련기간 중의 임금을 고용보험기금에서 지원하는 제도를 고안하였다. 아울러 고령자, 장애인, 주부 노동력에 대한 고용촉진 지원제도를 제안했다. 고용사정이 현저히 악화되어 노동부장관이 지정한 특정 불황 업종이나 특정 불황 지역에서 구직자를 고용하여 고용 확대에 기여한 기업에 장려금을 지급하는 제도도 포함되었다. 대한민국에 전례가 없는 이런 사업들을 도입하는 것은 당시로서 파격적인 제안이었고 과감한 출발이었다.

능력개발사업에서는 기술혁신과 산업구조 변화에 적응하여 경쟁력을 강화하기 위해서는 근로자의 지속적인 신기술 습득과 기능향상이 필요하다고 지적했다. 따라서 기업의 직업훈련을 유도할 수 있는 제도적 장치를 마련하여 근로자의 지속적인 능력개발과 생산성 향상을 도모하자고 제안했다.

이에 따라 근로자의 생애직업능력개발 지원사업이 구체화되었다. '노사협의를 통하여 근로자의 근로 생활 주기에 따른 체계적인 직업능력 개발 프로그램을 수립·시행하는 사업주에게 소요 비용의 일정 비율의 보조금을 지급하여 효율적인 인력개발 투자를 유도'하자는 제안이었다. 기업이 실제 시행하는 집체훈련 비용 또는 위탁훈련 비용을 지원하자는 취지였다. 훈련의 내용은 새로운 기술·지식을 습득하기 위한 재훈련, 기술 진보에 따른 향상훈련, 배치전환에 따라 새로운 직무를 수행하기 위한 전직훈련 등을 지원하는 제도였다. 한편 중소기업의 직업훈련에 대해서는 위탁훈련비, 훈련기간 중의 임금 일부를 지원하는 등 특별지원 제도를 마련했다. 대기업이 협력업체 또는 중소기업 근로자에 대해 직업훈련을 실시하거나 중소기업 또는 그 단체가 직업훈련을 실시할 경우 그 비용을 지원하는 제도도 제시되었다. 아울러 인정직업훈련원이나 기술계 사설학원에도 실업급여 수급자에게 훈련을 위탁하고 그 비용을 지원하는 제도가 포함되었다.

고용보험제 시행과 함께 사업내훈련 의무제는 폐지가 불가피하다고 판단했다. 이 경우 두 가지의 대안이 제안되었다. 제1안은 사업내훈련 의무를 폐지하여 완전자율화하고 자발적으로 훈련을 실시한 기업에는 훈련비용을 지원하자는 안이었다. 제2안으로는 사업내훈련을 자율화하되 일정 규모 이상의 기업에 대해서는 훈련의무를 잔존시켜 인력양성 수요에 부응하자는 안이었다. 연구기획단에서 다수의 전문가는 장기적으로 제1안이 바람직하나 단기적으로는 제2안도 무방하다는 의견을 피력했다. 실제 제2안이 채택되어 고용보험제 시행 후에도 1000인 이상 기업에는 훈련의무제가 한시적으로 존치되었다. 훈련의무제는 1998년에 완전 폐지되고 고용보험의 능력개발 제도가 본격적으로 시행되었다.

실직자에 대한 생활안정을 위해 실업급여를 지급하는 제도도 제안되었다. 이를 위한 급여로는 실업급여(구직활동수당), 직업훈련수당, 조기재취직수당, 훈련연장급여 제도 등이 포함되었다. 실업급여를 수급하기 위해서는 실직 전 일정 기간 보험료를 납부해야 한다. 요건을 충족하더라도 모럴해저드를 방지하기 위하여 여러 가지 급여 제한 사유를 규정했다. 즉, 정당한 이유가 없는 자발적 이직, 적합한 직업소개 또는 직업훈련의 거부, 본인의 과실에 의한 해고, 적극적 구직활동의 결여 등의 경우에는 결격사유 해당 시점부터 실업급여 지급을 금지하도록 했다.

실업급여 수준은 실직 전 임금의 정률로 정함을 원칙으로 하되 급여 수준의 상한을 설정하여 정률제의 문제를 예방하게 했다. 실업급여 수준은 법정퇴직금 제도가 존속되고 있음을 고려하여 실직 전 임금의 50%를 상회하기는 곤란하다고 판단했다. 또한 대기기간을 2~4주로 제안하여 실업급여 남용을 방지하자고 했다. 실업급여의 지급 기간은 실직자의 피보험기간과 연령을 감안하여 60~210일까지 차등을 두어 결정하게 했다. 한편 직업훈련수당, 조기재취직수당, 훈련연장급여 등의 구체적인 지급요건을 명시했다. 아울러 부정수급 방지를 위한 제도적 장치로 근로자 해

고율과 연계된 경험요율제도 도입을 제안했다.

연구기획단에서는 노사정 3자 간의 보험료 비용부담 원칙을 제안했다. 실업급여 비용은 노사가 1/2씩 각각 부담하고, 고용안정과 능력개발 사업을 위한 보험료는 사용자만이 부담하도록 했다. 관리운영에 소요되는 비용은 정부가 부담해야 한다는 원칙을 정했다. 실업급여를 위한 보험료 수준으로는 피보험자 중 실직하는 비율과 비자발적 실업자 비중 추정치에 따라 0.33~0.98%까지 다양한 보험료 대안을 제안했다. 예를 들면 피보험자 중 실직자 비율이 4%, 비자발적 실업자 비율이 35%인 경우 실업급여 보험료는 노사 각각 0.305%로 추정했다. 고용안정사업과 능력개발사업을 위한 보험료는 사업주가 1.045%를 부담하는 것으로 추정하였다.

고용보험 관리운영기구로는 제1안으로 중앙정부인 노동부가 직접 공공직업안정소를 설치하되 담당 공무원은 별도 직렬로 편성하여 전문화시킬 것을 제안했다. 제2안으로는 현재의 한국산업인력공단을 인력공단으로 전환하며 노사정 합의체의 이사회를 두고 그 산하에 공공직업안정소를 설치할 것을 제안했다. 연구기획단내에서도 제1안과 제2안의 지지 세력이 양분되었다.

(3) 고용보험제 도입의 주역들

고용보험법은 1993년 12월 1일 국회 본회의를 통과했고, 12월 27일 공포되어 1995년 7월 1일부터 시행되었다. 정부에서 이렇게 중요한 고용보험제를 시행하기까지 주도적인 역할을 한 사람이 누구인가?

먼저 1987년 민주화 이후 정책 추진 여건이 확연히 달라졌다는 점을 강조해야 할 것이다. 고용보험의 경우에는 결정적으로 기여한 장관급 이상 스타가 없었다. 노동부와 경제기획원의 국장, 과장, 사무관이 주역이고 차관보 등 실무레벨에서 모두 추진했다. 고위직에서는 앞에서 언급했듯이 노동부장관이 가장 심하게 반대하지 않았던가. 논의가 실무레벨로 내려오자 결국 설득력있는 논리가 가장 중요한 요건이 되었다. 관료와 학자들이 공통의 목표를 위해 긴밀하게 협력하며 추진했다. 노동연구원의 유길상·어수봉 박사를 비롯한 연구진과 고용보험 연구기획단에 참여한 학자들이 헌신적으로 연구하고 토론하며 노사, 언론 등 관계자들을 설득했다. 노동부 직업안정국은 조순문 국장 이하 전 직원이 혼연일체로 노력했다. 1995년 7월 1일 고용보험제가 시행되자 이를 기념하여 장신철 사무관이 '인물로 본 고용보험제 역사'라는 자료를 만들었다. 이 자료에는 고용보험제 시행에 참여한 노동부 관련 인사들이 대부분 언급되어 있다(이 자료는 부록에 첨부되어 있다). 수많은 사람들의 총체적인 노력으로 고용보험제가 만들어졌다는 것을 기록에 남기고 싶다.

제3장

법안의 마련과 입법과정

제3장
법안의 마련과 입법과정

1. 정부의 고용정책 혁신을 위한 관련법안 마련 과정

앞에서 이미 설명했듯이 1993년 6월 고용보험연구기획단의 보고서가 제출되자 노동부는 곧바로 조문화된 법안을 마련하여 관계부처 협의에 상정했다. 1993년 7월 27일 노동부는 고용보험법 등 고용관련 법률 제·개정안을 마련하여 모든 정부 부처에 발송하고 입법예고했다. 고용관련 법률 제·개정안에는 고용정책기본법 제정안, 고용보험법 제정안, 직업안정법 개정안, 근로자파견사업의 규제 및 파견근로자 보호에 관한 법률(이하 약칭 '파견법'이라 한다) 제정안 등 4개 법률을 포괄하였다. 한국의 고용관련 법제도를 전면적으로 개혁하여 그간의 연구와 논의를 통해 정립된 적극적인 고용정책을 추진할 수 있는 체제를 갖추려는 야심찬 시도였다. 고용보험법 제정의 수준을 훨씬 넘어서는 거창한 고용정책 혁신 작업이었다.

우리는 4개 법률 제정·개정안을 함께 묶어 '고용관련법률 제·개정안'이라는 제목으로 하나의 책자를 만들었다. 이때 노동부가 부처 협의하며 입법예고한 법안을 '입법예고안'이라 부르자. 이 과정을 거쳐 정부안으로 확정된 법안을 '정부안'으로 칭하여 필요시에는 구분하여 설명할 것이다. 고용정책 체제의 전면적 개편의 필요성, 4개 관련 법안의 제정·개정 이유와 주요 골자 및 제정·개정 법안, 각 조문별 세부 설명자료, 외국의 사례 등 참고자료를 모두 함께 수록하니 109쪽에 달하는 두툼한 책자로 편집되었다. 또 이를 압축한 '고용관련법률 제·개정(요약본)'이라는 29쪽 요약보고서를 만들었다. 이는 법조문을 제외하고 고용정책 체제 개편 배경과 주요 골자만을 압축한 자료로서 협의과정에서 짧은 시간에 법안의 핵심을 이해시키려는 목적의 설명자료였다.

당시 고용정책과(정병석 과장, 이재갑, 장신철, 김인삼, 박효욱 사무관)에서 고용정책기본법과 고용보험법을 담당하고 고용관리과(송영중 과장, 김세곤, 김경선 사무관)에서 직업안정법과 파견법을 담당하는 것으로 역할을 나누어 맡고 있었다. 이 법안들은 적극적 고용정책의 체제라는 같은 철학과 논리에서 편성된 것이므로 함께 논리를 정리하여 설명하는 것이 효율적이라고 판단하여 하나의 책자로 묶어 누구든지 갖고 다니며 설명하도록 제작한 것이었다. 관계 당사자들도 방대한 내용의 4개 법안을 하나로 묶어 설명 들으니 전체의 체계를 이해하기 쉽고 다루기 편하다고 좋아했다. 이 책자를 대량 인쇄하여 관계부처와 노사단체, 학계 전문가, 언론, 국회 등을 상대로 직업안정국 담당 관료들이 다니면서 설명하고 논의했다.

'고용관련법률 제·개정'(1993,7) 자료는 악화되는 고용 사정과 밝지 않은 향후의 전망을 토대로 선진국의 경험을 소개하며 정부의 대응 방향을 제안했다. 그 토대 위에서 고용관련법률 개혁안의 주요 골자를 소개하는 형식이었다. 고용사정에서는 1992년 이래 제조업의 고용이 크게 감소(1980년 이후 처음으로 절대수가 감소한 것)하는 등 고용사정이 급속히 악화되는 상황을 우려하고 있었다. 더 문제 되는 것은 이러한 제조업의 고용감소 및 취업자 증가율 둔화 현상이 1992년 초부터 계속되는 구조적 문제라고 밝혔다. 고용의 양적인 변화 외에도 질적인 측면에서도 수급불균형의 지속, 3D업무 기피, 서비스 산업 고용의 이상 비대 등 문제가 심화되고 있음을 지적했다. 소사장제, 외주하청, 파견근로자 등 비정규근로자가 급증하여 기업의 감원과 함께 고용관련 노사분규의 주요 원인이 되고 있음을 강조했다.

이러한 고용사정 악화는 임금의 지속적인 상승과 그로 인한 조립·가공산업의 경쟁력 약화, 선진국의 기술이전 기피, 첨단산업의 발달 지연, 노동력의 수급불균형 때문이라고 지적했다. 이러한 제반 현상이 단기간에 극복되기 어려울 전망인데 이 경우 선진국 경제가 1970년대 후반 이래 겪는 저성장 고실업 시대를 조만간 맞게 될 가능성에 대해서도 우려했다.

우리 경제가 중진국에서의 좌절을 겪지 않고 고도 산업경제로 지속 발전하기 위해서는 현재 낮은 수준의 기술인력을 높은 수준의 기술인력, 중간 기술인력, 다능공으로 업그레이드하여 첨단, 다품종, 소량생산 기술인력으로 전환해야 한다고 제안했다. 이를 위해 모든 근로자들이 생애를 통해 지속적으로 비용부담 없이 직업능력을 개발하도록 지원하는 체제를 갖추고 특히 실업기간을 보다 나은 직업 선택을 위한 재훈련, 재충전 기회로 활용하는 체제를 갖춰야 할 것이라고 강조했다.

이때 제안한 고용관련법률 제·개정안은 한국경제의 구조조정과 노동시장의 변화에 대비하는 장기적이며 체계적인 고용정책 대응 체제를 제안한 것이었다. 고용보험제 도입을 계기로 삼아 한국의 고용관련법 체계를 전면적으로 선진화하여 미래지향적으로 적극적 고용정책 체제를 갖추자는 원대한 목표가 담긴 혁신방안이었다. 당시에 마련된 고용정책 체제는 지금도 그 근간을 유지하고 있다.

(1) 고용정책기본법

고용정책기본법안을 원래 입안할 때의 제목은 '고용대책법'이었다. 일본은 1966년에 '고용대책법'을 제정했다. 일본 정부로 하여금 5년 단위로 고용대책 기본계획을 수립하고 현안 고용문제에 다양한 고용대책을 세우도록 하는 등 정부가 본격적으로 고용문제에 중점을 두고 대응하는 근거 법률로 활용하고 있었다. 노동부에서는 1980년대부터 이 법을 연구하며 한국의 실정에 맞는 법 시안을 마련해 놓고 있었다. 우리는 이 시안을 대폭 확대 발전시킬 필요성을 절감했다. 본격적으로 적극적 고용정책을 수립하려면 여러 고용관련 법률을 통할하는 고용정책의 기본 원칙, 국가의 책무, 고용정책의 범위와 수단, 다른 부처 및 지방자치단체와의 관계, 다른 법률과의 관계 정립 등을 규정하는 기본법이 필요하다는 것을 절감했다. 이런 목적에서 '고용대책법'이라는 제목은 너무 '단기적, 특별 현안 이슈 대응적(ad hoc)'이라는 인상이 강하여 보다 장기적이고 일반적인 기반이라는 의미를 갖는 '고용정책기본법'이라는 명칭을 채택하기로 하였다.

같은 의미에서 1992년 2월 필자는 '고용대책과'라는 과 명칭을 '고용정책과'로 변경한 바 있었다. 노동부 최초의 '정책과'였다. 당시 고용정책과만큼 중요하고 포괄적인 정책과제를 다루는 부서가 없었으니 당연히 노동부 최초의 '정책과' 타이틀을 가질 만했다. 과의 명칭을 고용정책과로 바꾸는 직제 개정안을 최병렬 장관에게 보고하니 "굳이 과의 명칭을 바꾸려는 이유가 무엇이냐?"고 물었다. 필자는 "우리가 담당하는 업무가 국가의 적극적 고용정책인데 고용대책이라는 명칭이 너무 협소하고 현안 중심적이라 적합하지 않습니다. 앞으로 더 본격적으로 고용정책을 추진하려면 과의 타이틀이 이에 맞게 격상되어야 합니다."라고 설명했다. 최 장관이 씩 웃으며 "그래? 그렇다면 의미가 있네. 잘해 보시오."라고 수긍했다. 당시 필자는 만 40세 직전의 노동부에서 가장 젊은 국 주무과장이었다.[25]

고용정책을 본격적으로 추진하려면 여러 법제도의 기본 원칙과 정책수단을 하나의 철학과 체계하에 통합시켜야 하고 여러 법률을 통할하는 가장 기본이 되는 법률이 필요하다는 확신이 강해졌다. 이에 따라 당초

---

25 당시에 '정책과장'의 위상은 일반 과장과 달리 특별했다. 필자가 예산실 과장에게 인사 가서 정책과장 명함을 주니 과장이 상석에서 일어나 옆 자리로 옮겨 앉으며 필자에게 "정책과장이 오셨으니 그에 맞게 예우하겠다"고 했던 말이 생각난다. 예산실 과장은 필자보다 고시기수가 3기나 높은 선배 공무원이었는데 후배 공무원이지만 정책과장에게는 그런 배려를 했다. 지금은 정책과가 너무 많아져 그런 예우를 기대하기 어려울 것 같다.

일본 법제를 토대로 초안을 잡았던 고용대책법안을 고용정책기본법안으로 확대하며 대거 보완했다. 이런 방향에 대해서 조순문 국장과 과장인 필자의 생각에서 다소 차이가 있었다. 조 국장은 취지와 법안 내용에는 찬성했지만 법안 명칭에는 견해가 달랐다. "의욕을 앞세워 고용정책기본법같이 일을 너무 크게 벌이면 반대가 많아져 성공하기 힘들 텐데." 하면서 경험에서 우러난 충고를 하며 여전히 고용대책법안을 지지했다. 필자는 패기만만한 젊은 과장으로서 자신 있게 "이왕 하는 것 크게 한번 벌여봅시다. 제가 책임지고 추진하겠습니다." 하면서 고용정책기본법안을 밀어붙였다. 원래 신중한 성격인 조 국장은 며칠간의 고심 끝에 결국 필자의 의견에 동의해주며 함께 적극 추진의지를 다졌다. 그렇게 하여 강력한 팀웍을 형성했다.

■ 고용정책기본법 입법예고안의 주요 내용

1993년 11월 노동부가 작성한 고용정책기본법 설명자료에는 당시의 구상이 소상하게 종합 정리되어 있다. 이 자료의 논리를 갖고 우리는 국회의원과 보좌진, 언론 등을 대상으로 고용정책기본법 등 적극적 고용정책을 위한 법체계 확립의 필요성을 설득했다. 고용정책기본법안에 반영했던 노동부의 야심찬 구상은 부처협의 과정에서 상당히 축소되었다. 그럼에도 불구하고 당초의 정책구상은 대부분 유지되고 있다. 부처협의 과정에서 수정된 부분은 뒤에 따로 설명할 것이다.

먼저 고용정책기본법 입법 배경으로 당시 한국의 노동시장이 실업 증가와 노동력 부족이 공존하는 등 노동력 수급 불균형이 심화되고 있다는 현실을 지적했다. 제조업 취업자가 감소하고 서비스업 취업자는 증가하는 등 고용구조가 바뀌고 있는데 그 이유는 조립·가공 산업의 국제경쟁력 약화, 첨단산업의 성장 지연, 노동력의 수급 불균형 때문이라고 판단했다.

이러한 문제 인식에서 우리나라가 체계적인 대비책을 강구하지 않을 경우 선진국 경제가 1970년대 후반 이래 경험하고 있는 저성장 고실업 시대가 도래할 우려가 있다고 지적했다. 우리 경제가 경쟁력을 회복하기 위해서는 고부가가치 산업 중심의 선진 산업경제로 발전시켜야 한다고 설명했다. 이를 위해 모든 근로자들에 대하여 생애에 걸친 직업능력개발 체제를 갖추고, 실업자에 대해서는 실업기간을 재취업 촉진을 위한 재훈련 기회로 활용하는 체제를 갖추도록 지원해야 한다고 주장했다. 고용보험제 도입을 계기로 고용정책을 위한 재원과 정책 수단, 사업의 법적 근거를 제도화하고 고용관련 법률을 체계적으로 통합하는 기본법이 필요하다는 것을 역설했다.

고용관련 법률의 혁신과정에서 우리가 새로 정립한 '직업능력개발'이라는 정책은 법 시행과 함께 고용정책의 핵심 수단이 되었다. 직업능력개발은 지금까지 사용하던 '직업훈련'을 대체하는 용어로 채택한 것인데 직업훈련과 어떤 차이가 있는가? 우리는 다음과 같은 몇 가지 관점에서 직업훈련과 다른 개념을 채택하게 되었다.

첫째, 직업훈련은 노동시장에 진입하는 단계에서 시행하는 양성훈련에 중점을 두는 데 반하여 직업능력개발은 노동시장에 체재하는 전 기간에 걸쳐, 다시 말하면 근로자의 전 생애에 걸쳐 지속적으로 진행된다는 차이가 있다. 그래서 양성훈련보다는 향상훈련과 재훈련, 전직 훈련 등이 더 중요해질 것이다.

둘째, 종전의 직업훈련은 주로 제조업과 건설업 등을 주된 대상으로 했으나 직업능력개발은 모든 산업에 걸쳐 전 근로자를 대상으로 하여 시행하게 된다. 직업능력개발은 모든 직업에 필요한 능력을 개발·향상하는 것이므로 제조업뿐만 아니라 서비스업 등 전 산업에 확대 적용된다. 이런 의미에서 직업훈련은 생산직, 기능·기술직 중심이었으나 직업능력개발은 생산직뿐만 아니라 사무직을 포괄하고 관리감독직에 대해서도 시행하게 된다.

셋째, 종전의 직업훈련이 사업내훈련의 영향으로 150인 이상 기업 등 주로 일정 규모 이상의 기업에 대하여 적용된다는 인상이 강했으나 직업능력개발은 기업 규모에 관계없이 적용되며 모든 직업, 모든 근로자에게 확대되는 것이다.

직업능력개발은 고용정책기본법을 포함하여 고용보험법에도 규정되어 고용보험사업의 근간을 이루는 제도로 정립되었다. 고용보험의 피보험자이거나 피보험 경력이 있는 근로자에 대한 직업능력개발은 고용보험에서 재원을 부담하고 그 밖의 모든 근로자는 고용정책기본법에 의해 일반회계 등 다른 재원에서 지원하는 구조를 갖게 된다. 이러한 지원체계는 중층적인 지원제도를 의미한다. 고용보험 피보험자에게는 고용보험기금에 의하여 특화되고 심화된 지원을 제공하되, 피보험자가 아닌 그 밖의 근로자에게는 고용정책기본법에 근거하여 일반회계에서 기초적이고 일반적인 지원을 제공하게 되는 중층구조로 설계한 것이다.

결국 고용정책기본법은 고용보험제 도입과 함께 한국의 적극적 고용정책 추진을 위한 제도적 장치를 마련하기 위한 기본 법제였다. 마지막 남은 사회보험의 하나로 고용보험제를 도입하는 데 그치지 않고 우리나라 고용정책의 전면적인 법제도를 혁신하고 이를 토대로 적극적인 고용정책을 추진하는 체제를 갖추자는 정책담당자들의 야심찬 목표가 구현된 법이 고용정책기본법이었다. 이것이 1990년대 초에 노동부가 정립하여 제안했던 논리이며 정부와 사회에서 수용되었다는 점을 강조하고 싶다.

고용정책기본법은 국가가 고용에 관한 정책 전반에 관하여 필요한 시책을 종합적으로 강구함으로써 국민 개개인이 각자의 능력을 최대한 개발하고 발휘하도록 촉진하며, 노동시장의 효율성을 제고하고 노동력의 수급균형을 도모하며, 고용의 안정, 근로자의 경제·사회적 지위 향상과 국민경제·사회의 균형있는 발전에 기여한다는 목적을 제시했다. 이로써 고용정책기본법은 고용·인력개발의 기본법이라는 것을 천명하고 이제까지 수동적·소극적 고용정책을 적극적 정책개념으로 전환하여 노동시장에서 국가가 수행해야 할 핵심적인 역할을 정립하였다. 이 법 시행과 함께 인력정책, 노동시장 정책이라는 개념보다는 고용정책이라는 개념이 더 많이 사용되었으며, 고용정책은 이제 일반화된 용어로 모두에게 친숙한 정책으로 다가왔다.

이 법안의 설명자료에서는 적극적 고용정책의 기본방향을 아래와 같이 제시했다.[26]

26 이 부분은 노동부(1993. 11)의 '고용정책기본법안 참고자료' 3쪽에 명시된 적극적 고용정책의 추진 방향 중 기

• 고용정책은 급격한 산업구조조정을 지원·촉진할 수 있도록 인력의 재배치와 능력개발을 통한 노동력의 효율적 활용에 역점을 두고 추진한다.

• 기업의 구조조정, 자동화 등에 따른 실직자 등 근로자를 성장산업으로 이동하도록 촉진하고, 근로자의 평생을 통한 직업능력개발 체제를 확립하고, 직업안정기관의 노동력 수급조절 기능을 강화하며, 실업자의 재취업 촉진 등 가용인력의 공급 확대로 필요 노동력의 확보를 지원한다.

• 국가의 고용정책 전반에 필요한 시책을 경제·산업·교육 등 관련 정책과 연계하여 중·장기 기본계획에 따라 종합적·체계적으로 추진한다.

입법예고안의 주요 골자를 요약하면 아래와 같다.

• 고용정책기본계획의 수립과 추진체계 확립 : 노동부장관은 중앙행정기관의 장과 협의하여 고용정책에 관한 중·장기 기본계획을 수립하여 국무회의에 보고한다. 고용에 관한 주요 시책을 종합적으로 심의·조정하기 위하여 국무총리를 위원장으로 관계부처 장관과 노사대표, 학계 전문가 등을 위원으로 구성하는 고용정책심의회를 설치한다. 아울러 중앙행정기관의 장이 고용과 근로자의 능력개발에 직접적인 영향을 미치는 시책을 수립할 때에는 노동부장관과 사전 협의하여야 한다.

본방향을 정리한 것이다.

• 고용정보의 수집 및 제공 : 노동부장관은 고용동향, 구인구직 정보, 직업정보, 기타 고용정보를 종합적으로 수집, 관리한다. 고용정보는 취업알선과 상담 등 노동력 수급조절 자료로 활용하고 구직자, 기업, 교육·훈련기관, 기타 수요자가 이용할 수 있게 제공한다. 직업에 대한 직무분석을 실시하고 장래 유망직종을 개발하는 등 직업에 관한 조사연구를 하고 표준 직업명의 작성, 직업사전을 제작, 보급한다. 또한 노동력의 수급 동향, 전망 등을 매년 작성 공포한다.
• 직업능력개발 지원 : 근로자는 직업생활의 전 기간에 걸쳐 끊임없이 직업에 필요한 능력을 개발, 향상하면서 직업을 통하여 자기발전을 도모하도록 노력한다. 사업주는 근로자의 능력개발을 위한 교육훈련을 지원하고, 국가는 직업능력개발을 촉진하기 위한 사업주, 근로자 지원시책 등 직업능력개발 체제를 확립한다. 학생에게 직업에 관한 정보를 제공하고 직업적성검사 등 직업지도를 받을 수 있게 기회를 부여하며 적성과 능력에 맞는 직업을 선택할 수 있도록 적극 지원한다. 기술 진보 등을 고려하여 직업능력 평가를 위한 적정한 기준을 설정하고 근로자의 지식, 기능 정도를 검정하는 제도를 확립한다.
• 근로자의 고용 촉진 : 구직자에게 구인정보를 제공하고 직업지도 및 직업소개를 하여 적성과 능력에 맞는 직업의 선택을 지원한다. 근로자에 대한 취업 촉진을 위한 직업전환 지원금 등 각종 지원금과 구직활동비 등을 지급할 수 있다. 고령자, 장애인, 여성, 청소년 등의 고용을 촉진하기 위하여 직업능력개발, 복지시설의 확충 등을 지원한다.
• 사업주의 노동력 확보와 고용관리 지원 : 기업에 구직정보를 제공하

고 당해 직무에 적합한 근로자를 고용할 수 있도록 지원한다. 사업주가 고용관리 기타 내부 노동시장 관리에 관하여 요청하는 경우 상담·지도 등을 지원한다.

- 산업구조의 조정 등에 따른 고용조정 지원 : 경제 사정의 변화 등으로 사업 규모의 축소, 사업의 폐지 또는 전환이 불가피한 '특정 불황 업종'과 '고용개발 촉진지역' 사업주의 고용조정과 근로자의 실업 예방, 재취업 촉진, 교육훈련비, 휴업수당 등 지원시책을 강구할 수 있다.
- 대량 고용변동과 대량실업 발생 시의 조치 : 자동화·사업 규모의 축소 등 대량 고용변동이 발생할 경우 사업주는 직업안정소에 신고해야 한다. 대량실업이 발생한 경우에 정부 또는 지방자치단체의 공공투자사업을 실시하고 그 시기를 조정하거나 취로사업을 실시한다. 산업별, 지역별로 실업 상황을 조사하여 다수의 실업자가 발생하거나 발생할 우려가 있는 경우 고용촉진훈련을 실시하고 사업주의 고용안정 조치를 지원한다. 노동력의 부족이 심화될 경우에는 긴급대책을 시행한다. 국민경제상 긴요하지 아니한 특정 업종에 대해 근로자의 모집을 제한하거나 노동력의 사용 절감 등의 조치를 하도록 지도한다. 공공기관과 공공기관 보조에 의하여 시행하는 대규모 공사 시기의 조정을 관계행정기관에 요청할 수 있다.
- 비용부담 원칙 : 이 법에 의한 사업 소요 비용은 고용보험 가입 사업주 및 근로자의 경우 고용보험기금에서 부담하고, 그 이외의 사업주와 근로자에 대해서는 국가 및 지방자치단체가 부담한다.
- 국가는 직업안정기구를 필요한 지역에 설치 운영한다.

(2) 고용보험법안의 주요 내용

노동부가 제안한 고용보험법 입법예고안의 주요 내용은 여러 부분에서 자세히 설명하고 있으므로 여기에서 상세한 설명을 하지 않는다. 한 가지 추가하고 싶은 것은 우리 법제가 일본의 고용보험법과 유사하지 않느냐는 일부 시각에 대한 해명이다.

단기간에 법안을 마련해야 할 상황에서 법 규정과 체제에 관해 일본법을 참고로 했기 때문에 유사한 부분이 많은 것은 사실이다. 지금이야 우리나라에도 노동시장 실태에 대한 다양한 분석자료와 실업급여 수급자에 대한 각종 연구자료들이 축적되어 있으나 당시에는 그런 자료들은 전무하다시피 했고 이와 유사한 급여제도를 운영해 본 행정 경험도 전혀 없는 상태였다. 실업급여의 수급자격 판단 등 법 기술적인 부분에 대해서는 제도를 실제 운영해 보지 않은 상황에서 이 규정이 노동시장에서 어떻게 작동할지 구체적으로 예측하기 어려웠기 때문에 이런 부분은 일본의 법조문 기술 방법을 인용할 수밖에 없었다.

이미 만들어져 있는 제도를 수정·보완하는 것은 상대적으로 쉬우나 백지 상태에서 제도를 최초로 설계하는 것은 정말 어렵다는 것을 그 당시에 실감하였다. 특히 실업급여와 같이 법조문이 앞뒤로 치밀하게 연결되어 있는 기술적인 조문의 경우는 더욱 그러하였다. 그러나 그러한 과정에서도 고용정책에 대한 인식의 차이, 보험원리의 구현, 고용보험을 통한 적극적 고용정책의 추진과 그 사업, 노동법제에서의 상이점 등 여러 면에서 일본과 명백히 차별화하며 우리나라 고유의 모형을 만들기 위해 최선을 다했다.

고용보험사업을 예로 들면 일본은 실업급부와 고용보험 3사업(고용안정사업, 능력개발사업, 고용복지사업) 체제로 편성되어 있다. 법 기술 순서도 그 체제에 따르고 있다. 우리는 실업급여까지 고용보험사업 속에 편입시켜 고용안정사업, 능력개발사업 및 실업급여의 3대 사업으로 편성했다. 실업급여를 사업의 범주에 편입하는 것이 적절한가에 대해서도 논의가 많았지만 노사가 내는 보험료의 부담으로 고용정책 목표를 달성하기 위한 수단이라는 관점에서 고용보험사업으로 편성했다. 법 체제의 편성에 있어서도 적극적 고용정책의 구현이라는 것을 강조하기 위해서 고용안정사업, 능력개발사업 및 실업급여의 순서로 배치했다.

결국 한국적 고용보험제는 수많은 학자와 관료들이 공동 작업하여 치밀하게 설계한 우리의 고유 모델이라는 것을 다시 강조하고 싶다. 당시에 시행되던 선진국의 고용법제를 두루 검토하고 나서 우리는 후발 주자로서 선진국의 제도를 토대로 하되 선진국 제도에서 문제가 있는 것으로 지적되거나 더 수정해야 할 사항들을 보완하여 당시로서는 세계에서 가장 앞선 제도를 입안했다고 자부한다. 그것이 새로운 제도를 창설하는 후발 주자의 강점이었다. 당시 한국 사회가 활용할 수 있는 지혜와 역량을 다 모아 먼 미래를 내다보며 가장 선진화된 제도를 설계하자는 사명감과 열정이 고용정책 관련 학자와 관료들에게 충만했었다는 것을 다시 강조한다.

(3) 직업안정법 개정안의 주요 내용

고용법제의 선진화 과정에는 직업안정법이 매우 중요한 부분을 차지했다. 그것은 적극적 고용정책의 추진과 고용보험의 시행을 담당하는 핵심 조직이 직업안정기관이기 때문이다. 정부는 노동시장을 체계적으로 관리하기 위하여 전국적인 직업안정소를 설치하고 전문인력을 배치할 수 있는 근거를 마련하고자 했다. 직업소개, 직업지도, 고용정보의 수집·제공 등 직업안정 업무의 담당 중추로서의 공공직업안정기관이 수행할 기본적 업무 내용과 원칙을 명확하게 정립하여 규정했다. 공공직업안정기관이 고용보험 업무를 수행하는 것이 중요하다고 판단했기 때문이다.

나중에 직업안정기관의 업무는 '고용서비스'라는 개념으로 규정되지만, 1993년의 직업안정법 개편과정에서 직업안정기관의 주요 업무 내용과 원칙이 체계화되어 규정되었다. 근로자모집, 직업소개사업, 근로자공급사업 등 민간노동력 수급조절 제도를 합리적으로 재정비하려는 부분도 포함되었다. 당시 우리의 지혜와 정책 의지를 모아 한국적 직업안정망의 설치와 고용서비스의 구상을 법제화하여 종전의 법을 전면 개편한 것이 직업안정법 개정안이었다.

이때는 공공직업안정기관(Public Employment Service, PES), 직업안정소 등으로 '직업안정'이라는 용어가 통상 사용되었다. 외환위기 때 지방노동관서에서 분리하여 대규모로 확대되면서 1998년 '고용안정센터'로 작명되고 나중에 '고용지원센터'로 바뀌었다가 '고용센터'로 전환되었다. 이후에 복지기능이 추가되며 '고용복지플러스센터'로 확대되었다. 외환위기 때 대량실업 위기를 겪게 되면서 직업안정이라는 용어보다 고용안정이라는 용어를 훨씬 더 보편적으로 사용하게 되었다. 직업안정법 개정안의 주요 내용은 아래와 같다.

- 공공직업안정기관의 기능 제고 : 정부는 노동부장관 소속하에 전국 시군구에 직업안정소를 설치하도록 하고 직업안정소의 업무를 크게 직업소개, 직업지도, 고용정보제공으로 구분했다. 직업안정 업무의 전문성을 높이도록 정부가 전담공무원의 양성과 배치에 노력하게 하고 직업안정소 소속 공무원 중에서 직업지도관을 지명하여 배치하도록 규정했다.
- 민간노동력 수급조절 제도의 합리적 개편 : 근로자 모집제도를 합리적으로 개편하여 공개모집을 사후 통보하도록 하는 등 자율적인 모집원칙을 확립했다. 유료직업소개사업은 원칙적으로 금지하되 인력수급 원활화를 위해 필요한 경우에 한하여 시·도지사의 허가를 얻어 사업을 수행하도록 했다. 근로자 파견법의 제정을 추진하면서 근로자 공급사업에 대한 규정을 합리적으로 조정했다.
- 고용질서 확립 : 직업소개 부조리에 대한 규제를 강화했다. 유료직업소개사업의 허가에 있어서는 직업안정위원회 심의를 거치도록 하고 명의대여 행위를 금지하는 규정을 신설하며 직업소개 부조리와 관련한 처벌기준을 신설했다. 허위 구인광고 등으로 인한 피해가 속출하고 있어 허위 구인광고에 대한 처벌기준을 추가했다.
- 기타 유·무료직업소개사업에 대한 허가업무를 지방으로 이양하고 직업소개 관련 결격사유 등을 정비했다.

(4) 근로자 파견법 제정안

이 법의 공식 명칭은 '근로자파견사업의 규제 및 파견근로자 보호에 관한 법률(안)'이었다. 그런데 막상 규제대상인 파견업체와 경제단체에서는 입법을 강력히 주장하고 보호 대상인 근로자를 대표하는 한국노총에서는 강력히 반대하는 일이 벌어졌다. 결국 노동계의 강력한 반대에 부딪혀 이 법은 1993년 초에 법안이 제안되고도 입법에 성공하지 못했다. 이 법이 실제 제정된 것은 1998년 외환위기로 촉발된 노동계와 정부 간 대타협 때이며 노사정의 합의에 힘입어 비로소 입법이 완료되었다.[27]

노동부가 생소한 개념의 이 법안을 제안한 것은 노동시장에서 파견근로 형태의 고용이 크게 늘어나고 있는데 더이상 이를 방치하는 것은 해당 근로자들에게 피해를 준다는 현실적 판단에서 비롯되었다. 기업이 직접 고용하지 않고 근로자를 사용하는 방법은 당시 직업안정법에 규정된 '근로자공급사업'이 유일한 제도였다.

근로자공급사업은 중간착취, 강제 근로, 고용안정 저해 등 폐해가 많은 전근대적인 고용관행으로 지적되어 1961년 법 제정 이래 원칙적으로 금지하되 오랜 관행을 근거로 항운노동조합에 대해서만 예외적으로 허용해 왔다. 그런데 국내외의 경영 여건이 변화하면서 기업 간 경쟁이 가열되자 1980년대 후반부터 기업은 탄력적인 인력 운용을 중시하게 되었다. 그 일환으로 기업의 핵심적인 업무를 제외한 주변 업무, 즉 부수적·보조적이거나 일시적인 업무에 외부인력을 활용하는 경향이 늘어났다.

---

27 1998년 2월 노사정 대타협에서는 근로자파견법이 마지막까지 남은 미해결 쟁점이었다. 당시 노동부는 파견대상 업무로서 네가티브 리스트, 즉 법에서 금지하는 업무를 제외한 여타 업무에는 파견근로를 허용하는 안을 제안했는데 노동계에서는 이를 극력 반대하며 허용업무를 법에 모두 열거하는 포시티브 리스트로 바꿔야 한다고 요구했다. 당시 필자는 실업대책 뿐만 아니라 파견법 제정업무까지 책임지는 고용총괄심의관이었다. 실업대책 추진을 위한 노사정 대타협이 절실한 상황이었는데 노사정 합의의 마지막 장애물이라는 강력한 압박에 파견법의 네가티브 리스트를 결국 양보할 수밖에 없었다. 파견허용업무 리스트를 전화번호부만큼 상세하게 열거하더라도 반드시 포시티브 리스트로 하라는 요구였다. 필자에게는 두고두고 아쉬움이 남는 부분이다.

한편 근로자 측에서도 노동력이 고학력화, 여성화, 고령화됨에 따라 하나의 기업에 고용되기보다는 자신에게 편리한 시간과 장소에서 파견근로자로 일하고자 하는 욕구도 증가하고 있었다. 노동부의 파견법 입법 추진은 이러한 배경에서 출발하였다.

근로자파견사업은 자기가 고용하고 있는 인적자원을 다른 기업에 파견하여 주어진 업무를 처리하게 하는 사업방식으로서 직접고용 또는 도급과는 사업수행방식이 명확히 구분된다. 근로자파견사업도 일정한 영역에서는 노동력의 수요와 공급을 연결하는 기능을 수행하고 있음을 부인할 수 없었다. 이런 맥락에서 현실적으로 노동시장에서 발생하고 있는 고용형태에 대해서 정부가 법적인 기준을 마련하는 것이 불가피하다고 판단하였다. 이리하여 근로자공급사업과는 다른 근로자파견사업을 제도화해서 파견근로자를 적절하게 보호하고자 하는 목적을 갖고 법안을 마련하게 된 것이다.

법안에서 규정한 주요 내용으로는 파견사업의 정의, 파견이 허용되는 업무의 범위, 파견사업의 허가기준, 쟁의행위 중인 사업장에의 파견금지, 사용사업자와 파견사업자의 책무와 책임부담의 원칙, 파견근로자 보호를 위한 조치사항 등이 규정되어 있었다.

그런데 1993년 추진했던 계획보다 5년이나 입법이 지연되면서 불법파견사업이 급속히 늘어났고, 몇십만 명에 달하는 파견근로자는 법적인 보호를 받지 못하는 결과를 초래했다. 당초 한국노총은 파견제도란 기본적으로 중간착취를 전제로 한 것이며 공공 직업소개 기능이 미흡하여 나타난 것이라고 주장했다. 당시에도 근로자파견사업이 광범위하게 확산되어 근로자의 고용안정을 해치고 있는데, 파견법이 제정되고 나면 그나마 제도적으로 제어할 수 있는 유효한 정책 수단이 없다며 반대하였다.

그러나 노사 쌍방의 입장이 다른 노동법제를 어느 한쪽 주장에만 유리하도록 입법하기는 어려운 것이다. 종전에 파견법이 제정되지 않은 상태에서는 직업안정법에 규정된 근로자공급사업에 관한 규정을 활용하여 불법파견을 단속하곤 했다. 노동부 법안이 발표되고 나서부터는 근로자파견과 공급사업이 법리적으로 명확히 구분되었고 이제 더이상 공급사업에 관한 법 규정을 근거로 불법파견을 단속할 수 없게 된 것이었다. 이런 사정으로 입법이 지연되자 결국 파견근로자만 법적 보호를 받지 못하는 불이익 사례가 늘어났다.

1998년 입법된 파견법안에는 근로자파견사업의 개념과 사업수행 방법, 파견사업을 행할 수 있는 업무의 범위, 근로자 파견계약, 파견기간, 파견사업자·사용사업자의 의무사항, 근로기준법·산업안전보건법의 적용상 특례 등을 규정했다.

2. 고용관련 법률안에 대한 공청회

(1) 입법예고안에 대한 학계 전문가 간담회

노동부는 1993. 7.13 '중앙직업안정위원회'와 '고용문제심의회'라는 회의를 각각 개최하여 법안을 논의했다. 중앙직업안정위원회는 관계부처 국장급과 노사단체 대표, 학계 전문가로 구성된 직업안정 정책에 관한 법적 심의기구였다. 고용문제심의회는 조순문 직업안정국장 주관으로 학계 전문가들을 초빙하여 노동부 입법예고안을 설명하고 심도있게 토의하기 위하여 개최되었다. 우리가 처음 도입하려는 적극적 고용정책 체계에 대해서 노동관련 학자들이 어떤 생각을 하고 어떤 견해를 제시하는지 진솔한 의견을 듣기 위해 마련했다. 일부 학자들은 입법과정에 적극 참여하지 않은 분들이었다.

제기된 전문가들의 주요 의견은 노동부 법안 보완과정에서 깊이 있게 검토되고 많이 수용되었다.[28] 아래에 학자별로 제시한 주요 의견을 요약했다.

■ 고용정책기본법안에 대하여

- 최종태 서울대교수 : 법안 제1조 목적은 미래지향적인 비전을 보여줘야 하는데 노동부 법안의 내용은 그렇지 못한 것으로 보인다. 국민경제의 균형적인 발전에 기여한다는 것이 법의 목적이 될 수 있는가? 고용의 중요성은 이 법안에서 논의하는 것보다 더 중요할 것이다. 고용은 국가발전의 원동력이 되어야 한다. 기본적인 것은 국가와 시장의 역할 분담인데 국가가 개입하는 철학 정립이 미흡하다. 시장실패 개입이 정부실패로 악화될 우려도 있다. 또한 내부노동시장 개발에 대한 정부의 역할도 필요하다.
- 이광택 국민대교수 : 노동부장관이 중앙행정기관의 장과 협의하는

28 이하의 논의는 고용문제심의회 회의결과를 정리한 노동부 내부자료('93. 7. 13)를 토대로 했다.

절차에 대하여 일반교육 및 직업훈련과의 관계를 명확하게 설정하고 여기에 교육부를 명시할 필요가 없는지 검토가 필요하다. 대량고용변동의 범위가 몇 명, 몇 %인지 범위를 정하는 것이 필요하다. 고용정책 기본계획을 5년마다 수립하는 것으로 되어 있는데 고용사정이 급격하게 변동하고 있어 그 기간을 조정하는 것이 타당하겠다.

• 조우현 숭실대교수 : 제1조 목적에서 '고용에 관한 정책의 전반에 관하여 필요한 시책'을 '인력개발에 관한 시책'으로 수정하는 것이 좋겠다. 고용정책심의회의 심의·조정 기능에 평가·권고도 포함하는 것이 더 타당할 것이다. 고용정책기본법과 고용보험법 및 직업안정법이 중복되는 내용이 많으므로 조정이 필요하다. 직업능력개발과 관련해서 직업훈련연구소를 직업훈련연구원으로 격상시킬 필요가 있다.

• 이각범 서울대교수 : 이런 법을 제정해야 한다는 것은 일찍부터 공감했다. 그동안 입법과정에서 실무자들이 고민했던 사항들을 소개해 달라.

• 어수봉 노동연구원 연구위원 : 고령자, 장애인, 주부 등에 대한 대책은 별도의 조문으로 구분하는 것이 좋겠다. '취업이 곤란한 자'라는 표현보다 '취업을 위해서 특별한 배려가 필요한 자'로 바꾸는 것이 바람직하다. 외국인 노동자 문제는 기본법 취지에 맞지 않으므로 고용정책기본법에서는 제외하는 것이 더 낫겠다. 대량고용변동이 너무 부각되어 있다는 인상을 준다.

■ 고용보험법안에 대하여

- 조우현 숭실대교수 : 입법 설명자료에 '고기 잡는 기술 체득'이라는 표현은 사용하지 않는 것이 좋겠다. 중앙직업안정위원회 기능은 심의·조정뿐만 아니라 평가·권고하는 것도 포함해야 한다.
- 최종태 서울대교수 : 중앙직업안정위원회에 정부는 포함되는가? 여기에는 독일과 같이 각종 단체가 포함되는 것이 좋겠다.
- 이광택 국민대교수 : 대기업보다 중소기업에서 실업 위험이 크므로 적용대상을 10인 이상으로 하도록 꼭 관철하기 바란다. 직업안정소를 정부가 직접 관리하는 것은 곤란하며 보험료를 납부하는 사람들의 의견이 중요하고, 결국 공단 형태로 설립하는 것이 좋겠다. 실업자의 기준, 급여 기간 설정의 근거, 실업급여 50%의 근거, 급여 기간 만료 후의 대책 등에 대한 설명이 필요하다. 그간 다른 기금관리 운영에는 문제가 많았다. 연금기금처럼 경제기획원이 납부자의 의견을 묻지도 않고 사용하는 사례도 있어 기금관리 운영 문제는 재검토되어야 한다. 실업자 아닌 청년들의 교육훈련에도 사용하는 것이 좋겠다.
- 어수봉 노동연구원 연구위원 : 고용안정사업과 능력개발사업이 중요한데 현행법안은 내용이 빈약하므로 별개의 장으로 구분하여 보완해야 하며 고용보험연구기획단의 의견을 반영하는 것이 좋겠다. '능력개발'과 '직업안정'을 '직업능력개발촉진'과 '직업안정서비스'로 바꾸는 것이 좋겠다. 고용안정이 직업안정보다 더 넓은 개념이므로 직업안정국을 고용안정국으로 변경하고 직업안정을 고용안정으로 용

어를 통일할 것을 제안한다.

- 최종태 서울대교수 : 안정이라는 용어보다는 보호·개발 등의 용어가 더 바람직하다. 직업안정위원회보다는 중앙고용위원회, 중앙고용정책위원회 등의 명칭이 어떤가?
- 박래영 홍익대교수 : 부정 수급자에게 2배를 부과 징수한다는 것이 법체계상 가능한가?

■ **직업안정법 개정안에 대한 의견**

- 조우현 숭실대교수 : 외국인 근로자 모집도 규제해야 한다. 현재는 제3자가 모집해서 공급하므로 부조리가 많이 발생한다. 직업소개 수수료 설정에는 반대한다. 정부가 해야 할 일을 민간부문이 대행하는 것이므로 오히려 정부가 보조해야 한다.
- 이광택 국민대교수 : 시장, 군수 협력 사항에서 신원조회는 기본권 침해 소지가 있다.
- 어수봉 노동연구원 연구위원 : 능력개발이 포함되지 않은 직업안정은 큰 의미가 없는데, 법 목적이 너무 협소하다. '산업에 필요한 노동력 충족'이라는 표현은 산업정책을 좇아가는 것처럼 보이는데 고용정책이 선행해서 국가발전이 이루어져야 한다. 겸업 금지에서 직업정보제공 사업자가 왜 직업소개사업을 할 수 없는가, 오히려 겸업하는 것이 더 바람직하다고 본다.
- 박래영 홍익대교수 : '직업지도관' 용어가 너무 딱딱하다. 근로감독관 같은 인상을 주지 않도록 용어를 개선할 필요가 있다.

• 이각범 서울대교수 : 정리해고 문제가 해결되지 않으면 기업의 부담 가중으로 반발을 초래할 수 있다.

(2) 노동부 입법예고안에 대한 의견수렴

노동부는 고용보험법 등 고용관련 법률 제·개정안을 중앙직업안정위원회(1993.7.13.) 심의를 거쳐, 1993.7.27 관계부처에 공식 협의 의뢰하고 1993.7.30 입법예고했다. 아울러 공청회(1993.8.2)를 개최하고 동시에 한국노총과 경제5단체 등에는 문서를 보내 법안에 대한 의견을 공식 요청했다. 고용보험법 등 고용관련 법안들이 당시 사회적 주목을 받고 있어 노사협의 과정, 공청회 등을 통하여 많은 의견이 제시되었다. 이 과정에서 제시된 주요 의견과 노동부의 조치사항을 아래에서 요약해 보자.[29]

■ 고용정책기본법

고용정책기본법안에 대해서는 노사단체가 그 필요성과 주요 내용에 공감하며 큰 쟁점이 없었다. 고용정책심의회의 구성과 운영 방법에 대한 추가 의견, 여성위원을 추가하라는 요구, 직업능력개발과 고용안정사업 등의 지원대상과 기준에 대해 보다 구체적인 내용을 추가해 달라는 의견도 있었다. 크게 중요한 의견은 아니어서 협의 과정에서 설명하고 대부분 납득되었다.

29 이하의 논의는 고용관련법률 제·개정안에 대한 협의결과를 정리한 노동부 내부자료(1993. 8. 6)를 토대로 정리한 것이다.

대량고용변동 관련 신고제도에 대해 경총에서는 사전신고에서 사후신고로 변경해 달라고 제안했다. 그러나 사전신고제는 기업의 고용조정을 지원하기 위한 것으로서 사전에 신고받아 지원 여부를 결정하려는 취지이므로 사후신고보다는 사전신고가 더 의미가 있음을 설명하여 설득했다. 학계 전문가와 사회단체에서는 이 제도가 집단해고를 자유롭게 할 수 있는 것으로 오인할 수 있다는 문제를 제기하고 오히려 대량해고를 제한하는 규정을 신설해야 하지 않느냐는 의견도 제시했다. 이 문제도 정리해고 등을 규제하는 것은 근로기준법 사항이며 고용정책기본법 등 고용관련 법률은 규제가 아닌 기업에 대한 지원이 목적이므로 대량해고를 제한하는 규정을 넣는 것은 적절하지 않다는 논리로 설득했다.

■ **고용보험법안에 대한 의견**

관심이 집중되고 제도 모형에 대해 견해가 다양한 고용보험법안에 대하여는 많은 의견이 표출되었다. 이를 설득하고 조정하는 것은 상당히 어려운 과제였으나 여기에서 주요 의견 내용과 설득 논리를 중심으로 정리했다.

- 보험의 관리운영기구 : 관리운영기구 문제는 당시 많은 관심을 불러왔던 이슈였다. 경총에서는 유사·중복기관을 통폐합하여 하나의 큰 공단 조직을 설립하자는 의견을 냈다. 노동부 지방관서의 직업안정과, 산업인력공단, 장애인고용촉진공단을 통합하여 새로운 공단을 설립하고, 지역별로 노사가 참여할 수 있는 하부조직을 설치하자는

것이었다. 학계 전문가들은 공단 조직이나 정부 조직 형태에는 각각 장단점이 있어 선택의 문제라는 것을 지적하고, 어떤 조직 형태를 택하건 고용보험위원회에 의결권·감독권을 부여하는 것이 필요하다는 의견도 제기했다. 한편 직업안정소는 행정권역이 아닌 경제권역별로 설치하고 담당 직원들에 대한 교육훈련을 강화하며 별도의 전문 직렬을 설치할 필요가 있다고 강조했다.

이때에 노동부와 경제기획원 등 정부 내에서 관리운영기구 형태에 대하여 논의 중에 있었고 아직 결론이 나지 않은 상태였다. 따라서 이 문제에 대한 최종결정은 계속 유보될 수밖에 없었다.

- 국고의 부담 : 노총에서는 관리·운영비용의 '전부 또는 일부를 국고에서 부담'할 것이 아니라 '관리운영비를 모두 국고에서 부담'해야 한다는 의견을 냈고 다른 전문가들은 정부가 보험사업비의 상당 부분을 부담하는 것이 마땅하다는 의견을 제시했다. 노동부는 관리운영비를 국고에서 부담하는 것이 원칙적으로 타당하나, 국고에서 전부를 부담한다고 법에 규정한 후에 예산확보가 미진하여 국고 부담이 충분하지 못할 경우 생기는 문제를 지적했다. 그럴 경우 국고 부담 원칙 때문에 고용보험기금마저 사용할 수 없게 되어 고용보험사업의 집행이 어려울 수 있으므로 '전부 또는 일부'라도 부담하게 하는 규정이 더 현실적이라고 설명했다. 예산 당국의 입장이 경직적인 상황에서 의욕만을 앞세워 고용보험사업 운영을 어렵게 할 수는 없다고 판단한 것이다.
- 적용범위와 적용제외 근로자 : 이 쟁점은 시행령 제정 시까지 핵심적

인 쟁점이었고 최종결정이 지체되었다. 경영계는 150인 이상 사업체부터 적용하자고 제안했으나, 노동계나 학계에서는 중소기업일수록 보호해야 할 근로자가 많으므로 적용범위를 10인 이상에서 시작해야 한다고 주장했다. 적용범위에 대해서는 따로 구체적으로 기술할 것이다.

- 고용안정사업, 능력개발사업 : 경총에서는 고용보험에 의한 능력개발사업은 비자발적 실업자에 대한 전직 훈련에 한정하고, 여성·고령자·장애인 등은 개별기업이 자체적으로 훈련시키기 어려운 점을 감안하여 고용보험에서 위탁하는 한계 내에서 양성훈련하자고 제안했다. 또한 현행 사업내 직업훈련 의무제도는 존치하자고 주장했다. 경총의 이런 입장은 고용보험 시행 후의 사업내훈련 의무제와 훈련분담금에 대한 법 규정이 함께 정비되지 않음으로써 과도기적으로 이중 부담의 우려가 있어 문제를 제기한 것이었다.

노동부는 고용보험이 시행되면 능력개발사업은 재직근로자에 대한 향상훈련·재훈련이 핵심이고 기업이 자체 필요에 의해 스스로 훈련한 경우 그 비용을 지원해주는 방식이 바람직하다고 설명했다. 정부는 고용보험제 시행과 함께 직업훈련 의무제를 폐지하고 기업 자율에 의한 훈련을 촉진하며 이를 지원하는 제도로의 변경 방침을 이미 정한 바 있었다. 그런데 일시에 훈련의무제를 폐지하면 기능인력 양성에 차질을 초래할 우려가 있다는 지적이 있어 일정 기간 대기업에 훈련 의무를 존치시키고 그 이하 기업에는 자율화하는 방향으로 검토하고 있었다. 이는 직업훈련기본법 개정으로 확정될 방침이었으나 당시에 여러 사정으로 직업훈련기본법 개정작업이 함께 진행되지 못함으로써 경영계에 일부 혼선을 초래한 측면이 있었다.

- 실업급여의 수급자격 : 법안에서 제안한 18개월 기준기간 중 12개월이라는 피보험기간 요건을 노총에서는 12개월 중 6개월로 단축하자고 이의제기했다. 이에 대하여 노동부는 법안의 기준은 일단 고용보험연구기획단의 제안에 따른 것으로서 노사단체와의 협의와 여론을 수렴하여 추후 조정하자고 설득했다.
- 실업급여의 종류 : 법안에 기본급여와 상병급여, 직업능력개발수당, 조기재취직수당, 광역구직활동비, 이주비 등으로 규정하고 있는 것에 대하여 경총은 제도 도입 초기에는 보험재정의 안정과 근로의욕 저하 방지를 위해 기본급여와 훈련수당으로 한정하자는 의견을 제시했다.

  노동부는 수급자격자가 질병 또는 부상으로 실업 인정을 받지 못해 기본급여를 받지 못하는 경우에 대비해 상병기간 중 기본급여를 지급하는 것이 근로자 보호에 충실하다는 의견을 제시했다. 조기재취직수당, 광역구직활동비, 이주비 등도 외국의 사례에서 보듯이 실직자의 재취업을 더 촉진하는 효과가 있고 또한 그 수준도 실비만 지급할 것이므로 실업급여의 수급 남용이나 근로의욕 저하 우려는 없을 것이라고 설명했다.
- 실업의 인정 : 2주마다 직업안정소에 출석하여 실업의 인정을 받게 하는 법안에 대하여 노총에서는 1개월마다 출석하도록 완화할 것을 요구하고 기본급여 지급 시기를 2주마다 1회씩 지급하는 것보다 1

개월에 1회씩 지급하는 것을 선호했다.

이에 대하여 노동부는 실업 인정 절차는 실직자의 구직활동을 촉진하는 의미가 있는 것이므로 2주 단위로 출석하게 하는 것이 더 효과적이라고 설득했다. 1주마다 출석하게 하는 미국의 제도도 있다고 소개했다.

- 기본급여일액 : 법안에서 피보험 단위기간 12개월의 임금총액을 365로 나눈 금액을 급여기초 임금일액으로 규정한 것에 대하여 노총은 3개월 단위 평균임금으로 하자고 제안했고 경총은 통상임금으로 하자고 요구했다. 노총은 기본급여일액의 100분의 50을 100분의 60수준으로 상향시키고, 부양가족 수도 고려하자고 제안했다. 경총은 통상임금 기준 100분의 50을 지키자고 제안했다.

노동부는 고용보험연구기획단의 제안에 따라 제도 시행 초기에는 '저부담 저복지' 원칙에 따라 100분의 50이 타당하며, ILO협약 168호에도 실직 전 임금의 50% 이상을 지급하도록 규정되어 있다고 설명했다. 또한 법안의 모형이 급여일수가 짧고 수급요건을 매우 엄격하게 규정하고 있으므로 경총이 우려할 정도가 아님을 설득했다.

- 대기기간 : 법안에서는 30일의 대기기간을 둬 이 기간에는 실업급여를 지급하지 않도록 했는데 노총에서는 대기기간을 1주일로 단축해야 한다고 주장했다.

노동부는 근로기준법의 퇴직금이 존재하는 현실과 고용보험의 재정수지를 고려하여 1개월 이내의 단기실업자에 대하여는 실업급여를 지급하지 않도록 규정한 것인데 14일 정도로 단축하는 방안을 검토하겠다고 설명했다.

- 소정급여일수와 기본급여 결격사유 : 학계 전문가와 노동계는 수급기간이 너무 짧다는 문제를 제기하고, 기본급여 결격사유가 자의적으로 해석될 여지가 있으며, 기본급여 수급자격까지 박탈하는 규정은 과도하다는 의견을 제시했다.

실업급여 수급기간은 고용보험연구기획단의 오랜 논의를 토대로 피보험기간과 연령을 감안하여 차등지급하도록 결정한 것이며, 실업급여는 단기간의 실업대책일 뿐으로 수급기간이 만료된 후에는 재취업 또는 다른 사회정책으로 해결방안을 강구해야 할 것이라고 설명했다.

- 기금의 적립금 규모 : 법안에서는 대량실업의 발생, 기타 고용불안에 대비하여 당해년도 보험료 징수액의 2배에 달할 때까지 적립금을 유지하도록 규정하고 있었다. 경영계는 과도한 적립금을 유지하여 또 다른 문제가 발생하지 않도록 유의하라는 요청을 했다. 학계 전문가는 불필요하게 기금을 적립할 필요가 없다는 의견을 제시했다.

노동부는 경기변동에 따라 고용사정이 급변할 수 있으므로 실업률 급등에 대비하여 일정 규모의 고용보험 적립금을 유지할 필요가 있음을 설명했다. 미국, 일본 등은 실업급여 지급액의 1.5~3배를 적립금으로 유지하고 있었다. 우리의 경우에도 경기변동에 대비하여 매년 보험소요액의 10%를 적립하여 10년 후 한 해 보험료 징수액의 2배 정도를 적립금으로 보유하는 것이 적정하다는 고용보험연구기획단의 의견이 토대가 되었다.[30]

• 법정퇴직금제도의 전환 : 법안에는 퇴직금제도에 대한 규정이 없었는데, 노총은 퇴직금의 일부를 고용보험료로 전환하는 것에 반대 입장을 분명히 했다. 경총과 상공회의소 등 경영계는 법정퇴직금은 실업기간의 생계보장 기능을 담당하여 왔는데 고용보험이 시행되면 국민연금의 경우와 같이 퇴직금의 일부를 고용보험료로 전환하는 것이 타당하다고 주장했다. 학계 전문가들도 법정퇴직금제도의 조정이 필요하다는 의견을 제시했다.

노동부는 퇴직금제도와의 조정 문제는 기본적으로 노사간 협의가 전제되어야 한다는 입장을 견지했다. 실업급여 보험료율이 노사 각각 0.3%로 낮은 수준으로 예상되고 있어 퇴직금을 전환할 실익이 크지 않다고 판단했다. 논리적으로도 확정급부인 퇴직금을 불확정급부인 고용보험으로 전환하는 것은 타당하지 않다는 의견이 제기되어 있었다.

■ **직업안정법안에 대한 의견**

• 유료직업소개사업 : 노총에서는 유료직업소개사업 규정 자체를 삭제하고, 공공직업안정조직을 확충할 때까지 한시적으로만 허용하자고 제안했다. 노동부는 유료직업소개사업은 국가의 직업안정조직이 담당하기 어려운 업무에 대하여 예외적으로 허용할 것이며, 완전히 폐지하는 것은 곤란하다는 의견을 제시했다.

---

30 참고로 우리나라에서는 고용보험제가 1995년에 시행되고 나서 불과 2년 만에 외환위기로 인한 대량실업 사태를 맞아 그간 쌓아둔 적립금을 모두 사용하고도 부족하여 보험료를 대폭 올려야 하는 상황을 겪어야 했다.

• 근로자의 모집 제한 : 노동력의 수급조절을 위하여 특히 필요한 경우에는 기업의 근로자모집 시기, 방법 등을 제한할 수 있다는 규정에 대하여 경총과 학계 전문가(임종률, 남성일 교수 등)들은 기업의 인력수급에 차질을 주는 직접적이며 과도한 모집 제한이므로 삭제하자는 의견을 제시했다.

노동부는 기업의 자유로운 모집을 촉진하도록 이번 개정안에서는 여러 제한을 완화했으며, 모집에 대한 제한은 부당한 인력스카웃 문제나 지방대졸자 취업난 등 노동시장의 건전한 고용관행을 해할 우려가 있는 경우에 예외적으로 모집 시기, 방법 등을 다소 신축적으로 운용하자는 의도였음을 설명했다. 여러 의견이 있으므로 다양한 의견을 수렴하여 최종정리하겠다는 입장을 밝혔다.

3. 정부 내 법안협의와 수정과정

(1) 부처 간 협의과정

고용관련법안에 대한 부처 간 협의는 김영삼 정부 초대 노동부장관인 이인제 장관 시절에 진행되었다. 당시 이인제 장관은 돌출발언(대법원 판례에 따라 파업 기간 중 부분임금 지급은 가능하다는 언급)으로 경제장관들로부터 심한 반발을 사고 있었다. 이 발언은 오랜 기간을 통해 확고한 정부 방침으로 확립된 '파업 기간에 대한 무노동 무임금 원칙'을 흔들었다고 하여 정부 내에서도 상당 기간 논란이 되고 있었다.

그러다 보니 경제장관들 사이에 경제 논리를 벗어나 포퓰리스트 정책을 주장했다고 간주되는 이인제 장관을 상대로 정책협의를 기피하는 분위기가 형성됐다. 당시 가장 중요한 경제관련 현안이었던 고용보험법을 비롯한 고용관련법과 관련해서 경제기획원에 조정회의를 거듭 요청했는데 한 번도 장관급 회의가 성립되지 않았다. 당시 경제기획원은 경제장관회의, 경제장관간담회 등 부처 간 정책조정을 위한 여러 수단을 갖고 있었으나 고용관련 법안에는 이 조정매카니즘을 가동하려 하지 않았다.

장관 레벨에서 조정회의가 사실상 불가능해지고 법안협의가 계속 지연되자 답답해진 노동부에서는 특별한 전략을 찾을 수밖에 없었다. 고심 끝에 조순문 국장이 경제기획원 장승우 경제기획국장을 찾아가 해결방안을 협의했다. 그 결과 경제기획원, 상공부, 노동부의 3개 부처 담당국장들이 장관으로부터 전권을 위임받아 법안을 협의하여 타결하자는 방안이 마련되었다. 이러한 법안협의과정은 전례가 없는 매우 특별한 사례였다고 생각한다.

합의에 따라 경제기획원의 장승우 경제기획국장, 산업자원부의 추준석 산업정책국장, 노동부의 조순문 직업안정국장 등이 경제기획원에서 모여 2차에 걸쳐 조정회의를 했다. 3개 부처의 국장을 단장으로 과장, 사무관 등이 대거 참여하여 전 조문을 하나하나 축조심의하는 방법으로 진행했다. 대부분의 쟁점에 대하여 기업의 입장을 대변하는 상공부와 원안을 방어하려는 노동부 간에 주로 열띤 논쟁을 하고 경제기획원이 적절한 조정안을 제시하는 방식으로 운영되었다. 2차에 걸친 회의를 통해 조정과 합의를 도모하는 매우 집중적인 협의과정이었다.

1차 회의(1993.8.21)에서는 전 조문을 논의하되 이견이 크지 않은 사안들은 경제기획원의 조정으로 쉽게 합의하며 진행했다. 쟁점이 많거나 복잡한 이슈는 다음 회의로 미루었다. 2차 회의(1993.9.8)에서는 미합의 쟁점을 조정하며 적용범위, 보험료율 등 핵심 쟁점은 대체적인 방향을 논의한 후 최종결정을 시행령으로 위임했다. 이런 식으로 신속히 법안에 대한 쟁점을 해소하고 합의를 이루었다.

고용보험제도의 골격 등 주요 쟁점은 7차 계획 정책협의회를 거치며 대부분 논의되었기에 법안의 협의과정에서는 세부적인 법 규정이 주요 관심사였다. 반면 고용정책기본법은 노동부의 의지로 추진하는 법안이었는데 주무 장관의 강력한 뒷받침과 장관 차원에서의 협의·조정이 없는 상태에서 국장급 회의만으로는 원안 관철이 매우 어려웠다. 위의 절차에 따라 실무협의로 법안을 협의하다 보니 고용정책기본법에서 가장 많은 사항을 양보해야 했다.

이인제 장관은 본인이 직접 나서기 어려운 상황에서도 법안협의과정에 관심을 갖고 더 지연되지 않게 빨리 마무리하라고 실무진들을 자주 독촉했다. 협의가 마무리되자 담당 국장 이하 실무 직원들을 신뢰하며 결과에 대해서도 만족감을 표시했다. 본인의 장관 재임 중에 고용보험법이 제정된 것을 무척 자랑스러워했고 자신의 가장 큰 업적으로 내세웠다.

(2) 고용정책기본법안의 수정

고용정책기본법은 조 국장의 예상대로 관계부처와의 협의과정에서 상당한 애로에 부딪혔다. 우선 이 법안이 노동부의 역할과 권한을 넘어서는 너무 포괄적이고 강력한 법안이라는 반발이었다. 이러한 정도의 법안은 경제정책을 총괄하는 경제기획원이 추진해야 하며, 실무적으로는 경제기획원에서 이를 가져다가 '인력정책기본법'으로 바꿔 입법하겠다는 의견도 있었다. 부처협의과정에서 수정된 주요 사항을 요약하면 아래와 같다. 이 부분을 상술하는 이유는 고용정책에 대한 정부 부처 관료들의 당시 인식을 보여주는 생생한 증거이기 때문이다.

1) 입법예고안에서 고용정책심의회는 국무총리를 위원장으로, 경제기획원장관과 노동부장관을 부위원장으로 하고 관계부처 장관을 위원으로 구성하자는 내용이었다. 경제기획원의 반대로 조정되어 노동부장관을 위원장으로 하고 관계부처 차관을 위원으로 하는 위원회로 격하되었다.
2) 근로자의 직업능력개발과 취업 촉진을 위한 비용을 일부 지원하는 '직업전환지원금'을 신설하자는 규정이 삭제되었다. 이 규정은 고용보험에 가입한 근로자에게는 여러 지원금이 신설되는 것에 맞춰 피보험자가 아닌 일반 근로자에게도 비슷한 지원금(일반회계에서 부담)을 지원하여 형평을 맞추려는 취지였으나 수용되지 않았다.
3) 대량고용변동, 긴급실업대책 등의 규정에 대해서는 관계부처에서 냉소적인 지적이 많아 상당한 부분이 수정되었다. 경제기획원 관료들은 "우리는 지금 인력부족 사태를 겪고 있는데 무슨 대량실업이냐? 실효성도 없는 제도를 만들어 공연히 국민을 불안하게 할 필요가 있느냐?"라며 비판했다. 우리는 "고용정책을 총괄하는 법제에

이런 제도가 규정되는 것이 당연하고, 우리나라도 장차 어떻게 될지 모르는데 만약을 위해서도 이런 법제도를 갖춰 두어야 하지 않겠느냐?"고 설득했다. 상당한 논란 끝에 긴급실업대책을 규정한 안 30조를 삭제하고, 특정 불황 업종과 고용개발 촉진지역을 지정하여 기업의 고용조정을 강력히 지원하는 제도를 신설하려는 조항도 통상적인 수준으로 완화되고 말았다. 입법예고안에는 대량실업 발생 시의 긴급대책으로 다음과 같은 조항이 있었다.

> 법안 제30조(대량실업 발생 시의 긴급대책) ① 노동부장관은 대량실업이 발생하여 실업자의 취직 기회의 확대를 위하여 필요하다고 인정되는 경우에는 관계행정기관의 장과 협의하여 다음 각 호의 조치를 취할 수 있다.
>
> 1. 국가 또는 지방자치단체의 공공투자사업의 시행 또는 그 시기의 조정 등에 관한 사항
> 2. 실업자에 대한 취로사업의 실시에 관한 사항
> 3. 국가 또는 지방자치단체의 보조에 의하여 시행되는 공공사업에 일정 비율의 실업자 고용에 관한 사항
>
> ② 관계행정기관의 장은 제1항의 규정에 의한 조치를 위하여 협력을 요청받았을 때에는 이에 협력하여야 한다.

관계부처의 강력한 반대의견에 부딪혀 위와 같은 긴급실업대책에 관련된 조항이 삭제되고 특정 불황 업종과 고용개발 촉진지역의 고용조정지원 등의 제도가 일반적인 지원제도로 완화되었다. 다만 대

량고용변동의 신고제와 실업대책의 수립·시행에 관한 일반적인 조항만 남았다. 특정 불황 업종과 고용개발 촉진지역의 고용조정지원제도는 기업의 고용조정을 지원하기 위하여 고안된 특별지원제도였다. 특별지원제도가 완화되어 '고용사정이 급격히 악화된 업종 또는 지역'의 사업주를 위한 고용조정지원제도가 마련되고 고용보험법에도 업종별·지역별 고용조정의 지원을 위한 유사한 법 규정이 포함되었다.

이렇게 고용조정지원과 대량실업 대책에 대하여 우리나라에는 필요없다며 냉소적이었던 관계부처의 의견은 그로부터 불과 4년 만에 잘못된 것이었음이 드러났다. IMF 외환위기로 대량실업 사태가 도래하게 되자 정부로서는 긴급실업대책을 수립해야 했는데 실업대책 수립에 근거가 될 법 규정은 미흡하나마 노동부가 관장하고 있는 고용정책기본법밖에 없었다. 이 법으로 인하여 노동부가 자동적으로 실업대책의 주무부처가 되었고 고용정책기본법과 고용보험법을 근거로 곧바로 대규모의 정부 실업대책을 수립하여 추진하게 되었다. 노동부는 1998년 2월에 고용정책기본법 제28조 '실업대책의 수립·시행' 조항을 일부 개정하여 생계비·의료비 지원, 실업대책 자금의 차입, 채권발행 등에 의한 재원 등을 보완하여 본격적인 실업대책의 시행을 주도하였다.

그런데 법안협의과정에서 삭제된 위의 '대량실업 발생 시의 긴급대책'은 외환위기 실업대책 시행과정에서 실제 모두 도입되어 긴급대책으로 실행되었다.

(3) 고용보험법안의 수정

핵심 3개 부처가 법안에 합의했다고 보고하자 경제장관회의(1993. 9.24), 국무회의(1993.10.21)에서는 큰 이견 없이 거의 조정안 수준에서 의결되었다, 전례가 별로 없는 효율적인 정책 결정 과정이었다. 국무회의를 거친 법안은 1993. 10. 26 대통령의 재가를 받아 정부안으로 확정되어 1993. 10. 28 국회에 제출됐다. 국회에 가서는 여야를 막론하고 법안 자체에 대해 공감했기 때문에 논란이 별로 없었다.

노동부가 당초 제안했던 고용보험법 입법예고안은 노사단체와의 협의, 공청회 및 관계부처와의 협의과정을 거치며 기본골격을 유지하면서도 여러 부분에서 수정·보완이 이루어졌다. 나중에 국회 심의과정에서는 큰 수정이 없었기 때문에 정부 주도하에 이루어진 수정·보완 작업이 사실상 마지막 조율과정이었던 셈이다. 앞에서 논의한 내용 중에서 수정이 이루어진 중요 사항을 살펴보자. 보다 구체적인 사항은 제2부에서 자세하게 다루게 된다.

1) 입법예고안에서 고용보험은 노동부장관이 관장하고 직업안정소를 설치하여 보험 사무를 수행하도록 규정하였으나 부처 간 협의과정에서 '직업안정법에 의한 직업안정기관'이 보험 사무를 수행하는 것으로 조정되었다. 아직 관리운영기구에 대하여 명확한 결론이 나지 않았기 때문이었다.

2) 국가는 매년 보험사업의 관리·운영에 소요되는 비용의 전부 또는 일부를 '일반회계에서 부담한다'고 되어 있던 입법예고안을 '일반

회계에서 부담할 수 있다'로 완화하고 또한 '매년도 예산의 범위 안에서 보험사업에 소요되는 비용의 일부를 지원할 수 있다'는 규정을 삭제했다.

3) 고용보험 적용범위에 대하여는 많은 논의를 했으나 큰 틀에서 부처간 합의하고 구체적인 결정을 시행령으로 위임했다.

4) 이직일 이전 18개월간 12개월 이상 보험료를 납입한 근로자에 한하여 실업급여를 지급하되 대기기간은 입법예고안의 30일에서 2주로 축소되었다.

5) 기본급여는 당해 근로자의 급여기초임금일액의 100분의 50을 지급하며 급여기간은 '60일 내지 210일'로 되어 있었으나 '30일 내지 210일'로 조정되었다.

6) 고용보험 보험료율의 한도는 입법예고안에서 '1000분의 20'의 범위로 되어 있었는데 부처협의로 '1000분의 15'의 범위 내에서 대통령령으로 정하는 것으로 조정되었다.

7) 직업능력개발사업으로 통합되기로 했던 사업내훈련 의무제가 1000인 이상 사업체에 한시적으로 존치되도록 조정되어 이와 관련된 보험료 특례 등 여러 조문이 신설되고 수정되었다. 이에 관련된 상세한 논의는 제2부에서 다루게 된다.

4. 고용보험법안의 국회 심의·의결

고용보험법안은 1993.10.28에 국회에 제출되어 1993.11.25에 국회 노동위원회에 상정되었다. 1993.11.30 소위원회 심의를 거쳐 1993.12.1에 노동위원회에서 심의·의결되고 같은 날 국회 본회의에서 의결되어 확정되었다. 국회 노동위원회 심의과정에서, 정부 제출법안에서 '임금' 및 '통상임금' 개념으로 근로기준법의 '임금' 개념을 사용하고 있으나, 근로기준법의 임금 규정이 그대로 적용되기 어려운 일부 특수한 사업에 대하여는 노동부장관이 고시하는 금액을 당해 임금으로 하도록 단서 규정을 추가하는 수정이 있었다. 그밖에 '기타 기금운영수익금'을 '기금운용수익금'으로 수정하는 등 미세한 수정이 있었을 뿐 정부안이 거의 그대로 의결되었다. 정부안이 치밀하게 잘 정리되어 있음을 국회에서도 인정한 결과였다.

5. 핵심 쟁점과 노동부의 당시 대응 논리

고용보험법이 국회에서 통과되어 제정, 공포되고 나서도 일부에서는 계속 시행상의 문제를 지적하였다. 노동부에서는 이러한 문제 제기에 대하여 대응 논리를 만들어 노동뉴스 등을 활용하여 적극 대응하고 홍보하였다. 핵심 쟁점과 당시의 대응 논리를 여기에 소개한다.[31]

---

31 당시 '노동뉴스'는 노동부가 매주 발행하여 배포하는 공식적인 홍보자료인데, 이외에도 노동부는 자체적으로

(1) 고용보험제 도입 시기로 1995년은 너무 빠르다는 주장에 대하여

고용보험제 도입 시기가 아직 빠르다는 주장은 고용보험을 종래의 실업보험으로 오해하는 데에서 발생하는 오류이다. 고용보험사업 중 능력개발사업과 고용안정사업은 급변하는 산업구조 조정과정에서 기업의 구조조정을 촉진하기 위하여 조속히 시행되어야 할 사업으로서 많은 학자와 기업이 그 필요성을 인정하고 있다. 서구 국가나 일본에서 고용보험제가 도입된 배경은 그 제도 자체가 실업자 구제 등 당시의 사회·경제적 필요에서 채택된 것이지 경제력의 크기가 제도 도입의 타당성을 입증한 것은 아니다. 경제력을 기준으로 판단하더라도 1911~1935년 사이에 고용보험제를 도입한 영국, 독일, 미국 등의 당시 경제 수준이 현 시점의 한국과 비교하면 더 낮은 수준이라고 볼 수 있고 특히 1947년 실업보험을 도입한 일본의 경우도 마찬가지이다.

우리나라가 고용보험을 시행할 때 소요될 재정추계는 연간 7천억 원 정도인데 이는 1992년의 GNP 207조 원 대비 약 0.38%로서 우리 경제력에 부담을 주는 수준이라고 할 수 없다(참고 : 미국 0.47%, 독일 1.2%, 일본 0.34%, 덴마크 3.22%). 이렇게 보면 고용보험제 시행 시기가 우리의 경제력에 비추어 볼 때 빠르다고 할 수 없으며 오히려 안정적 성장에 걸림돌이 되는 인력의 과부족, 고용불안 현상을 제거함으로써 향후 경제의 활력을 가져오는 제도라고 할 수 있다.

「고용보험제, 이렇게 시행됩니다」 등 여러 자료를 제작하여 배포했다. 이하의 논의는 당시의 논리를 소개하기 위하여 여러 자료를 토대로 정리한 것이다.

(2) 고용보험 적용대상과 보험료율 등 기업의 부담에 대한 우려

노동부는 고용보험제 최초 적용을 10인 이상 기업으로 정하자고 제안하였으나 상공부와 경제단체에서는 중소기업의 부담 문제를 들어 150인 이상부터 적용하자고 주장했다. 이에 대해 노동부는 고용보험 적용에 따른 기업의 부담은 우려해야 할 만한 수준이 아니고 오히려 대다수의 중소기업을 적용대상에서 제외하는 것이 더 문제가 있다고 반론했다.

고용보험연구기획단에서는 실업률을 4%, 비자발적 실업자 비율을 35%로 가정하여 보험료율을 1차 추계했는데, 고용안정사업과 능력개발사업 보험료 0.6%, 실업급여 보험료 0.61%로 추계되었다. 모두 합쳐 기업은 1.045%, 근로자는 0.305%를 보험료로 납부하는 것으로 추정했다. 이러한 보험료율을 근거로 판단할 때 외국의 수준에 비해 매우 낮은 것으로 볼 수 있다. 당시 일본의 보험료는 근로자 0.55%, 기업 0.9%, 독일은 노사 각각 3.4%, 프랑스는 근로자 2.47%, 기업 4.43% 수준이었다. 우리의 보험료율이 낮게 추계된 것은 실업급여의 지급기간과 수급요건 등을 엄격하게 규정했기 때문이다. 이러한 근거에서 중소기업에 부담이 클 것이라는 우려는 지나친 것이라고 판단했다.

실제 시행단계에서 연구기획단 추계에 근접하여 보험료율이 결정되었다. 노사 간 보험료 부담원칙이 큰 이견없이 합의될 수 있었던 것은 기업에서는 이미 사업내직업훈련 분담금을 부담하고 있었기 때문이다. 앞에서 이미 강조했지만 이 논리는 실제 매우 중요한 역할을 했다. 직업훈련분담금을 폐지하여 이를 고용보험의 능력개발 보험료로 전용한다는 논리에 기업이 공감하고 크게 거부감을 갖지 않았다. 그 연장선상에서 기업

규모별로 차등 부담하는 직업훈련 분담금 체계를 고용보험에 그대로 가져온 것이다. 그래서 대기업은 많이 내고, 중소기업은 적게 내는 식으로 기업 규모에 따라 차등을 두었다.

(3) 이른바 '선진국병'이라는 근로의욕 저하 문제에 대하여

고용보험제에 대한 가장 1차적인 반대 이유는 실업급여를 지급하면 근로의욕을 저하시켜 실업을 장기화하고 이른바 일부 선진국이 겪었던 '선진국병'을 초래하리라는 것이었다. 그러나 이러한 근로의욕 저하 문제는 구직활동과 연계되어 수급요건이 엄격한 실업급여의 문제가 아니라 구직요건 없이 시혜적으로 지급하는 실업부조 제도에서 연유하는 것이라 할 수 있다. 우리나라가 시행하려는 고용보험제는 실업급여 지급이라는 사후 구제적인 지원보다는 인력수급의 원활화, 근로자의 능력개발, 고용구조의 개선과 실업의 예방, 실직자의 적극적인 재취업 촉진 등 적극적 고용정책의 제도적 장치로서 운용한다는 것이다.

우리나라의 제도를 설계할 때 이른바 선진국병의 발생 소지를 원천적으로 방지할 수 있도록 다른 나라에 비해 매우 엄격한 수급요건을 규정하였고 수급기간도 짧게 했다. 수급을 위해서는 실직 전 18개월 중 12개월 이상 보험료를 납부해야 하고 2주마다 직업안정기관에 출석하여 그간의 구직활동 노력을 입증해야 한다. 급여수준도 실직 전 임금의 50%로서 60~80%에 이르는 선진국 수준에 비해 높지 않다. 또한 자발적 이직자, 본인의 과실에 의한 해고자는 수급자격이 배제되며, 직업소개나 직업훈련을 거부한 경우에는 급여가 중단되도록 했다. 이러한 제도로 운용한다면 근로자의 이직이 늘어난다든가 실업기간이 장기화하는 선진국병의 부작용 우려는 없을 것으로 판단했다.

(4) 퇴직금 일부를 고용보험료로 전환하는 문제에 대하여

퇴직금제도는 노령연금적 성격과 실업급여적 성격을 함께 갖고 있다. 노령연금적 성격은 국민연금이 담당하고 실업급여적 성격은 고용보험이 담당하게 되므로 국민연금에 이어 고용보험제까지 시행된다면 법정퇴직금제도를 임의제도로 전환해야 한다는 주장이 제기되었다. 상공부와 사용자 단체에서는 국민연금의 사례와 같이 퇴직금의 일부를 고용보험료로 전환해야 한다고 주장했다. 물론 노동계에서는 이에 대하여 반대했다.

고용보험연구기획단에서는 당초 3개의 대안을 제시했다. 1안은 고용보험제 시행과 관계없이 법정퇴직금제도를 그대로 존치하자는 안이다. 2안은 법정퇴직금제도를 존치하되 그 일부를 고용보험료로 전환하자는 안이다. 3안은 고용보험제 시행 시 법정퇴직금제도를 임의제도로 전환하자는 안이다. 이러한 3개의 대안을 놓고 열띤 논쟁을 한 바 다수 의견은 3안이 바람직하다는 데에 의견을 모으고 단기적으로 2안을 채택하자는 안을 지지했다.

그런데 퇴직금의 일부를 고용보험료로 전환하는 데에는 논리적·법리적으로 문제가 있다는 의견이 많았다. 우선 국민연금의 경우 60세가 되면 누구나 당연히 연금을 수급하게 되므로 퇴직금 중에서 일부를 국민연금으로 전환해도 근로자들이 수용할 수 있었다. 그러나 고용보험의 경우에는 실업급여의 수혜대상이 비자발적 실직자로 제한된다. 그러므로 제약없이 당연히 지급받을 퇴직금의 일부를 전환하여 자신이 수혜대상이 될지 확실하지 않은 고용보험으로 전환하는 데 동의하기는 어렵다는 것이다. 법리상으로는 확정채권인 퇴직금채권의 일부를 불확정채권인 실업급여로 전환하는 것은 문제라는 지적이었다. 국민연금은 퇴직금과 마찬가지로 확정채권이어서 법리적인 문제는 없었다.

상공부는 사용자의 실업급여 보험료 납부의무를 퇴직금 전환분으로 완전히 대체하자는 의견도 제시했으나, 이는 더더욱 근로자의 입장에서 자신의 권리를 전환하여 사용자의 보험료 납부의무를 대체하자는 것이 되므로 수용할 수 없는 것이었다. 사실 퇴직금의 일부를 고용보험료로 전환한다고 하더라도 고용보험료가 국민연금 갹출료의 1/10 수준에 불과하여 전환의 실익이 거의 없다고 노동부는 반론하였다.

많은 논의 끝에 퇴직금 일부를 고용보험료로 전환하는 문제는 법리상으로나 실질적으로나 적절하지 않다는 노동부의 의견을 관계부처에서 수용하였다. 사실 고용보험을 포함한 4대 사회보험이 모두 도입되는 것을 계기로 퇴직금의 일부 전환이 아니라 퇴직금제도 자체의 폐지 내지는 임의화 문제를 경영계가 강하게 제기하였다면 훨씬 더 설득력 있게 논의가 전개될 수도 있었다고 생각한다. 실제 부처 간 협의과정에서 퇴직금제도를 폐지할 단계라는 주장이 깊이 논의되기도 했다.

그러나 우리는 경영계와 숱한 대화를 통해, 여러 상황을 잘 알고 있는 경영계가 노동계의 반발을 무릅쓰면서 퇴직금제도의 존폐문제를 제기할 만큼 강력한 의지는 없다고 판단하였다. 결국 부처 간의 협의 끝에 퇴직금제도의 존폐, 임의화 문제는 향후 장기적으로 검토해야 할 과제라는 결론에 이르렀다. 이러한 취지를 고용보험법 부칙에 '노동부장관은 이 법 시행에 따라 근로기준법 제 28조의 규정에 의한 퇴직금제도의 개선방안을 강구하여야 한다.'고 명시하게 되었다.

(5) 실업급여 수준에 대하여

실업급여를 실직 전 임금의 어느 수준으로 지급해야 하는가 하는 문제도 노사간 논란이 많았던 이슈였다. 실업급여 수준에 대하여 상공부와 경영계에서는 통상임금 기준 50%를 주장하고 노동계에서는 평균임금 기준 60%를 주장했다. 이 문제는 단순히 급여수준을 어떻게 정하느냐의 차원을 벗어나 실업급여 지급기간, 수급요건의 용이성, 부가급여의 유무 등을 종합적으로 고려해야 할 사항이었다.

우리의 실업급여는 지급기간이 짧고 수급요건이 매우 엄격하며 실업부조 등 부가적인 급여를 전혀 인정하지 않으므로 실직 전 임금의 50%가 높은 수준이라 할 수 없다고 판단했다. 그러나 이보다 더 높이는 것은 제도 자체의 출범을 위협할 정도로 보수층의 반발을 불러올 수 있었다. 급여기초임금일액 계산 시에는 임금 가운데 복리후생적 임금, 성과급여적 임금, 임시로 지급된 임금은 제외토록 하여 이러한 급여 비중이 큰 고소득자의 실업급여액을 사실상 7~8% 낮추는 효과를 기하도록 했다.

(6) 고용보험을 운영하는 담당기구 문제

고용보험의 시행에 있어서는 담당기구 문제가 아주 어려웠고 많은 시간이 소모되었다. 당시에는 문민정부(김영삼 정부)가 내세운 '작은 정부'

에 대한 이데올로기적 사고가 지배하고 있었다. 고용보험 관장기구는 적용사업장 및 피보험자 관리와 보험료 징수, 실업급여 지급뿐만 아니라 고용보험 사업 등 적극적 고용정책을 시행할 공공직업안정기관(Public Employment Service, PES)으로서 핵심적인 정책수단이었다.

우리가 고용보험 담당기구 문제에 집착했던 것은 이 조직이 고용보험 업무뿐만 아니라 적극적 고용정책과 고용서비스를 일선에서 직접 담당하고 실제 시행하는 핵심 조직이기 때문이었다. 고용보험제도를 도입하면서 추구했던 핵심 정책 목표도 이러한 직업안정조직과 적극적 고용정책 체제를 갖추려는 것이었다. 우리가 1993년에 계획했던 직업안정기관을 개편하여 부여하고자 한 기능은 크게 다음의 4가지로 압축할 수 있었다.[32]

- 인력의 풀(pool) 형성과 취업알선 : 지역내 구직자 및 취업희망자를 대상으로 구직등록을 받고 기업의 구인정보를 적극적으로 수집·종합하여 개인의 적성과 능력에 적합한 취업알선을 활성화한다. 고용보험제를 이용하여 구직정보 및 구인정보를 등록하도록 유도하여 인력의 풀을 형성한다. 장애인·고령자·주부 등 취업 취약계층에 대한 직업능력 향상과 취업알선을 지원한다.
- 취업희망(예정)자에 대한 고용서비스의 제공 : 취업을 희망하는 모든 학생에게 진로 결정 이전에 직업심리검사, 직업정보 제공, 직업상담 등 직업지도를 실시하여 올바른 직업 선택을 지원한다. 또한 휴·폐

32 노동부 직업안정국 내부 보고서(1993.7)

업 실직자 등을 대상으로 능력과 적성에 맞는 직종으로 재취업을 촉진하기 위한 전직 훈련을 지원하며, 관내 훈련기관과 연계하여 취업과 훈련의 일관된 시행을 도모한다. 한편 구인처를 적극적으로 개척하여 신속한 취업 기회를 제공한다.

- 기업에 대한 각종 고용서비스 제공 : 지역 내 고용·인력에 대한 정보를 수집·분석하여 정기적으로 보급한다. 기업의 이전·합병 또는 확대 시 인력수급 상황도 반영한다. 구인처를 적극적으로 개척하여 기업의 필요인력 충족을 지원한다. 한편 기업의 인력·고용에 대해 재정적·기술적·행정적으로 지원한다. 우선 기업이 요구하는 기능 정도와 구직자의 기능 수준을 비교하여 단기 적응훈련을 실시하고, 기업의 전직 훈련에 관하여 조언하고 지원하며, 재직자 향상훈련과 재훈련 실시를 지원한다.
- 인력수급 조절과 고용보험제 운영 : 인력 수요·공급기관에 대하여 고용정보 제공과 적극적 취업알선으로 인력의 수급을 조절한다. 학생 등 신규구직자에 대한 직업지도로 인력의 생산적인 재배치에 기여한다. 아울러 고용보험제 시행에서 제도의 관리·운영을 담당한다.

그런데 예산 부처와 정부조직 담당 부처는 직업안정기관의 기능과 역할을 제대로 이해하지 못하고 통상적인 고용보험 담당기구 정도로 잘못 판단하고 있었다. 관련부처에서는 작은 정부 논리에 집착해 조직과 공무원 수를 늘리지 말고 반관반민의 공단을 만들어 운영하라고 주장했다. 아직 실업대책이나 적극적 고용정책에 대한 인식이 매우 약한 상황이었다.

오랜 기간 열심히 설득하고 치열하게 논쟁했지만 해결되지 않고 있었다. 예산실은 공단 조직으로 개편하여 인건비 예산이 더 들더라도(당시 공단 직원 임금수준이 공무원 보수보다 훨씬 높았다) 공무원 증원은 불가하다는 작은 정부 논리에 집요하게 매달렸다. 예산실 실무자들은 심지어 "공무원 증원만 아니라면 공단으로 만들어 인건비와 인력을 원하는 대로 주겠다."는 감언이설도 서슴지 않았다. 우리는 예산실이 정책집행의 효율성보다는 작은 정부라는 이데올로기에 교조적으로 집착한다는 느낌을 받았다. 경제기획원 이석채 예산실장은 고용보험제 도입, 공무원 증원 등에 특히 심하게 반대했던 핵심 인물이었다.

경제기획원 출신 강봉균 노동부차관 재직 시 그의 중재로 관계부처 간부들 간 열띤 논쟁 끝에 '부처 간 견해차가 너무 심하니 결론을 미루고 전문연구기관에 연구용역을 위탁하여 그 결과에 따르자.'고 합의했다. 연구기관으로 서울대와 한국행정연구원, KDI(한국개발연구원), KLI(한국노동연구원)가 선정되었다. 연구용역 결과에서도 단일한 결론에 이르지 못하자 결국 정부 내에서 결단을 내릴 수밖에 없는 상황이 되었다. 경제기획원과 노동부의 오랜 논쟁 끝에 공무원 증원을 억제한다는 목표를 지킨다는 원칙하에 노동부가 직접 수행하던 산재보험 업무를 근로복지공단으로 이관하고 그 공무원정원으로 고용보험 업무를 정부가 직접 수행하는 것으로 정리했다.

그리고 고용보험 징수업무도 산재보험과 통합하여 근로복지공단이 담당하게 한다는 통합징수 원칙을 결정해서 2대 사회보험의 통합징수 선례를 처음으로 정립했다. 이는 보험료 징수조직을 최소화하여 핵심적인 노동시장 정책에 집중하기 위한 노동부 스스로의 선택과 집중전략이었고 불가피한 선택이었다. 적극적 고용정책 추진기구는 노동부에게 너무도 중요한 수단이므로 보험 징수조직을 양보해서라도 확보해야 할 지상과제였다. 참으로 어려운 선택 과정이었다. 현대적 의미의 고용서비스를 담당하는 정부의 고용안정조직은 그렇게 해서 만들어졌다.

(7) 적용범위에 대하여

고용보험법 제정과정에서 관계부처 간, 노사 간 첨예하게 대립했던 핵심적인 사항, 즉 적용범위, 보험료율, 관리운영기구 등의 결정이 시행령에 위임되어 있었다. 이에 관한 상세한 논의는 2부와 3부에서 다루게 된다. 여기에서는 개략적인 사항만 언급한다. 적용범위와 관련해서 법에는 원칙적으로 '모든 사업 또는 사업장'을 적용대상으로 했다. 대통령령으로 적용범위를 단계적으로 확대해가자는 방침이었는데 문제는 1차 적용에서 배제되는 사업의 범위를 어떻게 규정하느냐가 관건이었다. 적용배제 사업장을 어떻게 정할 것인지와 관련해서 부처 간에 아주 오랫동안 논쟁을 했다. 그때 경제기획원 출신인 강봉균 노동부차관이 관계부처 간의 조정을 주도했다.

보험료율과 관련해서는 고용보험에 실업급여 부분이 있고, 고용안정사업과 능력개발사업이 있는데 실업급여는 노사가 각각 반반씩 보험료를 내지만, 고용안정사업과 능력개발사업에 대해서는 기업이 보험료를 모두 내도록 규정되어 있었다. 이 중에서 실업급여 부분이 가장 문제가 되었다. 1995.7.1부터 실업급여는 상시고용 30인 미만 사업을 제외하고

30인 이상 사업부터 적용하기로 했다. 그리고 1998.1.1부터 상시 10인 미만을 제외하고 10인 이상 사업에 적용을 확대하는 것으로 정부안이 결정됐다.

그런데 1997년 말에 외환위기가 닥쳐 1998년에 시행령을 두 번 고쳐서, 불과 몇 달 사이에 적용범위를 5인 이상 사업으로 확대하고, 이어 6개월 만에 1인 이상 사업으로 전면 확대했다. 적용사업 범위를 단기간 내에 거의 혁명적으로 확대한 조치였다. 이런 조치로 대량실업 극복에 고용보험이 중추적인 역할을 수행할 수 있었다.

영세 사업장에 적용확대하더라도 사업장 수의 증가만큼 적용근로자 수가 급증하지는 않는다. 하지만, 사업장 단위로 각각 고용보험 적용·징수업무를 수행해야 하는 담당자의 업무는 비약적으로 증가하여 직원의 업무 부담이 엄청나게 가중됐다. 게다가 김대중 정부 들어 외환위기 극복을 위한 긴축재정과 '작은 정부' 논리를 내세우면서 1998년에 공무원정원을 축소해야 했다. 반면 적용사업장이 확대되면서 담당 업무는 몇십 배 늘어났다. 이런 애로가 가중되어 심각한 부담이 되었는데도 노동부는 1년 내에 적용사업장의 확대 업무를 성공적으로 해냈다. 엄청난 성과라고 평가해야 한다.

제4장

고용보험제의 시행

제4장
고용보험제의 시행

1. 고용보험제 첫 시행 준비과정의 애로

(1) 촉박한 일정에도 차질없이 시행

고용보험법은 1995.7.1부터 시행토록 법에 규정되어 있었다. 고용보험제 시행을 불과 두 달 남긴 1995.5.1 자로 노동부에 국 단위로 고용보험심의관실이 개설되고 고용보험기획과와 고용보험운영과의 2개 과가 설치되었다. 필자가 제1대 고용보험심의관으로 발령받고 최병훈 고용보험기획과장, 이재갑 고용보험운영과장이 임명되었다. 우리는 2개월 만에 시행 준비를 모두 갖춰야 하는 촉박한 상황에 놓여 있었다.

당시는 사회적으로 크게 물의를 야기했던 정책실패 사례가 교훈이 되어 공직자들이 새로운 제도의 시행에 극도로 긴장할 때였다. 1993년 말

우루과이라운드 협상 타결 후속조치로 1994년 5월에 농수산물의 유통구조개선을 내용으로 하는 농업안정법(농산물 유통 및 가격 안정에 관한 법률) 개정이 추진되었는데 농산물 중개인 등의 거센 반발에 부딪혀 개정된 법이 제대로 시행되지 못한 일이 발생했다. 당시 전국을 흔들었던 이른바 '농안법 파동'이었다. 농안법 파동은 정부가 법률 시행 준비를 제대로 하지 못해 사회에 대혼란을 초래한 대표적인 정책실패 사례로 공직자들에게 경종을 울렸다.

노동부 고용보험국 담당 관료들은 고용보험제 시행에 있어 제2의 농안법 파동이 있어서는 결코 안 된다는 야무진 결의를 했다. '만약 시행에 차질이 생기면 다 같이 한강에 빠져 죽자'는 각오를 다졌다. 사실 법령 하위규정 마련, 전산 프로그램 개발, 전산망 설치, 필요 서식 작성, 사무실 설치, 직원교육 등 준비해야 할 일에 비해 남은 기간이 너무도 짧았다.

우리는 매일 저녁 8시에 필자(고용보험심의관) 주재로 상황 점검회의를 하며 분야별 진전사항과 애로 요인, 해결방안 등을 논의했다. 낮에는 관련부처, 전산업체, 노사 및 전문가 협의 등으로 각자 쫓아다니며 업무를 추진해야 했으므로 저녁 그 시간밖에는 모일 수가 없었다. 매일 저녁 추진상황을 점검해 보면 어느 날은 정상적인 시행이 가능할 것이라는 낙관적 전망이 우세하고 다른 날은 제때에 시행하기 어렵겠다는 비관적 우려가 지배했다. 하루하루 업무협의 진행 상황에 따라 낙관론과 비관론이 교차했던 피 말리는 기간이었다. 그런데도 결국 차질없이 해냈고 우리는 여기에 강한 자부심을 느꼈다.

우리의 절박한 심정과 총체적인 노력을 보여주는 하나의 에피소드가

'고사告祀' 지낸 일이다. 정부 청사에서 고사를 지내는 일은 지극히 이례적인데 고용보험제가 성공적으로 시행되도록 기원하는 간절한 염원을 모아 우리는 당시 두 번의 고사를 지냈다. 이 고사를 통해 전 직원의 마음을 모으고 우리의 결의를 다짐한 것이다. 또한 부처 내의 다른 직원들에게도 우리의 마음가짐을 전하고 공감대를 조성하자는 목적도 있었다. 필자는 장·차관, 실·국장들에게도 고사 계획을 알리고 행사에 참여하여 제도 성공을 기원하며 금일봉을 찬조하도록 협조를 구하기도 했다. 고사의 축문은 업무를 넘어 이런 분야에까지 탁월한 재능을 발휘하는 장신철 사무관이 작성하여 낭독했다. 제1부 끝에 관련 글을 첨부한다.

고용보험제 논의의 시작 단계부터 우리가 염두에 두고 있었던 원칙 중 한 가지는 당시의 IT기술을 최대한 활용해 일체 수작업 없이 전산으로 업무를 처리하는 '종이 없는 사무실(paperless office)'을 실현하는 것이었다. 그러나 우리가 처한 현실은 어려움 그 자체였다. 고용보험법을 1995년 7월부터 시행하는데, 전산 프로그램을 만드는데 몇 달 여유가 없었다. 전산시스템을 구축하기 위해서는 시행령은 물론 시행규칙까지 확정되어 있고 업무 프로세스와 행정서식까지 완료되어 있어야 했다. 그런데 1993년 12월 말 법률이 제정된 후 1995년 7월 시행까지는 1년 반 정도의 시행 준비기간밖에 없어서 시행령과 시행규칙의 성안작업과 함께 전산 프로그래밍의 작업을 한꺼번에 진행해야 하는 어려움이 있었다.

당초 계획으로는 시행령과 시행규칙을 한꺼번에 입법 추진하여 1994년 10월에 입법예고해 연말까지는 입법 완료한다는 것이었다. 1995년 상반기 중에 전산 프로그램을 완료된 서식에 맞춰 마무리하면서 고용보험 담당직원에 대한 교육을 실시하는 일정을 갖고 추진했다. 그런데 시행령에 규정되는 보험료율, 적용범위, 담당기구 등 주요 쟁점사항 때문에 계속 지체되어 1995년 3월에야 시행령이 제정되었다. 시행규칙은 100종이 훨씬 넘는 서식심사 작업이 지연되면서 시행 한 달 전에야 겨우 확정될 수 있었다.

일정 지연에도 불구하고 다행이었던 것은 법령이 최종 확정되지 않았지만 업무 프로세스와 행정서식은 부처 간 쟁점사항이 아니었기 때문에 노동부 구상에 따라 전산 프로그램을 구축해 나가도 되었다는 점이었다. 이 때문에 결정적인 시행 차질은 피할 수 있었다. 마침내 1995년 7월 고용보험법 시행과 함께 우리는 적용사업장과 피보험자의 일제 신고 및 보험료 신고 업무를 큰 무리 없이 전산으로 진행할 수 있었다.

우리는 절대적인 시간 부족 문제를 해결하기 위해 특별한 T/F를 구성하였다. 노동부 적용징수 담당자, 전산 전문가, 전산개발 수탁업체인 SDS 전문가 등 40여 명이 합동으로 T/F를 구성하여 철야 작업하고 매주말 노동부에 모여 정책 담당자들과 평가, 토론하며 조율했다. 그런데 정부 전산장비 조달과정에서 주전산기와 단말기를 서로 다른 회사 제품으로 조달해야 하는 상황이 발생했다. 총무처에서 국산 주전산기 사용을 강요했기 때문에 발생한 문제였다. 서로 다른 회사 제품을 실제 운용하다 보니 SW가 서로 일치하지 않은 경우가 많아 일선 관서의 운용과정에서 시행 에러가 많이 발생하였다. 이 문제는 주전산기와 단말기업체, 전산개발회사, 노동부 담당자 등으로 합동 T/F(Help-desk)를 구성하여, 일선에서 일어나는 문제에 하나하나 대응하여 해결해 나갔다.

앞에서 기술한 대로 고용보험 적용, 징수체계는 1995년 최초 시행단계부터 산재보험료 징수체계와 동일하게 설계하여 초기에 보험료 보고서의 접수·처리 등 징수업무는 근로복지공단에서 담당하고 나머지 적용업무는 지방노동관서 관리과에서 담당하게 하였다.

그런데 고용보험제가 처음 시행되면서 기업이나 근로자들이 고용보험제가 무엇인지, 그런 제도가 시행되는지조차도 잘 인식하지 못한 상황에서 징수업무를 근로복지공단이 처리하기에는 상당한 위험부담이 있었다. 공무원이 아닌 공단 직원들은 사업장 출입 등 접근에서 제약을 받는 경우가 많았다. 고용보험을 잘 모르니 고용보험 적용하러 왔다고 하면 마치 보험회사 외판직원으로 오해받아 출입도 거부당하는 상황이었다.

우리는 전국 노동기관장회의를 소집하여 근로복지공단이 보험료 징수업무를 담당하지만 노동부 업무로서 위탁한 것이고 사업의 성공 여부는 노동부 책임이라는 것을 강조했다. 결국 노동부 업무이니 지방노동관서도 본연의 업무로 생각하여 직접 챙기라고 강력한 지침을 시달했다. 근로복지공단 지사에 지방노동관서 공무원을 파견하여 사업장 출입과 적용여부를 직접 지원하라는 지침도 내렸다. 지역별 고용보험 적용상황을 기관장 업무평가에 반영하겠다는 지침을 추가했다. 그 결과 지역별로 지방노동관서(직업안정과, 고용보험과)와 근로복지공단 지사가 사명감을 갖고 혼연일체로 합심하여 노력했고 무난히 적용업무를 마무리할 수 있었다.

연말에 노동기관장회의가 열렸을 때 필자는 고용보험 주무국장으로서

기관장들에게 노동부 직원의 탁월한 역량과 책임감에 대하여 깊이 감사했다. 이러한 초대형 국책 과제를 무난히 수행할 수 있는 조직은 노동부밖에 없을 것이라고 자평했다. 이 과업에 적극 참여하여 노력해준 노동부와 근로복지공단 전 직원에게 무한한 감사와 칭찬을 아끼지 않았다. 고용보험제는 이렇게 하여 성공적으로 시행되었다.

고용보험제 시행 후 반년 만에 3,390억 원 규모의 고용보험기금이 조성되었다(1995년 7~12월까지 6개월분 보험료). 고용보험사업과 실업급여의 지급에 대비하여 기금을 차곡차곡 적립하기 시작했고 그 적립금 규모는 급격히 늘어났다. 과도한 적립금 때문에 국회에서 지적을 받곤 했다. 그러다가 1997년 외환위기를 맞이하여 그동안 쌓아온 적립금을 한꺼번에 소진하게 되었다. 그것이 적립금제도의 의미일 것이다.

(2) 고용보험연구센터의 설립

고용보험제의 지속적인 발전을 위하여 1995년 한국노동연구원에 '고용보험연구센터'(초대 센터장 유길상 박사)를 설립하고 고용보험기금에서 조사·연구사업을 전폭적으로 지원했다. 유길상 박사를 필두로 노동연구원은 고용보험제를 연구하고 설계하는 데 지대한 공헌을 했기 때문에 충분한 보상을 받을 자격이 있었다. 당시 고용보험심의관으로서 필자는 연구센터의 설립·운영에 최대한의 지원을 약속했다. 최초의 연구센터 예산을 편성할 때 노동연구원에서 요구한 예산을 일절 삭감하지 말고 그대로 인정하되, 부득이 삭감할 때는 그 사유를 국장에게 소명하라는 지침을 내렸다. 그런데도 일부 예산이 삭감되었다. 그 사유를 물어보자 담당 직원은 "몇 개 항목 예산이 중복계산되어 할 수 없이 삭감했다."고 답변했다.

이때 '한국노동패널조사(KLIPS)'라고 불리는 패널사업 예산을 고용보험기금에서 지원하여 1998년부터 조사가 시작될 수 있게 결정했다. 패널조사는 설정된 표본가구를 매년 방문하거나 전화로 추적하여 표본가구의 경제적 지위 변동상황을 지속적으로 조사하기 때문에 많은 예산이 소요되어 통상적인 예산으로는 실행하기 어려운 사업이다. 이 조사의 지원 여부에 관하여 논란이 계속되자 필자는 노동연구원 연구진과 노동부 실무진을 함께 불러 토론했다.

노동부 실무진에서는 이런 사업은 고용보험과 직접 관련되지도 않은데 고용보험기금에서 지원하는 것이 적절하지 않다는 반대의견을 제시했다. 필자는 "패널조사같이 예산이 많이 들고 오랜 기간 지원해야 할 사업이 바로 일반예산이 아닌 기금에서 지원해야 할 사업이 아니겠소? 그래서 기금이 그런 인프라 성격의 사업에 대한 지원역할을 해야 합니다."라고 설득했다. 이렇게 시작된 노동패널조사는 노동시장 연구에 엄청난 기여를 하고 있다. 별도의 기금을 조성했기 때문에 이런 성격의 사업을 지원할 수 있게 된 것이다.

(3) 고용서비스의 선진화

고용보험과 함께 추진했던 고용서비스 행정의 양적인 확대는 국민의 정부에서 외환위기에 따른 대량실업 대책으로 달성되었고, 고용서비스의 질적인 발전은 노무현 정부 때 완성되었다. 노무현 대통령은 개개인에 특화된 고용서비스 발전에 굉장한 관심과 노력을 기울였다. 2004년 9월 필자를 노동부 차관으로 임명하면서도 "개인에게 특화된 고용서비스만은 꼭 완성해 달라."고 신신당부했다. 고용센터가 방대한 데이터베이스를 갖고 있는데 개인 특성에 부합되는 좀더 정교한 고용서비스를 왜 제공하지 못하느냐는 것이다. 고용전산망에 개개인의 직장 이력, 경력, 임금, 훈련이수상황 등 개인정보가 상당히 많이 들어있다. 당시에는 구직자에게 적합한 기업이 거주지에서는 어떤 회사, 광역지역에서는 어떤 회사, 전국적으로는 어떤 회사가 있는지 알려주지 못했다.

이 업무개선 방안을 갖고 대통령이 고용서비스 선진화 회의를 세 번이나 주재했다. 이런 지원에 힘입어 개인에 특화된 고용서비스 시스템(나중에 이를 IAP, Individual Action Plan으로 명명)이 완성되었고, 2006년 4월에 노 대통령이 부산에 있는 고용센터에 가서 직접 실행을 해보았다. 그 자리에서 대통령은 "개인에 특화된 맞춤형 고용서비스로서는 이 정도면 세계에 내놓을 만한 수준이라고 생각한다."고 높게 평가했다.

그것을 TV에서 본 광주 고용센터의 이명숙 상담원이 대통령에게 직접 이메일을 보내서 "왜 부산에만 가십니까? 광주 센터도 잘하고 있으니 광주에도 와 주세요."라고 건의했다. 이에 대해 대통령이 이메일로 약속하고 나서 직접 광주 고용센터도 방문했다. 2006년 이명숙 상담원이 그 스토리를 『내 인생 쨍하고 해 뜰 날』이라는 책을 내면서 소개했다.

우리나라 고용서비스의 수준이 이제는 세계적인 수준에 와 있다. 필자는 이를 '대통령 프로젝트'라고 표현한다. 대통령이 관심 갖고 챙겨서 비로소 완성된 것이라는 의미이다. 최근에는 우리나라 고용서비스를 모범으로 이를 벤치마킹하겠다는 개발도상국이 많이 나오고 있다. 최근 10여

년간 필자는 고용정책과 고용서비스의 선진화 방안에 대하여 베트남과 페루 정부에 자문을 제공해왔다. 어떤 분이 스웨덴에 갔더니, 스웨덴 전문가가 한국의 고용서비스가 세계 최고 수준이라고 평가했다는 일화를 전해줬다. 요즘은 우리나라 고용서비스를 모바일로도 제공하는데 세계 최고 수준으로 알려져 있다.

2. 외환위기 실업대책과 고용보험제 전면 확대

(1) 외환위기와 노동시장 개혁

외환위기를 맞아 1997.12.3 우리 정부와 IMF 간에 체결한 경제정책 혁신 프로그램에는 거시경제정책과 재정금융정책은 물론 '노동시장 개혁'이 중요한 부분을 차지했다. 노동시장 개혁 관련 내용은 '노동시장의 유연성을 제고하는 추가적인 조치와 함께 노동력의 재배치를 촉진하기 위하여 새로운 고용보험제도의 기능을 강화한다.'는 것이다. IMF의 요구는 '정리해고제'의 정비와 근로자파견제도의 도입 등 고용유연성을 제고하라는 것이고 이를 위한 사회안전망으로서 고용보험제를 확대하라는 것이었다.

김대중 대통령 당선자는 외환위기 극복을 위한 노동개혁을 추진하기 위하여 사회적 합의기구 구성을 제안했다. 그 결과 노사정위원회가 구성되고 1998년 2월 6일의 '경제위기 극복과 재도약을 위한 노사정공동선언문'이라는 노사정 합의가 만들어졌다. 모두 10개 분야에 90개 항목의 사회협약을 담고 있는데 그 세 번째 분야가 '고용안정 및 실업대책'이다. 이 내용에 첫 번째로 '고용보험사업 확충 및 적용확대'가 제시되어 있다. 고용보험 관련내용을 소개해보면 다음과 같다.

1) 이직 전 6개월 이상 보험료를 납부한 실직자에게 실업급여 지급
2) 실업급여의 최저 지급기간을 60일로 연장하고 최저 지급수준을 최저임금의 70%로 상향조정
3) 전국적인 고용불안이 발생하는 경우 일정 기간 실업급여 지급기간을 30~60일간 연장하는 특별연장 급여제도를 도입
4) 영세 사업장의 근로자 보호를 강화하기 위하여 고용보험 적용사업장을 1998년 7월 1일부터 5인 이상 사업장으로 확대
5) 1999.7.1부터 임시·시간제근로자 등에 대하여 고용보험 적용

한편 1998년 2월7일 IMF와 정부 간에 제5차 합의된 '사회안전망 및 실업급여제도'에 관한 사항 중 실업급여 부분을 정리하면 다음과 같다.

실업급여제도를 다음과 같이 확충한다.

1) 대상을 30인 이상 근로자가 있는 사업장의 근로자로부터 1998.1.1부터 10인 이상의 근로자가 있는 사업장 근로자로, 1998.7.1부터는 5인 이상의 근로자가 있는 사업장의 근로자로 확대한다.
2) 최소 급여수준을 최저임금의 50% 수준에서 1998.3.1부터 70% 수준으로 인상한다.

3) 최소 급여기간을 1998.3.1부터 1개월에서 2개월로 늘린다.

4) 최소 기여금 납부기간을 1년에서 6개월로 감축시킴으로써 수혜 자격을 일시적으로(1998.4.1부터 1999.6.30.까지) 연장한다.

외환위기를 맞아 고용보험제의 확대는 사회적 합의뿐만 아니라 IMF에서도 강력하게 요구받고 있었다. 이제 시행된 지 2년여 만에 고용보험제는 사회안전망의 중추로서 대량실업 극복의 핵심 역할을 요구받는 상황이 되었다.

필자는 외환위기를 맞아 1997년 12월 말 고용총괄심의관으로 고용정책실에 복귀했다. 고용보험심의관에서 광주지방노동청장으로 부임한 지 7개월 만에 외환위기로 고용사정이 최악으로 치닫게 되자 필자에게 복귀명령이 내린 것이다. 이때부터 우리는 실업과의 전쟁을 시작했다.

당시 한국이 직면한 대량실업과 정부의 실업대책 추진은 정부 초유의 일로서 선례도 없었고 대응체제가 실제 전혀 준비되어 있지 못했다. 정부가 대규모 실업대책을 수립하여 추진할 법적 근거로는 고용정책기본법 조항이 유일한 규정이었다. 고용정책기본법 제27조(대량고용변동 시 사업주가 노동부에 신고 의무)와 제28조(실업대책사업)에 대한 규정이 그것이다. 노동부는 이 법 규정에 근거하여 정부 실업대책을 수립하고 총괄했다. 당시에는 외환위기의 책임부처였던 재정경제원과 부총리제도가 폐지되어 실제 실업대책을 총괄할 부처가 없었다. 노동부는 관계부처와 협의를 거쳐 실업대책을 논의하며 하나하나 구체화해 나갔다.

우리는 모든 실업대책 사업을 하나씩 새로 만들고 사업내용, 시행 규정, 명칭 등을 결정해 갔다. 예를 들면 '공공근로사업'이라는 사업의 명칭, 근무조건, 수당으로 지급할 금액, 재해 시의 보상기준 등을 노동부 내부논의로 결정해 각 부처에 배포했다. 부처별로 시행 가능한 공공근로사업 아이디어를 정부와 지방자치단체에서 공모하여 수많은 제안을 검토하고 선정했다. 이때 시행했던 산림청의 '숲 가꾸기 사업'은 성공사례로, 환경부의 '황소개구리 퇴치사업'은 대표적인 실패사례로 기록되었다.

실업대책은 준비가 미진한 상태에서 급속히 확대되어 추진되면서 실효성 문제에 대한 비판도 많이 받았다. 초기의 부처 간 혼선, 중앙과 지방자치단체 간의 조정 미흡, 일부 사업의 부실 운영, 특히 지자체가 시행하는 공공근로사업과 직업훈련사업 등에서 지적이 많았다. 1998년 하반기부터 추진사업 점검과 실효성 보강에 중점을 두어 총리실에 점검단을 설치하고 한국노동연구원에 '실업대책 모니터링 센터'를 운영하여 보완하기도 했다.

(2) 고용보험의 전면확대

정부는 초유의 대량실업 사태를 맞아 파격적인 실업대책을 수립, 시행했다. 실업대책을 수립하면서 우리는 가장 체계적인 사회안전망인 고용보험이 중추 역할을 해야 한다는 것을 절감했다. 시행된 지 2년밖에 되지 않았지만 고용보험제는 명실상부하게 실업대책의 중추 사업으로 부상했다. 앞에서 언급한 바와 같이 노사정사회합의나 IMF 요구도 고용보험 확대에 집중되어 있었다. 실업 위기를 맞아 당시에 '사회안전망(Social safety net)'이라는 개념이 많이 통용되었다. 실업에 대해서는 고용보험제도, 빈곤계층의 생활보호를 위해서는 기초생활보장제도가 중심을 이루었다.

대표적인 사회안전망으로 기능한 고용보험의 적용확대 과정을 살펴보자. 1995년 7월에 처음 시행된 이래 1997년 말까지 실업급여 부분은 30인 이상 사업장에 적용되다가 1998.1.1부터 10인 이상으로 확대적용되었다. 앞에서 논의한 바와 같이 한국 정부는 IMF 당국과 정책협의에서 적용대상을 1998.1.1부터 10인 사업장, 1998.7.1부터는 5인 이상 사업장으로 확대하기로 합의한 바 있었다. 외환위기에 몰린 우리 정부는 선택의 여지 없이 IMF가 요구하면 그대로 수용해야 하는 입장이었다.

당시 필자는 고용총괄심의관으로서 실업대책을 총괄하고 있었는데 김용달 고용보험심의관이 1998년 1월에 청와대 노동비서관으로 차출되자 임시로 고용보험심의관까지 겸직하여 맡고 있었다. 이기호 노동부장관은 IMF와의 합의, 정부·여당의 압력 등에 따라 고용보험 적용대상을 1998년 3월부터 1인 이상 전 사업체로 전면확대하라는 지시를 내렸다. 노동부는 대규모 행정력을 필요로 하는 고용보험의 적용확대를 결단하고 이를 시행에 옮겨야 할 상황이었다.

고용보험국 과장, 사무관들은 사전준비도 없이 급격한 적용확대는 현실적으로 시행 불가능하며 무리하게 추진할 경우 많은 시행착오나 부작용이 있을 것이라고 강력히 반발했다. 아무리 장관이 지시한다고 해도 실행할 조직이 확충되지 않고 사전준비가 안 된 상태에서 될 일이 아니었다. 결국 필자가 국장으로서 직원들의 의견을 모아 도저히 수용할 수 없다고 장관에게 진언하였다. 장관도 어쩔 수 없이 "그렇다면 우선 5인 이상 사업장으로 확대하자."라고 결정했다. 그래서 시행령을 개정하여 3월부터 5인 이상으로 확대하여 적용했다,

그런데 7월에 이 장관이 다시 이제부터 1인 이상까지 전면확대를 추진하라고 지시했다. 과장들은 또다시 강하게 반대했다. 이번에는 필자가 과장들 의견을 수용하지 않았다. "지난번에는 너무 시간적 여유가 없어 확대 시행이 불가능하다는 주장에 명분이 있었지만 이제는 그 후로 6개월이나 지났는데 아직도 준비 부족을 이유로 전면적용에 반대한다면 국민들이 납득하겠습니까? 어차피 비상시국이고 무리가 따르는 일이지만 이제는 과감하게 시도해 봅시다."라고 설득했다. 과장들도 직속 국장의 이런 주장에는 더이상 반대할 수 없었다.

그 결과 고용보험 적용대상 사업장은 아래와 같이 1년 사이에 전면 확대되었다.33

30인이상('97.12) →	10인이상('98.1) →	5인이상('98.3) →	1인이상('98.10)
4.7만개 사업장	11만개	26만개	60만개
428만명	497만명	533만명	605만명

1995년 7월에 실업급여제도가 30인 이상 사업장에 처음 시행되고 나서 불과 3년 만에 전체 사업장에 확대적용되는 혁명적인 성과였다. 고용

33 적용사업장과 피보험자 통계는 '고용보험 10년사' 통계표에서 필자가 년도별, 규모별 통계를 활용하여 일부 조정한 것이다. 연보의 통계표에는 적용규모가 법적으로 확대되기 이전에 적용된 것으로 잘못 분류된 것도 포함하고 있어 조정이 필요했다. 이 자료는 개략적인 규모를 파악하기 위한 것이며 정확한 통계를 제시하려는 것이 아니었다.

안정사업과 능력개발사업은 1997년 말까지 70인 이상 사업장에 적용되다가 1998년 1월부터는 50인 이상으로, 1998년 7월부터는 5인 이상으로 확대되고, 다시 1998년 10월부터는 1인 이상 사업장으로 전면확대되었다. 근로복지공단과 지방노동관서의 업무량은 적용근로자 수보다는 적용사업장 수에 따라 늘어나는 경향이 있다. 적용사업장 수를 보면 1997년 말에서 1998년 말까지 1년 사이에 10배 이상 늘어난 것을 알 수 있다. 그것을 노동부와 근로복지공단 조직이 감당해냈다는 것은 지금 회상해 보아도 대단한 업적이 아닐 수 없다.

이러한 고용보험 적용확대와 함께 실직자의 증가, 실업급여 등 고용보험사업의 대대적인 확충으로 고용보험기금 소요가 급격히 늘어났다. 이로 인해 그동안 적립됐던 고용보험기금의 고갈 우려가 제기되었다. 정부는 1999. 1.1부터 고용보험료율을 실업급여의 경우 임금총액의 0.6%(노사 각각 0.3%씩)에서 1%(노사 각각 0.5%씩)로 올렸다. 이때에 고용안정사업의 보험료도 종래의 0.2%에서 0.3%로 인상했다.

이러한 적용확대와 보험사업 확대를 위해 1998년에만 1회의 법 개정, 3회의 시행령 개정이 이루어졌다. 그야말로 비상시국이었다.

(3) 고용안정센터 확충으로 고용안정조직의 확립

이번에는 고용안정기관에 대해서 논의해 보자. 외환위기로 한꺼번에 대량의 실직자가 발생하자 노동부 고용센터에는 실업급여를 청구하고 구직신청을 하려는 실업자가 쇄도했다. 당시 전국 45개 지방관서 고용센터에는 밀려드는 실업자들이 긴 줄을 만들어 비좁은 사무실은 실업급여 신청을 하려는 실업자들로 발 디딜 틈이 없었다. 담당 공무원들은 식사할 시간, 화장실 갈 시간도 없이 구직신청과 실업급여 업무에 매달렸다. 우리나라가 일찍이 경험해 보지 못한 초유의 사태에 언론에서는 매일같이 이를 보도하며 정부의 대책을 촉구했다.

김영삼 정부의 마지막 국무총리였던 고건 총리도 직접 고용센터를 방문하고 나서 관계장관회의를 열어 시급히 대책을 강구하라고 지시했다. 방법은 고용센터를 대폭 확충하는 것이었다. 고용서비스 업무는 당초 1997년까지 지방노동관서 직업안정과와 고용보험과에서 담당하고 있었는데 1998년 8월부터 지방노동관서에서 분리하여 '고용안정센터'로 직제상 독립되었다. 종전까지 사용했던 '직업안정' 용어가 '고용안정'으로 바뀐 것은 대량실업 위기를 맞아 고용안정을 지향하는 정책목표를 확실히 부각시키기 위한 선택이었다. 정부 공식 직제에 '센터'라는 현대식 이름을 붙인 것도 노동부가 최초일 것이다. 이 모두가 고용정책에 대한 이미지 쇄신의 일환이었다.

그런데 당시 정부는 IMF 당국과 재정 긴축에 합의하며 정부 조직을 축소하고 공무원을 대거 감축한 바 있었다. 이러한 여건에서 고용센터를 어떻게 확대할 것인가? 관계장관회의에서는 노동부 인력수요는 충분히 인정되지만, 정부 전체의 공무원 감원 상황에서 노동부 공무원에 대해서만 증원하기는 어렵다고 판단했다. 공무원 대폭 증원이 불가피하다는 노동부 요구에 대하여 증원이 아닌 인건비 예산 증액으로 보완하자는 결정을 내렸다.

김영삼 정부의 예산실장(김대중 정부에서 신설된 예산청장으로 승진)

이었던 안병우 실장은 필자에게 호소하듯이 말했다. "고용센터 직원들이 너무도 고생합니다. 우리도 대폭 늘려야 한다는 필요성은 절감하고 있지만, 정부 형편이 이러하니 다른 방법이 없습니다. 그 대신 예산은 원하는 대로 줄 터이니 고용센터를 좋은 곳에 설치하고 직업상담원을 대거 증원하는 것으로 양해합시다."

정부 방침에 따라 고용센터를 대폭 확대했다. 실업자 수가 많은 서울시에는 25개 구 단위마다 1개소씩 설치하고 다른 대도시에도 대폭 확대하여 1999년에 전국적으로 센터가 122개소에 이르렀다. 외환위기로 건물 임대료가 폭락하여 우리는 시내 중심가에 좋은 빌딩을 임차하여 고용센터를 널찍하게 설치할 수 있었다. 여기에 소요 인력은 계약직 직업상담원을 충원하여 배치했다.

고용보험제를 도입하면서 적극적 고용정책의 핵심 수단으로서 고용안정기관의 확충이 절실하다고 주장했는데 그 목표가 외환위기로 인한 대량 실업기를 맞이하여 일거에 해결되었다. 고용안정기관 확대에 대하여 그렇게 반대했던 예산실이 상황이 바뀌자 적극 나서서 확충하도록 주도한 것도 인상적이었다.

이제 1990년대 초에 우리 고용정책팀이 구상했던 고용보험제를 통한 적극적 고용정책체제는 제대로 갖춰졌다. 그런데 실직자가 워낙 급증하며 실업인정절차에서 딜레마에 봉착했다.

초기에 우리는 실업급여 심사 절차에서 2주마다 실직자가 고용센터에 직접 출석해서 실업인정을 받게 하는 제도를 설계했다. 실업인정절차는 실업급여의 모럴해저드를 방지하고 취업촉진을 담보하는 핵심 절차였다. 그런데 실직자가 워낙 급증하고 길게 줄을 서는 상황이 되자 이런 절차를 계속 유지해야 하는지에 대한 논란이 일었다. 고용정책실내에서도 지금은 비상 상황이니 실업인정절차를 간소화해서 2주마다 출석하는 대신에 4주 단위로 출석하게 하자거나 실업인정절차를 한시적으로 생략하자는 의견도 있었다.

그러나 필자는 "적극적 고용정책의 핵심은 실업자의 구직활동을 촉진하는 것인데 그 핵심 수단인 실업인정절차를 폐지하거나 기간을 단축해서는 안 됩니다."고 반대했다. 이 제도의 취지가 실업자를 괴롭히자는 것이 아니라 정기적으로 출석하게 하여 구직노력을 강화하고 취직의욕을 돋구자는 것이며 그것이 더 실업자를 위하는 길이라는 생각이 강했다. 그러니 아무리 어려워도 제도의 근간은 유지하자고 했다.

이렇게 하여 실업인정제도의 틀은 유지되었으나 일선 고용센터에서는 실업급여 신청자가 폭주하여 제대로 실업인정업무를 시행하기 어렵게 되자 사실상 형식적으로 심사하는 절차로 변질되고 말았다. 실업 위기가 해소된 후에라도 이 절차를 엄정하게 시행했어야 하는데 몇 년간 형식적인 심사제도로 운영하던 관행이 정착되어 쉽게 개선되지 못하였다. 참으로 아쉬운 일이다.

실업대책예산도 급격히 증액되었다. 1998년 초에 4.4조 원으로 편성하였는데 1998.2 노사정 대합의를 거치고 몇 차례 추경예산이 편성되면서 5조 원('98.2), 6조('98.4), 8.5조('98.6)로 늘어나다가 1998.10에는

10조 원으로 증액되었다.

김대중 대통령은 자신이 맡은 정부를 '실업대책내각'이라고 불렀다. 그만큼 실업대책에 총력을 기울였다. 대통령의 실업대책에 대한 깊은 관심을 보여준 사건의 하나가 노동부 업무보고 행사였다. 1998년 3월 대통령에 대한 노동부의 업무보고가 서울노동청 강남고용센터에서 진행되었다. 고용센터에 대통령이 방문한 것도 최초이지만 정부부처의 공식적인 업무보고를 고용센터에서 한다는 것은 상궤를 훨씬 뛰어넘는 사례였다.

우리는 실업극복에 대한 대통령과 정부의 강력한 의지를 국민에게 보여주기 위해서는 실업대책을 일선에서 시행하는 고용센터에서 행사해야 한다고 청와대에 건의했다. 그런데 대통령 경호실에서 강력히 반대했다. 당시 서울 강남고용센터는 테헤란로 지하철 선릉역 인근 빌딩에 위치해 있었다. 테헤란로에는 고층빌딩이 연이어 있어서 경호상 수용할 수 없다는 것이었다. 이러한 반대를 무릅쓰고 이기호 장관이 나서서 청와대를 적극 설득했다. 드디어 노동부 업무보고를 역사상 최초로 부처 본부도 아닌 서울노동청 강남고용센터에서 진행했다.

강남고용센터에서의 업무보고는 홍보면에서도 대성공을 거두어 언론에서 그 의미를 부각시키며 대대적으로 보도했다. 아울러 국민들에게 고용센터의 역할과 위상을 드높였다. 우리는 대통령의 고용센터 방문 사진을 대량으로 확대 인화해서 전국의 고용센터에 배부했다. 고용센터에 근무하는 직원들에게 자부심을 가지라는 의도였다. 고용센터는 이렇게 위상을 높여 가고 있었다.

(4) 노동부의 효율적 업무 추진 시스템

외환위기 당시 정부의 실업대책 추진체계는 부처 간의 원활한 협의 조정과 신속한 추진에 매우 효율적으로 작동된 모범사례였다는 평가를 받는다. 대통령이 주재하는 '경제대책조정회의'는 당시 가장 강력한 추진기구였는데 김대중 대통령 취임 후 1~3차 회의 의제로 실업대책을 지정하여 논의했다. 이후 수시로 실업대책이 논의 의제로 상정되었다. 이 회의에는 대통령이 워낙 비중을 두었기 때문에 관련장관과 청와대 수석비서관이 정식 회의 직전에 수시로 회의하거나 전화로 안건 내용을 조율했으며 회의 전날에 심야까지 실업률 전망 등 주요 내용을 조정하는 경우도 있었다.

대통령이 정부를 '실업대책내각'이라고 규정한 후 실업대책 추진을 위하여 1998년 4월 국무총리실에 실업대책추진위원회를 설립하여 국무조정실장이 위원장, 관련부처 차관이 위원이 되었다. 그 산하에 실업대책추진실무위원회를 두었는데 안영수 노동부차관이 위원장, 관계부처 국장들이 위원으로 참여했다. 이 실무위원회는 노동부에서 매주 개최되어 실업대책 사업계획의 타당성, 재원, 세부 내용 등을 협의, 조정했다. 노동부가 각 부처 실업대책을 실무수준에서 총괄 조정하는 기구로 운용되었다.

그러다가 1998.12.5 실업대책위원회를 구성하여 김종필 국무총리가 위원장을 맡고 관련부처 장관, 청와대 수석비서관 등이 참여하는 실질적인 최고 조정기구로 운영되었다. 이 회의는 2주 단위로 주로 삼청동 총리공관에서 조찬회의로 개최되었는데, 사전에 안건을 실무위원회에서 1차 논의하고 추진위원회에서 재차 논의하며 조정한 후 상정했다. 당시 실업대책 추진에서는 부처 간의 신속한 정책조정과 협의, 효율적인 추진을 대단히 중요하게 생각했다. 정부 실업대책 총괄국장으로서 필자는 회의안건을 작성하고 실업대책위원회 등 각급 회의에 항상 배석했다. 당시 경제장관들이 "우리가 잘못 판단하여 정책을 잘못 결정할 수는 있을 수 있겠지만 적어도 정책조정을 미루거나 부처 간 조정되지 않은 정책이 발표되게 하는 과오는 범하지 맙시다."라고 굳게 다짐하던 모습에 매우 강렬한 인상을 받았다. 당시 국가적 위기 상황에 대처하는 선배 공직자들의 강한 책임감, 소명감을 체감했다.

김종필 총리는 국민회의-자민련 공동정부의 책임자로서 또한 경륜도 대단하여 장관들을 압도하는 카리스마를 갖고 조정했다. 1시간 남짓 장관들 간에 열띤 논쟁을 벌이는 동안 총리는 내내 듣기만 하였다. 논의가 어느 정도 정리되고 총리에게 결론을 내려달라고 요청하면 김 총리는 가볍게 "내 생각에는 어느 안이 더 타당해 보이는구먼."하면 그걸로 결론이 났다. 이 회의는 외환위기를 맞아 당시의 장관 등 공직자들이 책임감을 갖고 열심히 직무를 수행하면서 부처 간 신속한 의견조정, 정책조정의 모범사례를 보인 것으로 인식되고 있다.

이기호 장관의 대통령 주례보고는 거의 매주 화요일 이루어졌고, 이 과정에서 대통령은 큰 정책 방향은 물론 아주 세밀한 집행내용까지 일일이 점검하며 질문하고 지시하였다. 주례보고는 노동부장관이 실업대책과 구조조정 관련 노사현안에 대해 대통령에게 직접 보고하며 주요 쟁점에 대해 논의하고 결정하는 기회였다. 당시 대통령에게 매주 주례보고하는 부처는 노동부가 유일했다. 나중에 기획재정부가 추가로 정례적으로 업무보고를 하게 되었다.

1998년 여름 추경예산을 편성하여 실업대책예산을 증액할 때 기억나는 에피소드가 있다. 다음날 국무회의에 추경예산안이 상정되기로 예정되어 오후 3시에 청와대에서 관련장관과 수석비서관이 최종 조율하는 회의를 열었다. 그 회의 1시간 전에 노동부장관이 대통령에게 실업대책 관련 주례보고를 하고 그 결과를 토대로 예산안을 확정하기로 되어 있었다. 그날따라 노동부장관의 보고가 예정된 1시간을 30분 정도 초과하여 종료되었다. 한참 논의 중인 장관회의에 뒤늦게 들어오던 이기호 장관이 앉자마자 "실업대책예산을 다시 짜야겠어요. 대통령께서 공공근로사업을 더 늘리라고 지시했습니다."라고 했다.

결국 장관회의는 노동부장관이 전하는 대통령 의견을 존중하여 실업대책예산을 조정하기로 했다. 예산실 전 부서는 이 조정결과를 기다리며 밤늦게까지 비상대기 상태가 되었다. 저녁 늦게 예산실 사회예산국과 노동부 고용정책실 간부들이 노동부에 모여 실업대책 사업 물량을 조정했다. 조정작업을 마치고 필자가 예산실에 들어가니 계속 기다리던 여러 국장, 과장 등 예산실 간부들이 "노동부가 해도 해도 너무한다. 우리 예산실을 철야훈련시키기로 작정했구나."하면서 성토했다. 공공근로사업에는 사실상 전 부처가 참여하고 있었기 때문에 공공근로사업 물량이 늘어나면 전 부처가 추경예산내역을 조정해야 했던 것이다. 이기호 장관은 이날 고생시킨 보상으로 나중에 예산실 간부들에게 멋진 점심을 대접했다.

1998년 당시에 실업대책 추진상황을 대외에 설득하고 협의 조정하기 위하여 노동부장관이 1998년 중 직접 참석한 회의, 협의회, 간담회 등의 횟수가 140회에 달할 정도로 활발했다. 장관은 여야 당정회의, 주요 당직자, 국회 상임위, 언론, 시민단체, 학계, 종교단체 등을 대상으로 실업대책을 협의하고 설명했다. 필자는 고용총괄심의관으로서 1주에 2회 이상 기자실에 가서 정부 실업대책 현안을 정례 브리핑하고 기자들의 질문에 답변해야 했다. 때로는 인턴제 등 새로운 실업대책 추진방안에 대하여 기자들과 진지하게 토론하며 의견을 수렴하기도 했다.

노동부는 매달 실업자 수를 전망하며 예산 투입량을 늘려나갔고, 매일 전국의 실업대책 추진상황과 수혜 인원을 파악하여 청와대에 일일보고하였다. 김대중 대통령은 노동부 실업대책추진단이 매일 집계하여 보고하는 정부 실업대책추진상황표(1장으로 정리한 집계표)를 항상 호주머니에 갖고 다녔다. 그러다가 국무회의 등 회의에서 수시로 꺼내어 실적이 부진한 부처 장관들에게 구체적으로 그 사유를 묻고 분발을 촉구하였다.

상황이 이러하다 보니 각 부처에서는 노동부가 청와대에 보고하는 추진상황표와 실업대책보고서의 내용에 촉각을 곤두세우고 주목했다. 또 대통령의 의중을 알아내기 위해 노동부 실무진에게도 접근하려 시도하며 여러 해프닝이 벌어지곤 했다.

당시 노동부의 실업대책 총괄 '나영돈 사무관'은 다른 부처 관료들로부터 '나 서기관'으로 불리었다. 너무도 중요한 업무를 총괄하기 때문에 당연히 서기관일 것으로 생각했다고 한다. 심지어 이기호 장관도 '나 서기관'이라고 부르며 실제 서기관인 것으로 착각(?)했다. 다음 승진 인사에서 당연히 서기관으로 승진했다. 나 서기관은 너무도 챙길 일이 많아(당시 한국에서 가장 바쁜 공무원이었을 것) 각 부처나 언론에서 걸려오는 전화를 일일이 받기가 어려웠다. 그래서 그의 책상 위에는 타 부처 국, 과장들이 전화 통화를 희망한다는 메모지가 수북하게 놓여 있곤 했다.

평일에는 협의할 시간이 부족했기에 각 부처에서는 주로 토요일 오후나 일요일 아침에 예약도 없이 과천청사 노동부로 찾아오곤 했다. 다른 부처와 지방자치단체에서도 실업대책예산을 확보하려면 노동부의 협조가 필요했다. 대통령의 관심과 리더십이 각 부처를 실업 극복이라는 국정과제에 '올인'하게 만들고 정부 역량을 결집하여 위기관리에 대처하게 한 사례라고 생각한다. 그 한가운데에 막강한 노동부가 있었다.

실업과의 전쟁에서는 신속한 정책 결정, 총력 추진체제가 필수적이었다. 이런 관점에서 당시 노동부는 매우 효율적인 추진체제를 갖춘 것으로 평가되었다. 이기호 장관은 매주 화요일에 진행하는 대통령 주례보고, 또는 중요회의 직후 회의장을 나와 승용차에 탑승하면 바로 휴대폰으로 노동부 간부들에게 전화하여 회의 결과와 후속조치를 시달했다. 우리 고용정책팀은 회의 끝날 때 필자 사무실에 모여 장관 전화를 스피커폰으로 함께 통화하며 내용을 공유했다. 이렇게 하여 장관이 과천청사로 복귀하는 1시간 정도면 우리는 벌써 보완대책을 준비할 수 있었다. 장관은 사무실 복귀 즉시 대책회의를 주재해서 논의하고 보완했다.

그 결과를 즉각 다른 부처에 통보하면 모두 노동부의 신속하고 효율적인 업무추진과 정보전달, 상하소통, 대책 마련 역량 등에 감탄했다. 다른 부처는 주무 장관으로부터 회의 결과를 아직 통보받지도 못한 경우가 많아 노동부의 정보공유와 소통체제를 부러워했다. 업무추진의 효율성과 소통, 기동력에서도 노동부는 다른 부처를 압도했다. 실업대책 총괄기능은 담당 공무원들의 헌신적인 노력과 효율적인 추진체제 속에서 가능했다.

워낙 긴급하게 대규모 사업을 처음 추진하다 보니 집행과정에서도 예상치 못한 상황이 전국에서 수시로 발생하였다. 노동부는 고용정책실 내에 별도의 실업대책추진단을 구성하여 전국의 실업대책 추진상황을 실시간으로 파악하였고, 즉각적으로 해결방안을 강구해 나갔다. 청와대에 보고하는 정부 실업대책추진상황표는 실업대책추진단이 매일 집계하는 결과물(당시 실업대책추진단의 하헌제 사무관이 총괄)이었다.

이기호 장관은 비상 실업대책상황에서 휴대폰, 스피커폰 등을 다양하게 활용하여 실시간으로 협의하고 결정하는 역량이 뛰어났다. 장관은 관련된 당사자에게 직접 전화해서, 지시하고 협조를 요청했다. 필요하면 장관이 업무를 담당하는 국장, 과장, 사무관에게 전화할 뿐만 아니라 그 상급자인 실장, 차관에게도 전화하여 내용을 공유하여 상하 간 소통 부족이나 커뮤니케이션 문제 등이 발생할 틈이 없었다. 당시 노동부는 스피드와 정보력에서 타 부처를 압도했고, 부총리제 폐지 후 노동부가 총괄부처 역할을 잘했다고 생각한다.

(5) 노동부 주관 실업대책 추진과정의 에피소드

외환위기에서 비롯된 실업대책은 우리 정부가 최초로 직면한 초대형 비상사태였는데 OECD, ILO 등 국제기구로부터 한국 정부가 실업 위기에 모범적으로 대처했다는 평가를 받았다. 실업대책 추진상황은 『국민의 정부 실업대책 백서』에 구체적으로 기록되어 있다. 여기에서는 고용보험 역사의 참고사항으로 노동부의 대응 노력 중 몇 가지 특별한 사항을 정리하고자 한다.34

1) 실업대책의 기반이 되는 실업 규모 추정에 대한 논란

외환위기 직후 실업대책을 수립하고 대규모 재원을 신속히 마련하기 위해서는 무엇보다 예상되는 실업 규모 추정에 대해 정책 담당자들 간의 공감과 합의가 시급했다. 실업률 추정은 거시경제 전망모델에 의존하는데 그 모델도 결국은 과거 경험한 경제성장률과 실업 발생의 상관관계를 보여주는 과거 통계에 기초한다. 그런데 과거에 경험해 보지 못한 비상상황이 발생하면 과거의 경험과 통계를 토대로 전망한다는 것이 큰 의미를 갖기 어려워진다.

이기호 장관을 비롯한 노동부 정책담당자들은 과거 멕시코나 스웨덴 등 외환위기를 겪은 외국의 경험을 검토해보고 아울러 우리 현장에서 보고되는 구조조정 진행 상황을 토대로 판단할 때 우리의 실업자 수가 최초의 50만 명 대에서 단숨에 100만 명을 넘어서고 200만 명에 이를 우려가 있다고 직관적으로 확신했다. 그런데 권위 있는 연구기관에서도 같은 전망을 해 줘야 하는데 국책연구기관의 연구자들은 달랐다. 연구자들은

34 이 에피소드는 당시 노동부 실업 대책을 실무적으로 총괄했던 나영돈 서기관의 기록을 토대로 필자가 보완한 것이다.

기존 통계를 토대로 모델을 세워 추정해야 하는데 이 경우에는 실업자가 100만 명 이상으로 추정되기 어렵다는 의견을 굽히지 않았다.

실업 규모의 추정은 실업대책예산 규모와 연결되는 중요한 문제였다. 재정경제부 등 예산 당국의 실무자들은 외환위기 초기의 혼란 속에서 통합재정 수지로 묶여서 실업대책비 조달도 어려운데 노동부가 근거도 없이 실업 규모에 대한 과대 추정으로 사회불안을 부추기고 실업대책비를 무모하게 요구한다고 비판하였다. 대통령이 주재하는 제1회 경제대책조정회의 전날 밤 12시까지 이 전망치에 대한 이견(노동부장관, 재경부장관, 청와대 정책수석, 경제수석비서관 등)으로 격론을 벌였던 기억이 생생하다.

노동부는 연구기관에 최대한 비관적 시나리오로 전망해 볼 것을 요청했는데 공식적 추정 결과로는 1998년 실업자가 1,095천명으로 전망된다는 결과를 받는 데 만족할 수밖에 없었다. 노동부도 초기 실업대책보고서에서는 '실업자가 100만 명 수준으로 급등'할 우려가 있다고 애매하게 표현할 수밖에 없었다.

당시 이기호 장관은 국책연구기관의 전망에 개의치 말고 노동부는 실업자 200만 명을 가정하고 대책을 수립하라고 지시하였다. 몇 개월 후 노동부의 판단이 옳았음이 통계로 입증되었다. IMF 구제금융 신청 3개월 만인 1998년 2월에 실업자가 123만 명을 넘어서고, 매달 급증하여 이듬해인 1999년 2월에는 179만 명에 달하였다. 대규모 공공근로사업 등 실업대책으로 적극 대응하지 못하였다면 실업자가 200만 명을 훨씬 넘었을 것이라 확신한다. 전례 없는 위기 상황에서는 과거의 통계에 의존하여 전망하고 대응하기보다 창의적인 방식으로 접근하는 것이 중요하다는 교훈을 얻었다.

2) 실업대책재원 조달과 비실명장기채권

갑자기 닥친 대량실업 사태에 대처하기 위해서는 대규모 실업대책을 감당할 만한 재원 확보가 큰 과제였다. 국가 부도 사태에 몰려 긴축해야 했던 정부 재정은 빈약했고 고용보험기금은 아직 역사가 일천하여 적립금이 많이 축적되어 있지 않았다. 정부는 1998년에 전 공무원의 봉급을 10%씩 삭감하여 1조 1천억 원의 공공근로사업 재원을 확보했다. 또한 공공기관 직원의 보수 인상분 반납, 금 모으기와 실업자 돕기 모금 운동 등 민간의 자발적 성금, IMF와 IBRD의 차관자금 등 가용자원을 총동원하여 재원 마련에 노력하였다.

IMF와 IBRD는 긴축재정 편성을 요구하면서도 실업대책비만은 대규모로 편성하기를 요청하였다. 또한 차관자금 제공 조건으로 부족한 사회안전망을 보완하기 위하여 실업부조제도를 도입하라고 끈질기게 요청하여 차관자금 협상이 난관에 봉착하기도 했다. 노동부는 실업부조제도 도입을 수용할 수 없다고 적극 반대하였다. 당시 노동부가 내세운 논리는 고용보험의 신속한 적용확대를 통한 사회보험 시스템 보강이 우선이며, 실업 가구의 자산 파악이 전제되어야 하는 실업부조제도 도입은 사회적 합의와 많은 준비기간이 필요하다는 것, 또 우리 경제의 펀더멘탈이 아직 튼튼하므로 한국은 외환위기를 조기에 극복할 수 있고, 이 기간 중 공공근로사업과 실업자 대부사업을 마련하여 어려운 몇 년을 충분히 버티어 낼 수 있으므로 준비도 없이 실업부조를 제도화할 수는 없다는 것이었다.

IMF와 IBRD가 실업부조제도 도입을 끈질기게 요구한 것은 대량실업을 수반하는 강력한 기업 구조조정을 요구하기 위한 전제조건이었다. 그래서 더욱 노동부로서는 받아들이기 어려운 일이었다. IBRD 협상단은 실업부조제도 도입을 거부하는 것은 한국의 구조조정 의지가 약함을 뜻하는 것이라고 고압적으로 몰아붙였고, 노동부는 갖은 수모를 무릅쓰고 공공근로사업과 실업자 대부사업 계획을 급히 마련하여 협상단을 설득하였다.

결국 한국 정부의 뜻대로 실업부조제도 도입 대신 실업자 대부사업을 대규모로 도입하기로 합의되었다. 그 재원은 IBRD 차관자금과 '비실명장기채권'을 발행하여 조달하기로 하였다. 당시 시중금리가 20%대를 기록하고 있어서 채권을 발행하여 자금을 조달하기는 매우 어려운 상황이었다. 그런데 비실명장기채권 구상은 채권을 비실명으로 발행하고 상속세를 면제하는 혜택을 주는 것으로서 비상시국에서나 시행 가능한 아이디어였다. 다양한 이유로 장롱 속에 묻어둔 돈을 끌어내어 실업대책비로 사용하자는 아이디어였고 결과는 성공적이었다. '고용안정채권'으로 불린 비실명장기채권 금리는 7.5%, 5년 만기 조건이었는데 약 8천 7백억 원 이상을 판매하여 실업대책재원 조달에 톡톡한 몫을 담당하였다. 당시 정부가 실업대책재원을 마련하기 위하여 온갖 수단을 강구하였다는 생생한 증거였다.

3) 직업훈련을 고용정책의 핵심 수단으로 획기적으로 확대

실업대책재원을 확충하고 국민의 공감을 얻기 위한 시도로 1998년도 공무원 봉급을 10%씩 삭감하여 절감액 1조 1천억 원을 공공근로 실업대책비로 사용하기도 했다. 이러한 조치는 국민들에게 공무원들이 실업자를 위해 고통을 분담한다는 확실한 징표를 보여준 것이었고 아울러 실업대책을 담당하는 공무원들에게 '우리 봉급을 깎아 마련한 실업대책예산인데 아껴 써야 한다.'는 책임감도 고취했다. 당시로서는 대규모 실업대책을 수립하여 막대한 국가 재원을 실업대책에 쓸 수밖에 없는 상황이었다. 정부의 경제부처 관료들 간에는 "실업대책비 집행이 불가피하다면 이때 실직자들을 전면적으로 재교육시키는 데에 실업대책예산을 집중하자, 그래서 이 위기가 끝나면 근로자의 직업능력과 생산성을 더 높이자, 그러니 실업대책의 최우선순위를 직업훈련으로 하자."라는 논의가 있었다. 우리가 원하는 정책 방향이었고 이러한 공감대를 바탕으로 노동부는 과감히 직업훈련(능력개발사업)에 실업대책의 중점을 두게 되었다.

이 과정에서 두 가지 문제가 발생했다. 첫째는 직업훈련이 직업능력 개발을 목표로 하는 제도라는 본질이 퇴색하고 훈련수당 지급을 목적으로 하는 실직자 구호사업화될 우려가 있다는 것, 둘째는 직업훈련을 갑자기 확대하면 이를 시행할 훈련시설이 턱없이 부족하다는 것이었다. 노동부 내부에서 실업대책을 총괄하는 고용총괄심의관(정병석 국장)실은 대규모 직업훈련을 주장했고 능력개발정책관(박길상 국장)실은 내실있는 직업훈련을 주장하여 그 갈등이 매우 깊은 수준이었다. 또한 전통적인 직업훈련기관으로는 그 수요를 감당할 수 없으므로 시설과 역량을 갖춘 대학, 전문대학, 사설학원 등에서도 직업훈련을 시킬 수 있도록 허용하자는 고용팀과 허용할 수 없다는 능력개발팀과의 갈등도 컸다.

고용팀은 실업대책을 큰 틀에서 수립할 책임을 맡고 있어 대국적인 판단을 했다. 실업대책에 대규모의 예산을 투입해야 할 상황에서 실업자의 재훈련에 중점을 두면 한국 인적자원의 질을 높이는 전기가 될 것이라는 판단이었다. 능력개발팀은 직업훈련사업을 실제 시행해야 할 책임이 있어 수용 능력을 넘어 한꺼번에 대규모로 사업을 확대하면 부실훈련이 커질 우려가 있어 당초의 효과를 기대하기 어려울 것이라는 지적이었다. 이러한 논쟁은 정책목표의 우선순위에 대한 것으로서 지금도 매년 직업훈련 예산편성 시 중요한 쟁점 중 하나이기도 하다.

당시 이기호 장관은 고용총괄심의관실 의견에 손을 들어 주었다. 이로써 직업훈련을 중심으로 한 대규모의 실업대책사업이 편성되었다. 그 결과 실업대책사업으로 수많은 직업훈련이 가능해졌고, 훈련기관 간 경쟁이 촉진되었다. 그동안 직업훈련에 참여하지 않았던 대학도 평생직업능력기관의 역할을 하게 된 중요한 계기가 되었다.

직업훈련에 중점을 두는 실업대책 기조는 취업이 어려운 대량실업 시기에 미래 유망분야의 직업훈련을 최대한 많이 시행하여 직업능력을 키우고, 향후 경기가 회복되면 취업을 촉진하자는 취지였다. 그러다 보니 1997년 42천 명에 불과했던 직업훈련 지원 인원을 1998년에만 8배 이상 늘려 35만 명을 목표로 추진하였다. 1999년 정부 지원 직업훈련기관은 700개에서 3200여 개로 급증하였다. 당시에 실업자가 집에 있는 것보다는 훈련기관에서 무엇이든 배우며 버티어야 한다는 생각이 주류를 형성했다.

외환위기 때 금융, 보험 쪽에서 구조조정이 많았다. 당시에는 금융, 보험 근로자들에게 선진금융기법에 대한 교육이나 전문성 축적 기회가 많이 부족했다. 우리나라 금융기관의 전문성 부족이 외환위기 과정에서 크게 문제가 되기도 했다. 그래서 우리는 금융, 보험 부문 실직자를 대상으로 고급 전문과정 직업훈련을 시키는 사업을 금융당국에 제안했다. 금융당국이 나서서 금융분야 실직자를 모집하고 실업대책 예산으로 실업급여도 주면서 금융부문에 대한 고급 전문직업 훈련과정을 개설했다. 그 당시에는 훈련을 수료해도 취업 전망이 까마득했다. 그런데 일 년 반이 지나고 금융산업이 다시 회복되었다. 이 사례가 널리 소개되며 고급 전문과정 직업훈련을 통해 전문인력을 양성한 덕분에 그 인력들을 기반으로 새로운 금융사업이 많이 생겨났고, 국제경쟁력도 높일 수 있었다는 평가를 받았다.

그러나 위기 시 도입된 양적인 직업훈련의 확대는 후에 여러 문제를 야기하기도 했다. 훈련시설의 대거 인가, 훈련수당의 인상과 국비 지원 무료훈련의 확대와 함께 부실훈련의 문제가 쌓여가고 있었다. 비상 상황이 지나면 잘 정비하고 내실을 다지며 질적인 전환을 도모해야 했다. 그런데 외환위기 후에도 이러한 제도가 제대로 정비되지 않아 훈련참여자와 훈련기관의 도덕적 해이를 초래하고 부실훈련 문제를 유발하기도 했다.

4) 특정 지역, 특정 계층에 대한 미시적 대책에도 집중하다

멕시코 등 과거 외환위기를 겪은 나라의 경험에서 보듯이 갑작스러운 실업 급증은 수많은 가정을 충격에 빠뜨리고 노숙자의 증가, 도시폭동 등 심각한 사회불안을 초래할 수 있다. 실업대책 담당자들은 통계상 실업의 추이를 관찰하고 실업대책을 거시적으로 조정하는 것 못지않게 미시적으로 가장 취약한 현장을 모니터링하면서 기민하게 대응하는 것도 중시했다. 서울역 등에 급증한 노숙자 실태를 파악하여 대책을 강구하고, 성남시 복정동 등 주요 새벽인력시장의 일용직에 대한 모니터링도 주요 일과였다.

노동부는 1998년 말과 1999년 초 겨울철에 대비하여 '동절기 실업대책'을 수립하여 관계부처와 함께 시행했다. 대규모 실업대책도 타이밍을 놓치거나 가장 취약한 대상에게 집중되지 못하고 '평균적' 접근에만 그치면 소기의 성과를 거두기가 어려워진다. 선택과 집중이 필요했고, 현장감이 너무나 중요했다. 우리는 거시적 대책과 미시적 대책을 보완적으로 수립하여 주례보고에서 대통령에게 보고하고 그 결과를 다른 부처에 통보하여 협조를 구했다.

당시 노동부 실업대책 담당자들은 새벽 출근길에 인력시장 1~2곳을 둘러보기도 하고, 낮에는 성남 건설일용노동조합 등과 회합하며 의견을 청취하면서, 밤에는 생생한 현장감을 토대로 보고서를 작성하는 일도 많았다. 1998년 하반기 노동부는 공공근로사업 투입물량을 늘려나가는 한편 전국 15개 지역에 적용하는 동절기 대비 일용직 실업대책을 마련하여 예비비 450억 원을 투입하였다. 일용근로자 취업지원센터를 15개 지역에 설치하여 새벽 4시부터 일용직 일자리를 알선했다. 당일 새벽 일거리를 구하지 못한 일용직에 대해서는 당일 마련해 둔 공공근로 일자리에 참여시키거나, 조적, 미장, 도면보기 직종의 직업훈련에 참여하고 수당을 받을 기회를 제공했다. 새벽에 나온 일용직들에게는 정부가 어떠한 형태로든 최소한의 소득을 보장해 주도록 여러모로 배려했다. 종교단체 등에서는 아침 식사를 제공하였다. 이러한 사업이 소문이 나자 성남의 일일취업센터에는 전날 초저녁부터 일용직들이 줄을 서서 추운 겨울밤을 야외에서 꼬박 새우는 등 소동이 일어나기도 했다.

예산의 제약도 문제지만 매일 일거리를 발굴하고 신청자들을 체계적으로 관리하는 것도 문제였다. 성남시에서는 복정동에 가까운 서울 송파구 공공근로사업에 성남시민이 참여하게 배려해 주길 바랐지만, 노동부의 중재에도 불구하고 지자체 간의 장벽 때문에 성사되지 못했다. 결국 성남 지역에 예산을 늘리고 선착순 방식을 사전신청제로 변경하여 해결했다.

그래도 새벽마다 일거리를 찾아 나서는 간절한 일용구직자들을 만나다 보면 일부 정책담당자는 미안함, 무력감, 자괴감을 느끼기도 했다. 새벽에 차를 몰고 현장으로 가면 일꾼을 데리러 온 차량으로 착각하고 일용직들이 서로 밀치며 달려드는 모습이 큰 트라우마가 되어 밤에 잠을 이루지 못한 경험을 한 담당자도 있었다.

노동부 어떤 공무원은 승용차에 당시 일용직들이 많이 피우는 은하수 담배를 여러 보루 장만해서 몰려드는 근로자에게 한 갑씩 나누어 주며 힘

내시라고 위로하기도 했다. 1998년 겨울 성남의 일용직 사례는 당시 실업대책 담당자들에게 정책 성패의 바로미터였고, 공무원의 책임감을 확인하는 장이기도 했다.

5) 청년인턴 사업은 고용보조금인가 직업훈련인가?

1998년 여름 실업자 수가 150만 명을 넘어서고 대기업의 신규채용이 급감하자 대졸자를 위한 일자리 마련이 핵심 현안이 되었다. 정보화 공공근로 등을 통해 대졸자를 흡수하고자 했지만, 턱없이 부족했다. 이때 노동부에서는 기업에 대졸자를 한시적으로 인턴 활용하도록 권장하고 월 50만 원씩 보조금을 주는 청년인턴제사업을 검토하였다.

그런데 막판에 인턴의 성격을 두고 수개월 간 고용정책실 내부의 이견이 많아 논쟁만 하고 사업이 진행되지 못했다. 이기호 장관이 능력개발국에 시행을 지시했는데 대졸자 인턴은 직업훈련으로 볼 수 없다는 실무진들의 의견으로 논의만 계속하며 시간이 지체되고 있었다. 대기업과 공공기관을 상대로 5만 명 내외의 대졸자를 인턴으로 활용하도록 하고 정부가 해당 비용을 지원하는 사업 구상은 당시로서는 공공근로사업만큼이나 획기적인 발상이었다.

실업대책을 총괄하는 고용총괄팀에서는 인턴은 현장훈련의 일종으로 볼 수 있는데 대량실업 시기에 기업에서 신규채용을 하지 못한다면 인턴 형식으로 현장훈련을 시키며 인적자원의 손실을 막아야 한다, 공공근로사업과 같이 이러한 사업에는 정부가 보조금을 줄 명분이 충분하다는 논리를 폈다. 그러나 능력개발팀에서는 인턴은 새로운 기술을 가르치는 직업훈련으로 볼 수 없으므로 훈련사업의 일환으로 그런 사업을 도입해서는 안 된다, 만일 시행한다면 실업자 구호를 위한 고용보조금 사업이므로 능력개발팀에서 담당할 일이 아니라고 주장하였다.

실업대책의 성격을 둘러싼 이런 논쟁은 단순하지 않았다. 정책의 주된 목표를 어디에 둘 것인가, 사업의 성공적인 시행을 담보할 수 있는가에 대한 논쟁은 항상 있었다. 이는 논리의 문제라기보다는 선택의 문제였다. 정책의 목표를 어디에 둘 것인가의 판단에 따라 사업의 성격이 달라질 수 있는 것이었다. 결국 김재영 고용정책실장이 장관과 협의하여 다음과 같이 조정했다. 1) 인턴 사업은 즉시 시행한다. 2) 소관은 능력개발심의관실이 아닌 고용총괄심의관실로 한다. 3) 능력개발심의관실의 담당 문기섭 서기관과 마성균 사무관은 즉각 고용총괄심의관실로 자리를 옮겨 같은 업무를 수행한다. 수개월 간의 치열한 논쟁 끝에 결국 업무 소관국을 바꾸되 담당자는 그대로 유지하여 추진하도록 정리가 된 것이다.

그 다음날 담당 서기관이 사무실에 나타나지 않고 동해로 여행을 떠난 일화는 지금도 전설처럼 내려온다. 당시의 자유분방하고 치열한 노동부의 내부토론 문화를 느낄 수 있는 사례로 후배들에게 전해지고 있다. 그 담당 서기관은 나중에 과장, 국장, 실장이 되면서도 늘 인턴사업 전문가로 평가받아 인턴사업 주위를 벗어나지 못했고, 늘 그때마다 인턴사업을 회피하고 싶어 했다.

인턴사업을 맡기 이전에 필자는 기자실에 가서 인턴사업의 취지와 내용을 설명하며 기자들과 열띤 토론을 했다. "이 사업은 엄격하게 말하면 직업훈련이 아니다. 그런데 대졸자들이 취업할 기회가 없는 비상 상황에서 인턴이라는 제도를 통해 자기 전공과 관련 있는 기업에서 6개월 정도 현장경험을 쌓을 기회를 주고 그 기간에 정부가 보조금을 지급한다는 사업에 국민이 공감하지 못하겠는가?"에 대해 토론을 붙였다. 대부분의 기자들이 그런 사업이라면 여론의 지지를 받을 것이라고 확답했다.

사업을 확정하는 실업대책위원회에서도 이 사업의 성격에 대해 집중적인 논의가 있었다. 경제장관들은 대부분 임금보조금 성격의 사업에 부정적이었다. 임금보조금은 사중손실 효과가 있으며 그 효과가 지속되지 않는다는 것이었다. 그렇지만 지금 단계에서는 다른 대안이 없으니 한 2년 정도 조건부로 시행하고 더이상 존속시키지 말자는 장관이 많았다.

인턴사업은 이렇게 초기부터 우여곡절이 많았다. 당초에 인턴사업은 2년 정도 한시적 사업으로 설계했으나 실업 위기가 지난 이후에도 이 사업은 대표적인 청년 실업대책사업으로서 계속 시행되고 있다. 인턴사업에 대해서는 초기의 논쟁을 되새겨 평가하고 논의해 볼 필요가 있을 것이다.

실제 이 사업을 추진하면서 대졸자 현장 연수, 실습의 일부라고 판단하여 첫해에는 이 사업을 대학에 위탁하여 실시했다. 필자는 각 대학에서 취업을 담당하는 학생처장 등 보직교수들을 서울교육문화회관에 초빙하여 대규모 사업설명회를 개최하고 부탁했다.

"이 사업은 대학 교육의 연장이라고 생각해 주십시요. 지금은 대졸자들이 취업할 길이 막혀 있으니 고용사정이 좋아질 때까지 6개월이라도 학생의 전공과 관련 있는 직장을 교수들이 직접 섭외하여 학교에서 못 시킨 현장 연수를 시켜 주시기 바랍니다. 그 기간에 소요되는 비용은 정부가 대겠습니다. 대학과 기업이 함께 대졸자들에게 위기를 극복할 기회를 주도록 협조해 주십시요." 각 대학 학생처장들은 이러한 사업 취지와 협조 요청에 열렬히 환영하며 정부의 노력에 감사하고 적극 협조하겠다는 의지를 밝혔다.

그러나 대학위탁 결과는 그다지 성공적이지 않았다. 일부 대학은 열심히 참여하여 큰 성과를 내어 언론에도 성공사례로 소개되었지만, 일부 대학은 보직교수들이 열심히 움직이지 않고 직원 몇 사람이 기계적으로 처리하여 원성을 사는 사례도 있었다. 당초의 취지에서 벗어나 학교 교육의 연장, 현장실습이라는 목적을 달성하기 어렵다고 판단해 결국 1년 만에 대학에 위탁하는 방식을 접었다. 대학 당국과 교직원들이 신뢰를 지키지 않은 결과였다. 이후 노동부 고용센터가 직접 처리하는 것으로 바뀌었다.

6) 생산적 공공근로사업의 발굴과 사회적기업

고용보험의 시행역사가 짧고 사회보장제도가 취약한 당시에 공공근로사업은 중요한 사회안전망 역할을 담당하였다. 분기별로 40만 명 내외로 선발하여 투입하였는데 그 많은 사람들을 투입할 만한 생산적 사업을 발굴하는 것이 보통 어려운 일이 아니었다. 초기의 비생산적 사업(도로, 공원의 환경미화사업 등)에 많은 실업자들이 횡렬로 줄지어 걸어가며 간혹 휴지나 줍는 모습이 TV에 자주 보도되며 예산만 낭비한다는 비난이 많았다. 한국형 뉴딜사업으로 출발한 이 사업은 성과도 컸지만 비판도 많았다.

이 문제를 극복하기 위하여 각 부처로부터 세부사업 신청을 받아 노동부가 예산청, 행정자치부와 함께 사업의 타당성을 직접 심사했다. 낮 시간엔 회의할 시간을 못 내어 결국 저녁 7시부터 노동부 고용정책실 회의실에서 노동부와 예산청, 행정자치부 국장들이 함께 모여 하나씩 사업을 검토하고 확정지어 나갔다.

정보화근로사업, 숲가꾸기사업, 산업단지기동지원사업, 국가기록물관리보존사업, 여성사회복지도우미사업, 영상자료디지털화사업, 취약지역방범활동, 부동산등기업무전산화사업, 과학기술DB구축사업, 관광자원기초조사, 자원재생사업, 방문간호사업, 초중고보조교사사업 등이 그때 발굴한 주요 사업들이었다. 평소 사회적 수요는 있으나 예산 부족으로 시행하지 못했던 유익하고 생산적인 업무들이었다. 그중 일부는 외환위기 극복 후 제도화되어 계속 시행되기도 했다.

산림청의 숲가꾸기사업은 오랫동안 산림청이 예산을 요구했으나 성취하지 못했던 사업이었다. 그것을 실업 대책으로 추진하면서 성과를 인정받아 많은 예산을 배정받으며 대표적인 성공사업으로 부상하였다. 숲가꾸기사업이 국민들로부터 좋은 평가를 받자 산림청은 더욱더 사업을 확대하며 전국의 산림을 처음으로 관리하는 기회를 갖게 되었다.

환경부의 황소개구리 퇴치사업은 3개 부처 국장들이 초기 사업 심사과정에서 이구동성으로 "매우 좋은 생산적 사업이다."고 판단하여 적극 지지하였던 사업이었다. 그런데 환경부에서 시행 시기와 방법을 잘못 선택하는 바람에 대표적인 실패사업으로 전락하고 말았다. 황소개구리는 야행성이라 이를 잡으려면 밤에 가야 했는데 당시 장관이 시행 첫날 기자단과 직원 등 수백 명의 인원을 대동하는 행사로 멋진 홍보 효과를 기대했다. 그런데 많은 사람들이 대낮에 요란하게 저수지에 접근하는 바람에 황소개구리가 모두 숨어버리고 나오지 않아 한 마리도 잡지 못하는 일이 벌어졌다. 참석한 기자들이 탁상행정의 전형적인 사업이라고 질타하며 언론에 매도한 사건이었다.

참고자료 | 두 번의 고사(告祀)를 통해 고용보험의 성공을 기원

장신철 (노동부 고용서비스 정책과장)

우리나라 사람들은 예로부터 고사(告祀)를 많이 지내 왔다. 고사는 집안 또는 마을이 잘 되기를 바라며 지내는 제사인데, 어떤 중요한 대사(大事)를 앞두고 앞일이 잘 되기를 빌거나, 아니면 어떤 일이 잘 풀리지 않을 때 액운을 없애기 위한 의식(儀式)이다. 어떤 일이 잘 안될 때 지내는 고사는 흔히들 "푸닥거리"를 한다고도 한다. 이러한 고사를 통해 가까운 사람들끼리 모여 소원을 빌고 음식을 나누어 먹는 행위는 사람들과의 정을 더욱 두텁게 하고 왠지 모르게 앞으로의 일도 잘 될 것 같은 최면을 주기도 한다.

노동부 내에서 고사 지내는 모습을 보기는 흔치 않은 일인데 필자는 고용보험제와 관련해서는 두 번의 고사를 지냈던 기억이 난다. 무슨 일이 잘되지 않아서 푸닥거리를 한 것은 아니었고 순전히 앞일 잘 되게 해달라고 천지 신령들께 발원을 하기 위함이었다. 첫 번째 고사는 1994년 4월에 지냈다. 이 고사는 1993년 12월 고용보험법 통과에 따라 고용보험제 시행을 본격적으로 준비하기 위해 노동부 내에 처음으로 「고용보험과」가 신설되어 사무실에 과의 명패를 붙이는 날이었다. 또 한 번은 노동부에 고용정책실이 신설되면서 고용보험과가 고용보험기획과와 고용보험 운영과로 분리·확대되고 이를 관장할 고용보험심의관이 새로이 생겨난 1995년 5월에 지냈다.

본인은 자의반 타의 반으로 두 번의 고사 모두 제주(祭主)를 맡아 돼지머리와 시루떡, 막걸리, 명태와 명주실 등을 준비하고 제문을 낭독하였다. 제문을 통해 고용보험제가 앞으로 아무 탈 없이 튼튼한 제도로서 발전하기를 빌었고, 노처녀인 직원들이 시집도 가고 승진 기다리는 직원들 승진도 하기를 바란다고 낭랑한 목소리로 낭독하여 분위기를 잡았다. 고사의 하이라이트는 제주를 시작으로 웃음을 머금은 돼지 입에 복전(福錢)을 넣고 큰 절을 올리는 것인데, 제주나 주위 사람들이 재주껏 분위기를 리드하면 떡 먹으러 구경나온 직원들도 내빼지 못하고 떡값을 보태게 된다.

다행히 두 번의 고사는 모두 성황리에 끝마쳤고 다른 과에도 남은 과일과 고사떡을 두루 전함으로써 고용보험을 전담하는 조직의 출범을 알렸다. 정성들인 두 번의 고사 덕분이었는지는 몰라도 그 이후 고용보험제 시행 준비는 차질 없이 진행되었고 1995년 7월 역사적인 고용보험제가 시행되었다. 이러한 연유로 인해 앞으로도 고용보험제와 같이 중요한 제도를 준비하게 될 때면 또 한 번 고사와 같은 통과의례를 행해야 본인의 마음이 개운할 것 같은 생각도 든다. 또 그러한 기회가 언제 올는지.....♠

---

*『근로복지』, 근로복지공단, 2000년 3월호

人物로 본 雇傭保險制 歷史

■ 1992. 3 : 曺舜文 직업안정국장과 鄭秉錫 고용정책과장의 지휘하에 張信喆 사무관, 李守權 주사가 노동부 초대 雇傭保險係 업무 시작

■ 1993. 7 : 李載甲 사무관, 尹永瑉 주사가 고용보험업무에 가세
(정부는 신경제 5개년 계획을 통해 '95년중 제도시행 발표)

■ 1993. 12. 27 : 고용보험법, 고용정책기본법 국회 만장일치 통과
(李仁濟 장관, 金勳蓋 차관)

■ 1994. 2 : 曺舜文 국장, 鄭秉錫 과장 근로기준국으로 전보

■ 1994. 2 : 고용보험 업무가 인력수급과로 이관되고 李洪志 국장 및 申英徹 과장 부임

■ 1994. 4 : 고용보험과 신설(인력수급과 폐지)

■ 1994. 6 : 沈京邑·姜顯喆 사무관, 趙寶鉉·李吉洙·李錦鎬 주사 가세

■ 1994. 12 : 초대 노동부 최우수과로 고용보험과 대통령(YS) 표창

■ 1995. 4. 6 : 고용보험법 시행령 공포
李洪志 국장, 趙寶鉉·李吉洙 주사 근로복지공단 이동

■ 1995. 5. 1 : 고용정책실 신설로 초대 安榮秀 실장 부임.
초대 고용보험심의관으로 鄭秉錫 국장 승진 부임.
고용보험기획과장에 초대 崔炳勳 과장 부임.
고용보험운영과장에 초대 李載甲 과장 승진 부임.
(심의관실 신설에 따라 鄭賢玉 서기관, 鄭洪南·鄭淳政·李慶求 사무관, 沈載達·尹吉子·張喜洙·崔大衛 주사 가세)

■ 1995. 6. 12 : 고용보험법 시행규칙 공포

■ 1995. 7. 1 : 고용보험제 시행

주) 1995년 장신철 사무관 작성

제 2 부

고용보험법의 제정

제1장

기억을 되돌아보며

제1장
기억을 되돌아보며

고용보험법이 제정되고 29년이나 지난 시점에서 기억을 더듬어 그 당시 입법과정을 기록한다는 것은 굉장한 용기를 필요로 하는 일이다. 그런데도 그 기록을 남겨야 한다는 정병석 총장님의 제안에 선뜻 동의하게 된 것은 입법을 둘러싸고 전개된 여러 가지 쟁점들과 의견수렴 과정을 역사적인 기록으로 남겨놔야 한다는 사명감 때문이었다. 고용보험은 1992년 고용보험연구기획단의 연구 결과를 토대로 1993년 고용보험법을 제정하였고 시행 준비를 거쳐 1995년 7월 1일부터 시행되었는데, 그 직후인 1997년 가을에 우리가 IMF 외환위기라고 부르는 대량실업 사태가 발생하면서 이후 몇 년간 모든 노동부 공무원들은 불철주야 실업대책 추진에 매달리게 되었다. 그러다 보니 고용보험제도와 같은 방대한 사업의 도입과정에 대한 내부기록이 제대로 정리되지 못하고 지금까지 흘러오게 되었고 현재 남아 있는 기록들은 노동부 외부에서 고용보험을 연구하던 학자들이 외부 시각에서 본 것을 기록한 것들만 남게 되었다. 이번에 28년 전의 기록을 준비하면서 제도 도입과정에 대한 역사기록과 함께 현시점에서 고용보험제도의 발전 방향을 고민하는 데 조금이라도 도움이 될 수 있기를 기원하면서 이 글을 정리해 본다.

1993년 6월 미국 미시간주립대학교 노사관계대학원에서 유학 생활을 마치고 귀국하게 된 필자는 귀국하기도 전부터 자리를 비워놓고 필자의 귀국을 기다리던 직업안정국 고용정책과로 김포공항에 비행기가 내린 다음날부터 출근해야 했다. 고용보험법 제정을 위하여 정원을 초과해 T/O를 더 받은 관계로 고용정책과 사무실에는 책상이 더이상 없었고, 필자는 사무실 옆의 회의실에 책상을 한 개 마련해 근무를 시작하였다. 출근하던 첫날 책상 위에는 1993년 5월 18일 고용보험연구기획단 전체 회의에서 채택해 정부에 제출된 '우리나라 고용보험제도의 실시방안'이 놓여 있었고, 이 보고서를 읽는 것으로부터 업무를 시작하였다.

당시 직업안정국에서는 고용보험제 도입을 계기로 이른바 '고용 4법'이라고 하는 고용정책기본법의 제정, 고용보험법의 제정, 직업안정법의 전면개정, 근로자파견법의 제정을 통해 우리나라 고용정책의 큰 틀을 짜고자 하는 원대한 계획이 추진되고 있었다. 실제로 근로자파견법을 제외한 세 법률이 1993년 말 국회를 통과하고 난 뒤 고용보험제 시행을 앞둔 1995년 5월 1일 직업안정국이 고용정책실로 확대 개편되면서 우리나라에서 본격적인 고용정책이 추진되어 오늘에 이르게 되었으니, 우리나라 고용정책의 역사에서 큰 획을 그은 사건이라 할 수 있다. 이러한 원대한

계획을 수립해 고용정책의 틀 마련을 추진해 오신 분들이 조순문 직업안정국장과 정병석 고용정책과장이셨고, 1992년 3월부터 고용보험제 도입추진을 담당해 온 분들이 장신철 사무관과 이수종 주사이었으며, 여기에 필자와 윤영순 주사가 합류해 팀을 이루어 고용보험법 제정을 추진하게 되었다.

예나 지금이나 행정의 기본은 과학적 분석을 토대로 민주적 의사결정 절차를 거쳐 경제적 합리성과 정치적 타당성을 확보하는 것이다. 경제적 합리성만을 추구해 민주적 의사결정 절차를 가볍게 생각하다 보면 국민의 정책에 대한 수용성이 떨어지게 되고, 반대로 민주적 의사결정 절차만을 강조하다 보면 경제적 합리성이 결여되어 정책이 실패할 우려가 많게 되기 때문이다. 그러므로 양자를 동시에 확보하기 어렵다고 한다면 최대한의 균형점을 찾아가는 것이 행정의 백미가 아닐까 한다. 고용보험법의 경우에도 학자들을 중심으로 구성된 고용보험연구기획단에서 쟁점별로 논의하여 가장 합리적인 안으로 제시해 놓은 고용보험 도입방안을 하나의 법률로 완성해 가는 과정은 그 자체로서 살아 움직일 수 있는 하나의 제도를 설계하는 별개의 행정 과정이었고, 더욱이 입법 절차를 거치면서 이해관계자의 의견을 수렴해 조정해 가는 과정은 정치적 타당성을 높여가는 또 하나의 지난한 과정이었다. 이 과정에서 경우에 따라서는 학자들이 합리적인 방안이라고 제안한 방안에서 이탈하게 되는 경우도 발생하였는데, 그것은 모두 정책의 수용성을 높여가려는 필연적인 과정이었다고 생각한다. 또한, 당시에는 반영되지 못한 내용들도 시간이 흐르면서 결국에는 그러한 방향으로 제도가 보완되는 경우도 있게 된다. 이 글은 이러한 과정에 대한 기록이다. 다만 이 글이 역사적인 기록물에만 그치지 않고 현재의 고용보험제의 모습을 이해하기 위한 토대가 되고 이를 통해 앞으로의 발전 방향에 도움이 될 수 있도록 최대한 노력하였다. 다만, 28년이라는 시간이 주는 기억의 망각과 자료의 불충분으로 생생한 기록에는 미치지 못할 수도 있다고 생각한다.

제2장

고용보험법의 구성

제2장

고용보험법의 구성

1. 고용보험법령의 입법 경과

노동시장에서 고용업무의 중요성이 확대되면서 노동법에도 최근에는 노동시장법이라는 새로운 분류가 생겨나고 있다. 그런데, 노동시장 정책은 정부예산을 토대로 구성된 구체적인 프로그램에 의해 이루어지기 때문에, 대부분의 노동시장 법률들은 정책추진의 근거 또는 정책의 프레임을 규정하는 역할을 하는 것이 일반적이다. 그러나 고용보험법은 이와 다르게 국민의 권리·의무관계를 직접 규율하는 사회보험법으로서의 성격을 가지고 있다. 이러한 법의 성격 때문에 보험관계의 성립, 피보험자 신고, 보험료의 납부, 각종 지원금·장려금의 지급요건과 절차, 실업급여 수급자격과 지급 절차, 취업 지원 등이 연속되면서 일관된 하나의 업무프로세스를 구성하여야 하며 이 과정에서 국민의 권리·의무관계가 명료하게 규정되어야 한다. 그래서 이러한 제도를 새로이 설계하는 과정은 발생할 수 있는 모든 상황을 설정하여 수많은 시뮬레이션을 통해 제도의 미비점이 발생하지 않도록 끊임없이 보완해 가는 과정이 된다.

고용보험제의 세부 내용을 설계하는 과정에서는 관련되는 기존 제도의 내용도 상세히 파악해야 했는데, 산재보험은 물론 국민연금과 건강보험과 같은 다른 사회보험제도에 대해서도 상세히 파악해야 했고 외국의 고용(실업)보험제도도 세부적인 업무프로세스 수준에서 파악해 참고해야 했다. 그중에서 가장 많이 참고하였던 외국의 제도는 일본의 고용보험제와 미국의 실업보험제이었으며 그렇게 된 이유는 일본어 서적과 영어 서적을 통해 세부 제도 운용 내용을 실무적인 수준에서까지 파악할 수 있었기 때문이었다. 일본 고용보험의 경우에는 단순한 법령해설서뿐만 아니라 행정지침과 행정해석 등 구체적인 행정실무에 대한 내용까지 상세히 파악할 수 있는 일본 노동성 내부자료까지 가지고 있어서 한 번도 경험해 보지 않은 미지의 영역에서 빠른 시간 내에 고용보험의 제도설계를 해야 하는 입장에서는 많은 도움이 되었다. 그래서 우리들의 책상 위에는 일본 고용보험제의 세부 내용을 설명하는 일본어 서적과 일본 노동성에서의 고용보험제 세부업무지침과 해석, 미국 실업보험제도에 관한 각종 서적들이 가득 쌓여 있었다. 또한, 독일의 고용보험을 규정하고 있는 고용촉진법의 내용도 참고하였는데, 요즘처럼 구글 번역기가 있던 시절도 아니어서 독일어 서적에 직접 접근하기는 어려워 학자들이 국내에 소개한 제도의 내용을 통해서 제도의 개요를 참고하였다.

그러다 보니 우리나라 고용보험제의 설계과정에서 주로 참고 대상이 된 외국의 제도는 일본과 독일의 고용보험제도와 미국의 실업보험제도라고 할 수 있으며, 일본의 제도가 독일의 제도에 뿌리를 두고 있으므로 결국 우리나라의 고용보험제도도 독일식의 국가조합주의적인 제도적 특징을 띠게 되었다. 우리나라 고용보험 중 미국식 제도를 직접 벤치마킹한 제도는 법적 근거만 있는 상태인 경험료율제와 제도 시행 초기의 고용보험심사관 제도 정도로 생각된다. 조기재취업수당의 경우에도 미국에서의 실험 결과를 많이 참조하였다. 그러나 미국의 실업보험제도에는 풍부한 학술연구 자료가 있어서 고용보험제 시행 이후 고용센터에서의 실업급여와 취업지원프로그램의 세부 업무 지침을 수립하는 과정에서 많은 참고가 되었다.

그러므로 고용보험법과 그 하위법령을 입안하는 과정을 요약해서 묘사해 본다면 고용보험연구기획단에서 제안했던 주요 쟁점에 대한 제안을 토대로 다른 국내외 제도를 참고하여 세부 절차와 실체 규정을 설계하고 앞뒤를 맞추어 보면서 현장에서 발생할 수 있는 수많은 상황을 상정해 시뮬레이션을 해 보면서 토론을 통해 미비점과 오류를 찾아내 보완해 가는 과정이었다고 할 수 있겠다.

이와 같은 제도설계 과정을 거쳐 입안된 고용보험법안은 〈표 2-1〉에서 보는 바와 같이 관계부처협의를 거쳐 1993년 7월 30일 입법예고되었으며, 8월 3일 공청회를 개최하는 등 의견수렴절차를 거쳐 1993년 9월 24일 경제장관회의와 같은 해 10월 21일 국무회의 심의를 거쳐 10월 28일 국회에 제출되었다. 1993년 10월 29일 국회 노동위원회에 회부되어 같은 해 11월 25일 노동위원회에 상정되었는데 11월 30일 10시에 법안소위에서 심의를 개시하여 17시에 소위를 통과하였고 그다음 날인 12월 1일 11시에 노동위원회 의결과 12시에 법사위원회 의결을 거쳐, 같은 날 15:50에 국회 본회의에서 만장일치로 통과되었다. 노동위원회 법안소위를 통과한 다음 날 노동위원회, 법사위원회, 본회의까지 하루에 모두 의결되었기 때문에 법사위원회에는 전문위원 심사를 미리 받아 놓고 있다가 11월 30일 노동위원회 법안소위가 끝나자마자 노동위원회 안건을 인쇄해 놓고, 법사위원회로 달려가 노동위원회에서 수정될 내용에 대해 다시 전문위원 심사를 받아 법사위원회 안건을 인쇄해 놓고, 본회의 안건까지 인쇄해서 미리 준비해 놓고 있다가 그다음 날 노동위원회 의결이 있자마자, 법사위원회로 달려가 법사위원회 심의·의결을 받는 그야말로 전광석화 같은 진행이 11월 31일부터 12월 1일 사이에 있었다.

고용보험법안은 조문 수도 많고 앞뒤가 서로 연결되어 있으며 하위법령에 위임해 놓은 위임조항들이 적절한지의 여부 등 법제적 관점에서 보면 심사할 내용이 많아서 법제처의 법안심사과정에서도 당시 담당 법제관이셨던 이원 법제관이 정기국회를 앞두고 업무가 폭주하는 속에서도 필자와 둘이 마주 앉아 밤을 새워서 꼼꼼하게 심사해 주어 이후 입법 절차에서 많은 도움을 받았다. 입법예고 과정에서 쟁점을 둘러싸고 관계부처와 노사단체 간에 큰 논란이 있었던 것과 비교하면 국회에서는 큰 논란 없이 입법 절차가 진행된 셈이었다. 국회를 통과한 고용보험법안은 1993년 12월 23일 대통령 재가를 받아 1993년 12월 27일 법률 제4644호로 공포되었고 1995년 7월 1일 발효되는 것으로 되었다.

〈표 2-1〉 고용보험법의 입법추진일정

일 자	내 용
~ '93. 7월	고용보험법안 작성
'93. 7. 13.	직업안정위원회에서 고용보험법안 심의
'93. 7. 30.	고용보험법안 입법예고
'93. 8. 3.	공청회 (장소 : 한국노동연구원 대회의실)
'93. 8. 6.	노사단체 실무자회의 (노총, 경총)
'93. 8. 21.	제1차 관계부처 국장회의 (노동부, 경제기획원, 상공부)
'93. 9. 8.	제2차 관계부처 국장회의
'93. 9. 18.	고용보험 관리운영기구 합의 (노동부, 경제기획원)
'93. 9. 22.	경제차관회의 심의·의결
'93. 9. 24.	경제장관회의 심의·의결
'93. 10. 19.	차관회의 심의·의결
'93. 10. 21.	국무회의 심의·의결
'93. 10. 26.	대통령 재가
'93. 10. 28.	고용보험법안 국회제출
'93. 10. 29.	국회 환경노동위원회 회부
'93. 11. 25.	제165회 정기국회 제8차 노동위원회 상정
'93. 11. 30. 10:00	제9차 노동위원회 법안 소위 회부 및 심사
'93. 11. 30. 17:00	법안 소위원회 의결
'93. 12. 1. 11:00	제10차 노동위원회 의결
'93. 12. 1. 12:00	법제사법위원회 상정 및 심의·의결
'93. 12. 1. 15:50	제18차 국회 본회의 상정 및 심의·의결
'93. 12. 10.	국회에서 정부 이송
'93. 12. 23.	대통령 재가
'93. 12. 27.	법률 제4644호로 공포

1993년 고용보험법안의 입안과정에서 한 가지 유감스러운 일이 있었다면 경제기획원 예산실이 고용보험제 도입에 반대하는 입장을 취하면서 예산지원을 거의 받지 못했다는 점이었다. 고용보험제의 도입은 1991년에 수립된 제7차 경제사회발전 5개년계획에도 계획기간 후반기 중 도입

하는 것으로 명기되어 있었고, 1992년의 국회의원선거와 대통령선거에서도 1995년에 제도를 시행하겠다고 여야 모두의 공약으로 제시된 것이었다. 말하자면 정부 차원에서 제도 도입이 공식적으로 결정된 사항이었는데도 예산실에서 계속 반대하는 것은 필자의 입장에서도 이해될 수 있는 것이 아니었다.

그런 와중에 왜 예산실 직원들이 예산반영에 소극적인지를 이해할 수 있는 하나의 사건이 있었고 필자에게는 충격으로 다가와서 지금도 기억이 생생하다. 1993년 여름쯤이었을 것으로 기억되는데 조순문 국장을 모시고 고용보험제 도입준비를 위한 예산협의를 위해 예산실을 방문했다가 과천정부청사 1동 현관을 나서는 순간 계단 위에서 이석채 예산실장을 마주치게 되었다. 조 국장께서 고용보험제 도입준비 예산협의를 위해 예산실을 다녀가는 길이라고 하면서 예산반영을 꼭 부탁드린다고 말씀드리자 예산실장으로부터 돌아오는 말은 "저는 지금도 고용보험제를 도입하면 나라가 망한다고 생각합니다"라는 것이었다. 당시에는 물론 실업급여에 대하여 실업자의 근로의욕을 저하시키는 제도라고 생각하는 사람들이 있었던 것은 사실이지만, 정부에서 공식적으로 제도 도입을 결정한 사안에 대해서 예산실의 수장이 도입 자체를 계속 반대한다는 입장을 천명하는 것도 이해하기 힘든 일이었으나, 그 때문에 예산실의 직원들도 예산안에 고용보험제 도입준비 예산을 담아 예산심의에 들어가기가 힘든 구조였던 것이다.

사정이 이러하다 보니 1992년에 고용보험연구기획단을 구성해 활동하던 당시에도 예산실에서 예산반영을 해 주지 않았고,[35] 1993년에 진행된 1994년 예산안에도 고용보험제 도입준비 예산은 반영되지 않았으며 오로지 고용보험전산망구축 타당성조사라는 항목으로 2억 7천만 원이 계상되었을 뿐이었다. 그나마 이 정도의 예산이 계상된 것도 1993년 예산에 이미 같은 항목으로 소액의 예산이 편성되어 있었기 때문에 1994년 예산안에 이 항목을 소규모로 증액 편성하는 형태로 만들어 신규사업으로 취급되지 않도록 하여 눈에 띄지 않게 하려는 실무수준의 배려가 있었기 때문이었다. 그래서 예산 항목도 고용보험전산망 '타당성조사'라는 전혀 입법 일정과도 맞지 않는 예산이 편성되게 되었다. 예산실에서 고용보험제 도입준비에 협조해 주기 시작한 것은 고용보험법이 제정된 이후인 1994년 봄부터로 기억된다.

이 글을 준비하면서 옛날 자료를 찾아보던 중 1999년에 최초로 발간된 『고용보험백서』에서 '1994년도 정부예산에 고용보험제도 시행을 위한 예산이 반영되지 못하자 1995년 7월 1일부터의 고용보험제도 시행은 현실적으로 불가능하다는 주장과 함께 고용보험제도의 성공적인 정착을 위해서는 제도 시행 시기를 1~2년 연기하는 것이 좋겠다는 견해도 제기되었다'라는 문구가 있어서 깜짝 놀랐다, 고용보험제 도입을 준비하면서 이러한 말은 들어본 적이 없고 왜 이러한 글이 여기에 실렸는지도 이해할 수가 없다. 아마도 예산이 미반영된 상황을 두고 외부의 학자들 사이에서 이러한 얘기가 있었을 수도 있겠고 고용보험백서의 원고를 외부에 의뢰하는 과정에서 이러한 내용이 가감 없이 실린 것이 아닐까 생각해 볼 수 있겠다. 그러나 행정부에서는 국회에서 제정한 법률을 예산이 부족하다

35 『고용보험20년사』(고용노동부)

는 이유로 시행을 연기한다는 것은 생각할 수도 없는 일이었고, 뒤에 기술해 가는 것과 같이 예산이 부족하면 해결할 수 있는 방안이 다 있었기 때문이다.

당시는 김영삼 정부 아래에서 작은 정부를 지향하였고 공무원정원도 동결된 상태이었다. 그래서 고용보험법이 제정되었음에도 고용보험과를 신규로 만들지 못하고 기존에 있던 인력수급과를 폐지하고 그 대신 고용보험과를 만드는 것으로 결정되었다. 그래서 1994년 2월 고용보험업무가 인력수급과로 이관되면서 고용보험을 담당하던 4명의 팀들도 모두 인력수급과로 전보되고 신영철 과장이 고용보험 도입준비 담당과장으로 부임하였다. 1994년 4월에 인력수급과가 폐지되고 고용보험과로 명칭이 바뀌었으며, 1994년 6월에 심경우 사무관, 강현철 사무관, 조보현 주사, 이길수 주사, 이금호 주사가 합류하였다.

1994년 한 해 동안에는 〈표 2-2〉에서 보는 바와 같이 고용보험과에서는 고용보험연구기획단과 함께 고용안정사업과 직업능력개발사업의 사업을 개발하는 한편 재정추계 작업도 진행하였다. 이와 함께 고용보험법 시행령안과 시행규칙안을 만드는 작업을 하면서 전산망개발 용역사업을 발주해 전산망 개발에도 착수하였다. 전산망구축예산은 절대적으로 부족하였으나 전산개발업체와 장기계약을 체결하고 1994년 부족예산은 1995년 예산에 추가 반영해 지급하는 것으로 예산실과도 협의되었다. 그런데, 전산프로그램은 시행령과 시행규칙이 완성되어 업무의 프로세스와 서식이 확정되어야 개발이 가능한 것이기 때문에 하위법령을 서둘러 제정할 계획을 가지고 있었다. 당초 계획으로는 1994년 3/4분기 중에 쟁점사항에 관한 관계부처 협의를 마무리해 시행령을 제정하고, 4/4분기 중에 시행규칙을 제정할 계획이었다. 고용보험법 시행령안은 쟁점사항에 관한 관계부처 협의가 늦어져 〈표 2-3〉에서 보는 바와 같이 당초 계획보다 다소 늦은 1994년 10월 26일 입법예고되어 관계부처 협의와 노사 간 의견수렴을 거쳐 1994년 11월 25일 경제장관회의를 통과하여 그 정도면 큰 문제 없이 입법절차가 진행되었으나, 산재보험의 근로복지공단 이관 문제와 함께 총무처에서 발이 묶이는 바람에 1995년 3월 21일에야 국무회의를 통과하게 되었고 1995년 4월 6일 공포되었다. 시행령안이 총무처에 발이 묶이면서 서식까지 발이 묶여 111종의 서식을 담고 있어서 전산프로그램 개발에 매우 중요했던 고용보험법 시행규칙안은 1995년 3월 8일에 입법예고되어 1995년 6월 12일에야 공포되었다.

〈표 2-2〉 고용보험제 일정별 시행준비 (1994년 1/4분기 수립)

	노동부	전산망 개발	노동연구원 (고용보험연구기획단)
'94 1/4 ~ 2/4	- 고용보험사업개발 · 고용안정사업 · 직업능력개발사업 · 실업급여 세부기준 - 시행령·시행규칙(안) 작성	- 전산화 기본계획 수립 - 전산망개발 사업자 선정 - 전산프로 젝트팀 구성	- 각종 실태조사 실시 · 고용보험사업의 세부 실시방안 논의 - 고용보험 관리운영 기구 연구 - 재정추계 및 영향평가
'94 3/4	- 고용보험관리운영 기구 설치계획 확정 및 설치추진 · 인력확보 계획 수립	- 전산프로그램 개발	

	노동부	전산망 개발	노동연구원 (고용보험연구기획단)
	- 적정보험료율 결정 - 시행령 제정		
4/4	- 시행규칙 제정 - 각종 업무지침 제정 - 모의운영실험 실시		- 모의운영실험 실시계획 및 결과 논의
'95 1/4	- 훈령, 예규 등 제정 - 교육계획 수립 및 청사확보 - 기금운용계회 수립	- 전산장비·네트워크망 확보· 설치	
2/4	- 고용보험 담당직원 확보 및 교육 - 고용보험 전문위원회 및 고용보험심사 위원회 구성	- 전산교육	- 고용보험 담당직원 교육에 대한 지원

※ '95.7.1부터 ① 고용보험 적용사업장, 피보험자 등록 및 보험료 징수 개시 ② 고용안정사업 및 직업능력개발사업 실시

시행령과 시행규칙의 제정이 지연되면서 외부에서는 전산망개발에 차질을 빚는 게 아니냐는 우려를 하는 사람들도 있었으나, 관계부처 간에 첨예하게 이견이 있었던 부분은 적용범위나 보험료율과 같은 정책변수들이었고 전산프로그램개발에 중요한 업무프로세스와 업무서식은 변동가능성이 없었기 때문에 전산개발업체 직원들은 아직 확정되지는 않았지만 실무적으로 작성해 놓은 고용보험법 시행령안과 시행규칙안을 전제로 전산프로그램을 개발하였다. 고용보험 업무는 당초부터 'paperless office'를 구상하고 모든 업무를 전산화하여 수행하는 것으로 추진되었기 때문

에 서식입안 과정도 전산개발업체와 협의하면서 진행되었다.

그렇지만 뒤에 총무처와 법제처 심사과정에서 문구라도 수정이 되면 전산프로그램도 그에 맞춰 수정해야 했기 때문에 전산개발업체 직원들의 고생은 이만저만이 아니었다. 그래도 전산개발업체 직원들조차도 새로운 사회보험의 전산망을 구축한다는 보람이 있어서 큰 불평 없이 전산망 개발에 임해 주어서 1995년 7월 1일 고용보험법 발효 후 진행된 고용보험 사업장 및 피보험자 일제신고, 개산보험료 신고 및 납부에 큰 차질이 발생하지 않도록 준비를 잘해 주었다.

〈표 2-3〉 고용보험법 하위법령의 입법추진일정

- '94.10.26 고용보험법 시행령안 입법예고
  - '94. 11. 23 경제차관회의 통과
  - '94. 11. 25 경제장관회의 통과
- '95. 3. 3 고용보험법 시행규칙 입법예고
- '95. 3. 16 고용보험법 시행령안 차관회의 통과
  - '95. 3. 21 시행령안 국무회의 통과
- '95. 4. 6 고용보험법 시행령 공포 (대통령령 제14,570호)
- '95. 6. 12 고용보험법 시행규칙 공포

그렇게 하여 1995.7.1 고용보험제가 시행되었고 필자는 그 직전인 1995. 5월 고용정책실로 확대 개편되면서 신설된 고용보험운영과장으로 승진, 발령을 받게 되었다. 바로 고용보험적용사업장 및 피보험자 일제신고를 받고, 개산고용보험료 신고를 받아 보험료를 징수하는 업무를 담당해야 하는 부서이었다. 필자가 제정업무를 담당했던 고용보험법, 시

행령, 시행규칙에 따라 필자가 구축작업을 담당했던 전산망을 이용해 직접 일제신고까지 받아야 하는 상황이 되었다.

고용보험법령을 만들면서는 'paperless office'를 목표로 제도설계를 하였으므로 애당초 서류작업을 하는 것은 염두에 두지 않았고 그러다 보니 전산망 구축이 일제신고의 성패를 좌우하게 되었다. 그래도 전산개발업체 직원들이 불철주야 프로그램의 버그를 찾아 보완하는 작업을 해 주었고 여러 가지 아이디어도 내주어 일제신고 기한 이전에는 준비를 마칠 수 있었다. 적용사업장 및 피보험자 일제신고 시에는 전산부서가 따로 있는 기업에서는 전산테이프 등 전산미디어에 피보험자 내역을 복사copy하여 전산미디어를 제출하는 것으로 신고할 수 있도록 했고 전산부서가 따로 없는 중소기업의 경우에는 인터넷을 이용해 전산파일을 전송하는 것으로 신고할 수 있도록 프로그램을 설계하고 전 사업장에 안내하였다. 이를 위하여 전산개발업체의 협력을 받아 신고데이터의 필드값 등을 지정해 모든 업체에 미리 안내하였고 이에 따라 일제신고가 이루어질 수 있었다.

그런데 고용보험료 신고 및 납부의 경우에는 지방노동관서에 보험료 신고서를 제출하고 국고은행에 납부서에 따라 보험료를 납부하는 방식으로 진행될 수밖에 없었다. 이 시기가 되자 지방노동관서의 고용보험과에는 보험료신고서가 쇄도했는데 보험료 신고내역을 전산입력하는 데에 과부하가 걸려 신고보험료액의 전산집계가 제대로 되지 않는 문제가 발생하였다. 그 당시 노동부차관은 성격이 매우 급하기로 소문난 최승부 차관이셨는데 일일보고가 제대로 이루어지지 않는다고 불려가서 혼구멍이 나기도 하였다. 훈계받은 내용의 요지는 이러하였다. 1960년대에 산재보험을 처음 도입해 시작할 때에 당신이 직접 담당하셨는데 그때에는 벽에다 커다란 종이로 일일 집계표를 만들어 놓고 지방관서별로 신고된 보험료액의 집계액을 매일매일 전화로 보고받아 일일집계해서 청장에게 보고하였다는 것이었다. 수작업으로 했다는 얘기이었고 그때보다 훨씬 발전된 전산시스템을 이용한다고 하더니 일일집계도 못하냐는 핀잔이었다. 그래서 결국 지방관서에는 전산입력을 원활히 할 수 있는 예산을 별도로 마련해 배정해 주고 그 대신 당장 급한 대로 매일 저녁에 전화 보고를 받아 일일집계해서 차관실에 보고할 수밖에 없었다.

2. 고용보험법 설계의 배경

외환위기 이후 우리나라의 고용정책은 양적으로나 질적으로 크게 성장하였고, 고용보험이 그중에서 차지하는 비중은 이제는 거의 절대적이 되었다고 해도 과언이 아니다. 2016년을 예로 들어보자. 2016년의 재정지원 일자리사업의 전체 예산은 15조 7,980억 원이었는데 그 중 고용보험기금 예산이 8조 9,730억 원으로 전체의 56.8%를 차지하고 있고, 내용을 뜯어보면 직접일자리창출사업과 창업지원사업을 제외한 적극적·소극적 노동시장정책 프로그램의 대부분을 고용보험이 담당하고 있음을 알 수 있다. 특히 경제위기 국면에서는 고용보험이 고용안정대책의 핵심적인 역할을 담당하게 된다. 예를 들어 코로나19 위기 국면이 계속되고 있는 2021년을 살펴보자. 정부는 경제위기를 극복하기 위해 2021년에도 대규모의 일자리예산을 편성하였는데 본예산 기준으로 30조 5천억 원의 규모에 달한다. 이 중에서 고용보험기금예산은 18조 4천억 원으로 전체 일자리사업예산의 60% 정도를 차지할 정도로 그 역할이 증가하였다.

오늘의 고용보험제도가 직면하고 있는 노동시장의 문제들로는 고용창출의 부진, 청년 실업, 급속한 인구의 고령화, 여성의 낮은 노동시장 참여율, 비정규직, 비공식고용으로 지칭되는 고용보험의 사각지대, 노동시장의 이중구조 등을 들 수 있다. 또한, 4차 산업혁명으로 대표되는 급속한 기술혁신은 플랫폼 비즈니스를 확산시키면서 플랫폼노동과 같은 새로운 형태의 일자리를 증가시키고 있다. 그러나, 고용보험제가 설계되었던 1993년의 노동시장 상황은 현재의 노동시장과는 많이 다른 모습이었다. 우리나라 최초의 고용보험제는 그 당시의 노동시장 상황을 토대로 제도가 설계되었기 때문에, 최초의 고용보험제 설계내용을 이해하기 위해서는 그 당시의 노동시장 상황을 먼저 살펴볼 필요가 있다.

일반적으로 우리나라의 노동시장은 1997년 외환위기 이전과 이후로 구분한다. 외환위기 이전과 이후는 노동시장의 트렌드가 확연히 구분되기 때문이다. 우선 1980년대 후반부터 1990년대 초반에 걸쳐 취업자 증가폭은 연간 50~60만 명에 달했고, 실업률은 2.3~2.6% 정도로 실업자 수는 40만 명대에 머물러 있어서 경제의 고용창출력도 높았고 실업문제도 그 자체로서는 큰 문제가 되지 않았다. 도리어 제조업에서의 인력 부족 문제가 더 큰 문제로 제기되어 인력수급의 원활화, 여성 등 유휴인력의 노동시장 참여 증진이 가장 큰 정책과제로 제기되고 있었다. 다른 한편으로는 노동시장의 환경이 크게 변화하여 국제화가 본격적으로 진행되고 경쟁력이 낮은 섬유·의복, 전자제품, 신발·고무제품, 기타제조업 등 경공업부문에서 산업구조조정이 진행되면서 이들 업종 근로자들의 고용불안 문제와 기술변화에 따른 근로자들의 교육·훈련 강화의 문제 등이 본격적으로 제기되기 시작하였다.

이러한 상황변화 때문에 당시 노동부에서는 직업안정법을 1989년에 '직업안정 및 고용촉진에 관한 법률'로 개정해 고용안정대책을 수립할 수 있는 법적 근거를 마련해 고용대책업무를 추진하기 시작하였으며, 고용정책의 틀을 근본적으로 구축하기 위하여 고용보험법을 포함한 고용 4법을 추진하고 있었다. 따라서 고용보험법의 도입을 추진하던 당시의 주요한 정책과제는 원활한 구조조정의 지원과 실직근로자들의 생계안정과 재취업지원, 직업안정망 구축에 의한 인력수급 원활화, 여성 등 유휴인력의 노동시장참여촉진, 생애직업능력개발 등과 같은 것들이었다. 이러한 정책과제들을 정책으로 구현한 것이 당시 고용안정사업과 직업능력개발사업의 주요한 항목들이었다.

(1) 상용직 중심의 제도설계

1990년에 발간된 한국노동연구원의 『중장기 노동력 수급전망』[36]에는 당시 노동시장에서의 취업구조를 이해할 수 있는 내용들이 수록되어 있다. 이 보고서에서는 당시 나타나고 있는 취업구조의 특징으로 임금근로자가 크게 성장하고 있다는 점,[37] 전체 고용에서 여성이 차지하는 비율이

36 『중장기 노동력 수급전망』(박명수, 1990, 한국노동연구원)

증가하고 있다는 점[38]과 함께 '취업자의 상당수가 상시고용이고 대부분의 경우 고용기간을 한정시키지 않은 평생고용 형태이며 임금노동자의 모습을 띄고 있다. 이러한 특징을 갖고 있는 고용형태가 아직은 지배적'이라고 기술하고 있다. 그러면서 다른 구미국가들의 사례를 들어 앞으로 시간제고용, 기간제고용 등이 증가할 수 있을 것으로 전망하였다. 소사장제, 외주하청이 증가하기는 하였으나, 비정규직문제는 아직 사회적 관심사는 아니었고 한국노동연구원에서도 기초적인 관심을 가지는 정도이었다. 그 당시까지 거슬러 올라가서 통계 확인이 가능한 단시간 근로 현황을 살펴보자. 현재는 여성의 노동시장 참여가 크게 늘면서 단시간 근로가 많이 증가하였다. 코로나19가 발생하기 전인 2019년을 기준으로 살펴보면 연간 1주 35시간 미만 근로하는 취업자의 비율은 전체 취업자의 19.9%에 달한다.[39] 그러나 1990년 당시에는 그 비율이 4.5%에 불과[40]할 정도로 적은 수준이어서 대부분의 고용형태는 풀타임 일자리이었다.

이와 같은 노동시장 상황을 토대로 고용보험연구위원회에서는 일단 상용직 중심으로 제도를 도입하고 일용직 근로자들과 시간제 근로자들에 대해서는 제도가 정착된 이후에 단계적으로 확대 적용하는 것이 바람직하다는 제안을 하였다.[41] 이 문제와 관련해서는 두 가지 사항을 추가로

---

37 전체 취업자의 비중 중 피용자의 비율은 1971년 34.1%에서 1980년 47.2%, 1989년 59.1%로 크게 상승하였다.

38 여성취업자 수는 1971년 364만 명에서 1989년 713만 명으로 늘어나 1970년에 비해 350만 명이 늘어 100% 증가하였다. 이와 비교해 남성취업자 수는 1971년 631만 명에서 1989년 1,039만 명으로 늘어나 증가인원 절대수로는 비슷하나 비율로는 50%의 증가율을 보였다.

39 '2019년 12월 및 연간 고용동향' (통계청)

40 『비정규노동에 관한 연구』 (김성환, 1992, 한국노동연구원)

41 『고용보험제도 실시방안 연구』(유길상&어수봉, 1993, 한국노동연구원)

설명할 필요가 있겠다. 하나는 뒤에서 기술하는 바와 같이 법률안을 입안하는 과정에서 시간제근로자의 경우에는 고용보험연구위원회의 제안과 같이 제도 초기 단계에서는 적용제외하는 것으로 방침을 정하였으나, 일용근로자의 경우에는 최대한 적용할 수 있는 방안을 찾으려 노력했고 이를 위한 법적 근거까지 마련했었다는 점이다. 일용근로자는 보험관리 측면에서 어려움이 있었음에도, 당시는 일용근로자에 대하여 동절기마다 일용근로자 대책을 별도로 수립했던 시절이었기 때문에 어떻게 해서든지 적용방안을 찾으려 노력하였다. 반면, 시간제근로자의 경우에는 일용근로자보다는 보험관리 측면에서 훨씬 용이함에도 제도시행 초기에는 일단 적용제외하는 것으로 하였다. 1990년대 초반이 고용노동부에서 시간제근로에 대한 정책적 관심이 막 생겨나기 시작하였던 시점이기도 하였으나, 당시 우리나라 사회가 홑벌이가구모델(male-breadwinner model) 하에서 시간제근로 종사자는 통상 가구의 주소득자가 아니기 때문에 고용보험의 적용이 시급한 대상은 아니라는 판단이 작용하였던 것 같다.

다른 또 하나 설명이 필요한 사항은 이후 외환위기를 겪으면서 급격히 적용범위가 확대된 것과 관련이 있는 사항이다. 1997년 외환위기를 겪으면서 고용보험은 급격히 적용범위가 확대된다. 1인 이상 모든 사업장에 적용됨은 물론 초단시간근로자를 제외한 시간제근로자, 1월 이상 계속 근로하는 일용근로자에게까지 적용이 확대되게 된다. 그런데, 이와 같이 상용근로 형태가 아닌 불완전고용 형태의 근로자에게 고용보험이 확대 적용되는 경우에는 그 실태를 잘 분석해서 취약근로자를 보호하면서도 부작용은 최소화할 수 있는 방향으로 제도를 보완해야 한다. 그러나,

경제위기 하에서 불완전고용 근로자들을 보호하기 위해 급속히 제도를 확대하다 보니 그런 부분에서 다소 소홀한 측면이 있어 보인다.

이러한 부분에 대해서는 이후에도 지속적으로 제도를 보완해 오고 있지만 '전국민 고용보험 로드맵'[42]에 따라 소득기반 고용보험체제로 전환되고 특고, 플랫폼노동, 자영업자 등에 대한 고용보험 적용방안을 만들어 갈 때에는 노동시장의 실태를 토대로 적절한 형태의 제도가 만들어지기를 기대해 본다.

(2) 피보험자격 이중취득의 제한

이 규정은 고용보험법 제정 당시에는 없었던 규정인데, 1998년 대량 실업 사태 속에서 시간제근로자에 대한 고용보험 적용범위를 넓히고 실업급여 수급요건을 완화하는 과정에서 행정부담 완화를 목적으로 도입된 것으로 보인다. 왜냐하면 시간제근로자의 경우에는 두 개 이상의 일자리에서 파트타임으로 근로를 제공하는 것이 가능하기 때문에 고용보험에 각각 가입하게 되면 한 개의 일자리에는 취업하고 있는 가운데 다른 한 개의 일자리에서는 실직해서 소득이 감소하는 일이 발생하게 된다. 이러한 경우 부분실업의 개념이 도입되어야 하고 취업하고 있는 다른 일자리에서의 소득현황까지 알고 있어야 소득감소 부분에 대한 부분실업급여를 지급할 수 있기 때문에 행정부담을 줄이기 위한 목적으로 주된 일자리에서만 고용보험에 가입토록 하고 그 일자리에서 실직하는 경우에 실업급여를 지급하는 것으로 규정된 것으로 보인다. 시간제근로에 대하여 고용

42 2020.12.21. 보도자료(고용노동부)

보험을 확대 적용하되 적용방식은 상용직과 동일한 방식으로 하기 위해 제한규정을 강화한 것이다.

그러나 이 규정은 20여 년이 경과한 지금까지도 유지되고 있어서 고용 형태가 다양화되고 복수의 일자리에서 소득을 얻어 생계를 유지하는 노동자들이 증가한 오늘날의 노동시장에서는 적합하지 않은 제한규정이라는 지적을 받고 있다. 다행히 '전국민 고용보험 로드맵'에서는 일정 소득 이상의 일자리에 대해서 고용보험을 적용하는 소득기반 체제로 전환하면서 복수의 일자리에 취업하는 경우에는 합산 근로소득을 기준으로 고용보험을 적용하는 방식으로 관리체계를 변경하는 계획을 밝히고 있어서[43] 조만간 해결방안이 마련될 것으로 기대된다.

3. 고용보험의 전달체계

고용보험법 제정을 논의하던 당시에는 노동부 직업안정조직으로 전국의 노동부 지방사무소에 직업안정과라는 부서가 한 개씩 설치되어 있었다. 그러나, 사무실 배치도 옛날 드라마에 가끔 나오는 일반 사무실과 똑같이 철제 책상에 직원들끼리 서로 마주 앉아 구직자와의 상담을 위한 공간은 없는 형태이었을 뿐 아니라 대부분 퇴직을 앞둔 공무원들을 배치하여 전문성도 떨어지고 취업알선 전산망도 설치되어 있기는 하지만 지방

43 '전 국민 고용보험 로드맵'에 의하면 2016년 현재 임금근로자 중 복수의 일자리를 보유한 근로자는 전체 임금근로자의 5.7%인 127.5만 명에 달하며, 임금근로자 관리체계 변경은 2022~2023년으로 계획되어 있다.

에서 구직표를 한 장 입력해 전송키를 누르면 통신망에 과부하가 걸려 화면에 동그라미만 뱅글뱅글 돌아가던 그런 실정이었다. 그러니 찾아오는 사람도 거의 없는 상황이었다.

노동부에서는 고용보험제 도입을 계기로 직업안정조직을 획기적으로 개선하는 것으로 방향을 설정하고 실업급여 수급자를 적극적 노동시장정책을 통해 보다 빨리 재취업하도록 하기 위해서라도 고용보험사업과 직업안정조직이 분리되어서는 안 되고 반드시 통합되어 있어야 한다는 입장을 가지고 있었다. 고용보험제도를 설계하는 과정에서 주로 벤치마킹하고 있었던 일본의 고용보험, 독일의 고용보험이 모두 그러한 조직형태를 가지고 있었고, 특히 연방노동사회부 직할로 독립된 전국적인 네트워크를 가지고 실업급여 이외에 각종 노동시장정책을 전담해 추진하고 있었던 독일 연방고용청이 주된 벤치마킹의 대상이었다. 고용보험연구기획단에서는 실업보험과 취업 알선을 통합 담당해야 한다는 점에 대해서는 이견이 없어 보였으나 그 전달체계를 어떤 형태로 해야 할 것인가에 대해서는 정부조직형과 노사정합의체 형태의 공단형으로 의견이 엇갈려 복수안으로 정부에 제출하였다.[44]

고용보험법안 작성 시 이 부분에 대해서는 매우 명료하게, 즉 고용보험법안 제2조에 '노동부장관은 직업안정소를 설치하여 그 지휘·감독하에 보험에 관한 사무를 수행하게 한다'라는 조문을 담아 관계부처 협의와 입법예고를 진행하였다. 이 문제에 대한 논란은 이후 '고용보험 관리운영기구'라는 제목으로 논의가 진행되었는데, 경제기획원(정확하게는 예산실)

44 『고용보험제도 실시방안 연구』(유길상&어수봉, 1993)

과 사용자단체, 일부 학자들과 일부 언론들이 정부조직보다는 공사·공단의 형태가 사회보험 운영에 더 바람직하다는 주장을 제기하면서 논란이 크게 확대되었다. 그 당시는 YS정부가 출범한 이후 정부조직과 공공기관에 민영화의 바람이 크게 불어 정부조직의 순증은 매우 어려운 시기이었다는 시대적 상황을 이해하고 이 논란을 들여다볼 필요가 있다. 또한, 이 주장의 배경에는 고용보험제도의 도입이 노동시장정책의 수단으로 도입되는 것이라는 것에 대한 이해 없이 사회보험이기 때문에 국민연금공단이나 건강보험공단과 같은 공공기관으로 충분한 게 아니냐는 인식이 담겨 있었다. 하여튼 노동부에서는 단순히 보험급여를 지급하는 조직이 아니라 적극적 노동시장정책을 비롯한 각종 고용정책을 집행하기 위한 전달체계를 구성하려는 것이므로 단순집행업무에 유리한 공단조직보다는 정책상황 변화에 따라 일체성을 가지고 대응할 수 있는 정부조직이 반드시 필요하다는 입장을 고수함으로써 입장의 차이가 해소되지 못하였다.

그러나 1993년 정기국회에 법안을 제출해야 하는 시간의 압박이 있었기 때문에 경제기획원과 노동부는 일단 논란의 대상이 되는 조문을 삭제하고 대안을 마련해 법률안을 일단 처리함으로써 입법계획 일정에 맞춰 법률안을 정기국회에 제출하고 연말에 별도로 한국개발연구원과 한국노동연구원에 연구용역을 의뢰해 그 연구결과에 따르기로 하는 선에서 논란을 봉합하였다.

대안이라 함은 사회보험법의 제정을 추진하면서 전달체계를 특정하지 않을 수는 없었기 때문에, 〈표 2-4〉에서 보는 바와 같이 직업안정법 제4조에 "'직업안정기관'이란 직업소개, 직업지도 등 직업안정업무를 수행하는 지방노동행정기관을 말한다"라는 정의 규정을 신설하고 이 직업안정기관이라는 용어를 고용보험법에서 활용하여 고용보험사무를 담당하거나 또는 위임받을 수 있도록 규정하는 방식이었다. 이와 같은 법조문을 유지하는 경우 당초의 문구는 삭제되지만, 지방노동행정기관이 직업안정기관의 지위에서 보험사무를 담당한다는 의미가 되어 법률개정이 없는 한 고용보험사무의 전달체계는 지방노동행정관서로 규정되는 것이므로 노동부 입장에서는 당초의 내용과 크게 달라지는 것이 없게 되었다.

경제기획원에서는 직업안정소를 설치해서 보험사무를 담당토록 한다는 부담스러운 당초 규정은 일단 삭제하는 선에서 양보하되, 만일 공동연구결과에서 공단형과 같은 형태로 결론이 나는 경우 법률개정을 통해 직업안정기관의 정의규정을 변경하면 되므로 부담이 제일 적다는 계산도 있었던 것 같다. 실제로 1994년에 고용보험 관리운영기구를 정부형으로 최종결론을 내린 후에도 이때 구성된 법조문 체계가 그대로 유지되어 현재까지도 고용센터를 통해 고용보험사업이 집행되고 있다.

〈표 2-4〉 고용보험법상 전달체계에 관한 당초안과 최종안의 대비

입법예고안	최종안
〈고용보험법안〉 제2조(보험의 관장) ① 고용보험은 노동부장관이 이를 관장한다. ② 노동부장관은 직업안정소를 설치하여 그 지휘·감독하에 보험에 관한 사무를 수행하게 한다.	〈고용보험법안〉 제2조(보험의 관장) ① (왼쪽과 같음) ② (삭제)

입법예고안	최종안
第33조(실업의 인정) ③ 실업의 인정은 … 2주간에 1회씩 … 직업안정소장이 한다.	第33조(실업의인정) ③ ....직업안정기관의 장이........
第86조(권한의 위임) 노동부장관은 이 법에 의한 권한의 일부를 대통령령이 정하는 바에 의하여 직업안정소장에게 위임할 수 있다.	第86조(권한의 위임) .... 직업안정기관의 장에게 위임하거나, 대통령령이 정하는 자에게 위탁할 수 있다. 〈직업안정법 개정안〉 제4조 (정의) 1. 직업안정기관이란 직업소개, 직업지도 등 직업안정업무를 수행하는 지방노동행정기관을 말한다.

권한의 위임·위탁 조항에 '대통령령이 정하는 자에게 위탁할 수 있다'는 내용이 추가된 것은 관계부처 협의 및 입법예고 과정에서 고용보험전달체계를 정부형으로 한다 하더라도 가능한 업무에 대해서는 산하기관을 활용하여 업무위탁을 할 필요가 있다는 의견이 제기되어 이를 수용한 것이다. 현재 이 조항을 근거로 산업인력공단에는 직업능력개발사업의 일부가, 근로복지공단에는 피보험자격 및 사업장 적용, 보험료 징수에 관한 권한의 일부가 위탁되어 있다. 물론 사업장 적용, 보험료 징수에 관한 권한은 이후에 보험료징수법이 따로 제정되었기 때문에 현재는 해당 법률의 위탁조항에 근거하여 권한을 위탁하고 있다.

4. 고용보험사업의 구성

고용보험연구기획단에서는 고용보험제의 도입을 통해 실업급여와 적극적 노동시장정책의 유기적 연계, 근로자의 생애직업능력개발 지원[45] 등을 추구하는 것에 대해서는 위원들 간에 대체로 동의가 이루어졌고 이에 따라 고용보험사업에 대하여도 실직근로자 생계안정사업과 직업능력개발사업을 포함시키는 데에는 대체로 의견이 모아졌으나, 고용안정사업을 포함시킬 것인지에 대해서는 의견이 엇갈려 최종 정책제안에서는 노동부의 정책판단에 맡기기로 하였다. 그 이유는 선진국에서도 사중손실효과와 대체효과 등이 발생하여 순효과가 매우 낮을 우려가 있다는 지적이 많았기 때문이었다고 한다.[46]

당시 노동부에서는 독일의 고용촉진법, 일본의 고용보험법 수준의 고용안정대책 또는 고용촉진대책의 추진을 위해서는 고용안정사업이 반드시 필요하다는 입장을 정하였고 고용보험사업을 고용안정사업, 직업능력개발사업, 그리고 실업급여사업으로 구성하기로 결정하였다. 당시의 기억으로는 고용안정사업의 필요성을 가장 강력하게 제기하신 분은 고용정책업무를 오랫동안 연구해 오신 조순문 직업안정국장이었고, 직업능력개발사업에 가장 큰 비중을 두신 분은 정병석 고용정책과장이었다. 일

---

45 이 당시에 구상하였던 근로자의 생애직업능력개발사업은 근로자의 근로생활 주기에 맞추어 체계적으로 직업능력개발을 할 수 있도록 생애직업능력개발프로그램을 수립·시행하는 '사용자'에 대하여 지원하자는 것이 핵심이었다. '근로자'가 자기주도적으로 직업능력개발훈련을 받을 수 있게 지원하는 제도는 초기에 근로자수강지원금, 근로학자금대부 등의 사업으로 시행되다가 내일배움카드제가 도입된 이후에 활성화되었다. 이후 전국민을 대상으로 포괄적인 직무기초능력까지 포함해 본격적인 평생직업능력개발체제가 구축될 수 있도록 2021. 8월에 '근로자직업능력개발법'이 '국민평생직업능력개발법'으로 개정되었다.

46 『고용보험 20년사』(고용노동부, 2016)

본의 고용보험법에서는 근로복지사업을 별도의 보험사업으로 가지고 있었는데, 우리나라의 경우에는 당시만 해도 근로복지진흥기금이 별도로 있어서 고용보험사업에 근로복지사업을 추가할 필요성은 없었다.

그러나, 2000년대에 들어서면서 근로복지진흥기금에 대한 일반회계 출연이 중지되어 제대로 된 근로복지사업 추진이 어렵게 되는 상황에서, 비정규직 근로자들의 고용구조개선이라는 정책과제가 제기되자 당시에 고용정책업무의 총괄을 담당하고 있던 필자의 입장에서는 고용구조개선과 같은 고용의 질 개선을 위하여 고용보험기금을 사용할 수 있는 길을 마련했어야 하는 게 아닌가 하는 아쉬움이 있었다. 고용보험연구기획단에서 제안했던 '근로자 생계안정사업'의 명칭은 사회보험의 성격보다는 공적부조사업과 비슷한 느낌을 준다하여 실업급여로 표현하기로 결정하였다.

(1) 실업급여도 보험사업

고용보험법 시행 이후에 종종 들었던 이야기 중의 하나가 실업급여를 보험사업으로 분류한 것은 이상하다는 것이었다. 이 말에 대해 처음에는 무슨 의미인지 이해하지 못하였으나 나중에 잘못된 논리를 이야기하는 것이라는 것을 명확하게 이해하였다. 노동부 공무원들의 경우 수십 년 동안 산재보험법을 운영해 왔기 때문에 산재보험법의 논리체계로 사고가 고착된 경우가 종종 있는데, 바로 이 경우가 그러한 것이다. 산재보험법에서는 산재보험료를 징수해 보험급여를 지급하는데 부수사업으로 산재근로자를 위한 복지사업을 하도록 규정하고 있다. 즉, 산재보험법의 논리체계에서는 산재보험료 = 보험급여이고 부대사업으로 복지 '사업'이 존재하는 것이다. 이와 같은 논리체계가 일본 고용보험법에서 실업급여를 별도로 하고 3사업은 고용안정사업, 능력개발사업, 근로복지사업만으로 구성되어 있다는 사실에 의해 증폭됨으로써 제기되는 의문이라고 생각한다. 즉, 실업급여는 보험사업이 아닌 고용보험의 목적인 보험급여이고, 보험사업은 보험급여 이외에 별도로 부수적으로 수행되는 사업이 아니냐는 의문이 되겠다.

그러나, 우리나라의 경우 국민연금법에는 보험사업에 관한 규정에 '국민연금사업은 보건복지부장관이 관장한다'라는 규정이 있고 건강보험법의 보험사업에 관한 규정에 '건강보험사업은 보건복지부장관이 관장한다'라는 규정이 있다. 따라서 사회보험급여를 보험사업으로 분류하는 것이 전혀 문제가 되는 것이 아니다. 또한, 일본의 법제는 실업보험법에서 고용보험법으로 전환되는 과정에서 본래 있었던 실업급여 뒤에 3사업을 추가함으로써 형성된 법체계로 이해해야 한다. 우리나라 고용보험의 경우에는 실업급여는 실업급여의 보험료를 징수하고, 고용안정·직업능력개발사업은 고용안정·직업능력개발사업의 보험료를 징수하여 고용보험법 체계 내에서 동등한 위치를 점하고 있으므로 산재보험법과는 입법체계가 다르며, 고용보험법의 체계 내에서는 보험료 = 실업급여의 등식이 성립되는 것이 아니다.

(2) 보험사업의 배치순서

고용보험법안에서는 고용안정사업과 직업능력개발사업을 앞으로 배치하고 실업급여를 뒤로 배치하였다. 이와 같은 배치는 고용보험법이 실업급여를 지급하기 위해 도입하는 것이 아니라 노동시장정책을 추진하기 위해 도입하는 것임을 강조하기 위한 전략적 의도가 담겨 있었다. 그 당시에는 실업급여를 지급하면 '선진국병'이 생길 수 있다는 부정적 인식이 워낙 강하여 그와 같은 전략적 선택을 하는 것이 더 낫다고 판단했다. 그러나 다른 국가의 법체계를 살펴보면 이와 같은 법체계를 가지고 있는 국가가 있다. 독일의 경우 현행 사회법전 제3권 '고용촉진'의 법규정을 보면 제2장에 고용보험의 '적용'관계를 규정하고, 제3장에서는 고용서비스, 노동시장통합지원, 직업훈련 등의 규정을 담은 '적극적 고용촉진'을 규정한 뒤, 제4장에서 실업급여를 규정하고 있어서 우리나라의 고용보험법과 법체계의 구성이 유사하게 되어 있다.

(3) 고용안정사업과 직업능력개발사업이 분리되었던 사유

최초로 고용보험법안을 작성하였을 때에는 고용안정사업과 직업능력개발사업을 한 묶음으로 하고, 실업급여사업을 한 묶음으로 하여 보험료 징수 및 계정관리를 하는 것으로 조문 구성을 하여 이러한 내용의 법안으로 관계부처 협의 및 입법예고까지 하였다. 그러나 관계부처 협의과정에서 직업훈련의무제를 일정부문 존치하는 것으로 최종결정이 되면서 직업능력개발사업 보험료율을 구분할 필요가 생기게 되었고, 직업훈련지원에 사용될 보험료가 고용안정사업으로 사용될 수 있다는 우려가 제기되면서 고용안정사업과 직업능력개발사업을 재정적으로 분리하는 것으로 최종결정되어 두 사업을 분리하는 것으로 법조문을 수정해 국무회의에 상정하게 되었다.

이렇게 하여 임금총액의 0.2%를 보험료율로 하여 시작된 고용안정사업은 2006년도에 평생직업능력개발사업이 확충되면서 직업능력개발사업의 재원확대를 목적으로 고용안정사업과 통합되었고, 결국 고용보험법안 구상 당시의 직업훈련의무제 완전폐지 및 고용안정사업과 직업능력개발사업의 재정 통합운영으로 돌아오게 되었다. 다만, 두 사업의 계정통합으로 당시에는 직업능력개발사업이 확대될 수 있었으나 그 이후 청년고용의 악화에 따라 청년고용지원사업이 확대되면서 고용안정사업의 지출이 크게 늘어나자 오히려 직업능력개발사업의 지출을 제약하는 부작용이 발생하였다. 계정을 통합하는 경우에도 운영의 묘가 절실히 요청되는 부분이다.

제3장

고용보험의 적용관계

제3장

고용보험의 적용관계

1. 보험의 적용단위

고용보험법을 설계할 때 제일 먼저 결정해야 했던 것 중의 하나가 고용보험의 적용단위를 '기업' 단위로 할 것인지 아니면 '사업 또는 사업장' 단위로 할 것인지에 관한 것이었다. 사회보험 중 '기업' 단위로 운영하는 것은 국민연금이고, '사업 또는 사업장' 단위로 운영하는 것은 산재보험이었다. '사업 또는 사업장'의 개념은 대부분의 노동법에서 사용하는 개념으로서 장소를 기준으로 하여 같은 장소에 있으면 한 개의 '사업 또는 사업장'으로 보고 다른 장소에 있으면 별개의 '사업 또는 사업장'으로 보되, 장소적으로 분리되어 있어도 인사·노무·재무·회계 등의 업무처리능력에 독립성이 없으면 직근(直近)상위조직에 합하여 하나의 '사업 또는 사업장'으로 본다는 개념이다. 산재보험에서는 '사업 또는 사업장' 단위로 사업 종류를 각각 판단하고 사업 종류에 따라 보험료율이 다르게 책정되면서 '사업 또는 사업장' 단위로 경험료율까지 적용되는 체제이기 때문에 '사업 또는 사업장'을 어떻게 구분하는가는 매우 중요한 사항이었다. 그러다 보니 당시 노동부 공무원들과 기업체의 노무관리를 담당하는 직원들에게는 매우 친숙한 개념이기도 했다.

(1) 사업 또는 사업장

지금은 '전국사업체조사'라는 명칭으로 바뀌었지만 고용보험제도 도입을 논의하던 당시에는 '총사업체통계조사'라는 조사가 있었다.[47] 통계청에서 실시하는 조사로 인구에 대해서는 '인구주택총조사'를 통해 모든 가구를 직접 방문해 우리나라 인구에 대한 전수조사를 하는 것처럼, '총사업체통계조사'의 경우에는 모든 사업체를 직접 방문해 우리나라 사업체에 대한 전수조사를 하는 것이다. '인구주택총조사'가 가구를 대상으로 하는 모든 통계조사의 모집단 역할을 하는 것처럼, '총사업체통계조사'는 사업체를 대상으로 하는 모든 통계조사의 모집단 역할을 하는 통계조사이다. 당시에는 5년마다 통계청 조사원들이 그 지역에 소재하고 있는 모든 사업체를 빠짐없이 일일이 방문해서 고용 및 운영실태 등을 조사하는 매우 중요한 조사이었고, 노동부에서 사업체를 대상으로 실시하는 각종 노동통계조사도 이 조사를 모집단으로 하여 표본을 설계해 시행되고 있었다.

---

47 '총사업체통계조사'는 이후 '사업체기초통계조사'로 명칭이 바뀌었다가 현재는 '전국사업체조사'라는 명칭으로 시행되고 있다.

다음은 1991년 7월 9일자 '오는 11일부터 총사업체 통계조사 실시'라는 제목의 연합뉴스 기사이다. 이 기사를 보면 실제 이 조사가 어떻게 시행되는 것인지를 자세히 알 수 있다.

> (서울=연합) 통계청은 오는 11일부터 30일까지 20일간 전국적으로 약 2백 30만 개에 달하는 모든 사업체를 대상으로 총사업체 통계조사를 실시한다. 9일 통계청에 따르면 매 5년마다 실시하는 이 조사는 사업체의 지역별, 산업별 분포와 고용 및 운영실태 등을 파악하여 나라살림의 설계에 필요한 기초자료를 작성하기 위한 것이다. (중략) 조사 대상은 조사기준일(91년 7월 1일) 현재 영리, 비영리를 불문하고 우리나라 전 지역에 소재하고 있는 모든 사업체이다. 조사 방법은 11일부터 30일까지 조사원이 각 사업체를 방문하여 조사표를 작성하게 된다. (중략) 이번 조사에는 통계담당 공무원 3천6백 명, 임시채용 조사원 8천 명, 지도원 5천 명 등 총 1만6천6백 명이 동원되는데 통계청은 각 사업체가 조사 요원들의 조사 활동에 적극 협조해 줄 것을 당부하고 있다.

여기에서 우선 알 수 있는 것은 규모가 어마어마한 조사라는 것이다. 그리고 통계조사원들이 해당 지역에 소재하고 있는 모든 사업체를 일일이 방문해 조사하는 것이므로 기본적으로 조사 대상은 장소를 기준으로 하는 사업장의 개념이라는 것이다. 즉, 한 기업을 파악해 그 본사를 찾아가 전체 기업의 현황을 파악하는 것이 아니라, 지역을 단위로 하여 그 지역에 소재하고 있는 모든 사업체를 찾아가 조사하는 방식이다. 현재 통계청에서 인터넷으로 제공하는 통계조사용어[48]에도 '사업체'의 용어에 대하여 '통계청의 〈전국사업체조사(구 사업체기초통계조사)〉에서 인용되었으며, 영리, 비영리를 불문하고 일정한 물리적 장소에서 단일한 소유권 또는 통제 아래 생산, 판매, 서비스 제공 등 산업 활동을 하는 개개의 경영단위를 말함.'이라고 안내되어 있으니 모든 사업체 통계는 기업 단위의 통계가 아닌 사업장 단위의 통계라는 것을 명료히 알 수 있다.

우리가 보통 종업원 규모별로 파악하는 사업체 현황은 통계자료를 생산·사용하는 사람들이 불명확하게 표기하기도 하지만 대부분 이 조사에서 비롯된 통계이기 때문에 기업 단위 통계가 아닌 사업장 단위 통계이다. 1993년 당시 고용보험연구기획단에서도 바로 위의 연합뉴스 기사에서 보도된 1991년 총사업체통계조사의 실시 결과 집계된 '종업원 규모별 사업체 수 및 근로자 분포(1991년 7월 1일 현재)'의 통계자료를 사용해 고용보험의 적용범위를 논의하였다.[49]

이 논의 결과를 토대로 고용보험제도의 시행 초기에는 10인 이상 사업장의 근로자를 당연 적용대상으로 하되, 가급적 빠른 시일 내에 10인 미만 사업장의 근로자에게 단계적으로 확대하는 게 좋겠다는 의견을 제안한 바 있다. 전후 사정이 이러하다면 고용보험연구기획단에서의 제안내용은 여기에 참여한 학자들의 대부분이 노동법 학자들은 아니었다 할지라도 일반적인 노동법처럼 '사업 또는 사업장'을 단위로 하여 고용보험을 적용하는 것을 전제로 사업장 규모를 논의했다고 이해하는 것이 타당했다.

---

48 https://meta.narastat.kr/metasvc.index.do?iemInputNo=0000157165809

49 『고용보험제도 실시방안 연구』 (유길상&어수봉, 1993)

(2) 기업 단위 적용의 문제

고용보험의 적용단위는, 적용단위를 기준으로 보험관계 성립신고를 하고 근로자에 대한 피보험자 신고를 하여야 하며 적용단위에서 지급되는 임금액을 기준으로 보험료를 산정해 납부해야 하기 때문에 실무적으로는 매우 중요한 문제이었다. 국민연금은 본사에서 일괄해서 연금가입자 신고를 하고 갹출금을 납부하는 구조인 데 반해, 산재보험은 사업장마다 보험료를 산정해 납부하는 구조이다. 그리고, 1993년 당시의 사회 분위기로 볼 때에는 새로운 사회보험이 도입되면서 가능하면 기존의 사회보험과 일치시켜 효율성을 추구해야지 또 하나의 완전히 새로운 적용·징수체제를 설계해 추진하기는 매우 어려운 상황이었다. 고용보험의 경우 피보험자 관리업무만을 생각한다면 굳이 '사업 또는 사업장'을 적용단위로 고집할 필요는 없어 보였고, 국민연금과 같이 본사에서 모든 것을 처리해도 안 될 것은 없어 보였다.

그러나 적용단위를 '기업'으로 하여 국민연금과 동일한 방식의 적용·징수체계를 수립하는 경우 걸리는 점들이 있었다. 첫째는 모든 노동통계가 사업체(사업장) 단위로 되어 있는 상태에서 기업 단위로 이루어지는 고용보험통계를 향후에 분석·활용하게 되면 지역별 통계분석에서는 굉장히 다른 결과가 나타나게 된다. 왜냐하면 사업체 조사에서는 A라는 지역에 소재하는 사업체(사업장)의 인력이 고용보험통계에서는 본사가 소재하고 있는 B라는 지역에 근무하는 인력으로 집계되기 때문이었다. 이렇게 되면 아마 전국의 근로자들이 수도권에 집중되어 있는 것으로 나올지도 모를 일이었다. 그렇다면 노동시장 상황을 잘못 판단하게 할 우려가 있었고 고용보험 DB를 통해 구축하고자 했던 노동시장 행정통계의 활용도가 뚝 떨어지게 될 수 있다는 우려가 있었다.

둘째는 국민연금과 동일한 형태의 적용·징수체제를 설계하는 경우 당시의 정치사회적 분위기 아래에서는 국민연금공단에 위탁해 통합운영하면 되겠다는 논란을 촉발해 고용보험제 도입을 통해 노동시장정책의 인프라를 구축하려고 하는 정책의 근간을 흔들 우려가 있었다. 실제로 고용보험의 관리운영이 논란이 되면서 검토되었던 대안 중의 하나에 국민연금공단에 통합 운영하는 방안이 포함되어 있기도 했다.

셋째는 국민연금은 납부된 갹출료를 기초로 노후에 연금수급연령에 도달하면 연금액을 산정해 지급하는 구조이다. 법체계상 납부된 갹출료에 따라 연금액이 자동적으로 다르게 계산되는 구조이기 때문에 갹출료가 납부되지 않으면 그 자체 내에 페널티가 내장되어 있는 구조이다. 그러다 보니 갹출료가 납부되지 않았다 하여 기를 쓰고 찾아다닐 이유가 없는 구조이다. 그러나 고용보험은 사회보험의 성격이 달라서 실업급여 구조 안에 그러한 페널티를 내장하기는 불가능하고, 실업급여를 지급하면서 적극적 노동시장정책 프로그램을 통해 최대한 빨리 노동시장에 복귀시켜야 하기 때문에 앉아서 기다리는 전달체계에서는 제대로 작동되지 않을 가능성이 많았다.

(3) 사업 또는 사업장 단위의 적용체계

그래서, 최종적으로 '사업 또는 사업장'을 고용보험의 적용단위로 결정하게 되었다. 이와 같이 '사업 또는 사업장'을 적용단위로 하여 고용보험을 설계하면 산재보험과 동일한 형태의 적용·징수체계가 가능해져 고용보험제도의 시행 시 제도의 연착륙에 훨씬 도움이 될 것이라는 판단도 작용하였다. 또한 노동부라는 한 기관에서 시행하는 두 개의 사회보험이 서로 다른 적용·징수체계를 갖는 것은 혼란을 자초하는 것이라는 논리도 중요한 관점이었다. 다만, 한 가지 걸리는 것이 있다면 한 회사 내에서 사업장 사이에 전근이 있는 경우 '기업'을 적용단위로 하는 경우에는 피보험자격변동신고를 하지 않아도 되는 데 반해 '사업 또는 사업장'을 적용단위로 하는 경우에는 변동신고를 해야 하는 문제가 발생해 행정부담을 증가시키는 게 아닌가 하는 우려였다.

그럼에도 불구하고 '사업 또는 사업장'을 적용단위로 최종결정한 것은 위와 같이 문제가 발생하는 기업, 즉 장소적으로 분리되어 있으면서 별도의 노무·재무관리체제를 갖추고 있는 사업장이 있는 기업의 경우에는 대부분 규모가 큰 기업이기 때문에 피보험자 변동신고를 전산으로 본사에서 신고할 수 있도록 하면 큰 부담은 생기지 않을 것이라고 판단했다. 또 하나는 이와 같은 형태로 지역 간 노동력 이동상황을 분석할 수 있는 통계생산이 가능하다면 당시 우리나라 조사통계에서 매우 부족했던 지역통계와 지역 간 노동력 이동통계를 크게 보완할 수 있으리라는 욕심이 작용한 것도 사실이었다.

그런데, 그 이후 어느 시점인지 모르겠으나 기업의 편의를 제공하기 위한 목적으로 기업이 원하는 경우에는 고용보험의 피보험자 신고를 본사에 모두 몰아서 할 수 있도록 하는 것을 허용함으로써 당초의 입법목적은 달성되지 못하게 되었다. 제도설계 시에 '기업' 단위와 '사업 또는 사업장' 단위를 놓고 고민했던 것처럼 피보험자 관리만을 놓고 본다면 이렇게 하는 것도 전혀 문제될 것이 없지만 이렇게 됨으로써 놓치는 것이 꽤 많았다. 고용보험 DB에서 생산하고자 했던 지역단위의 인력이동 통계분석이 아무 의미가 없게 되었다.

또한 2009년 사회보험 징수통합작업에 따라 자진신고 납부제도에서 납입고지방식으로 변경된 산재보험의 경우 근로자별 보험료를 산정하기 위해서 '사업 또는 사업장 단위'로 고용정보 신고라 하여 고용보험의 피보험자 신고와 똑같은 신고를 하게 의무화되었는데 고용보험의 경우에는 이미 많은 대규모 기업에서 기업 단위로 피보험자 신고를 하고 있음에 따라 두 신고를 하나로 통합하기도 어렵게 되었고, 근로복지공단 직원들의 경우에는 고용보험 DB와 산재보험 DB의 근로자 정보를 대사해 맞춰 보는 데에도 실무적으로 상당한 애로를 겪게 되었다.

위와 같은 검토 끝에 고용보험의 적용단위를 '사업 또는 사업장'으로 결정하였으며, 여기에 맞춰 조문을 구성하였다. 적용범위와 관련해서는 '이 법은 모든 사업 또는 사업장(이하 '사업'이라 한다)에 적용한다. 다만, 사업의 규모를 고려하여 대통령령이 정하는 사업에 대하여는 그러하지 아니하다'라고 규정하고, 고용보험료의 징수체제를 산재보험료와 동일하게 구성할 수 있었다. 고용보험법을 제정하는 당시에는 산재보험법까지 손을 댈 수 있는 형편이 아니어서 통합징수에까지 이르지는 못하였으나 결국 1999년 통합징수법이 제정되면서 고용보험료와 산재보험료의 징수가 통합되게 되었다.

(4) 사업(장) 단위 적용체계와 중소기업 개념의 조율

그런데, 고용보험법안에 대한 관계부처 협의과정에서 기업 단위로 적용되고 있던 직업훈련의무제를 일정 부분 존치시키는 것으로 최종결정됨으로써 사업(장) 단위의 고용보험적용과 기업 단위의 직업훈련의무제를 조율해야 하는 문제가 발생하였다. 그러나 이 정도의 사안에 대하여는 직업훈련의무제가 적용되는 기업에 대하여 고용보험 전산시스템에서 표기하여 둠으로써 해당 사업장의 고용보험 적용에 혼란이 발생하지 않게 할 수 있을 것으로 판단하였다.

이후 1994년의 고용보험법시행령안에 대한 관계부처 협의과정에서 고용보험의 보험료율을 어떻게 설정할 것인지가 관계부처 간에 크게 문제가 되었다. 관계부처 간에 수많은 토론을 한 끝에 합의가 이루어졌는데 직업능력개발사업은 직업훈련의무제[50]를 전환시키는 것이므로 기업규모별 훈련의무비율에서 크게 벗어나지 않도록 '기업'의 규모에 따라 차등설정한다는 내용이었다. 즉, 상시 150인 미만 기업은 임금총액의 1/1,000, 상시 150인 이상인 기업으로서 중소기업의 범주에 해당하는 기업은 3/1,000, 상시 150인 이상인 기업으로서 중소기업의 범주에 해당하지 않는 기업은 5/1,000로 합의되었다.

여기에서 말하는 중소기업은 중소기업기본법 제2조의 규정에 의한 중소기업의 개념으로서, 고용안정사업 및 직업능력개발사업의 지원에 있어서도 중소기업에 대하여는 지원수준을 우대하기로 합의되었다. 냉정히 생각해 보면 직업훈련기본법에 의한 직업훈련의무제가 상시 1,000인

50 당시 노동부의 소관법률 중 거의 유일하게 '기업'을 단위로 상시근로자 150인 이상에 적용되고 있었다.

이상 기업에 존치되는 것으로 결정되었기 때문에 직업능력개발사업의 보험료율이 '기업' 단위로 설정되게 된 것은 불가피한 측면이 있었다.

그래도 법률에서 '사업 또는 사업장'을 적용단위로 구성하고 있는데, 갑자기 시행령에서 '기업' 단위를 전제로 하는 규정들이 들어오게 되니 여기저기에서 문제가 발생할 소지가 많았다. 그리고 노동행정에서는 통상 중소기업이라고 하면 상시근로자 수를 기준으로 300인 이하이면 중소기업으로 분류하는 것이 통상이었는데 중소기업기본법에 의한 중소기업의 개념은 상시근로자 이외에도 자본금 등 다양한 기준이 활용되고 업종별로 그 기준도 다양하게 설정되어 있어서 어려움이 매우 큰 상태이었다. 그래서 중소기업의 개념을 중소기업기본법에 의한 중소기업이 아니라 노동행정에서 통상 사용하는 상시근로자 수 300인을 기준으로 하는 방안에 대하여 협의도 해보았으나 일단 논란이 많았던 보험료율에 대한 합의가 이루어진 상태이었으므로 상공부는 미동도 하지 않았다. 결국 발생되는 문제를 우리 스스로 해결하는 수밖에 없었다.

발생할 수 있는 문제는 크게 두 가지였다. 첫째는 보험가입단위가 사업 또는 사업장으로 규정되어 있어서 보험관리가 사업(장) 단위로 이루어지는 속에서 기업 단위의 보험료율 규정과 지원금 우대규정을 어떻게 적용할 수 있는가의 문제이었으며 이는 결국 하나의 기업에 속하는 사업(장)을 어떻게 모두 그 기업의 사업(장)으로 관리할 수 있는가의 문제이었다. 둘째는 중소기업기본법에 의한 중소기업의 개념을 지방노동관서의 고용보험과 직원들이 이해하고 실무에 적용할 수 있겠느냐의 문제였다.

우선 첫 번째 문제와 관련해서는 시행령안의 조문 작업을 담당하고 있었던 필자의 입장에서는 이 문제를 해결하는 것이 당시 최대의 과제이었다. 신영철 과장 이하 모든 직원들이 모여서 머리를 맞대고 머리를 짜내어도 뾰족한 방안이 나오지 않았다. 1995년 7월이 되면 전국의 사업(장)을 대상으로 일제신고를 받아야 하는데, 고용보험 전산시스템에서 사업(장) 단위로 신고가 들어온 것을 기업 단위로 묶어주는 방안을 생각해 내기가 어려웠다.

그 당시에는 입법계획 일정상 입법예고를 해야 하는 시점이 다가오고 있었기 때문에 고용보험법의 조문과 시행령안 및 시행규칙안의 조문을 3단으로 비교표를 만들어서 계속 독회도 하고 토론도 하면서 오류가 있는 곳은 없는지 찾아내야 하는 것이 일과이었고 그러다 보니 그 3단 비교표를 매일 집에도 들고 가서 잠이 들기 전까지 읽어 보고 앞뒤를 맞춰 보곤 하였다. 그날도 3단표를 들고 집에 가서 식구들이 잠이 든 다음에 조용한 시간에 꺼내 놓고 다시 읽어 보았다. 사업장 단위로 보험관계성립신고를 성립일로부터 며칠 이내에 한다는 조문에 부딪혀 또 이런저런 궁리를 하는데 불현듯이 머리를 스치는 생각이 있었다.

산재보험법에는 건설업에 대하여 '사업의 일괄적용'이라는 제도가 있는데 전국에 흩어져 있는 건설현장이 각각의 사업장이기는 하지만 건설회사 본사에서 일괄하여 보험관계성립신고를 하고 사업장관리번호를 공유하되 번호 끝에 본사에는 0번을, 건설현장마다 1번부터 번호를 이어붙여 어떤 건설현장이 어떤 건설회사의 사업장인지를 알아볼 수 있는 제도였다. 이렇게 되면 새로이 건설현장이 생겨나면 그 회사의 사업장관리번호에다 그다음 연번호를 생성해 전산시스템에서 자동적으로 사업장관리번호를 부여해 주게 된다. 이 방식을 고용보험 적용사업장의 일제신고와 사업장관리에 그대로 활용하면 되겠다는 생각이었다. 고용보험 일제신고를 받을 때 본사에서 모든 사업장에 대한 보험관계성립신고를 일괄해서 하도록 하되, 사업장별로 구분해서 신고하면 고용보험전산망에서는 사업장관리번호를 부여하면서 끝자리에 본사에는 0번을, 그리고 사업장마다 1번부터 연번호를 붙여주면 고용보험전산망에서는 이 회사의 사업장을 사업장 단위로 관리하면서도 전체 기업과 연결해서 볼 수 있게 되기 때문이었다. 그날 밤에는 자면서도 머릿속으로 계속 시뮬레이션을 하면서 잤던 것 같았고, 법체계상으로도 문제가 없어 보였다.

다음날 아침에 사무실에 뛰어가서 이 아이디어를 얘기했더니 모든 직원들이 그렇게 하면 되겠다고 무릎을 쳤고 그래서 즉시 시행령안과 시행규칙안의 조문을 수정하고 보험관계성립신고서를 수정하는 작업에 착수하였다. 이와 같이 하여 들어간 조문이 시행규칙 제6조(보험관계의 성립·소멸신고) 제1항에 보험관계의 성립신고를 함에 있어서 '당해 사업주가 2 이상의 사업을 행하는 경우에는 주된 사업의 소재지를 관할하는 직업안정기관의 장에게 신고하여야 한다'는 문구이었고, 보험관계성립신고서식도 주된 사업장에서 일괄신고할 수 있도록 수정되었다.

뒤에 고용보험전산망을 개발할 때는 사업장관리번호를 자동으로 생성해 부여하면서 사업장 데이터를 서로 연결할 수 있도록 프로그램을 구성했다. 실제로 1995년 7월부터 이루어진 전국 사업장에서의 일제신고 때에는 본사 전산실에서 전국 사업장의 모든 피보험자를 구분해서 전산데이터 형태로 신고토록 하였더니 사업장마다 따로따로 신고하는 것보다

행정이 훨씬 쉽게 이루어져 최초의 고용보험 DB 구축을 무사히 마칠 수 있었다.

그럼에도 불구하고 두 번째 문제인 어떤 기업이 중소기업기본법에 의한 중소기업인지를 판단하는 업무는 대부분의 일선직원들이 어려워하던 일이었다. 왜냐하면 중소기업의 판단 여부는 노동부 직원들에게 익숙한 근로자 수로만 판단하는 것이 아니라 자본금도 보아야 하고 업종별로 그 기준이 천차만별이었기 때문이었다. 그래서 고용보험이 시행된 이후 본부에서 가장 신경을 쓴 부분도 이 부분을 간소화하는 작업이었고 그 결과 나중에는 '우대기업'이라는 용어를 도입하여 근로자 수를 기준으로 우대지원 대상기업인지를 판단하는 제도로 단순화하게 되었다.

당시 입법을 담당하고 있었던 필자의 입장에서는 최대의 난제였고 따라서 이 난제의 해결방법을 찾아낸 기쁨도 매우 컸다. 또한 1994년 7월 1일 고용보험법이 시행될 때에는 고용보험운영과장으로 승진, 전보되어 이 방법대로 전국 사업장을 대상으로 일제신고를 받아 무사히 최초의 사업장 및 피보험자 데이터베이스를 구축했다는 기쁨도 컸다.

2. 적용제외 근로자

고용보험법에는 사업장에 따라 적용범위를 규정하는 적용범위 규정(현행법 제8조) 이외에 적용제외 근로자에 관한 규정(현행법 제10조)이 별도로 있다. 이러한 법체계는 독일식의 국가조합주의적 특징을 가지고 있는 사회보험체계에서 쉽게 발견되는 법체계인 것 같다. 해당 사회보험이 적용되는 대상을 한정해야 하기 때문이다. 물론 영국과 독일의 실업보험을 벤치마킹하면서 도입된 미국의 실업보험법에서도 유사한 특징이 보이기는 한다. 반대로 실업보험의 보편적 적용을 지향하고 있는 오늘날의 영국이나 캐나다와 같은 국가에서는 보이지 않는 법체계이기도 하다.

물론 1990년대 초에 고용보험법안을 작성하던 당시에는 일본, 독일, 미국의 제도를 주로 참고하였으며, 우리나라의 다른 모든 노동법과 사회보험들도 적용대상을 한정해 일단 출범한 뒤에 점차 적용대상을 확대해오는 방식을 채택해 왔기 때문에 여기에 대한 문제의식은 상대적으로 적었던 것 같다. 이 적용제외 근로자 규정은 고용보험법령의 입법절차 과정에서도 거의 논란의 대상이 되지 않았다. 그러나 고용보험의 적용범위를 계속 확대해나가야 하는 정책적 관점에서 보면 당초에 왜 적용제외 대상으로 규정되었는지에 대해 의문이 있을 수 있기 때문에 여기에서 몇 가지 기술하고자 한다.

고용보험연구기획단에서는 임금근로자를 대상으로 한 강제적용 방식의 고용보험제도 도입을 건의하면서도 외국의 사례 및 보험재정의 안정성 측면을 고려하여 일정한 노무제공에 대해서는 적용제외할 것을 제안하였다.[51] 이때 제안된 적용제외대상은 몇 가지 유형으로 분류해 볼 수 있다. 첫째 유형으로는 특수직역연금의 적용을 받는 유형으로 공무원 및 사립학교 교직원이 있었다. 둘째 유형으로는 60세 이상인 자가 있었고, 셋째 유형으로는 행정능력과 보험재정의 안정을 감안해 제도시행 초기에

51 『고용보험제도 실시방안 연구』(유길상&어수봉, 1993)

일시적으로 적용제외하자는 근로자로서 ① 10인 미만 사업장 및 그 근로자, ② 일용근로자 및 3개월 이내의 기간을 예정하여 행하는 계절적 근로자, 그리고 ③ 일정 시간 미만의 시간제근로자가 있었다.

(1) 공무원 및 사립학교 교직원

우선 첫 번째의 특수직역연금을 적용받는 공무원과 사립학교 교직원의 경우에는 공무원의 경우 신분이 상대적으로 안정되어 있고 업무의 특수성이 있어 많은 국가에서도 적용제외 대상으로 분류하고 있다는 점을 들고 있었다. 외국에서도 그러하다는 점은 사실이었고 당시만 해도 우리나라 공무원들은 공무원법에 의해 신분보호가 되어 있고, 공무원연금은 연금으로서의 성격, 퇴직급여로서의 성격, 재해보상으로서의 성격까지 가지고 있는 복합적인 급여로서의 성격을 가지고 있었을 뿐 아니라 퇴직하는 공무원들은 대부분 연금 대신에 일시금을 선택하는 것이 관행이어서 당시로서는 공무원은 공무원연금에 의한 별도의 사회보장체계를 가지고 있다는 점에서 적용제외하는 것이 맞다고 판단하였다. 공무원이 적용제외되면 교육공무원도 적용제외되고 교육공무원이 적용제외되면 사립학교법에 의해 교육공무원과 똑같은 대우를 받도록 규정되어 있는 사립학교 교원도 제외되는 것이 맞았다.

그러나 사립학교 직원의 경우에는 사립학교 교원과 동일한 연금을 적용받는다는 사실 이외에는 다른 이유를 찾을 수 없었다. 그래서 법률에서는 공무원과 사립학교 교원까지만 적용제외하는 것으로 규정하였는데, 시행령 제정과정에서 교육부로부터 사립학교 직원들도 사립학교교직원

연금의 적용을 받기 때문에 똑같이 적용제외되어야 한다는 요구가 들어왔다. 법률 제정 시 필자의 판단으로는 사립학교 직원들의 경우에는 신분보장을 받는 것도 아니고 연금을 적용받는다는 사실 하나만으로는 고용보험에서 적용제외하는 것이 맞지 않는다는 생각이었으나, 해당 부처에서 강력히 요구하고 연구기획단의 보고서에도 이미 제외하는 것으로 제안되어 있어서 결국 시행령에 사립학교교직원연금을 적용받는 사립학교 직원도 적용 제외하는 것으로 추가 규정하게 되었다.[52]

그러나 20여 년이 지난 지금에 와서도 이렇게 계속 적용제외하는 것이 맞는 것인지는 다시 한번 검토해 볼 필요도 있겠다. 왜냐하면 그 사이에 공무원의 신분보장도 사실상 상당히 약화되었고, 이제는 모두 다 연금을 선택하지 일시금을 선택하는 사람은 거의 없게 되었으므로 퇴직 시에 실업급여에 상응하는 사회적 보호체계는 더이상 작동하지 않기 때문이다. 마침 '전국민 고용보험 로드맵'에서도 직역연금 가입자에 대하여 실태조사와 의견수렴을 거쳐 적용여부 및 적용방식을 검토해 보겠다는 계획을 밝히고 있으니 차제에 다시 한번 정리할 필요가 있겠다.

(2) 60세 이상인 사람

60세 이상인 사람을 적용제외하는 규정은 외국의 경우 연금수급연령에 도달하면 적용제외하는 제도에 상응하는 규정이었다. 우리나라에서 연금수급연령의 개념 대신에 60세라는 연령을 사용하게 된 것은, 첫째는 우리나라에는 조기연금수급이라는 제도가 있어서 연금수급연령의 개념

52 법률과 시행령에 나뉘어 규정되어 있었던 이 규정은 이후 법률개정 시에 법률에 통합되어 현재에 이르고 있다.

이 명료하게 하나만 있는 것은 아니라는 점, 둘째는 연금수급연령인 60세에 도달하였다고 하여 정식으로 연금을 지급받고 있는 사람이 없었기 때문에 실업급여의 지급과 연금수급연령을 연결시키기가 어려웠기 때문이다. 그리하여 mandatory retirement age에 해당하는 당시 연금수급연령인 60세를 가져와서 적용제외 기준으로 사용하게 되었다.

그런데, 60세 이상인 사람을 단순히 적용제외하면 60세 이전까지 고용보험에 가입되어 있던 근로자가 60세가 넘었다고 하여 어느 순간 갑자기 적용제외되게 되는 가혹한 문제가 발생하게 된다. 그래서 최종 법률안에는 '60세 이후에 새로이 고용된 자'를 적용제외하는 것으로 보완하였다. 입법할 당시의 해석방침으로는 적용제외 규정에 포함된 60세 이후에 새로이 고용된 근로자를 포함해 시간제근로자, 일용근로자들의 경우에는 고용보험의 강제가입 대상에서 제외된다는 뜻이므로 피보험자 신고의무와 보험료 납부의무가 없고, 따라서 실업급여의 지급대상에서 제외된다는 의미이고, 고용안정사업 및 직업능력개발사업의 경우에는 장려금·지원금 등의 지급대상은 사용자일 뿐만 아니라 그 지급요건에 피보험자 또는 피보험자이었던 자 '등'으로 규정되어 있어서 이들 적용제외 근로자의 경우에도 사업주가 지원요건에 해당하는 조치를 한 경우에는 당연히 지원금 지급대상이 되는 것으로 해석했었다. 이와 같은 법체계는 독일의 고용촉진법을 이어받은 현행 독일 사회법전 제3권에서도 유사한 형태를 가지고 있고, 일본 고용보험법에서도 동일한 법체계를 가지고 있다. 이것은 강제보험 가입대상과 노동시장정책의 대상이 다르다는 점에서 그 차이를 극복하기 위해 구성된 법체계이기 때문이다.

그런데, 이후에 고용보험법을 운영하는 사람들에는 그렇게 해석되지 않은 것 같았다. 60세 이상인 자를 적용제외함으로써 60세 이상 고령자를 고용할 때 지급되는 고령자고용촉진장려금 운영에 충돌이 생기는 게 아니냐는 이야기가 들리더니 급기야 제도가 보완되면서 인구의 고령화 추세를 반영해 연령을 65세로 올리면서 법 규정에 고용안정·직업능력개발사업은 적용하되 실업급여는 적용되지 않는 것이라고 명문화하기에 이르렀다.

(3) 일용근로자

일용근로자의 경우에는 연구기획단에서 고용상태가 불명확하고 임금자료의 파악이 어려운 점을 감안해 제도도입 초기에는 적용대상에서 제외하되, 계절적 근로를 함께 적용제외하기 위해 일용근로자의 범주를 국민연금 또는 건강보험과 같이 3개월 이내의 기간을 정하여 고용된 근로자를 적용제외하고 향후 제도가 정착되고 난 뒤에 별도로 검토해보자는 제안을 하였다. 이러한 일용근로자의 개념 범주는 경제활동인구조사에서 사용하는 일용근로자의 개념이 일일고용되는 자 또는 1개월 이내의 기간을 정하여 고용되는 자인 것에 비추어 보면 매우 확장된 개념이며, 사실상 3월 미만의 단기 근로계약을 체결한 임시직 근로자까지는 계절적 근로의 특징을 가지고 있다 하여 제도도입 초기에는 적용제외하자는 뜻이었다.

고용보험법령을 입안하던 당시에는 계절적 근로와 같은 노무제공형태에 대해서까지 다른 국가의 운용례를 조사해 보지 못했으나, 그 이후 다른 나라의 사례를 검토해 본 바에 의하면 일본을 제외하고 다른 나라에서는 우리나라와 같이 일용근로 형태가 많이 있는 경우는 보지 못했고[53] 고용(실업)보험에서는 간헐적으로 일을 하는 casual worker 또는 계절근로자(seasonal worker)에 대해서 강제가입대상에서 제외하는 것이 일반적이었다. 그 이유는 고용(실업)보험은 'attached to labor force'되어 있는 사람들이 일시적(temporarily)으로 실업을 겪는 경우에 소득을 지원하여 노동시장에 복귀를 지원하는 제도이기 때문이라고 설명되고 있다. 'attached to labor force'라는 단어는 우리말로 번역하기가 매우 어려운 문구이긴 한데 굳이 번역하자면 '노동시장에 지속적으로 참여해 노동력의 일원으로 편입된' 정도의 의미로 해석할 수 있겠다. 문제는 casual worker나 계절근로자의 범주를 어느 정도까지로 보느냐 하는 것인데, 현재까지 이해하기로는 간헐적으로 또는 특정 계절에만 일을 하여 'attached to labor force'로 보기 어려운 경우로 제한적으로 보는 것 같았고 그 규모도 매우 작은 것 같다.

고용보험연구기획단에서는 일용근로자에 대하여 적용제외하자는 의견을 제시하였으나, 그 당시에는 동절기만 되면 일용근로자 실업대책을 수립했던 시기이었기 때문에 가능하면 고용보험법의 적용방안을 찾으려 했었다. 그런데, 일용근로자라는 고용형태는 우리나라와 일본에서만 대규모로 존재하지 다른 국가에서는 거의 존재하지 않는 형태이어서,[54] 일

53 우리나라 경제활동인구조사에서는 종사상 지위를 분류하면서 임금근로자를 상용, 임시, 일용으로 분류하고 있으나, 일본을 제외하고 전체 노동력을 조사하면서 일용(daily worker)이라는 형태를 별도로 분류해 조사하고 있는 국가는 없다.

54 우리나라의 경제활동인구조사에 해당하는 노동력조사에서 고용형태를 '일용근로자'로 분류해 조사하고 있는 국가는 한국과 일본을 제외하고는 찾아보기 어렵다. 서양 국가들의 경우 daily worker라는 용어는 거의 사용하

용근로자에 대한 일본의 고용보험 운영사례를 꼼꼼히 조사해 보았다.

일본에서 시행하고 있던 방안을 요약하자면 직업안정소 인근의 지역만을 대상으로 하여 그 지역의 공사현장에서 일하는 일용근로자가 피보험자격취득신고를 하면 직업안정소에서 일용근로 피보험자수첩을 교부하고 일용근로자가 일을 할 때마다 공사현장에서 인지(인지대가 보험료 납부가 된다)를 붙여줘 인지가 2달을 통산하여 28일 이상이 되면 실업급여 수급자격이 인정되는 형태이었다. 시행방안이 근대적인 방법은 아닌 것 같아 그 당시의 판단으로도 우리가 벤치마킹할 것은 아니라는 생각이 들었고, 일용근로자와 같이 고용이 불안정한 계층을 대상으로 실업급여를 적용하고자 한다면 법률에 규정하고 있었던 실업급여의 수급자격 등이 좀더 보완이 되어야 한다는 결론에 이르렀다.

그리하여 고용보험법안을 작성하면서 다소 복잡한 규정을 둘 수밖에 없었다. 우선, 입법예고안을 기준으로 제8조 제3호에 '일용근로자(중략)로서 대통령령이 정하는 기준에 해당하는 자'를 적용제외한다는 규정을 두어 일용근로자에 대해서도 원칙적으로 고용보험을 적용하되 임금자료 등 도저히 관리가 안 되는 경우 등 대통령령이 정하는 기준에 해당하는 일용근로자에 대해서는 적용제외할 수 있도록 하였다. 이와 함께 일용근로자에 대한 실업급여 지급을 위해서는 법령의 보완이 필요하였기 때문에 부칙에 경과규정을 두어 일용근로자에 대한 실업급여의 지급과 실업급여 보험료의 징수는 2000년 1월 1일부터 시행하는 것으로 유예하였

지 않는데 만일 그런 용어를 사용하는 경우가 있다면 거의 casual worker 또는 on-call worker 정도의 의미로 사용하는 듯하다.

다. 즉 일단 1995년 7월 1일 법이 시행된 후 1999년까지 일용근로자에 대한 실업급여 지급방안을 마련해 2000년부터 시행하겠다는 입법의지를 담고 있었다.

이 규정에 대해서는 관계부처 협의나 입법예고 과정에서도 별다른 이견이 제기되지 않았으나, 법제처 심사과정에서 법조문이 수정되었다. 제8조 제3호의 적용제외 규정은 그대로 두되, 부칙 규정을 본문으로 끌어올려 실업급여의 장에 제30조 '일용근로자에 대한 특례' 조항을 마련하여 '일용근로자에 대한 실업급여 및 실업급여의 보험료에 관한 사항에 대하여는 따로 법률로 정한다'라고 규정하게 되었다. 당초 입법예고안에 있었던 2000년 1월 1일부터 시행한다는 내용보다는 후퇴하였는데, 법 시행을 위해서는 법 개정이 수반되어야 하기 때문에 시행을 유예하는 것이 본질적인 이유라는 점에서 단순히 부칙에 경과규정을 두는 것은 부적절하다는 이원 법제관의 판단 때문이었다.

이후 일용근로자에 대해서는 대량실업 사태 속에서 1999년 고용보험의 적용범위를 대폭 확대하면서 일용근로자의 범주도 1개월 이내의 기간을 정하여 고용되는 자로 축소됨으로써 본래의 의미대로 규정하게 되었다. 그리고 2004년부터 일용근로자에 대한 실업급여 지급이 시행되기 시작하였는데, 이는 당시 노민기 고용정책관의 주도로 노동부 내에서 수많은 토론 끝에 일용근로자에 대한 실업급여 적용방안이 드디어 마련되어 법률이 개정되었기 때문이었다. 당초 고용보험법안 마련 시의 구상보다 4년 늦게 시행되기는 하였으나 일용근로의 현실을 반영한 현실적인 방안이기도 하였다. 이 방안은 일용근로자에 대해서는 피보험자격취득

신고 대신에 사업주가 일용근로자가 근로를 제공한 날에 대하여 매월 근로내역확인신고 형태로 신고하도록 함으로써 피보험자로서 일을 한 날을 계산할 수 있도록 하고 있다. 이는 근로제공이 부정기적으로 이루어지는 속에서 실업의 상황을 정의하기 위해 1개월 동안의 근로일수가 10일 미만인 경우를 실업으로 간주하도록 하는 방안이다.

(4) 시간제근로

고용보험연구기획단에서는 고용보험제의 시행 초기에는 상용직 중심으로 제도를 운영하자고 하면서 시간제근로자는 일단 적용제외하자는 제안을 하였다. 적용제외되는 시간제근로자의 범위와 관련해서는 일본, 독일, 캐나다[55]의 사례를 들었는데, 외국에서는 주당 15~20시간 미만 근로하면 고용(실업)보험에서 적용제외하고 있다. 우리나라의 경우에는 상용근로자의 취업시간별 분포를 보면 주당 35시간 미만 근로자가 전체의 1.7%에 불과하고 이들 시간제근로자의 경우 임금 및 고용에 관한 자료파악이 용이하지 않다는 점에서 일단 제도 시행 초기에는 노동부에서 시간제근로자로 분류하고 있는 주당 30시간 미만자를 적용제외하고 향후 보험재정의 안정과 고용보험제도의 정착상태를 보아가면서 단계적으로 확대적용하자는 제안을 하였다.

당시만 해도 시간제근로는 노동부에서 정책적 관심이 막 생겨나기 시작한 때이었다. 1991년 말에 시간제근로의 개념을 소정근로시간이 통상

---

55 캐나다에서는 1996년 실업보험을 고용보험으로 개편하는 과정에서 시간제근로에 대한 적용제외 규정을 삭제한 바 있다.

근로자보다 30% 이상 짧은 사람, 즉 주간 소정근로시간이 30.8시간 미만인 사람으로 정하고 시간제근로 활성화를 위한 근로조건 보호지침을 제정해 시달한 시기이었다. 이 당시 시간제근로에 대한 정책적 관심사가 어떠하였는지를 보여주는 좋은 예가 있다. 1991년 12월 23일자로 발행된 당시 주간 노동뉴스(제1권 제31호)의 한 구절이다.

> 최근 들어 우리의 산업사회는 극심한 인력난을 겪고 있는 반면 주부·고령자 등 유휴인력이 많이 있음에도 그들이 여유시간에 직업을 갖고 자아실현 내지 자기성취를 하기는 상당히 어렵다고 한다. 이러한 문제점을 해결하기 위해서는 약 240만 명으로 추산되는 주부·고령자 등 유휴잠재노동력이 산업현장에서 일할 수 있는 여건이 마련되어야 한다. 이들의 근로형태는 가정을 관리하여야 한다는 점, 체력에 한계가 있다는 점 등을 감안할 때 통상근로자로 취업하기보다는 시간제근로로 취업하는 것이 타당하며 … (중략) … 반면에 '91.1에 실시한 14개 주요공단지역에 대한 노동부의 실태조사에 따르면 우리나라의 시간제근로 고용비율은 0.2% 수준에 지나지 않는 것으로 나타나고 있다. … (중략) 따라서 시간제근로는 여유시간이 있는 주부 등이 취업을 통해 자아를 실현하고 가계소득을 높이는 데 크게 기여함과 동시에 인력난 해소에 크게 도움이 될 것이다.

오늘날 우리 노동시장에서는 시간제근로를 좋은 일자리로 바라보든, 나쁜 일자리로 바라보든 시간제근로는 무시할 수 없는 중요한 하나의 고용형태로 자리 잡게 되었으며, 시간제근로자가 사회적 보호에서 누락이 있는지의 여부는 매우 큰 정책적 관심사로 되어 있다. 그러나, 당시만 해도 시간제근로에 대해서는 주부 등이 여유시간을 통해 자아실현과 가계 소득을 높일 수 있는 부업 정도의 인식을 가지고 있었다는 것이 위의 주간 노동뉴스의 기사에 적나라하게 나타나 있다. 그래서 일용근로자에 대해서는 어떻게 해서든지 고용보험의 적용방안을 찾아보려고 애썼던 반면, 시간제근로자에 대해서는 홑벌이가구모델(male-breadwinner model) 하에서 가구의 생계를 책임지는 사람이 아니라는 인식이 강함에 따라 사회적 보호의 필요성에 대해 상대적으로 약하게 느끼고 있었던 것은 부인할 수 없다.

다만, 그 당시에 노동부에서 시간제근로의 고용보험 적용여부에 대하여 검토한 내부문건에 따르면 '파트타임 근로자도 일률적으로 적용제외할 것은 아니나, 우리나라의 경우 파트타임 근로자의 구분 기준이 되는 근로시간이 제 외국에 비해 매우 낮고 주로 단순 업무에 종사하는 이들의 소득수준도 매우 낮아 파트타임 근로자의 일부를 고용보험 피보험자로 하는 데는 큰 실익이 없어 보임'이라는 문구를 발견할 수 있어서 소득수준이 낮음에 따른 실업급여의 실익문제를 함께 검토했음을 알 수 있다. 뒤에서 언급하겠지만 고용보험제 도입 당시에는 실업급여에 대한 부정적 여론을 의식하여 실업급여의 금액도 매우 제한적으로 설정되어 있었기 때문이다.

고용보험이 적용제외되는 시간제근로의 범위에 대하여는 향후 단계적으로 축소될 수 있도록 '1주간의 소정근로일 또는 소정근로시간이 당해 사업장의 동종 업무에 종사하는 통상근로자의 1주간의 소정근로일 또는 소정근로시간에 비하여 노동부장관이 정하는 비율 이상 짧은 자'로 규정하였다. 이에 대하여 입법예고 과정에서 한국노총으로부터 적용제외기준을 명시하자는 의견이 제기되었으나, 입법취지를 설명하고 입법예고안을 유지하였다. 다만, 법제처 심사과정에서 '노동부장관이 정하는 비율'의 문구는 '노동부령이 정하는 비율'로 대체되었다. 당시 노동부에서는 근로기준법을 운용하면서 시간제근로를 주간 소정근로시간이 30%이상 짧은 자로 정의하고 있었기 때문에 시행규칙에서도 이 기준이 그대로 적용되었다. 시간제근로자들이 대부분 소규모 사업체에 주로 종사하고 있다는 점을 고려할 때 고용보험제도의 시행 초기에 실업급여의 적용범위가 상시근로자 30인 이상 사업(장)부터 출발하였다는 점을 감안하면 시간제근로에 대한 적용제외 규정은 사실상 영향이 거의 없었을 것으로 생각된다.

하여튼, 시간제근로에 대하여는 외환위기 속에서 적용범위를 대폭 확대하던 1998년에 다른 나라 고용(실업)보험에서도 일반적으로 적용제외하고 있는 초단시간근로자, 즉 월간 소정근로시간이 80시간 미만인 시간제근로자에 대해서만 적용제외하고 그 이상의 시간제근로자에 대해서는 적용이 확대되었다. 1인 이상 사업장까지 적용확대하는 경우에는 시간제근로가 많이 포함되게 될 것이기 때문에 당연히 함께 검토되었어야 할 필요가 있었겠고 시의적절한 조치이었다고 생각한다. 그런데, 이 당시에 적용범위 확대와 함께 실업급여의 기여조건을 대폭 완화하는 조치도 함께 이루어졌다. 당시에는 다른 사회안전망이 취약하였으므로 경제위기 상황에서는 충분히 이해할 수 있는 조치이었으나 위기 상황이 종료된 뒤에는 일단 원상회복을 하고 시간제근로자들의 고용실태를 토대로 실업급여의 기여조건을 정치하게 재설계할 필요가 있었는데 그렇게 하지 않은 점은 아쉬움으로 남는다.

현재의 상황에서는 1인 이상 모든 사업장에 고용보험이 적용되고, 일용근로자도 적용대상으로 포함되었으며, 시간제근로자도 월간 소정근로시간 60시간 미만인 초단시간근로를 제외하고는 임금근로자는 모두 적용대상으로 포함되어 있다. 그럼에도 불구하고 적용대상 임금근로자 중 고용보험에 가입되어 있지 않은 근로자가 아직도 300~400만 명에 달하는 상황이 개선되지 않고 있어서 제도적으로 무엇이 문제인지를 다시 검토해 볼 필요가 있다. 현재는 4대 사회보험 자료가 서로 공유되기 시작한 지 오래되었기 때문에 이제는 사회보험 한 곳에 가입되면 다른 사회보험 모두에 가입되어야 하는 것은 관행으로 이미 굳은 상태라 사회보험 간의 정보공유체계만으로는 현상을 개선하기는 어려운 것 같고, 도리어 건강보험의 피부양자가 일을 하게 된 경우 건강보험료 납부부담을 피하기 위하여 일체의 사회보험에 가입을 회피하는 사례가 많이 발생하고 있는 것이 현실이다.

이와 관련해, 고용보험법에 있는 초단시간근로에 대한 적용제외 규정이 소규모 사업장에서 피보험자신고를 누락할 수 있는 통로로 활용되고 있으며, 사회보험기관에서는 소규모 사업장의 실태를 더블체크하는 제도적 장치가 작동되지 않는다는 지적을 경청해 볼 필요가 있겠다. 독일의 고용보험에서는 적용제외 근로자를 소득기준으로 정하면서 이들 적용제외 근로자들에 대해서도 모두 1년에 한 번씩은 소득을 신고토록 하여 소득액을 확인하고 있다. 또한 사회보험기관으로 하여금 4년에 한 번씩은 모든 사업장을 조사하도록 의무화하고 있다. 우리나라의 경우에도 '전국민 고용보험 로드맵'에 따라 소득기반 고용보험체계로 전환되고 일용근로소득 지급명세서 제출주기 단축 등 소득파악체계가 확충되고 나면 실질적 사각지대를 해소할 수 있는 방안이 더욱 구체화될 수 있을 것으로 기대해 본다.

3. 피보험자격의 신고

사회보험에서는 보험료이든 기여금이든 돈을 내는 사람이 있고 보험급여 등을 지급받는 수혜자가 있다. 우리나라 고용보험법에서는 앞의 사람을 보험가입자, 뒤의 사람을 피보험자라는 용어로 지칭하고 강제가입대상 사업(장)의 근로자를 피보험자로 규정하고 있다. 강제가입대상 사업(장)의 사업주는 근로자를 채용하면 피보험자격 취득신고를 하고 근로자가 이직하면 피보험자격 상실신고를 하도록 규정하고 있다.

어느 국가의 고용(실업)보험이든지 피보험자라는 용어를 사용하거나 또는 사용하지 않는 차이는 있지만 이와 유사한 체계가 발견된다. 대부분의 국가에서는 근로자를 채용하면 보험료(기여금) 징수기관에 신고하도록 규정되어 있다. 다만 영국, 미국이 별도의 근로자 채용신고를 하지 않는 예외에 해당되나 영국의 경우에는 매월 근로자 개인별 소득을 신고하도록 하고 있고 미국의 경우에는 분기별로 근로자 개인별 소득을 신고하도록 하고 있어 이 신고로 근로자 채용신고를 대체하는 경우에 해당한다고 할 수 있다.

우리나라의 경우에는 고용보험법 제정 시 고용보험료 징수는 산재보험료와 동일하게 사업장에서 일 년 동안 지급된 근로자 전체에 대한 임금 총액에 보험료율을 곱하여 산정된 보험료액을 납부하는 것으로 규정되어 있기 때문에 별도로 개별 근로자에 대한 피보험자격 취득신고와 상실신고를 받아 피보험자로서의 이력관리를 하도록 한 것이며 실업급여 수급자격 및 수급기간을 판단할 때 이 개인별 이력관리기록을 토대로 결정하도록 규정하였었다.

일부에서는 우리나라의 피보험자격 신고제도가 우리나라와 일본에만 있는 독특한 제도라고 지적하기도 한다. 그러나 위에서 기술한 바와 같이 피보험자 신고라는 용어를 사용하지 않을 뿐 어떤 방식으로든 보험료 징수기관 또는 고용보험기관에 신고하는 제도는 존재하고 있으며, 피보험자라는 용어를 사용하고 있지 않은 경우에도 'insured'라는 개념은 여러 국가에서 사용하고 있음을 알 수 있다. 생각해 보아도 기업에서 어떤 근로자를 채용했을 때 채용사실을 신고하여야 그 근로자 이름으로 보험기록이 관리될 것이기 때문에 어떤 형태로든 신고체제가 있는 것은 매우 자연스러운 것이라고 생각한다.

우리나라에서 피보험자 신고제도와 관련해 이런저런 의문이 제기되는 것은 우리나라가 고용보험제를 운용하는 과정에서 지나치게 '보험의 원리'를 강조하면서 파생된 것이 아닐까 생각한다. '보험의 원리'란 위험분산의 원리와 수지상응의 원리를 핵심으로 한다. 위험분산(pooling of risks)의 원리란 집단적 대응을 통하여 불확실성을 제거하는 방식으로 각 개인이 기대치만큼 보험료를 부담하면 사회적 위험에 직면하였을 경우 언제든지 보장을 받을 수 있도록 하는 것을 말하며, 수지상응(equivalence)의 원리란 위험 발생에 대비하여 일정한 비용을 기여한 사람만이 위험에 처할 때 사전에 부담한 만큼에 비례하여 혜택을 받게 되는 방식이다. 특히 수지상응의 원리에는 보험에 비례한 비용과 혜택을 받는 금액이 서로 비례한다는 의도를 가지고 있다고 한다.

그런데, 사회보험에서 보험의 원리만 강조하면 민간보험과 차이가 없게 되며, 사회보험에서는 민간보험과는 다른 소득재분배의 원칙, 사회적 연대의 원칙, 강제가입의 원칙이 적용된다. 특히 이 중에서 보험의 원리는 소득재분배의 원칙과 서로 제어가 되어야 하는 관계에 있게 된다.[56] 이러한 관점에서 보면 피보험자로 신고되어 보험료가 납부되었어야 실업급여가 지급된다는 논리에 너무 매몰된다든지 또는 소득액에 비례해 급여액이 결정되어야 하는 것이라고 너무 강조하는 것은 보험의 원리에 지나치게 경도된 것이라고 생각한다.

(1) 미신고 근로자의 피보험자격

우리나라의 고용보험법은 강제가입 방식을 택하고 있기 때문에 고용보험법을 설계하던 당시에는 설사 사업주가 보험관계성립신고를 하지 않았거나 또는 피보험자 신고를 하지 않아 고용보험에서 누락되고 고용보험료도 납입하지 않은 경우에도 당연적용대상 사업장에서 근무한 근로자

56 『사회보장론 원리와 실제』(이준영 외, 2016)

의 경우에는 직업안정기관에서 근무기록 등을 통해 자격이 확인되면 당연히 실업급여를 지급받는 것으로 해석하고 있었다.

산재보험에서의 미가입 재해와 비슷한 방식이기는 하지만 산재보험에서는 미가입 재해에 대해서는 페널티 성격으로 급여징수를 하지만, 고용보험의 경우에는 실업급여액이 그 정도의 페널티로서 효과를 발휘할 만큼 금액이 크지 않아 급여징수제도는 두지 않았었다. 더욱이 고용보험의 경우에는 사업주가 보험관계성립신고도 하고 보험료도 전액 납부하였으나 특정 근로자에 대한 피보험자 신고가 누락된 경우도 발생한다. 이 경우에는 더더욱 그러하다고 해석하고 있었다. 이러한 취지에서 고용보험법에 '피보험자격의 확인' 규정을 두어 근로자는 언제든지 직업안정기관에 피보험자격의 취득·상실에 관한 확인의 청구를 할 수 있고 직업안정기관은 그 청구에 따라 또는 직권으로 피보험자격의 취득·상실에 관한 확인을 해 준다는 규정도 두었었다.

그런데, 막상 제도가 운영되기 시작하면서부터는 점차 '보험의 원리'라는 개념이 사용되는 빈도가 많아지기 시작했던 것 같다. 막상 제도 운영을 담당하는 사람들의 입장에서는 보험료를 내지 않아도 실업급여를 지급받을 수 있다고 하면 도덕적 해이가 발생해 보험료 납부를 하지 않으려 할 것이라는 우려도 작동했던 것 같다. 그러더니 실업급여 수급자격에 관한 법 규정에는 고용보험 적용사업장에서 '임금 지급의 기초가 된 날의 수'가 며칠 이상인 경우라고 되어 있음에도 '보험료를 납부한 날의 수'가라는 식으로 해석하는 경우도 늘어났던 것 같다. 그래서 제도 운영을 시작한 초기에는 보험관계성립신고 또는 피보험자 신고를 하지 않은 경우의 실업급여 수급자격에 관해 다소 모호한 입장을 가졌던 시기도 있었던 것으로 기억한다. 그래도 고용보험의 사각지대 문제가 본격적으로 거론되면서 다시 한번 이 문제에 대한 내부논의를 본격적으로 거쳐 2000년대 말에는 '피보험자격의 확인' 규정도 좀 더 보완하고, 신고가 안 된 경우라 하더라도 근무기록을 통하여 수급자격이 인정될 수 있으면 실업급여가 지급되는 것으로 공식화시켰던 것으로 기억한다.

하여튼 고용보험법 조문을 설계하면서 피보험자격 취득 및 상실 신고의 경우에는 고용보험 피보험자 DB를 작성해 노동시장분석에 활용할 유용한 행정통계를 생산할 목적을 가지고 설계하였다. 그래서 피보험자격 취득신고서에는 채용일과 같은 정보 이외에 노동시장통계 분석에 사용될 직종, 임금의 항목들을 포함시켜 작성하게 하였다. 왜냐하면 그 당시에 노동통계, 특히 고용통계가 전반적으로 부족하였는데 그중에서도 특히 직종별 고용통계는 거의 없는 것과 같은 상황이었기 때문에 행정통계로써 이를 보완하고자 하는 목적을 가지고 있었다. 우리나라에서 본격적인 직종별 고용통계는 2000년대에 들어 한국고용직업분류코드가 만들어지면서 확충되기 시작하였다.

제4장

고용안정사업 및 직업능력개발사업

제4장
고용안정사업 및 직업능력개발사업

당초 고용보험법안을 작성하면서 노동부 내부에서 공유한 묵시적인 원칙이 있었다. 첫째는 고용안정사업은 노동시장의 상황변화에 따라 사업을 탄력적으로 운영해야 하는 것이므로 법률에는 근거조항만을 두고 구체적인 사업내용은 모두 시행령으로 규정한다는 것이었고, 둘째는 이와 반대로 실업급여의 경우에는 중요한 사항을 시행령에 위임하지 않고 모두 법률에 직접 규정한다는 것이었다.

고용안정사업의 경우에는 그렇다고 하더라도 실업급여의 경우에는 왜 그랬을까? 실업급여의 경우에는 고용보험법을 제정하는 과정에서 기왕에 관계부처, 노사단체 등과 급여의 금액부터 시작해서 지급기간까지 세세한 내용까지 모두 치열하게 협의를 하게 되는데 통상의 입법례처럼 구체적인 금액, 기간 등과 같은 사항에 융통성을 부여한다고 시행령에 위임을 하고 나면 경제부처가 일반적으로 가지고 있던 실업급여에 대한 부정적 인식을 감안했을 때 향후 경제부처로부터 지속적으로 하향 조정 압력을 받을 수 있다는 우려도 있었기 때문이다. 그래서 법률을 제정할 때 법률에 못을 박아야겠다는 생각이 있었다.

고용안정사업과 직업능력개발사업의 경우에는 고용보험법 제정 후 20여 년의 시간을 거쳐 오면서 노동시장의 상황변화에 따라 사업 구성 내용에 너무 많은 변화가 있어서 법 제정 당시의 내용이 역사기록 이외에 어떤 의미를 가질 수 있을지 모르겠으나 최대한 오늘날 의미가 있을 만한 내용을 중심으로 기술해 보고자 한다.

1. 고용안정사업

앞에서 필자는 고용보험법을 제정하는 당시인 1993년경의 우리나라 노동시장 상황을 기술하고 이 당시의 주요한 정책과제로 제조업의 인력부족에 따른 원활한 인력수급과 여성 등 유휴인력의 노동시장 참여촉진, 경공업을 중심으로 진행된 산업구조조정에 따른 고용불안으로 요약하여 설명한 바 있다. 이러한 시대적 상황을 배경으로 고용보험연구기획단에서는 고용안정사업으로 ① 고용정보제공 및 취업알선사업, ② 고용조정지원사업, ③ 고령자 및 장애인 고용촉진사업, ④ 주부노동력 고용촉진사업, ⑤ 특정불황업종 및 불황지역의 고용개발촉진사업을 제안하여 왔다.

그러나 앞에서 설명한 바 있듯이 고용보험사업에 고용안정사업을 포함시킬 것인지의 여부에 대하여는 연구기획단 내의 의견이 5대 5로 갈렸을 정도로 고용안정사업에 대한 기반이 탄탄한 것 같지는 않았고 검토할 필요가 있다는 문구도 많았다. 또한, 당시 연구기획단 내에서는 '노동시장인프라구축사업'도 포함시키자는 논의가 있었으나, 직업안정조직의 구축과 고용서비스의 선진화 작업은 정부의 일반재정에 의해 하여야 한다는 노동부와 노사의 의견으로 제외되었다고 한다.[57]

처음에 고용보험법안을 작성하여 입법예고할 때에는 고용보험연구기획단이 제안한 사업내용 등을 충실히 조문화하여 법률안에 담는 형태를 취했다. 이때 통상의 입법례처럼 어느 정도 사업내용을 구체화하여 법률에 규정하고 시행령에서 그 사업의 시행방안을 규정하는 형태로 조문화하였다. 그런데 입법예고와 관계부처 협의를 거치면서 노동부 내부에서 이와 같은 입법방식은 향후 고용안정사업의 사업범주를 이들 사업으로 한정시켜 탄력적인 사업운영을 저해할 수 있다는 우려가 제기되었다.

이러한 우려를 반영해 최종 법률안에서는 최대한 추상화된 근거규정만을 남기고 구체적인 사업내용은 모두 제외하였으며, 구체적인 사업은 시행령에서 직접 규정하는 형태로 변경하였다. 이와 같은 입법방식의 변경은 당시에는 노동부가 고용안정사업에 대한 구체적인 프로그램을 만들어내지 못한 것으로 외부에 인식되기도 하였으나 지금도 고용안정사업의 경우에는 이와 같은 입법방식이 적절했다고 생각한다. 또한, 당시 노동부 담당이었던 법제처의 이원 법제관도 입법론 상으로 꼭 맞는 것은 아니지만 못 할 것도 없다고 동의해 우리를 뒷받침해 주었다.

---

57 『고용보험 20년사』(고용노동부, 2016)

이후 시행령을 입안하는 과정에서는 고용보험과에서 노동부 내의 관련부서, 외부 학자들과 TF를 구성하여 구체적인 사업들을 보다 정치하게 개발하여 시행령에 규정하였다. 이렇게 하여 최초로 고용안정사업을 구성하게 된 사업들이 휴업수당지원금, 인력재배치지원금, 전직훈련지원금, 지역고용촉진지원금, 고령자고용촉진장려금, 육아휴직장려금이다. 이러한 입법방식을 통해 노동시장의 상황이 변해 정책수요가 변경되면 고용보험법시행령을 개정해 사업을 변경·추가하는 형태로 대응할 수 있게 되었다.

그러다 보니 고용보험법시행령은 거의 매년 수차례 개정되었고 고용보험법령을 담당하는 직원들은 한 차례 개정절차가 끝나면 바로 또 다른 개정수요를 파악해 개정절차를 다시 시작해야 하는 고충도 있었다. 매년 몇 번씩 시행령 개정안을 들고 법제처에 찾아가다 보니 고용보험제 시행 초기에는 고용안정사업의 특징을 이해하지 못한 법제관들로부터 아직도 고용보험법령이 안정되지 못한 것 아니냐고 걱정 아닌 걱정을 들었던 기억도 있다. 그러나 시간이 흐르면서 법제처에서도 이와 같은 특징에 대한 이해가 높아져 갔다.

(1) 고용조정의 지원

1990년대 초반은 우리나라에서 산업구조조정이 진행되던 시기이었다. 그래서 고용보험연구기획단에서도 원활한 고용조정을 지원할 수 있는 방안을 논의하여 제안하게 된 것이었다. 즉 실업급여를 지급하는 제도가 마련되기는 하지만 고용조정이 불가피한 경우 잉여노동력을 정리해고

하여 실업에 이르게 하기보다는 전직 훈련을 통해 생산적인 부문에 재배치하는 방식을 유인하여 실업의 예방과 고용조정의 원활화를 도모하자는 취지이었다. 이를 위하여 정부의 산업합리화 정책 등과 연계해 노동부장관이 지정하는 업종에 속하는 사업장에서 고용조정이 불가피한 근로자에 대해 전직에 필요한 교육훈련을 시켜 새로운 부문에 배치전환시키거나 또는 다른 기업에 재취업시키도록 유도하기 위해 필요한 경비를 지원하자는 내용을 담고 있었다. 다만, 일시휴업을 하는 경우 근로기준법에 의해 지급하도록 의무화되어 있는 휴업수당을 일부 고용보험에서 지원할 것인지에 대하여는 다수의견이 반대하였다고 한다.

이 고용조정지원제도는 시행령을 입안하면서 휴업수당지원금, 인력재배치지원금, 전직훈련지원금으로 구체화되었다. 휴업수당지원금의 경우 고용보험연구기획단에서는 다수의견이 반대하였다고 하나, 노동부 내에서는 휴업수당을 지원하는 것으로 결정하였다. 왜냐하면 근로기준법에서 경영상 이유로 조업을 단축하는 경우 휴업수당 지급을 의무화하고 있으나 휴업수당 금액이 평균임금의 100분의 70에 달하여 일시휴업으로 경영상 위기를 넘길 수 있음에도 불구하고 그렇지 못한 경우가 생길 수 있다는 판단 때문이었다. 경제기획원에서는 산업구조조정을 지연시킬 수 있다고 하여 반대가 상당하였으나 도산할 수밖에 없는 기업은 휴업수당지원금을 지급한다 하더라도 수명이 연장되지는 않는다는 점과 일시적인 경영의 어려움을 겪고 있는 기업은 임시휴업을 통해 위기를 극복하도록 하여 실업을 예방하고자 하는 것이 근본 목적이라는 점을 설득하여 관계부처의 이해를 도출하였다.

이후 1998년의 외환위기를 거치면서 고용유지지원금으로 이름을 바꾼 이 제도는 고용안정사업의 대표적인 사업 중의 하나로 확대되어 왔으며, 특히 경제위기 국면에서는 고용안정에 핵심적인 역할을 담당하게 되었다. 실제로 고용유지지원금 제도의 연도별 재정지출 현황을 보면 2000년대에는 매년 300~400억 원 정도의 지출을 보이다가 세계금융위기를 겪은 2009년에는 3,102억 원으로 전년 대비 10배 증가하였고, 코로나19 위기가 발생한 2020년에는 지출액이 2조 3천억 원으로 전년 대비 34배 급증해 코로나19 위기 극복을 위한 핵심적인 정책수단이 되었다. 특히 코로나19 위기 상황에서는 대면서비스업의 소상공인들이 집중적인 지원대상이 되어 과거와 같이 어느 정도 규모가 있는 기업뿐만 아니라 소상공인들의 고용유지에도 많은 도움이 되었다.

2008년 세계금융위기를 겪으면서 독일의 조업단축수당(Kurtzarbeit)이 일시적인 외부충격에 대하여 고용유지를 지원하는 제도로서 전 세계적인 주목을 받았으며, 세계 각국이 코로나19 위기 극복을 위해 이와 유사한 제도를 도입하거나 확대하였다.[58] 독일의 조업단축수당은 평시에는 근로시간을 단축한 근로자의 수가 전체 종업원의 30%를 초과하게 되면 사용자는 임금감소분의 60~67%를 근로자에게 먼저 지급하고 정부가 그 금액의 100%와 감소된 근로시간에 대한 사회보험료의 50%를 지원하는 제도이다. 독일은 코로나19 위기에 대응해 요건을 완화하고 지원을 강화

---

58 OECD 국가 중 22개국은 코로나19 위기가 발발하기 전에도 근로시간단축지원제도(short-time work scheme; STW제도)를 가지고 있었으며, 10개국은 이번 위기 대응을 위하여 새로이 제도를 도입하였다. 기존에 이 제도를 갖춘 국가들은 코로나19 위기에 대처하기 위해 신속하게 제도를 재정비했다(OECD, Employment Outlook 2020).

하는 방식의 조치를 통해 고용을 최대한 유지토록 지원하였다.

우리나라의 고용유지지원금은 독일의 조업단축수당에 상응하는 제도로서 유사한 구조로 설계되어 있을 뿐 아니라 담당하는 기능도 유사하다. 다만, 제도의 출발이 산업구조조정 과정에서 원활한 고용조정을 지원하기 위한 제도로 출발하다 보니 근로자의 '근로시간 단축'보다는 사업장의 고용조정이 불가피하였는지의 여부를 판단하기 위한 사업장의 '휴업' 규모[59]에 초점이 맞추어져 있는 차이가 있다. 코로나19 위기 상황에서는 고용유지지원의 사각제도가 발생하지 않도록 한시적으로라도 요건을 최대한 완화하고 신축적인 제도 운영이 가능하도록 하면서, 휴업 이외에도 근로자의 유·무급휴직, 노사합의에 의한 임금감액 등 모든 상황에 대한 지원제도를 확충하여 대응하였다. 위기가 극복되고 나면 고용유지지원 제도를 종합적으로 검토해 볼 필요가 있겠다는 생각이 든다.

(2) 지역고용의 촉진

최근에는 군산, 거제, 통영 등과 같이 산업구조조정 등과 맞물려 특정 지역의 고용사정이 급격히 악화되는 경우가 발생하고 있고 이러한 경우 이들 지역을 고용위기지역으로 지정해 각종 지원을 하는 것이 특수한 상황도 아닌 것으로 되었다. 그러나 지역고용의 개념조차 생소하였던 1990

59 제도 도입 당시의 휴업수당지원금은 휴업일수를 기준으로 사업장에서 월간 총소정근로일(소정근로일수×피보험자수)의 1/15 이상을 휴업한 경우를 요건으로 하였고, 현행 고용유지지원금은 근로시간을 기준으로 당해사업장의 월간 총근로시간(소정근로시간×피보험자수)의 20%이상 단축한 경우를 지원요건으로 하고 있다. 산정기준이 휴업일수에서 근로시간으로 변경되었을 뿐 휴업의 규모를 요건으로 한다는 점에서는 차이가 없어 보인다. 독일의 경우에는 코로나19 위기에 대응하기 위해서는 근로시간을 단축한 근로자의 비율을 30%에서 10%로 단축하여 훨씬 광범위한 고용유지지원을 하고 있다.

년대 초의 상황에서 이러한 제도의 도입에 애착을 가지셨던 분은 조순문 국장이셨다. 고용보험연구기획단에서도 특정불황지역에서의 고용개발 촉진을 위하여 그 지역에서 투자 등을 통해 그 지역의 실업자를 고용하는 경우 장려금을 지원하는 방안의 검토를 제안하였으나, 조순문 국장은 보다 적극적으로 고용정책기본법에 특정불황지역을 노동부장관이 지정하도록 하고 고용보험법시행령에서 지역고용촉진지원금으로 이를 뒷받침하는 제도를 설계하도록 주도하셨다. 당시 직업안정국 간부들을 모아놓고 일본에서 지역고용개발이 어떻게 이루어지는지에 대해 상세하게 설명해 주시던 모습이 지금도 눈에 선하다. 당시에는 고용사정이 급격히 악화된 불황지역을 지정해 고용상황이 나아질 수 있도록 지원하는 형태의 수준에서 지역고용개발이 논의되었으나, 오늘날처럼 지역고용정책의 중요성이 논의되는 장이 있었다면 지금과는 전혀 다른 새로운 지역고용정책의 틀이 마련되었을지도 모르겠다는 생각도 든다.

하여튼 이렇게 하여 도입된 지역고용촉진지원금 제도는 당시로서는 시대를 앞선 제도이었던 것 같다. 제도 도입 이후 20년 가까이 지역지정을 사실상 하지 못했기 때문에 이 지원금 제도도 매년 예산은 편성해 놓지만 지출되지 못하여 예산불용률을 높이는 주범으로 인식되기도 하였다. 그러나 2010년대가 되자 우리나라 경제와 노동시장 상황이 급격히 변화하면서 이제는 어떤 지역의 주력기업이 어려워지면서 고용상황이 급격히 악화되는 지역도 늘어나고 지역을 지정하는 제도도 고용위기지역과 고용재난지역으로 세분되면서 지원제도가 훨씬 포괄적으로 발전되었다. 2020년부터는 여기에서 한발 더 나아가 고용상황이 악화되기 이전에 고용위기가 우려되는 지역을 대상으로 지자체 주도로 새로운 산업을 육성하면서 이를 위한 인력개발 등 고용안정에 선제적으로 대응할 수 있도록 하는 고용안정 선제대응패키지 지원사업이 시행되고 있다.

(3) 고령자 등의 고용촉진

고용보험연구기획단에서는 1992년에 제정된 고령자고용촉진법의 취지를 실질적으로 뒷받침하기 위해 고용보험에서 고령자 고용에 대한 지원제도를 도입하고, 장애인의 경우 장애인고용촉진법에 의한 지원제도가 있기는 하지만 장애인 취업지원제의 강화를 위하여 단계적으로 고용보험제로 통합할 것을 제안하였다. 이를 조문화하여 '고령자, 장애인, 기타 노동시장의 통상적인 조건하에서는 취직이 특히 곤란한 자'의 고용을 촉진하기 위하여 지원제도를 도입한다고 규정해 입법예고한 결과, 한국노총으로부터는 여성, 청소년까지 명기하자는 의견이 제기되었다.

특별히 고령자, 장애인으로 고용촉진대상을 한정할 이유도 없었기 때문에 사실상 한국노총의 의견을 수용하기로 입장을 정하고 최종 법률안에서는 '고령자 등 노동시장의 통상적인 조건하에서는 취직이 특히 곤란한 자'라고만 표기한 후 시행령에서 고령자고용촉진장려금과 육아휴직장려금을 도입하였다. 육아휴직장려금은 남녀고용평등법에 의한 육아휴직을 3개월 이상 부여하는 경우 사업주에게 장려금을 지급하는 제도인데, 이후 2001년부터 육아휴직급여와 출산전후휴가급여가 모성보호의 사회분담화 차원에서 고용보험에 도입됨으로써 근로자에게 직접 지급하는 육아휴직급여 및 출산전후휴가급여로 제도화되었다.

(4) 고용촉진시설에 대한 지원

고용보험연구기획단에서는 여성근로자들의 노동시장 참여촉진을 위하여 '주부노동력의 고용촉진'이라는 항목으로 직장보육시설의 설치, 주부의 고용촉진을 위한 직종개발, 필요한 직업훈련 등을 실시하는 사업주에 대한 지원제도를 제안하였다. 이 제안내용 중 주부의 고용촉진을 위한 직종개발은 다음에 기술할 '(5) 고용정보의 제공 및 직업지도'에 포함될 수 있었고, 직업훈련의 경우에는 직업능력개발사업에서 지원할 수 있었기 때문에 결국 제안내용 중 남는 것은 직장보육시설의 설치만이 남게 되어 고용보험법안에서는 '고용촉진시설에 대한 지원' 규정으로 확대 규정되었다.

고용촉진시설이라 함은 고용정책기본법에 규정되어 있던 직장보육시설, 일일취업안내소, 고령자인재은행, 산업인력공단의 취업알선센터, 중앙직업안정소의 전문인력취업정보센터 등을 지칭하는 것으로 이들 시설을 지자체, 공공기관(산업인력공단, 당시 근로복지공사) 또는 비영리법인에 위탁하여 운영하는 경우 그 운영비의 일부를 지원하는 제도로 설계되었다. 현재 고용보험법에서 광범위하게 사용되고 있는 고용서비스망 구축을 위한 각종 지원제도의 원형이 여기에서부터 출발하는 것이라고 해도 과언이 아니다. 현행 고용보험법에서는 제25조(고용안정 및 취업촉진), 제26조(고용촉진시설에 대한 지원) 두 개의 조문을 갖추고 각종 고용환경개선사업, 취업지원사업, 교육·홍보사업, 각종 교육기관 및 취업지원시설 등에 대한 지원을 하고 있다. 고용촉진시설에 대한 지원규정에는 직장보육시설의 운영비를 일부 지원해 주는 제도가 포함되어 현재 시행되고 있는 직장보육시설의 설치비와 운영비 지원제도로 확대되어 왔다.

(5) 고용정보의 제공 및 직업지도 등

고용보험연구기획단에서 제안한 '고용정보제공 및 취업알선사업'은 고용안정사업의 구성항목으로 제안한 사업 중 첫 번째 사업에 위치해 있었다. 이를 통해 알 수 있는 것은 당시 고용보험연구기획단에서는 공공직업안정기관을 확충해 고용정보를 충분히 제공하고 고용서비스를 제공하는 것이 노동시장의 인력수급을 원활히 조정하기 위해 가장 중요한 요소로 보았다는 것이며, 이 사업이 고용안정사업의 성패를 좌우할 것이라는 인식을 가지고 있었다는 점이다.[60]

노동시장의 성과에 영향을 미치는 여러 가지 정책수단 중 노동수요공급의 원활한 매칭을 지원하기 위한 고용정보의 제공 및 고용서비스의 제공은 가장 기본적인 정책수단이다. 이 기본적인 정책수단을 넘어서서 국가가 노동시장에 개입하는 범위를 어느 정도까지를 바람직한 것으로 보는지에 대해서는 보는 사람과 경제이론에 따라 매우 다양한 견해가 있는 것 같다. 그래서 '고용정보제공 및 취업알선사업'을 제외한 고용안정사업에 대하여 연구기획단 내에서도 의견통일이 이루어지지 않은 것이라고 이해된다.

'고용정보제공 및 취업알선사업'의 중요성에 대해서는 당시 노동부에서도 똑같은 인식을 가지고 있었고 앞서 고용보험의 전달체계에서 설명한 바와 같이 고용보험제 시행을 계기로 공공직업안정기관을 확충하고자

60 『고용보험제도 실시방안 연구』(유길상&어수봉, 1993)

하였다. 다만, 고용보험연구기획단의 제안내용은 이를 대대적으로 확충하자는 것인데 법률조문으로 규정할 때에는 자칫하면 일반회계로 해야 할 사항을 고용보험기금으로 하는 것 아니냐는 논란으로 비화할 소지가 있는 것이어서 문구작업에 상당히 조심하여야 했다. 그리하여 제19조(고용촉진시설의 지원) 규정을 마련하여 고용촉진시설을 위탁운영하는 지자체, 공공기관, 비영리법인 등에 지원할 수 있는 근거를 마련한 데 이어, 고용안정사업의 맨 마지막 조문인 제20조(고용정보의 제공 및 직업지도 등)에 '고용정보의 제공, 직업지도와 직업소개 및 그에 필요한 전문인력의 배치, 노동시장 및 직업에 관한 연구와 고용보험관련업무를 지원하기 위한 조사·연구사업 등을 할 수 있다'라는 내용의 규정을 만들었다.

이 문구는 필요한 사항이 빠짐없이 들어가도록 매우 공들여서 만들었는데 입법예고부터 관계부처협의, 경제장관회의, 국무회의, 국회심의 등 입법절차를 거치면서 별다른 논란거리를 제공하지 않아서인지 거의 문구 수정 없이 그대로 법률로 제정되었다. 고용보험법 시행 후 이 규정을 근거로 고용보험기금운영계획에 한국노동연구원 고용보험연구센터 설치, 노동패널 등 각종 고용관련 통계조사 확충, 민간전문인력의 채용 등이 반영되어 노동시장에 관한 조사·연구 등이 급속히 확대되는 계기가 되었다. 이 조항을 만든 뒤에 조문을 들여다보면서 "이제 우리나라 노동시장에 중요한 인프라를 갖출 수 있게 되었다"고 말하면서 좋아하던 정병석 당시 고용정책과장의 얼굴이 생생하다.

이 규정은 참여정부 하에서 고용센터가 획기적으로 발전하게 된 2005년에 현행 고용보험법 제33조(고용정보의 제공 및 고용지원 기반의 구축) 조항으로 변경된다. 〈표 2-5〉에서 보는 바와 같이 주요한 변경내용은 '고용안정·직업능력개발에 관한 기반의 구축'이라는 문구가 추가된 것인데 이를 근거로 구인·구직자들이 접근하기 쉬운 교통이 편한 위치에 고용센터를 설치하는 등 고용인프라가 대대적으로 확충된다.

〈표 2-5〉 '고용정보의 제공 및 직업지도' 규정의 변화

제정법률	현행 법률
제20조(고용정보의 제공 및 직업지도 등) ① 노동부장관은 …… 고용정보의 제공, 직업지도와 직업소개 및 그에 필요한 전문인력의 배치, 노동시장 및 직업에 관한 연구와 고용보험관련업무를 지원하기 위한 조사·연구사업을 할 수 있다.	제33조(고용정보의 제공 및 고용지원기반의 구축 등) ① 고용노동부장관은 … 고용정보의 제공, 직업·훈련 상담 등 직업지도, 직업소개, 고용안정·직업능력개발사업에 관한 기반의 구축 및 그에 필요한 전문인력의 배치 등의 사업을 할 수 있다.

이상에서 간략히 고용안정사업으로 도입된 개별사업들의 취지를 설명하고 어떻게 확대되어 왔는지를 간단히 살펴보았다. 이들 고용보험제 도입 당시의 고용안정사업을 현재 시행되고 있는 고용안정사업과 비교해 보면 격세지감이 들 정도이다. 도리어 현재는 고용안정사업의 종류가 너무 많아 주기적으로 사업을 통폐합하는 단순화 조치가 시행되고 있고 가장 최근에도 2017년에 통합장려금체제로 개편되기도 하였다. 그러나 항상 염두에 두어야 할 것은 고용안정사업의 경우 사중손실효과와 사업의 효과에 대한 논란이 수반된다는 점이다. 그러므로 사업의 효과성 평가를 지속적으로 시행하면서 사업을 계속 다듬어나갈 필요가 있다.

2. 직업능력개발사업

1960년대 이래 우리나라의 고도경제성장은 우수한 인적자원이 있었기 때문에 가능했으며 거기에는 우수한 기능인력 양성정책도 큰 기여를 하였음은 부인할 수 없는 사실이다. 그러나 1980년대 후반에 들어서면서 기존의 양성훈련 위주의 직업훈련은 한계를 드러내기 시작하였고 그보다는 재직근로자의 향상훈련, 평생학습의 중요성이 더 중요하게 되었다. 그럼에도 기존의 사업내직업훈련 의무제는 정부주도로 양성훈련에 치중하는 경직적인 제도 운용을 하고 있어서 제도개편의 필요성이 제기되었다.

사실 고용보험에 의한 직업능력개발사업은 그 당시 우리나라에 고용보험을 도입하려는 중요한 목적 중의 하나이었으며 그 배경에는 고용보험을 통해 재직근로자의 향상훈련, 평생학습을 보다 탄력적으로 지원하는 방향으로 직업훈련정책을 개편하려는 목적이 자리 잡고 있었다. 고용보험연구기획단에서도 우리나라 직업훈련 개편방안을 매우 심도 있게 논의하여 그 결과를 모아 ① 궁극적으로는 사업내직업훈련 의무제도를 폐지하고 고용보험의 직업능력개발사업으로 대체함으로써 훈련을 자율화하고, ② 중소기업의 직업훈련을 지원하기 위해 공공훈련기관의 기능개발센터를 활성화하며, ③ 근로자의 생애직업능력개발을 지원하자는 제안을 제출하여 왔다. 그러나 고용보험법의 입법과정에서 사업내직업훈련 의무제와의 관계는 노동부 내부는 물론 관계부처, 그리고 사업주단체들과의 협의과정에서 상당한 논란의 대상이 되었으며 결국 단계적 자율화로 방향을 잡아 한시적으로 고용보험법과 사업내직업훈련 의무제가 병존하는 형태로 고용보험법이 제정되었다. 그러다가 몇 년 뒤인 1999년 직업훈련 의무제는 완전폐지되고 고용보험법에 의한 직업능력개발사업으로 전면 대체하게 되었다. 이와 같이 본다면 고용보험법은 우리나라 직업훈련 정책의 역사에서 큰 전환점을 마련하게 된 계기가 되었다고 할 수 있겠다.

(1) 사업내직업훈련의 지원 (사업주 직업훈련에 대한 지원)

원래 사업 내 직업훈련은 기업 스스로 필요한 인력을 양성·활용하는 것인데 경제개발과정에서 인적자원개발에 대한 투자가 중요한데도 기업들이 자율적으로 직업훈련을 실시하지 않자 1974년 직업훈련에 관한 특별조치법을 제정해 일정 규모 이상의 기업에 대해 직업훈련을 의무화한 데 이어 1976년 직업훈련기본법을 제정해 사업내직업훈련 의무제를 정식으로 제도화하였다. 1993년 당시에는 상시근로자 150인 이상 기업에 대하여 사업내직업훈련 의무를 부과하고 있었으며, 임금총액을 기준으로 평균 0.673%[61] 이상의 금액을 직업훈련 또는 직업훈련 관련사업에 사용하도록 의무화하고 있었다. 그러나 1992년의 사업내직업훈련 실시 현황을 보면 훈련의무사업체 3,417개소 중 훈련실시업체는 16.1%에 불과하고, 또한 전체 훈련인원의 약 83%가 상시 3,000인 이상의 대기업에서 훈련되고 있었으며 중소기업의 훈련실시 비율은 매우 낮은 것으로 나

61 1993년의 훈련의무비율은 기업규모에 따라 다르게 정해져 있었으며, 상시근로자 3,000인 이상 기업은 1.107%, 3,000인 미만 중소기업 범위초과 기업은 0.648%, 중소기업은 0.141%이었다.

타났다.[62]

이 당시에 사업내직업훈련 의무제에 대하여 일반적으로 지적되고 있었던 문제점은 첫째, 직업훈련의 기준을 정부가 일방적으로 제정하여 그 기준에 부합되는 훈련만을 훈련비용으로 인정하는 경직적이고 정부주도적인 훈련정책이라는 점, 둘째 직업훈련의 기준이 주로 양성훈련에 치중되어 있어 재직근로자 향상훈련 등이 훈련비용으로 인정되기 어려운 점, 셋째 기업들이 훈련의무비율 충족을 위해 자기 기업이 필요로 하는 인원 이상으로 훈련생을 모집해야 하는 점, 넷째 훈련기준이 현실에 부합하지 않는 점, 다섯째 중소기업의 경우에는 훈련시설·장비구입 비용이 과다하게 들고 훈련에 있어서 규모의 경제성을 확보하기 어려운 점 등을 들 수 있다. 이러한 문제점 때문에 훈련을 실시하여도 마지못해 하거나 또는 직업훈련분담금을 준조세로 인식해 훈련을 실시하지 않고 분담금만 납부하는 경향이 있었다.

연구기획단에서는 제1안으로서 직업훈련의무제를 폐지해 사업내직업훈련을 전면적으로 자율화하고, 훈련을 실시하면 고용보험의 직업능력개발사업에서 비용을 지원하는 방안과 제2안으로서 일정 규모 이상의 기업에 대해서는 당분간 직업훈련의무를 유지해 일시적인 훈련실시기업의 감소를 막은 뒤 점진적으로 고용보험의 직업능력개발사업으로 통합해 가는 방안을 놓고 논의했다. 그 결과 장기적으로는 제1안이 바람직하나 단기적으로는 제2안과 같이 단계적 접근을 하는 것도 무방하다는 다수의견을 모아 제출하여 왔다.

---

62 『고용보험제도 실시방안 연구』(유길상&어수봉, 1993)

그럼에도 불구하고 직업안정국에서는 직업훈련의무제를 전면 폐지하여 직업훈련정책을 쇄신하는 것을 전제로 고용보험법안을 작성하여 입법예고하고 관계부처협의를 시작하였다. 입법예고 과정에서 경총은 직업훈련의무제의 존치를 주장하고 직업능력개발보험료 징수 시에는 직업훈련기본법에 따라 승인받은 직업훈련비용을 사전공제하는 특례를 규정할 것을 주장하였으며, 고용보험의 직업능력개발사업은 실업자에 대한 전직 훈련으로 한정하여야 한다고까지 주장하였다. 경총의 이와 같은 주장은 고용보험제를 통해 우리나라 직업훈련정책을 전환한다는 입법취지에 대한 충분한 이해 없이 직업훈련의무제와 훈련부담금에 관한 법규정이 함께 정비되지 않음에 따라 이중부담이 발생할 수 있다는 우려와 오해에서 비롯된 것이었다.[63]

경제기획원을 비롯한 경제부처에서도 반대 주장이 제기되었으며 직업훈련의무제를 일시에 폐지하는 경우 양성훈련이 갑자기 위축될 우려가 있다는 것이 반대의 요지이었다. 당시 1992년 12월에 정부에서 직업교육훈련제도 개편안이 발표되었는데, 실업계 고등학교를 확충하고 공업계 고등학교의 교육과정을 '2+1 시스템'으로 개편한다는 내용을 골자로 하고 있었다. 이를 위해 1996년까지 100개 대기업에 추가로 사업내직업훈련원을 신설토록 하고 1995년까지는 사업내직업훈련원에서 인문고 3

63 고용보험법 등 고용관련 4법을 주도한 직업안정국은 전면적인 직업능력개발체제로 전환하자는 방침을 제안하여 노동부 내부에서도 공감대를 얻어 법안을 입안한 것이었다. 근로자에 대하여 사업주가 사업내훈련 또는 다른 교육훈련 방식에 의하여 평생능력개발사업을 시행하도록 하고 고용보험에서 비용을 지원하는 제도를 설계했다. 궁극적으로 사업내직업훈련 의무제를 폐지하고 고용보험에 의한 직업능력개발체제로 전환키로 하였는데 이 과정에서 직업훈련국에서는 다소 보수적, 소극적으로 대응하여 고용보험법안의 진전과 함께 직업훈련기본법 등의 후속 조치가 이뤄지지 않았다. 그래서 관계부처와 경총 등 경영계의 우려를 빚고 결국 1000인 이상 기업에 사업내훈련의무제를 한시적으로 존치하는 타협안이 마련된 것으로 이해해야 할 것이다.

학년 직업과정 학생과 공고의 6개월 현장훈련생을 대상으로 훈련을 실시하고, 공고의 '2+1 시스템'에 의해 입학하는 학생이 3학년이 되는 1996년부터는 공고 3학년생의 현장훈련을 담당토록 한다는 내용이 포함되어 있어서 1995년 고용보험법 시행과 동시에 사업내직업훈련 의무제를 일시에 폐지하여 자율화하는 것은 상당한 정책적 리스크부담이 있는 것이 사실이었다.

그리하여 최종적으로 고용보험법은 직업훈련기본법에 의한 사업내직업훈련 의무제가 일정부분 존치하는 것을 전제로 조문이 수정되어 고용보험료율을 고용안정사업과 직업능력개발사업으로 구분하고 제63조에 '직업훈련기본법에 의한 직업훈련 등의 실시의무사업주에 대한 특례'를 추가해 사업내직업훈련 의무사업주가 부담하는 직업능력개발사업의 보험료율은 실업자재취직훈련에 소요되는 비용에 충당하기 위한 보험료율로 한다는 규정을 두게 되었다.

1993년 당시 상시근로자 150인 이상에게 적용되고 있었던 사업내직업훈련 의무 사업체의 적용범위를 구체적으로 어디까지로 조정할 것인지에 대하여는 보험료율이 결정되는 고용보험시행령으로 미루어졌다. 이와 함께 경총의 의견을 수용하여 제62조에 '직업능력개발사업 보험료 납부의 특례'를 추가해 고용보험료를 징수해 훈련을 실시하면 비용을 지원한다는 일반 원칙에서 벗어나 직업훈련기본법에 의해 연초에 사업내직업훈련 계획을 승인받은 경우에는 보험료 납부 시 승인받은 훈련비용을 사전공제하고 보험료를 납부할 수 있도록 하는 특례를 규정하게 되었다.

이후 고용보험법시행령 협의과정에서 직업훈련의무제는 상시근로자

1,000명 이상 기업에 존치하는 것으로 최종 결정되어 상시근로자 1,000인 미만 기업을 대상으로 직업능력개발사업에 의한 직업훈련의 지원제도가 시행되게 되었다. 이는 사업내직업훈련 의무제 아래에서 실제로 직업훈련을 실시하는 기업체의 대부분이 상시근로자 1,000인 이상 기업이었기 때문에 양성훈련에 대한 정책적 리스크부담을 최소화하는 선에서 최종결정을 한 것으로 이해하면 되겠다.

이후 고용보험법이 시행되고 난 뒤 고용보험과 같은 방식으로 자율화하고 지원하는 방향으로 직업훈련정책을 변경하여도 전혀 문제가 없는 것으로 판명되면서 1998년 근로자직업능력개발촉진법을 제정함으로써 직업훈련기본법과 사업내직업훈련 의무제가 폐지되었으며, 사업내직업훈련 계획 사전승인제도도 폐지되어 사업내직업훈련은 자율화되었다. 이와 함께 제62조와 제63조의 특례규정은 고용보험법에서 삭제되고 모든 사업장에 직업능력개발사업이 전면 적용되게 되었다.

구 고용보험법 제22조(사업내직업훈련의 지원), 현행 고용보험법 제27조(사업주에 대한 직업능력개발훈련의 지원) 규정은 이후 사업주가 자사 소속 근로자 또는 타사 근로자, 채용예정자, 구직등록자 등을 대상으로 직접 또는 외부훈련기관에 위탁을 주어 향상·전직·양성훈련을 실시하는 경우 훈련비용을 지원해 주는 대표적인 규정으로 기능을 하여 왔고, 훈련과정 인정 및 훈련비용 산정기준 등에 따라 어떠한 지원도 가능한 유연한 틀을 제공함으로써 기업이 자신의 필요에 따라 다양한 방법으로 기업특수적 훈련을 실시하는 경우 지원이 가능하게 되었으며 직업능력개발촉진법이 추구하고자 하는 우리나라 직업능력개발정책을 모두 뒷받침할 수 있었다. 또한 2013년부터는 일학습병행제로도 확대될 수 있게 되었다.

(2) 생애직업능력개발의 지원

고용보험 직업능력개발사업에서는 재직근로자의 향상·전직 훈련과 함께 근로자의 생애에 걸친 직업능력개발에 대한 지원체제를 구축하는 것을 목적으로 하였다. 고용보험연구기획단에서도 일본 고용보험의 능력개발급부금 및 자기계발조성금의 예를 들어 근로자의 생애직업능력개발 프로그램을 수립·시행하는 사업주에게 그 비용을 지원함으로써 직업생활의 전 기간에 걸친 근로자의 능력개발을 유도하여야 한다고 제안하여 왔다.

이에 따라 고용보험법안에서는 사업주가 직업능력개발계획을 수립하여 구직자와 이직예정자를 대상으로 교육훈련을 실시하거나 재직자인 피보험자에게 직업능력개발을 위한 유급휴가를 부여하는 경우 필요한 비용을 지원토록 하고, 시행령에서는 노동부장관이 지정하는 교육훈련기관에서 피보험자에 대한 직무능력향상훈련을 실시하는 경우, 기능대학의 기능장과정에 피보험자를 파견하는 경우, 직업훈련교사과정 이수를 위해 피보험자를 파견하는 경우 등을 훈련비용 지원대상으로 규정하였다. 근로자의 생애에 걸친 직업능력개발훈련의 개념은 고용보험법에 의해 새로이 도입된 개념으로서 고용보험법시행령에서 훈련계획의 승인, 훈련비용 지원의 기준, 훈련비용 지원금 신청절차 등을 모두 직접 규정하여 시행하였다.

그러나 이 당시의 생애직업능력개발 지원은 사업주에 대한 지원체제 중심으로 구성되어 있었다. 현재와 같이 근로자의 주도적이고 자율적인 평생직업능력개발에 대한 지원체제는 이후 직업능력개발계좌제가 도입되면서 본격적으로 시행되게 되었다. '재직자 내일배움카드제'로 운영되다가 현재는 '국민내일배움카드제'로 변경되어 근로자들은 내일배움카드를 발급받아 자신의 직업능력개발계좌에 지원되는 3년간 300~500만원의 한도 내에서 직업능력개발을 위한 훈련과정을 수강할 수 있게 되었다. 국가기간·전략산업직종훈련 또는 IT 훈련 등 고가의 훈련과정이면서 국가 정책적으로 인력양성을 필요로 하는 훈련과정에 대해서는 비용지원 한도를 초과하는 훈련비용에 대해 국가가 훈련기관에 직접 비용을 지원하는 방식으로 훈련수강을 지원하고 있다.

(3) 실업자 재취업훈련

고용보험은 실업자에게 단순히 실업급여를 지급하는 소극적 의미에서의 실업보험이 아니라 실업을 예방하고 적극적 노동시장정책(ALMPs)을 통해 재취업을 지원하고자 하는 목적으로 도입되었다. 그러므로 실업자 재취업훈련은 실업자에 대한 적극적 노동시장정책 수단으로 중요한 의미를 가진다. 고용보험제 도입 이전에는 고용촉진훈련이라는 이름으로 실업자 직업훈련이 일반회계 재정부담에 의해 소규모로 시행되고 있었다.

고용보험법 제정과정에서는 실업자 재취업훈련의 경우에는 수혜자가 사업주가 아닌 실업자라는 점에서 사업주가 부담하는 직업능력개발사업 보험료를 재원으로 시행하는 것이 보험의 원리에 맞는지에 대한 의문이 제기되기도 하였으며 노사가 1/2씩 부담하는 실업급여 보험료에서 부담하는 게 맞는 게 아니냐는 문제제기도 있었다. 그러나, 훈련을 수료한 인력의 실수요자는 기업이라는 점에서 기업이 훈련비용을 부담하는 것이 적절하다는 등의 이유로 직업능력개발사업의 보험료를 재원으로 실시하는 것으로 설계되었다.[64] 한편 경제기획원 예산실에서는 고용보험제 시행과 함께 기존의 고용촉진훈련 중 고용보험 피보험자이었던 자를 대상으로 하는 실업자 재취업훈련의 재원을 일반회계예산에서 제외하고 고용보험의 가입대상이 아닌 실업자 직업훈련에 대해서만 일반회계로 계속 재원을 부담하기로 함으로써 직업능력개발사업 보험료에서 재원을 부담하는 것이 보다 타당하게 여건을 만들었다.

이와 함께 실업급여의 지급기간은 제한되어 있는 반면에 실업자의 재취업을 위해서는 장기간의 훈련도 받을 필요가 있다는 점에서, 적극적 노동시장정책(ALMPs)의 차원에서 직업안정기관의 장이 지시하여 직업능력개발훈련을 수강하는 실업급여 수급자에 대하여는 실업급여 부분에서 기술하는 바와 같이 훈련기간 동안 기본급여가 연장되어 지급되고 교통비·식비 등에 충당토록 하기 위하여 직업능력개발수당이 지급되도록 하였다. 그리고 고용보험법 시행령에서는 실업급여 수급자격이 없는 훈련수강생에 대해 훈련수당을 지급할 수 있도록 하는 근거규정도 마련하였다. 이렇게 하여 이때부터 고용보험의 피보험자이었던 전직실업자에 대한 직업훈련은 고용보험기금에서, 고용보험의 가입대상이 아닌 신규실업자 등에 대한 직업훈련은 일반회계에서 각각 나누어 예산편성을 하는 관행이 형성되었다.

다만, 고용보험법 시행 이후 실업급여 수급자에 대한 직업소개 등 고용

---

64 노동부 내부자료

서비스와 실업자 재취업훈련을 유기적으로 연계하여야 한다는 정책과제가 고용서비스 활성화 차원에서 제기되곤 하였으나 실업자 재취업훈련이 외환위기를 거치면서 물량배정방식으로 대규모로 시행됨에 따라 실업급여 수급자와의 유기적 연계는 더욱 어려워지게 되었다. 이후 훈련상담제의 도입과 고용서비스와의 연계 강화 등을 목적으로 2008년부터 직업능력개발계좌제가 도입되어 '구직자 내일배움카드제'로 운영되다가 2020년부터 '재직자 내일배움카드'와 통합되어 '국민내일배움카드제'로 단일화되었다.

(4) 직업훈련시설에 대한 지원

고용보험연구기획단에서는 중소기업의 직업능력개발훈련 활성화를 위해서는 기능대학의 기능개발센터의 활용도를 높여 중소기업의 향상·전직 훈련을 지원해 주어야 한다고 판단하고 고용보험의 직업능력개발사업에서 기능개발센터를 지원하여야 한다고 제안하였다. 이에 따라 고용보험법안에서는 직업훈련 등을 실시하는 사람에 대한 기술지원사업 이외에 직업훈련 등에 대한 조사연구사업, 교육·홍보사업 등에 필요한 지원을 할 수 있도록 근거규정을 마련하였다.

이후 이 규정은 구 근로자직업훈련촉진법(현행 근로자직업능력개발법)의 규정과 연계되어 다양한 지원사업으로 분화되어 왔으며, 여기에는 국가인적자원개발컨소시엄 등에 대한 훈련시설·장비비 등의 지원, 자격검정사업 등의 지원, 체계적인 현장훈련지원 사업 등이 포함되어 다양한 직업능력개발사업을 지원하고 있다.

제5장

실업급여

제5장
실업급여

1. 통칙

(1) 실업급여의 종류

고용보험제를 도입할 당시에는 몇 가지 이유에 의하여 고용보험연구기획단과 노동부 모두 실업급여에 대해서는 일단 엄격하게 제도를 도입하여야 한다는 생각을 가지고 있었다. 첫째는 실업급여를 도입하면 실업기간이 장기화되는 등 실업자의 근로의욕을 저하시켜 소위 '선진국병'을 유발한다는 고용보험제에 대한 부정적 고정관념을 극복할 필요가 있었다. 둘째는 실업급여의 수급자격을 완화하고 수혜의 폭을 넓히는 경우 자칫 도덕적 해이를 통제하지 못하고 제도 도입 초기에 재정불안상태를 유발할 수 있다는 우려 때문이었다. 셋째는 실업급여와 같은 사회복지제도는 어차피 시간이 경과하면서 자격요건도 완화되고 수혜의 폭도 넓혀지게 마련이기 때문에 제도 도입 초기에 여러 가지 리스크를 감수하면서 너무 완화된 형태로 도입할 필요가 없다는 것이었다.

첫째 이유는 고용보험법 제정을 추진해야 했던 노동부가 상대적으로 많이 고려한 이유인 것 같고, 둘째 이유는 학자들로 구성된 고용보험연구기획단이 상대적으로 많이 고려한 이유인 것 같다. 셋째 이유는 노동부와 고용보험연구기획단이 공통으로 인식하고 있었던 것 같다. 하여튼 조금은 너무 엄격해 보일 수 있을 정도의 고용보험연구기획단의 제안을 토대로 고용보험법의 조문화 작업을 진행하였으며 그렇게 해야 할 필요성에 대해서는 노동부에도 충분한 공감대가 형성되어 있었고 그렇게 해야만 고용보험법의 제정에 이를 수 있을 것이라는 판단도 하고 있었다. 이와 함께 고용보험연구기획단에서 별다른 언급을 하고 있지 않았던 실업급여와 취업알선의 연계, 특히 실업자 직업능력개발훈련과의 연계 등 실업급여 지급절차 등을 규정하는 데에 역점을 두고 제도를 설계하였다.

고용보험연구기획단에서는 '실직근로자의 생활안정사업'이라는 제목 아래 실업급여(구직활동수당), 직업훈련수당, 조기재취업수당, 훈련연장급여의 4가지 급여를 구성하자고 제안하여 왔다. 그러나 앞에서 기술한 바와 같이 '실직근로자의 생활안정사업'은 넓게 보면 실업자에 대한 공적부조사업과 같이 보여서 사회보험의 사업 명칭으로는 부적절하다는 판단을 내렸고, 직관적으로 모든 사람들이 알 수 있도록 '실업급여'를 사업의 명칭으로 사용하는 것으로 결정하였다. 실업급여를 사업의 명칭으로 사용하게 되면 그 안에 있는 수당들의 명칭이 조절되어야 했다.

〈표 2-6〉는 실업급여를 구성하는 수당의 종류가 입법절차를 거치면서 어떻게 어떻게 변경되었는지를 나타내고 있다. 우선 고용보험연구기획단에서는 실업급여, 직업훈련수당, 조기재취업수당, 훈련연장급여의 4가지를 제안하여 왔다. 그런데 이 4가지의 급여는 체계적으로 분류된 것이 아니어서 조문화 작업이 쉽지 않은 문제가 있었다. 또한 훈련연장급여는 실업자가 직업능력개발훈련을 받는 동안에 실업급여를 연장지급하는 것을 내용으로 하고 있어서 별개의 급여유형으로 설정하지 않고 실업급여 안에서 '급여의 연장'으로 처리해도 된다는 판단이 들었다. 그 대신에 실업급여를 지급받는 동안에 상병으로 인하여 구직활동을 못하게 되면 실업급여도 지급되지 않는 문제가 발생하므로 실업급여에 갈음하는 형태로 상병급여를 지급하는 것이 타당해 보였고 이를 상병급여로 추가해 도입하기로 하였다. 그리고 당시의 인력부족 상황 아래에서는 인력수급조절이 대단히 중요한데 직업안정조직에서 광역구직활동에 힘을 써야 한다는 조순문 국장의 방침에 따라 광역구직활동에 필요한 광역구직활동비와 이주비를 도입하기로 하였다. 그래서 이들 급여를 구직자급여라는 명칭으로 기본급여, 상병급여, 직업능력개발수당을 묶고 취직촉진급여라는 명칭으로 조기재취직수당, 광역구직활동비, 이주비를 묶었다.

〈표 2-6〉 실업급여 구성의 변경

고용보험연구기획단 제안	입법예고안	최종안
- 실업급여(구직활동수당) - 직업훈련수당 - 조기재취업수당 - 훈련연장급여	- 구직자급여 • 기본급여 • 상병급여 • 직업능력개발수당 - 취직촉진급여 • 조기재취직수당 • 광역구직활동비 • 이주비	- 기본급여 - 취직촉진급여 • 조기재취직수당 • 직업능력개발수당 • 광역구직활동비 • 이주비

이와 같은 실업급여 구성항목을 가지고 입법예고안을 작성하여 입법예고와 관계부처 협의를 거쳤는데, 경총으로부터 실업급여의 종류를 기본급여와 직업능력개발수당으로 한정하자는 주장이 제기되었으며 경제부처로부터도 이렇게 많은 급여를 지급하느냐는 의견이 제기되기도 하였다. 경총의 주장에 대해서는 취직촉진급여가 실업급여 수급자의 취직을 촉진하여 구직자급여의 지급을 줄이고자 하는 효과를 간과하고 있는 것이라고 설명하고 받아들이지는 않았으나, 국무회의 상정을 앞두고 내부토론 과정에서 입법전략상 실업급여의 구성항목이 너무 많이 있는 것처럼 보이므로 단순화할 필요가 있다는 지적이 제기되었다. 그래서 상병급여는 기본급여에 대한 상병 시의 특례조항으로 조문을 재구성하여 별도의 급여에서 제외하고, 직업능력개발수당은 직업능력개발훈련을 받을 때 지급되는 것이므로 취직촉진급여로 재분류하게 되었다. 그리고 이 모든 급여 또는 수당은 실업급여라는 하나의 급여체계 속에 있다는 것을 강

조하기 위해 구직자급여의 명칭도 기본급여로 변경하게 되었다. 즉 실업급여는 기본급여와 부가급여형태인 취직촉진급여로 구성되고 취직촉진급여에 조기재취직수당, 직업능력개발수당, 광역구직활동비, 이주비의 4개 수당을 두는 것으로 단순화되어 국무회의에 상정되고 국회를 통과해 법률로 제정되었다. 그렇다고 하여 입법예고된 법안에서 내용이 수정된 것은 없었다.

이후 기본급여의 명칭은 1996년 법률이 개정되면서 다시 구직급여로 변경되었는데 이는 기본급여라는 명칭에서 나타나는 의미전달이 불명확하고 구직활동을 지원하기 위하여 지급되는 급여라는 의미가 강조되어야 한다는 정병석 당시 고용보험심의관의 평소 지론이 반영된 것이다. 또한 마침 1995년 영국에서 구직자법(Jobseeker's Act)을 제정해 실업급여를 구직자수당(Jobseeker's allowance)으로 변경하고 2주 단위의 직업상담 의무화 등 고용서비스와의 연계를 대폭 강화한 개혁조치가 벤치마킹되었다. 기본급여의 명칭을 구직급여로 변경한 것은 단순한 명칭 변경에 그치는 것이 아니라 또 다른 의미를 내포하고 있었다. 즉 고용보험법 내에서 실업급여가 하나의 급여로 구성되어 있는 것이 아니라 여러 개의 급여 또는 수당으로 구성된다는 의미를 가지게 되어 실제로 외환위기를 거치면서 여러 개의 급여 또는 수당으로 분화되는 절차를 거치게 되었다.

〈그림 2-1〉 현행 실업급여의 종류

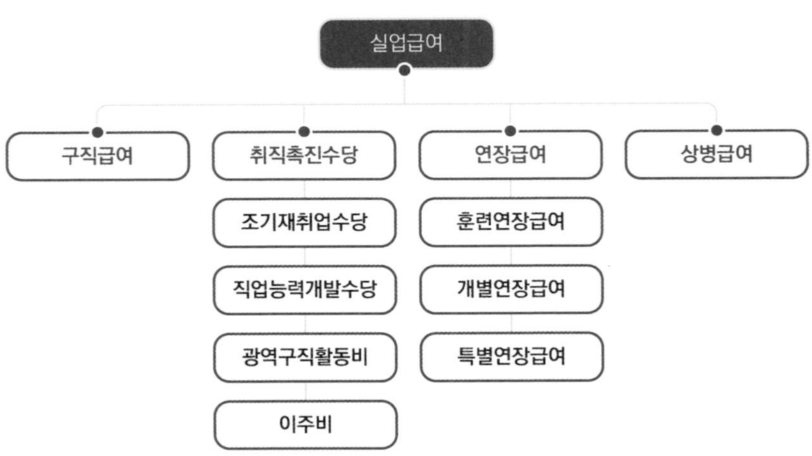

〈그림 2-1〉은 현재 고용보험 서비스 홈페이지[65]에 안내되어 있는 실업급여의 종류를 나타내고 있다. 고용보험법 제정 당시에는 입법전략상 가능하면 실업급여가 하나의 급여라는 점을 강조하기 위해 구성을 단순화하였으나, 그 이후에는 실업급여의 구성항목을 여러 가지로 나누어 고용안전망으로서의 손색이 없음을 나타내려는 접근방식의 차이를 볼 수 있다. 고용보험법 입안 당시와 비교해 보면 상병급여가 완전히 별개의 급여로 분리되었으며, 기본급여를 연장 지급하는 조항들이 별도의 급여형태로 분화되어 직업능력개발훈련을 받는 동안에 지급받는 훈련연장급여, 취직이 특히 어려운 저소득자에게 지급하는 개별연장급여, 실업률이 급격히 높아진 경우에 지급하는 특별연장급여가 독립된 급여로 발전되었다.

65 www.ei.go.kr

고용보험연구기획단의 논의로 다시 돌아가 보면 연구기획단에서는 실업급여의 구성항목을 논의하면서 부양가족에 대한 보조급여 제도의 도입 여부를 논의한 바 있는데, 일본에서 1963년 부양가족이 있을 경우 실업급여액을 추가하는 부양가산제도를 도입했다가 실업급여제도의 남용이 심화됨에 따라 1970년대에 이를 폐지하였다는 점을 들어 제도 도입 초기에는 도입하지 않는 것이 합리적이라는 제안을 하였고 고용보험법안을 작성하면서도 부양가족에 따른 급여차등은 고려하지 않았다.

(2) 실업급여에 대한 세제혜택

당초 고용보험법안에서는 '조세 기타 공과금의 면제' 규정을 두어 '실업급여로서 지급된 금액에 대하여는 조세 기타 국가 또는 지방자치단체의 공과금을 부과하지 아니한다'라는 규정을 두어 경제장관회의에 상정하였으나, 재무부에서 조세의 부과 및 감면은 세법에서 정할 사항이며 각 법률에서 조세감면 규정을 두었다 하더라도 효과를 갖는 것은 아니라고 하면서 고용보험법안에서 삭제할 것을 적극 요구함에 따라 고용보험법안에서는 삭제하고 그 대신에 소득세법에 실업급여를 비과세소득으로 분류해 세금을 부과하지 않는 규정을 두게 되었다. 이와 관련하여 2013년에 현행 고용보험법 제38조의 2에 '실업급여로서 지급된 금품에 대하여는 국가나 지방자치단체의 공과금을 부과하지 아니한다'는 규정을 두어 보완하게 되었다.

2. 기본급여(구직급여)

(1) 수급자격

이론적으로 실업급여를 지급받을 수 있는 요건은 ① 기여요건(Contribution Requirements), ② 자격요건(Eligibility Conditions), ③ 부자격요건(Disqualifications) 으로 구분할 수 있다. 그러나 이와 같은 이론상의 분류는 고용보험법의 규정과는 딱 일치되는 것이 아니어서 최초로 고용보험법을 조문화할 때에는 실업급여의 지급절차를 염두에 두면서 관련되는 개별 법 규정에서 해당되는 요건을 찾아 규정하는 방식을 택하였다. 그러다 보니 〈표 2-7〉에서 보는 바와 같이 실업급여의 수급자격 요건들, 특히 ② 자격요건(eligibility conditions)들이 여러 규정에 흩어지게 되었다.

이와 같은 입법례는 일본의 고용보험법, 독일의 사회법전 Ⅲ에서도 보이는 방식이다. 왜냐하면 ② 자격요건이 의미하는 바는 실업급여의 지급대상이 되는 '실업'을 어떻게 볼 것인지에 대한 정의 그리고 적극적인 구직노력 등을 어떻게 확인할 것인지에 대한 절차규정과 관련이 있기 때문이다. 그래서 우리나라 고용보험법안에서도 실업의 정의규정과 실업급여의 신청 및 정기적인 실업의 인정 등 절차규정에 흩어져 규정되게 되었다.

〈표 2-7〉 실업급여의 수급자격과 고용보험법의 법규정

실업급여의 수급자격	제정 고용보험법의 법규정	현행 고용보험법의 규정
기여요건 (Contribution Requirements)	제31조(구직급여의 수급자격)	제40조(구직급여의 수급요건) ① 제1호
자격요건 (Eligibility Conditions)	제2조 (정의) 제3호 : 실업 제33조 (실업의 신고) 제34조 (실업의 인정)	제40조(구직급여의 수급요건) ① 제2호, 제4호 제2조(정의) 제3호 : 실업 제42조(실업의 신고) 제44조(실업의 인정)
부자격 요건 (Disqualifi-cations)	제45조(이직사유에 의한 급여의 제한) 제46조(훈련거부 등에 의한 급여의 제한) 제47조(부정행위에 의한 급여의 제한)	제40조(구직급여의 수급요건) ① 제3호 제58조(이직사유에 따른 수급자격의 제한) 제60조(훈련거부 등에 따른 급여의 지급제한) 제61조(부정행위에 따른 급여의 지급제한)

이게 불편해 보였는지 1996년 고용보험법을 개정하면서 제31조의 구직급여의 수급자격 규정(현행 고용보험법 제40조)에 자격요건(eligibility conditions)과 부자격 요건(disqualifications)을 간략한 문구로 만들어 추가함으로써 수급자격을 한 조문으로 만들었는데, 이론상의 조건을 한 조문에 모아 규정하는 것 같아 보기는 좋을지 모르겠으나 입법론상으로는 그렇게 좋은 입법방식으로는 보이지 않는다. 왜냐하면 제31조에서는 제31조에 열거된 간략하게 요약되어 있는 요건들을 충족하면 실

업급여를 지급한다고 규정하고 있으면서 바로 뒤이어 구체적인 개별규정에 따라 실업의 인정을 받아야 실업급여가 지급된다는 식의 규정이 이어지고 있기 때문에 엄밀히 보면 앞에 있는 실업급여를 지급한다는 규정은 뭐고 뒤에 있는 실업급여를 지급한다는 규정은 뭐냐 하는 규정 간의 모호함이 발생할 수 있기 때문이었다. 제31조를 실업급여에 관한 규정에의 통칙과 같은 조항으로 해석하기에도 그 조항에는 실체적 조항으로서 매우 중요한 기여요건에 관한 규정이 담겨 있어서 그렇게 해석하기도 어려웠다.

그래서인지 2002년에 제33조의 2(현행 고용보험법 제43조)를 신설하여 실업급여 수급자가 실업급여 신청을 하면 직업안정기관의 장이 제31조의 요건에 따른 수급자격을 갖추고 있는지를 심사하여 인정받도록 하는 조항이 추가됨으로써 제31조의 수급자격(요건) 규정의 위치를 최초의 수급자격 판단과 관련된 조항으로 명확히 하여 뒤에 이어지는 실업의 인정 규정과 구분하였다. 이 조항이 신설됨으로써 입법상의 모호함이 제거된 것으로 보인다.

1) 기여요건(Contribution Requirments)

고용(실업)보험에서 실업급여를 지급받기 위해 일정한 기여요건을 요구하는 것은 사회보험으로서 '보험의 원리'에 충실하거나 또는 노동시장에 지속적으로 참여하고 있던 (attached to labor force) 실업자를 가려내어 실업급여를 지급함으로써 간헐적으로 노동시장에 참여하는 사람을 제외하기 위한 목적을 가지고 있다. 기여요건은 기준기간(qualifying period 또는 base period) 동안에 일정한 기여를 하였을 것을 요구하는 형태로 구성되는데, 기준기간 동안에 일정 금액 이상의 소득(earnings)을 요구하든지 또는 일정 기간 이상의 고용(employment)을 요구하는 형태로 규정된다.

국가에 따라 일정 기간의 고용은 날 수(days), 주 수(weeks) 또는 월 수(months)로 규정되며 캐나다 같은 경우에는 시간 수(hours)로 규정하기도 한다. 주 수(weeks) 또는 월 수(months)로 규정하는 경우에는 몇 시간 이상 또는 며칠 이상 일한 주 또는 월만을 산정해 포함시킨다는 조건을 설정하는 게 일반적이다. 이 기여요건은 사실 국가에 따라 너무나도 다양하게 규정되어 있고 한 국가에서도 노동시장상황 변화에 따라 다르게 규정하고 있어서 일반론을 찾기는 어려워 보인다.

다만, 당시 고용보험연구기획단에서는 많은 국가에서 그 당시의 제도를 토대로 6개월 내외 정도를 요구하고 있는 것으로 판단하고 있었다.[66] 우리나라의 기여요건과 관련해서는 당시 우리나라 노동시장에서 이직자의 1/2 정도가 1년 내에 이직할 정도로 정착성이 낮다는 점을 감안하여 12개월로 하는 것이 합리적이라고 제안하였고 기준기간은 농림수산업, 건설업 등에서의 계절적 취업자들에 의한 실업급여 수급 남용을 방지하기 위하여 18개월로 설정할 것을 제안하여 왔다.

당시 노동부에서도 고용보험연구기획단에서의 제안에 대해 제도 도입 초기라는 점에서 대체로 동의하는 분위기이었기 때문에 그대로 조문화 작업을 진행하였다. 다만, 고용보험연구기획단에서는 이직일 이전의 18

66 『고용보험제도 실시방안 연구』(유길상&어수봉, 1993)

개월 동안에 고용보험적용사업장에 고용되어 '고용보험료를 납부한 기간'이 통산하여 12개월 이상이 되어야 한다는 정도의 제안에 그쳐 이를 조문화하기 위해서는 매우 많은 검토가 필요하였다. 우선 고용보험료 납부방식은 그 당시의 산재보험료 납부방식과 일치되게 하는 것으로 결정되어 있었고 산재보험 납부방식에서는 당해 사업장의 임금총액에 보험료율을 곱하여 보험료를 산정·납부하기 때문에[67] 개별근로자의 보험료가 납부되었는지는 확인되지 않는다. 이러한 이유 때문에 12개월이라는 기간은 보험료를 납부한 달이 아니라 고용보험 적용사업장에서 피보험자로서 임금을 지급받은 날의 개념으로 대체하게 되었다.

그리고 12개월의 달수(months)는 피보험자로서 임금 지급의 기초가 된 날 수(days)가 15일 이상인 달만 산정하도록 하는 조건을 설정하였다. 이는 한 달 동안에 불과 수일만 일을 하면서 달 수(months)의 요건을 충족하는 것을 방지하기 위한 조건으로서, 많은 국가에서 이와 유사한 조건을 설정하고 있다. 핀란드는 26주를 요구하면서 1주에 18시간 이상 근로한 주만을 산입하도록 하고 있고, 영국도 이직일 이전 1년 동안에 얼마 이상의 소득, 2년 동안에 얼마 이상의 소득을 요건으로 하며, 미국의 많은 주들도 한 분기에 얼마 이상의 소득, 2분기 또는 1년 동안에 얼마 이상의 소득과 같은 형태로 규정함으로써 한 기간에만 집중적으로 일을 하여 기여조건이 충족되는 것을 방지하고 있다. 아마 기여요건이 완화되면 될수록 단기간 일을 하는 사람들이 기여요건을 충족할 가능성이 더 높아

67 2009년 사회보험료 징수통합에 따라 부과고지방식으로 변경되기 전에 산재보험료는 자신신고납부방식으로서 당해 사업장의 전년도 임금총액에 보험료율을 곱하여 납부한 뒤 다음연도 초에 실제지급된 임금총액을 토대로 정산하는 방식이었다.

져 기여요건에 이와 같은 요건을 추가하는 것으로 보인다. 하여튼 이와 같이 하여 실업급여의 기여조건은 제31조에 이직일 이전 18개월을 기준기간으로 하여 12개월의 피보험단위기간이 모이면 충족되는 것으로 규정하게 되었고, 제32조에 피보험단위기간은 한 달 동안에 임금 지급의 기초가 된 날의 수가 15일 이상인 경우에 그 달을 피보험단위기간 1월로 계산하도록 규정하였다.

2010년에 발간된 OECD 자료[68]를 놓고 다른 국가들에서의 기여요건을 살펴보면 1년의 피보험기간을 요구하는 국가는 독일, 오스트리아, 일본, 덴마크가 있고 영국도 1년 이상의 보험료 납부를 기여요건 중의 하나로 요구하고 있다. 다만, 이들 국가는 기준기간을 2년 (덴마크는 3년)으로 설정하고 있어서 우리나라 고용보험법 제정 당시의 기여요건은 이들 국가보다 다소 엄격한 것은 사실이다.

입법예고 과정에서 한국노총은 기여요건을 기준기간 12개월에 피보험단위기간 6개월로 단축하든지 또는 기준기간 24개월에 피보험단위기간 12개월로 수정할 것을 요구하였고, 일부 특수직종 근로자에 대해서는 기준기간과 피보험단위기간을 단축하여야 한다고 요구하였다. 그러나 고용보험연구기획단에서 전문가들이 모여 가장 합리적인 안이라고 논의를 모은 실업급여의 기여요건과 같은 핵심내용을 수정하기 위해서는 광범위한 여론 수렴이 필요하다는 점을 들어 당시에는 수용하기가 어려웠다.

실업급여의 기여요건은 이후 대량실업 사태 하에서 1998년 2월에 법 개정을 통해 입법예고 과정에서 한국노총의 제안과 같이 2000년 6월까

68 OECD Employment Outlook 2010

지 한시적으로 기준기간 12개월에 피보험단위기간 6개월로 완화하여 시행되었다. 그런데, 이 한시조치가 만료되기도 전에 법 개정을 통해 2000년 4월부터 기준기간 18개월에 피보험단위기간이 180일 이상으로 더욱 완화되어 오늘에 이르고 있다.

앞에서 기술한 바와 같이 피보험단위기간의 개념은 한 기간에만 집중적으로 일을 하여 실업급여 수급자격이 충족되는 것을 방지하기 위하여 도입된 것이며, 많은 국가에서 유사한 형태의 제도를 운용하고 있다. 고용보험법을 입안할 당시에는 실업급여를 지급해 본 경험도 없는 상태이었기 때문에 노동시장에서 나타날 수 있는 다양한 상황을 모두 상정해서 제도를 설계하기가 매우 어려운 것이 현실이었다. 실제로 일본 고용보험법의 해석집에 보면 매우 다양한 상황이 발생되고 있는데 이런 상황을 모두 담을 수 있는 법규정을 만들어내기도 매우 어려웠다. 그래서 이 부분에 대한 기술적인 규정은 이미 운영되고 있었던 일본 고용보험법의 규정에 의존할 수밖에 없었던 것이 사실이다. 그러나 그렇게 하여도 이 규정은 복잡해서 이해하기가 매우 어려운 규정이 되었다.

그래서 2000년 고용보험법이 개정되면서 피보험단위기간의 용어는 그대로 사용하면서도 그 내용은 현재와 같이 '피보험기간 중 보수 지급의 기초가 된 날'로 개정되었다. 이해하기 쉬운 규정으로 변경된 것은 좋았으나, 이 개정과 함께 수급자격 요건이 기준기간 18개월에 피보험단위기간 180일로 완화되면서 제도 도입 당시의 문제의식과는 달리 수급자격이 매우 완화된 형태로 변경된 것이다. 이 개정은 소규모 사업체에 종사하는 근로자나 임시·시간제 근로자는 실업과 취업을 반복하는 경향이 있어 기존의 규정으로는 실업급여를 받기 어렵기 때문에 이루어진 조치라고 하는데,[69] 기여요건을 달 수(months)에서 날 수(days)로 변경함으로써 기여요건이 크게 완화되면서, 과거와 같이 15일 이상 근로한 달만을 달 수(months)로 산입하다는 규정과 같이 근로일의 분산을 요구하는 규정도 없어서 기준기간에 단기간만 일을 해도 기여요건의 충족이 가능하게 되는 한계가 있었다.

2) 자격요건(Eligibility Conditions)

자격요건이란 다음 두 가지 요건을 충족한 사람에게만 실업급여를 지급한다는 요건이다. 첫째는 대략 ILO에 의한 실업의 정의에 부합되는 실업자이어야 한다는 것이다. 즉, 취업하지 않고 있어야 할 뿐 아니라 일을 할 수 있는 능력(ability to)과 일을 할 수 있는 상태(availability)에 있어서 언제든지 일자리가 생기면 일을 할 수 있는 사람으로서 적극적으로 구직노력을 하고 있는 사람이어야 한다는 것이다. 둘째는 직업안정기관에 구직등록을 하고 직업상담원과 구직상담과 취업알선을 받는 등 행정적 요건(administrative requirements)을 이행하는 사람이어야 한다는 것이다.[70] 특히, 첫 번째의 일을 할 수 있는 능력(ability)과 일을 할 수 있는 상태(availability)가 입증된 실업자에 한하여 실업급여를 지급한다는 요건은 이런 사람만이 실직 후에도 노동시장에 지속적으로 참여(attached to labor force)할 것이기 때문에 기여요건과 함께 노동시장에 지속적으

69 『고용보험 20년사』(고용노동부, 2016)

70 OECD Employment Outlook 2000

로 참여하는 사람을 선별하기 위한 동전의 양면이라고 설명하기도 한다. 물론 고용보험연구기획단에서도 '노동시장에의 지속적 참여'를 확인하기 위하여 세 가지 요건을 설정할 것을 제안하여 왔다. ① 일할 수 있는 능력과 상태에 있을 것, ② 실업 발생 즉시 공공직업안정소에 실업자등록을 하고 구직을 요청할 것, ③ 공공직업안정소가 소개하는 직업정보와 직업지도에 의해 적극적인 구직활동을 하여야 하며 이를 스스로 입증할 수 있을 것.

이상과 같은 이론적 설명을 고용보험법에 조문화하기 위해서는 실업급여 신청 및 지급 절차를 염두에 두고 해당 법조문에서 이를 구현하여야 했다. 그리하여 위의 첫 번째 요건에 해당하는 ILO 실업에 대한 개념은 고용보험법 전체를 관통하는 실업의 개념이었기 때문에 제2조에 실업은 '피보험자가 이직하여 근로의 의사와 능력을 가지고 있음에도 불구하고 취업하지 못한 상태에 있는 것을 말한다'라는 정의 규정을 두었다. 그리고 실업급여에 관한 장에서 이 정의 규정을 인용하여 필요한 요건을 규정하였다. 제33조에서 실업자가 실업급여를 지급받기 위해서는 이직 후 지체 없이 직업안정기관에 출석하여 '실업'을 신고하고 구직을 신청하도록 하여, 실업의 신고를 받은 직업안정기관이 제2조에 정의된 '실업'에 해당하는지를 판단하도록 하였다. 그리고 제34조에서는 2주간에 1회씩 직업안정기관에 출석하여 구직 노력한 것을 신고하여 직업안정기관으로부터 '실업'에 해당한다고 인정받은 날에 대하여 실업급여를 지급하는 것으로 조문화하였다. 그러므로 자격요건 중 첫 번째 요건은 제33조에 규정되고, 두 번째의 행정요건은 제34조에 규정된 것으로 해석하면 된다. 그리고 일을 할 수 있는 상태(availability)란 적절한 일자리가 나타나면 즉시

취업할 수 있는 상태를 의미하는 것이므로 제46조에 직업안정기관의 장이 소개하는 직업에 취직하는 것을 정당한 사유 없이 거부하는 경우 실업급여의 지급을 정지하도록 하여 이의 실현을 구현하였다.

자격요건과 관련하여서는 한국노총으로부터 직업안정기관에의 출석을 1개월 단위로 하여야 한다는 의견이 제출되었으나, 구직촉진을 위하여서는 잦은 출석이 필요하다는 점에서 수용되지 못하였다. 직업안정기관에의 출석주기는 이후 고용센터의 부족한 인력 및 취업지원업무에의 인력집중을 위하여 4주 이내의 기간 내에서 실업급여 수급자의 취업능력 및 취업의지의 정도에 따라 탄력적으로 운영할 수 있도록 법률이 개정되었다.

3) 부자격요건(Disqualifications)

고용보험연구기획단에서는 실업급여가 지급될 수 없는 사유로서 ① 정당한 이유가 없는 자발적 이직, ② 본인의 과실에 의한 해고, ③ 적합한 직업소개 또는 직업훈련의 거부, ④ 적극적 구직활동의 결여, ⑤ 피보험고용기간이 충족되기 이전의 재실업, ⑥ 부정한 급여의 신청으로 의견을 집약하여 건의하여 왔으며, 이중 ①②⑥의 경우에는 실업급여를 일절 지급하지 않고, ③④의 경우에는 실업급여의 지급을 정지하되 다시 요건이 충족되면 지급을 재개하고 ⑤의 경우에는 실업급여 남용을 방지하기 위해 과거 실업급여를 받은 이직일 이전의 피보험기간은 새로운 피보험기간 산정에서 제외하도록 건의하여 왔다.

이들 부자격 요건들은 ①을 제외하면 대부분의 국가에서도 이와 유사하게 운영하고 있는 것들이어서 그대로 반영하였다. 자발적 이직의 경우 실업급여를 지급할 것인지에 대해서는 일부 국가에서는 지급하지 않고 일부 국가에서는 일정기간이 지나도 취업하지 못한 경우에는 비자발적 이직으로 이미 성격이 변경된 것이라 하여 일정기간이 지난 뒤부터 실업급여를 지급하고 급여액 또는 급여기간도 감축하는 경우도 있었으나, 노동부 내에서는 제도 시행 초기부터 자발적 이직자에 대하여 실업급여를 지급하기는 어렵다는 판단을 내리고 있었다. 우선 고용보험제 도입을 반대하는 사람들에게 빌미를 제공할 우려도 있었으며, 자발적 이직자에 대하여 일정한 기간이 경과하기를 기다려 취업하지 못한 사람만을 선별해 지급하려고 해도 직업안정기관이 역량이 강화되어 그 기간에 이 사람이 계속 구직활동을 했는지를 모니터링하지 않으면 비경제활동인구에게 실업급여를 지급하는 남용의 문제를 방지할 수가 없기 때문에 당시의 직업안정기관의 역량으로는 기대하기가 어려웠기 때문이었다.

그리하여 ①과 ②에 대해서는 제45조(이직사유에 의한 수급자격의 제한)에서 수급자격이 없는 것으로 규정하였다. 다만 ①에 대하여는 '정당한 사유 없는' 자기 사정으로 이직한 경우에 수급자격이 없는 것으로 규정함으로써 외견상 자발적 이직인 경우에도 이직할 수밖에 없는 불가피한 사유가 있는 경우에는 실업급여가 지급될 수 있도록 길을 열어 두었고, ②에 대하여는 자신의 과실에 의한 해고를 부지급사유로 하면 대부분의 징계해고가 이에 해당되기 때문에 근로기준법에 의한 즉시해고의 사유에 해당하는 '자기의 중대한 귀책사유'로 해고된 경우로 사유를 제한하였다. ③에 대해서는 제46조(훈련거부 등에 따른 급여의 지급제한)에서 실업급여의 지급을 정지하는 것으로 규정하였다.

그런데 ④의 경우에는 적극적 구직활동의 확인이 제34조(실업의 인정)에 의한 2주간마다 직업안정기관을 방문할 때에 이루어지는 것이므로 이 규정에서 적극적 구직활동을 하지 않은 경우에는 실업의 인정을 하지 않도록 규정하였다. ⑤의 경우에는 기여요건과 관련이 있는 것이므로 제32조의 피보험단위기간에서 해당 기간을 제외하는 것으로 규정하였으며, 마지막으로 ⑥에 대해서는 제47조(부정행위에 따른 급여의 지급제한)에서 부정행위가 있은 날부터의 실업급여를 지급하지 않도록 규정하였다.

부자격요건과 관련된 이들 사안에 대하여는 한국노총에서 제45조(이직사유에 의한 수급자격의 제한)의 규정 중 중대한 자기귀책사유에 의한 해고에 대하여 결격사유에 해당하는지의 여부가 자의적으로 해석될 소지가 있다 하여 수급자격 박탈은 과도하다는 주장이 제기되었으나 근로기준법에 의한 즉시해고의 사유로 고시된 사유로 운영하는 것으로 하고 수용하지 않았다.

(2) 급여의 수준

고용보험연구기획단에서는 실업급여의 수급자격과 함께 실업급여의 수준과 지급기간에 대해 정말 공들여 많은 고민과 토론을 한 것 같다. 그 이유는 이러한 항목들이 실업급여의 지급이 노동공급에 미치는 부정적 영향을 최소화하는 데에 중요한 사항들이라는 판단에서이다. 여기에서 실업급여의 효과에 관해 연구기획단 보고서에서 기술된 다음 내용을 살펴볼 필요가 있다.[71]

---

71 『고용보험제도 실시방안 연구』(유길상&어수봉, 1993)

고용보험제도에 대한 비난은 실업급여의 지급이 실업의 비용을 감소시킴으로써 실직근로자의 구직활동 노력을 약화시키고 실업기간을 장기화시킬 수 있다는 데 있다. 반면에 실업급여제도에 대한 옹호론자들은 실업급여의 지급이 가족의 생계 때문에 기술수준과 과거의 직업경력에 부합하지 않는 부적합한 직업을 마지못해 받아들이는 것을 방지하고 보다 좋은 직장을 찾을 수 있도록 지원해 줌으로써 본인의 적성과 맞지 않아 또다시 이직하는 것을 줄여줌으로써 노동력의 합리적인 배치와 활용을 촉진하고 기업의 경쟁력 향상과 근로자의 임금향상에 도움이 된다고 주장하고 있다. 결국 실업급여의 지급은 노동공급에 긍정적인 영향과 부정적인 영향을 동시에 미치기 때문에 장기적으로 긍정적인 영향이 부정적인 영향보다 커서 전체 효과가 긍정적으로 나타나게 하기 위해서는 실업급여수준, 실업급여기간, 실업급여 수급자격 등을 합리적으로 결정하여 부정적인 영향을 최소화하도록 하여야 한다.

오늘날의 실업급여에 관한 논의에서도 실업급여의 지급이 노동공급에 부정적인 영향을 미치는지 긍정적인 영향을 미치는지는 중요한 분석의 대상이며 직업탐색이론(Job Search Theory)의 연구대상이기도 하다. 이 이론에 따르면 근로자의 직업탐색에 영향을 미치는 요인으로는 실업급여의 수준도 있지만 구인·구직에 있어서의 정확한 정보제공 등 직업안정기관의 역할도 있다. 따라서 단순히 실업급여의 수준과 기간만을 가지고 논할 사항은 아니며 고용서비스가 어떠한 역할을 하는지가 더 중요한 역할을 한다고 보아야 한다. 최근에는 Schumid의 이행노동시장이론에서 보는 바와 같이 노동시장 각 단계에서의 '원활한 이행'을 위한 사회적 보호와 지원프로그램을 묶어서 하나의 시각으로 보기도 한다.

하여튼 그 당시 고용보험연구기획단에서는 ILO협약 제168호에서 실업급여는 적어도 종전소득의 50% 이상이어야 한다고 규정하고 있는 점, 당시 우리나라에는 법정퇴직금제도가 있어서 1년 이상 근속한 후 실업이 발생하면 1개월분의 임금이 지급되는 점 등을 고려하여 실업급여의 수준을 실업 발생 전 임금의 50% 수준이 적합하다고 제안하면서 실업 발생 전 임금은 근로기준법상의 평균임금과 같이 실직 전 3개월분의 임금으로 계산하면 상여금 등 부정기적으로 지급되는 임금을 지급받은 후 실직하려는 현상이 발생하는 문제를 완전히 방지할 수 없다고 하면서 사유 발생일 이전 3~12개월에서 합리적으로 설정할 필요가 있다고 제안하여 왔다. 또한 실업급여의 상한액이 없을 경우 고임금계층이 매우 많은 실업급여를 지급받음으로써 사회보험의 취지에 배치되는 현상이 발생한다고 하면서 당시 국민연금법상의 표준보수월액의 최고한도액인 200만 원을 실업급여 및 보험료 산정의 기준이 되는 임금의 상한액으로 하여 200만 원의 50%인 100만 원을 실업급여의 상한액으로 하는 것이 적절하다고 제안하여 왔다.

고용보험법안의 조문화 작업을 하면서 실업급여의 수준은 실업 발생 전 임금의 50%를 그대로 적용하였다. 그리고 이직 전 임금은 실업급여의 기여조건 충족 여부를 위해 계산된 피보험단위기간 12개월 동안에 지급받은 임금의 총액을 365로 나누어 계산하도록 하였다. 그 이유는 3개월을 기준으로 산정하는 평균임금은 연장근로수당 등의 영향으로 변동 폭이 클 뿐 아니라 이미 정기상여금의 경우 12개월 동안에 지급된 연간 상여금 총액을 12달로 나누어 3개월분을 평균임금 산정에 산입한다는 노동부 지침과 대법원 판례가 있었기 때문인데, 이러한 이유로 3개월로 산정하는 것보다는 12개월로 산정하는 것이 훨씬 공평한 결과를 얻을 수 있다고 판단하였다.

그 대신에 이직 전 임금이 낮아지는 것을 방지하기 위한 규정을 2가지 설정해 보완하기로 하였다. 첫째는 12달을 평균하여 산정된 금액이 통상임금보다 낮은 경우에는 통상임금을 급여기초임금일액(급여의 기초가 되는 임금의 일액을 말한다)으로 하는 조항을 두어 통상임금보다 금액이 낮아지는 것을 방지하였다. 둘째는 이직 전 임금을 어떠한 방식으로 산정하든지 최저임금에 해당하는 금액을 기준으로 그 50%의 실업급여는 지급되어야 한다는 규정을 두어 위와 같이 산정된 금액들이 일단 위에 해당하는 최저임금액(시간급 최저임금의 8시간분)보다 낮으면 최저임금액을 급여기초임금일액으로 하도록 하였다. 두 번째의 내용이 최저임금의 하한액에 관한 규정이 되었고 이 규정이 도입된 근본 취지는 실업급여의 지급률이 50%로 낮은 가운데 공평한 평균임금 산정을 위해 이직 전 12개월의 임금을 평균해 이직 전 임금을 산정함으로써 실업급여액이 너무 낮아질 수 있는 문제를 보완하기 위해 도입된 규정이었다.

이와 함께 실업급여액의 상한액을 설정하자는 고용보험연구기획단의 제안도 수용하여 급여기초임금일액의 상한액을 설정하되 당시에는 임금인상률과 물가상승률이 높았던 시기이었으므로 상한액을 탄력적으로 운용할 수 있도록 시행령에서 정하도록 위임해 시행령에서 7만 원을 상한액으로 정해 실업급여의 일액이 최대 3만 5천 원이 되도록 하였다. 이를 월단위로 환산하면 실업급여액이 100만 원에 상당해 자칫 실업자에게 100만 원씩의 실업급여를 지급한다는 비판에 봉착할 우려도 있었으나, 고용보험연구기획단에서 제안한 이 정도의 금액을 수용한 배경에는 1992년 도시가계연보에 따르면 평균소득 근로자 가구의 생활유지에 필요한 비용이 977천 원으로 확인된다는 점, 고용보험료의 징수에 고용보험연구기획단에서 제안한 보험료징수의 상한액은 두지 않는다는 점, 실업 전에 월 소득 200만 원인 근로자 가구의 경우 월 가계지출액은 197만 원인 데 반해 실업급여액은 100만 원에 불과해 절대 많은 금액이 아니라는 점 등이 고려되었다.[72]

당시 고용보험법안에서는 평소에 피보험자인 근로자들의 임금지급액을 별도로 보고받는 체제가 없었으므로 고용보험법시행령에서 피보험자격상실신고서의 부속서류로 이직확인서를 만들어 이직확인서에 이직일 이전 18개월(기준기간) 동안의 임금지불상황 및 임금지불의 기초가 된 일수를 표기해 제출하도록 함으로써 수급자격도 판단하고 실업급여지급액의 산정에 필요한 임금자료를 확보할 수 있도록 하였다.

이와 같은 방식은 캐나다와 일본과 같은 국가에서도 사용하는 방식으로, 정기적으로 개별근로자의 임금자료를 보고받지 않는 경우에는 근로자의 이직 시에 필요한 임금자료를 보고받을 수밖에 없기 때문이다. 캐나다의 경우에는 이직확인서에 해당하는 Record of Employment가 고용보험에서 가장 중요한 서류라고 안내하면서 근로자의 이직 시마다 전 사업장에서의 제출을 의무화하고 있다. 캐나다의 경우에는 이 자료를 통해

72 '노동부 내부검토자료' (1994.1, 실업급여 상한액 검토)

고용보험을 운영하면서 임금통계 자료를 확보하는 것으로까지 활용하는 것으로 보인다.

위의 내용으로 입법예고한 결과 한국노총으로부터는 실업급여의 금액을 실업 발생 전 임금의 60%로 지급하여야 한다는 주장이 제기되었고, 금속노련으로부터 실업급여액의 산정에 부양가족 수를 고려하든지 또는 저임금자의 지급률을 상향조정해야 한다는 주장이 제출되었다. 경총으로부터는 통상임금의 50%로 실업급여를 지급해야 한다는 의견이 제출되었으며, 상공부와 경제기획원에서도 이에 동조하여 통상임금의 50%를 주장하였다. 통상임금의 50% 수준은 ILO 협약에 미달하는 수준일 뿐만 아니라 그 당시의 통상임금 범위를 기준으로 하면 통상임금은 평균임금의 61% 수준[73]에 불과하여 통상임금의 50% 수준으로는 최소한의 생계유지에도 미흡하게 된다는 점 등에서 수용이 불가하였다. 또한, 실업 발생 전 평균임금의 60% 수준도 제도 도입 초기부터 도입할 수는 없어서 수용되지 않았다.

다만 저임금근로자에 대한 지급률을 상향조정하자는 의견에 대해서는 계속 검토한다는 입장을 가지고 있었는데, 외환위기 시의 대량실업 사태 속에서 1998년 최저임금의 70%로 상향조정되었다. 그런데 이 지급률이 2000년부터 최저임금의 90%로 상향조정되었으며, 최저임금의 90% 수준은 노동공급에 부정적 영향을 미칠 수 있는 수준이라는 문제가 제기되고는 하였다. 한편, 구직급여의 상한액은 경제위기로 인한 경기침체 국면에서 1999년 1일 3만 원으로 하향 조정되었다가 2001년부터 3만5천 원

73 노동부 내부검토자료

으로 다시 인상된 후 2006년부터 4만 원으로 상향되었다. 이후에 2015년 4만3천 원, 2017년 5만 원, 2018년 6만 원으로 상향조정되었는데 이는 매년 최저임금이 인상되면서 구직급여 하한액이 상한액보다 높게 될 우려가 있기 때문에 인상한 것으로 최저임금의 상한액과 하한액의 차이가 거의 없어지는 현상이 발생하게 되었다. 고용보험법의 제정 당시에는 최저임금 소득자에 대한 지급률이 높지 않아서 이와 같은 문제에 대해서는 전혀 예견하지 못했으나, 최저임금 소득자에 대한 지급률이 높아지면서 하한액의 지급률은 법률로 고정되어 있는 반면 상한액은 대통령령으로 정하도록 하는 입법체계상 불일치하다는 문제가 지적되기도 하였다.

이와 같은 실업급여의 지급수준은 2019년 고용보험법이 개정되면서 많이 수정되었다. 다른 OECD 국가들과 비교하면 실업급여의 수준이 제한적이라는 지적을 받고 있어서 문재인 정부에서는 실업급여의 보장성 강화를 추진하였고 이에 따라 구직급여의 수준이 실업 발생 전 평균임금의 60%로 상향되었다. 이와 함께 하한액은 최저임금의 80%로 조정되었고, 상한액은 2019년부터 6만6천 원으로 인상되었다. 하한액이 최저임금의 80%로 조정됨에 따라 혹시 발생할 수 있는 노동공급에의 부정적 영향은 완화할 수 있었으나 최저임금이 인상됨에 따라 상한액과 하한액의 격차가 거의 없는 문제는 해소되지 않고 있다. 한편, 급여기초임금일액을 실업 발생 전 12개월간의 임금총액으로 계산하도록 하는 방식은 12개월간의 임금자료를 확보해 계산하기가 어렵다는 등 여러 이유로 실업급여의 지급이 개시되기 시작한 직후인 1996년 말에 3개월간의 평균임금으로 계산하는 것으로 법 개정이 되어 오늘에 이르고 있다.

이와 같은 연유로 우리나라 고용보험법에는 임금기초임금일액의 상한액과 하한액을 설정하는 방식으로 실업급여의 상하한액이 정해져 있다. 반면에 다른 나라들에서는 대부분 도입하고 있는 보험료 납부에 있어서의 과세소득 상하한액은 도입하지 않고 있다. 제도 도입 시에는 사업장의 임금총액에 보험료율을 곱하여 산정된 보험료를 납부하는 방식이어서 개인별 보험료 산정의 대상이 되는 임금의 상하한액은 고려대상이 아니었으나, 개인별 소득격차가 크게 발생할 수 있는 특고, 자영업자 등에 대해 고용보험을 적용확대하는 과정에서는 이 문제가 점점 더 제기될 것으로 보인다.

(3) 급여의 지급기간

고용보험연구기획단은 1990년도 경제활동인구조사결과를 근거로 실업자의 실업기간이 3개월 미만이 50% 이상, 6개월 미만이 약 85%라는 점을 들어 실업급여의 지급기간은 최대 6개월 정도면 충분할 것이라고 하면서 제도 도입 초기의 보험재정 안정과 실업급여 수급 남용을 방지하고 성실한 근로자에 대한 보호를 충실히 하기 위해 실업급여 지급기간을 피보험고용기간과 연계해 〈표 2-8〉과 같이 제안하여 왔다.

고용보험법안 작성 시 기본급여의 소정급여일수는 고용보험연구기획단의 제안을 그대로 수용하였다. 이에 추가하여 실업자가 실직하자마자 실업을 등록하고 구직신청을 하도록 하기 위하여 실업급여는 이직일로부터 10개월의 기간 내에서만 지급할 수 있도록 제한하였다. 그래도 최대 지급기간이 210일이므로 실직한 날로부터 3개월의 여유가 남아 있으므로 과도한 제한이라고는 판단하지 않았다. 또한 피보험기간을 어떻게 산정할 것인가와 관련하여 다음 두 가지 세부 규정을 두었다. 첫째는 한 사업장에서 이직하고 다른 사업장에 재취업한 경우에 1년 이내의 공백이 있는 경우에는 피보험기간을 합산하지만 1년 이상의 공백이 있는 경우에는 합산하지 않고 마지막 이직 당시의 사업장에서의 피보험기간만으로 계산한다. 이는 우리나라에서는 중장년 여성들의 경우 일자리에 취업한 후 이직하여 비경제활동인구로 지내다가 다시 재취업하는 경우가 많아 노동시장에서 퇴장하지 않도록 하는 유인체계로서 고용기간이 단절되는 경우 1년 이상의 공백이 발생하면 피보험기간을 합산하지 않도록 한 것이다. 둘째는 종전에 실업급여를 지급받은 경우에는 그 이전의 피보험기간은 제외하고 그 이후의 피보험기간 만을 가지고 새로운 실업급여 지급기간을 산정토록 한다.

입법예고 과정에서는 한국노총으로부터 두 가지의 주장이 제기되었다. 첫째는 한 사업장에서 이직하고 다른 사업장에 재취업한 경우에 3년 이내의 공백이 있는 경우에는 전체의 피보험기간을 합산하여야 한다는 것이었고, 둘째는 종전에 실업급여를 지급받은 경우에도 중간에 재취업함으로써 실업급여의 미지급일수가 남아 있는 경우에는 그 미지급일수에 비례한 남은 기간을 새로운 피보험기간에 합산하여야 한다는 것이었다. 그러나 첫째의 3년 이내의 공백이 있는 경우 전체를 합산하자는 것은 실직자의 구직촉진이라는 입법취지와 상치된다는 점에서 수용하기 어려웠고, 둘째의 실업급여를 지급받는 도중에 재취업한 경우에는 미지급일 수에 비례하여 조기재취직수당이 지급된다는 점에서 이전 피보험기간을 합산하기는 어려웠다.

〈표 2-8〉 기본급여의 소정급여일수 (입법예고안)

		피보험기간			
		1년 이상 3년 미만	3년 이상 5년 미만	5년 이상 10년 미만	10년 이상
이직일 현재 연령	30세 미만	60일	90일	120일	150일
	30세 ~ 50세 미만	90일	120일	150일	180일
	50세 이상 및 장애인	120일	150일	180일	210일

〈표 2-9〉 기본급여의 소정급여일수 (제정 법률)

		피보험기간			
		1년 이상 3년 미만	3년 이상 5년 미만	5년 이상 10년 미만	10년 이상
이직일 현재 연령	25세 미만	30일	60일	90일	120일
	25세 ~ 30세 미만	60일	90일	120일	150일
	30세 ~ 50세 미만	90일	120일	150일	180일
	50세 이상 및 장애인	120일	150일	180일	210일

〈표 2-10〉 구직급여의 소정급여일수 (현행 제도: 2019년 이래)

		피보험기간				
		1년 미만	1년 이상 3년 미만	3년 이상 5년 미만	5년 이상 10년 미만	10년 이상
이직일 현재 연령	50세 미만	120일	150일	180일	210일	240일
	50세 이상 및 장애인	120일	180일	210일	240일	270일

한편, 관계부처 협의과정에서 이직률이 높은 30세 미만 청년의 경우 90일의 실업급여를 지급하는 것이 자칫 실업기간을 연장시키는 부작용이 생길 수 있다는 우려가 제기되면서 25세 미만의 청년층에 대하여는 좀더 짧은 실업급여 지급기간을 설정하는 것으로 수정되었다. 그러나 당시 우리나라 청년층의 실업률이 아무리 낮고 이직률이 높다 하더라도 30일의 지급기간은 너무 짧은 것이었다. 이후 대량실업 사태 하에서 1998년 25세 미만의 소정급여일수를 30세 미만으로 다시 통합해 30일씩 증가시켰으며, 이때 실업급여의 기여요건이 12개월에서 6개월로 단축되면서 1년 미만의 피보험기간에 대하여도 60일간의 실업급여를 지급하는 것으로 확대되었다. 이 조치는 처음에는 임시조치로 출발하였으나 2000년 법 개정을 통해 30세 미만에 대하여는 보험가입기간에 따라 90~180일, 30세 이상~50세 미만에 대하여는 90~210일, 50세 이상 및 장애인에 대하여는 90~240일을 지급하는 것으로 하였다.

그런데 이러한 지급기간도 실업급여의 소진률을 분석해 보면 90일로 설정되어 있는 구간에서 특히 소진률이 높은 것으로 나타나 노동시장의 실업기간 실태에 비해 실업급여 지급기간이 짧은 것 같다는 지적을 받았다.[74] 실업급여의 보장성 강화를 위해 2019년 고용보험법이 개정되면서 〈표 2-10〉과 같이 구직급여의 지급기간이 다시 연장되었다. 30세 미만을 30세 이상~50세 미만 구간으로 통합한 후에 각 보험가입기간에 따른 급여지급일수를 30일씩 증가시켜 최소 구직급여 지급기간을 120일로 증가시켰다. 한편, 실업급여를 지급받을 수 있는 기간은 소정급여일수가

74 『고용보험 20년사』 (고용노동부, 2016)

조금씩 확대되면서 2000년부터 이직일로부터 10개월의 기간 내에 지급할 수 있었던 것을 이직일로부터 1년 내에 지급할 수 있는 것으로 확대되어 오늘에 이르고 있다.

(4) 대기기간과 실업급여 지급절차

실업급여를 지급하는 데에 있어서 대기기간을 설정하는 것은 과거에는 실업급여 신청자의 수급자격을 심사하는 데에 시간이 필요하였기 때문이나 현대에는 실업 발생 후 짧은 시간 동안에 재취업할 수 있는 사람에게까지 실업급여를 지급할 필요가 없기 때문이다. 고용보험연구기획단에서는 우리나라의 경우 근로자의 근속연수가 현저히 짧고 이직률이 높아 제도 도입 초기에 제도남용의 우려가 높다는 점과 다른 나라와 달리 우리나라에 존재하고 있었던 법정퇴직금제도를 감안해 대기기간으로 2~4주 정도를 제안하여 왔다. 노동부에서는 당초 법정퇴직금이 근속 1년당 30일분이 지급된다는 점을 감안해 실업의 신고일로부터 30일을 대기기간으로 설정하여 입법예고하였다. 이에 대하여 한국노총은 대기기간을 3주일로 단축하자는 주장을 제기하였으며, 이 주장을 수용하면서 내부검토 결과 최종적으로 2주일을 대기기간으로 규정하게 되었다. 이후 대기기간은 2002년도에 1주일로 다시 단축되게 된다.

한편, 고용보험연구기획단은 실업급여의 수급자격, 지급수준, 지급기간, 대기기간 등 제도상의 쟁점에 대하여는 많은 토의를 하여 제안하여 왔으나, 직업안정기관에서 실업급여 신청자에게 어떤 주기로 어떤 절차를 통해 상담하고 구직노력을 확인하며 취업 알선하고 실업급여를 지급하는지 등과 같은 고용서비스와의 연계절차와 관련해서는 별다른 제안을 하지 않았다. 따라서 이 문제는 순전히 고용보험법 제정 시 필자를 포함한 고용보험제 도입을 담당하던 팀원들의 몫이었다. 이를 위하여 당시에 일본 직업안정소의 내부규정을 샅샅이 훑어보고 서로 토론하였던 기억이 있다. 일본 직업안정소에는 실업급여 담당부서와 취업알선 담당부서가 있는데 양 부서의 업무협조 속에서 실업급여 수급자에 대하여 각각 취업지원과 실업급여를 지급하고 있었다. 훨씬 뒤의 일이지만 나중에 미국의 원스톱센터, 영국의 잡센터의 업무처리절차를 파악해 보면 이들 영미권 국가에서는 상담직원 한 명이 실업급여 신청자를 전담하여 취업알선도 하고 실업급여 지급도 하는 체제를 가지고 있었다.

당시에는 영미권 국가의 사례까지는 연구가 덜 되어 있었고 자료 접근이 쉬운 일본의 사례를 연구하면서 고용보험법의 규정을 만들어 나갔다. 그리하여 앞의 수급자격에서 설명한 바와 같이 실업의 신고일로부터 2주일마다 1회씩 직업안정기관에 출석하도록 출석날자를 지정하고 그때마다 실업의 인정을 하여 실업의 인정을 받은 날에 대하여 실업급여를 지급하도록 규정하였다. 그렇게 하여 실업급여는 2주마다 지급하게 되었으며, 입법예고 과정에서 한국노총의 대기기간 단축 요구와 관련하여 논의하면서 대기기간을 2주일로 결정한 것도 실업의 신고일로부터 2주일 단위로 직업안정기관에 출석하게 되므로 맨 처음의 2주일을 대기기간으로 지정해 2주간의 주기에 맞추고자 하는 고려가 있었다.

또한, 고용보험법 조문을 작성하면서 실업급여 수급자의 취업능력(employability) 향상을 위해서는 직업훈련을 받는 것이 중요하다는 판단 아래 실업급여 수급자에 대하여 직업안정기관의 장이 직업능력개발훈련을 받도록 지시하는 경우 훈련을 받는 기간 동안 실업급여도 연장하여 지급할 수 있도록 하고 실업의 인정도 한 달에 한 번씩 받을 수 있도록 하였다. 또한 정당한 사유 없이 직업능력개발훈련을 받는 것을 거부하는 경우 실업급여 지급을 정지할 수 있도록 하는 규정 등을 마련하는 데에 공을 들였다.

나중에 고용보험제를 운영하면서 적극적 노동시장정책에 대한 외국의 사례를 좀 더 공부하면서 알게 된 사항이 있다. 우리나라의 고용보험법에는 '직업안정기관의 장이 지시한 직업훈련 등을 …'이라는 문구가 사용되고 있다. 그런데 나중에 해외 사례를 좀 더 공부해 봤더니 이러한 법문구의 표현은 독일, 일본과 같이 행정법 체계에서 공정력을 인정하는 등 행정권이 일반 국민에 대하여 우위에 있다고 인정하는 국가들에서 사용되는 표현이었으며, 이러한 법체계에는 독일식의 법체계를 계수하고 있는 한국도 포함된다. 반면에 행정권도 일반 국민과 동등한 법적 지위에 있는 것으로 보는 영미권의 법체계에서는 이와 같이 일방적으로 직업훈련을 '지시'하지는 못하고 개인별취업계획(Individual Action Plan)을 실업급여 수급자가 직업상담원과 함께 작성하여 각자 서명함으로써 실업급여 수급자와 직업안정기관이 상호의무(mutual obligation)를 부담하는, 즉 실업급여 수급자는 직업훈련 또는 구직활동을 할 의무를 부담하고 직업안정기관은 이러한 노력을 적극 지원하면서 실업급여를 지급할 의무를 부담하는 형태로 운영되고 있었다. 즉 독일, 일본, 한국의 법제에서는 같은 내용을 행정관청이 '지시'한다고 법 규정에 표현하고, 영미권 국가에서는 협약서에 상호 서명함으로써 상호의무를 부담하는 형태로 운영되는 차이가 있었다. 법 규정의 표현에 차이는 있으나 현재 우리나라에서도 고용센터의 상담창구에서는 협약서에 서명하는 형태, '상호의무' 방식으로 운영되고 있다.

실업급여 수급자에 대해 고용센터에 출석토록 하는 주기는 그 이후 고용센터에서 취업지원프로그램을 확충해 가는 과정에서 많은 내부토론을 거쳐 수차례 변경되는 사안이 되었다. 다른 외국의 경우에도 고용서비스의 프로세스를 개혁한다고 하면 결국 이 프로세스를 개혁한다고 할 정도로 매우 중요한 이슈이며, 현재는 실업의 신고일로부터 1~4주의 범위에서 직업안정기관의 장이 지정한 날에 출석토록 탄력성을 부여하는 형태로 개선되어 있다.

(5) 급여의 연장지급

고용보험연구기획단에서는 재취업을 위하여 직업안정기관의 지시에 의하여 직업훈련을 받게 되는 실업급여 수급자에게는 훈련연장급여를 지급하자고 하면서 직업훈련(그 기간이 1년 이내의 것에 한함)을 받는 기간, 훈련수강을 위하여 대기하고 있는 기간(30일 한도) 및 훈련수강 후 재취직할 때까지의 기간(30일 한도)에 대하여 실업급여를 지급하자고 제안하여 왔다. 대부분의 국가에서 소정의 실업급여기간이 종료한 다음에도 직업훈련을 받는 실직자에 대해서는 직업훈련이 종료될 때까지는 실업급여를 계속 지급하는 것이 일반적이라는 점, 그리고 일반 실업급여에 대해서는 제도 도입 초기에 매우 제한적으로 도입할 필요가 있었으나 실업자의 직업능력개발훈련과 관련된 사항에 대해서는 보다 적극적으로 지원할 필요가 있다는 점 등 때문에 고용보험연구기획단의 제안은 세 가지 측면에서 수정되어 고용보험법에 반영되었다.

첫째는 직업능력개발훈련을 기간이 1년 이내의 것으로 제한할 필요는 없었다는 점이다. 왜냐하면, 현재에도 국가기간·전략산업직종훈련 또는 폴리텍의 기능사훈련과정 등과 같은 경우에는 훈련기간이 1년 이상 되는 경우도 많이 있으며 훈련기간이 긴 과정일수록 훈련 후 취업성과도 높아지기 때문이었다. 그래서 훈련기간의 제한은 두지 않되 기본급여가 연장지급되는 한도를 넉넉히 2년으로 설정하였다. 둘째는 훈련수강을 위한 대기기간과 훈련수강 후 구직활동기간에 대하여 통산해 60일의 범위 내에서 기본급여를 연장지급할 수 있도록 하여 상황에 따라 탄력적으로 대응할 수 있도록 하였다. 셋째는 별도의 훈련연장급여라는 형태로 도입하는 대신에 '기본급여의 연장지급' 형태로 도입하였다.

또한 고용보험연구기획단에서는 별도의 언급을 하고 있지 않았으나, 전체적으로 실업급여의 소정급여일수가 길지 않았기 때문에 이를 보완하기 위해 '대통령령이 정하는 취직이 특히 곤란한 수급자격자'에 대하여는 기본급여를 60일(30세 미만은 30일) 한도로 연장지급할 수 있도록 하는 제도를 도입하였다. 그리고 시행령에서 기본급여를 연장지급할 수 있는 대상으로 ① 고용정책기본법에 의하여 고용이 악화되고 있다고 노동부장관이 지정하는 업종과 지역에서 이직하는 사람, ② 기본급여의 소정급여일수가 종료될 때까지 취업할 가능성이 없고 재취업을 위한 지원이 계속 필요한 사람, ③ 재취업을 위해 직종 전환이 필요하나 직업훈련을 받기 곤란한 사정이 있는 사람으로 규정하였다.

이 규정들은 1998년 법 개정을 통해 맨 처음의 내용은 훈련연장급여로 분화되었고, 뒤의 내용들은 특별연장급여와 개별연장급여로 각각 발전되었다.

(6) 급여의 감액

일반적으로 주요 국가들의 경우 실업급여가 지급되는 실업의 개념을 정의하면서 완전실업의 경우에만 실업급여를 지급할 것인지 여부 또는 근로시간이 일정 수준 미만으로 감소하는 경우에도 실업으로 보아 실업급여를 지급할 것인지에 대해 규정하고 있다. 고용보험제도를 도입할 당시 고용보험법은 적용대상을 상용직 중심으로 규정하고 있었기 때문에 이 부분에 대한 고민과 인식의 수준은 매우 낮았다고 할 수 있다. 실업의 정의에 '피보험자가 이직하여 근로의 의사와 능력을 가지고 있음에도 불구하고 취업하지 못한 상태에 있는 것을 말한다'라고만 규정하여 완전실업을 전제로 한 정의규정만 가지고 있었다. 그러므로 (상용직) 근로자가 고용보험 가입사업장에서 이직하여 '실업'의 상태에 있으면 수급자격의 충족 여부를 판단해 실업급여가 지급된다. 그런데 실업급여를 지급받는 동안에 파트타임 근로 또는 부업 등을 통해 근로소득을 얻을 수 있다면 실업급여의 금액은 어떻게 조정될 것인지는 매우 중요한 문제가 된다. 왜냐하면 실업자의 근로장려와 관련되는 사항이기 때문이다.[75]

---

75 실무적으로는 파트타임으로 근로하는 경우 고용보험의 적용대상이 되면 실업의 상태를 종료하고 고용보험에 가입조치하며, 가입대상이 되지 않으면 실업급여 지급하는 동안의 소득으로 처리하고 있다.

고용보험연구기획단에서는 이 부분에 대해서는 별다른 언급을 하고 있지 않았으나, 고용보험법안의 조문화 작업을 하면서 근로를 통한 추가 소득액과 실업급여액의 합계가 실업 발생 전 임금의 80%까지는 전액 인정하고, 합계가 80%를 초과하는 경우에는 초과하는 금액을 실업급여에서 감액하도록 하였다. 실업급여가 실업 발생 전 임금의 50%를 지급하는 것이라면 결국 추가소득은 실업급여액의 30%까지 인정해 준다는 의미가 되겠다. 이 규정은 2002년 법 개정을 통해 삭제되고 고용보험법 시행규칙에서 근로제공의 대가로 실업급여액 이상을 수령하는 경우에는 취업한 것으로 보아 그 날에 대하여는 실업급여가 지급되지 않도록 변경되었다. 결국 실업급여액의 100%까지는 추가소득을 인정해 주겠다는 뜻으로 해석된다. 법 제정 시보다는 훨씬 더 실업급여 수급자의 근로를 장려하는 방식이라 하겠다.

앞으로 '전국민 고용보험 로드맵'에 따라 소득기반 고용보험체제로 전환하고 복수의 일자리에 대해서도 고용보험 피보험자격을 인정하게 되는 경우에는 실업의 개념도 부분실업을 인정하는 형태로 변경될 필요가 있으며 실업급여 지급기간 동안의 취업을 통한 소득인정을 얼마나 인정할 것인지 등에 대한 종합적인 검토가 필요해 보인다.

(7) 상병 시의 특례

우리나라 건강보험법은 의료급여 중심으로 운영되며 상병수당에 대해서는 법 제50조에서 임의규정으로 대통령령으로 정하는 바에 따라 실시할 수 있다는 근거규정은 가지고 있으나 현재까지 실시되고 있지 않기 때문에 근로자가 질병 또는 부상으로 일을 할 수 없는 경우에 생활안정 문제가 제기된다. 실업자의 경우에도 실업급여를 받는 도중에 질병 또는 부상으로 취업이 불가능한 상태가 되어 실업의 인정을 받지 못하게 되면 실업급여가 지급되지 않게 되므로 그 기간에 생계가 불안정해지는 문제가 발생하게 된다. 이러한 경우를 대비하여 고용보험법에 '상병 시의 특례' 규정을 두어 이러한 경우에 기본급여에 상당하는 금액을 상병급여로 지급하고 그 일 수분의 기본급여가 지급된 것으로 간주하는 특례제도를 두고 있다. 이 규정은 1998년에 출산으로 인하여 실업의 인정을 받지 못하게 되는 경우에도 상병급여를 지급받을 수 있도록 보완되어 오늘에 이르고 있다.

3. 취업촉진수당

(1) 조기재취직수당

고용보험연구기획단에서는 실업급여 수급자가 실업급여 지급기간을 많이 남겨 놓은 상태에서 조기에 재취업하였을 경우 조기 재취직을 촉진하는 차원에서 보너스를 지급할 것인가에 관하여 많은 논의를 하여 일본과 미국 일부 주에서 사용하는 사례를 벤치마킹하여 조기재취직수당을 지급할 것을 제안하였다. 다만, 일본에서 조기재취직수당을 남용한 사례가 있어 그 지급요건을 엄격히 관리하고 있다고 하면서 우리의 경우에도 그 요건을 엄격히 하여야 한다는 조건을 붙였다. ① 실업급여의 소정급여일수를 2분의 1 이상 남겨 두고 재취업하였을 것, ② 2년을 초과하여 계속 고용되는 것이 확실하다고 인정되는 직업에 취업하였을 것, ③ 실업 발생 전에 고용되어 있던 사업주에게 다시 고용된 것이 아닐 것, ④ 과거 5년 내에 조기재취직수당을 받은 사실이 없을 것, ⑤ 실업 발생 전의 직장에서 2년 이상 계속 근속하였을 것, ⑥ 대기기간 경과 후에 재취업했을 것, ⑦ 직업안정기관의 소개에 따라 재취업했을 것의 요건을 모두 충족하여야 한다고 하였다.

그런데 고용보험법을 조문화하는 과정에서 고용보험연구기획단에서 제안한 요건은 너무 과도하게 엄격하다는 판단을 하여 일정 요건을 완화하여 조문화하였다. 먼저 ①의 실업급여의 소정급여일수를 2분의 1 이상 남겨 두고 재취업하였을 것의 요건은 조기재취직수당의 대전제로서 법률에 직접 명확하게 규정하였다. 그러나 ②의 2년을 초과하여 계속 고용되는 것이 확실하다고 인정되는 직업에 취업하였을 것의 요건은 1년으로 단축하였으며, ④의 과거 5년 내에 조기재취직수당을 받은 사실이 없을 것의 요건은 2년으로 단축하였다. 그리하여 1년을 초과하여 계속 고용되는 것이 확실하다고 인정되는 직업에 취업하였으며, 과거 2년 내에 조기재취직수당을 지급받은 사실이 없으면 조기재취직수당을 지급하도록 하였다. 그리고 ③의 실업 발생 전에 고용되어 있던 사업주에게 다시 고용된 것이 아닐 것과 ⑥의 대기기간 경과 후에 재취업했을 것의 요건은 반드시 필요한 것이므로 그대로 적용하였다.

그러나 ⑤의 실업 발생 전의 직장에서 2년 이상 계속 근속하였을 것과 ⑦의 직업안정기관의 소개에 따라 재취업했을 것의 요건은 수용하지 않았다. ⑤의 요건은 실업급여의 수급자격과 다른 별도의 자격요건을 설정하는 것이라는 판단이 들었고, ⑦의 요건은 직업안정기관의 소개 이외에 자기구직활동에 의한 조기 재취업도 유도할 필요가 있다는 판단이 들었기 때문이었다. 조기재취직수당의 금액에 대하여는 기본급여의 미지급일수의 1/3을 지급하는 것으로 규정하였다.

이후 조기재취직수당은 실업급여 수급자의 재취직 촉진을 위한 인센티브를 강화한다는 목적으로 지속적으로 지급대상이 확대되고 지원금액이 상향조정되었다. 2000년에 ②의 요건을 6개월 이상 계속 고용되는 것이 확실하다고 인정되는 직업에 취업하였을 것으로 완화하였고, 2003년에는 소정급여일수의 1/3 이상을 남기고 재취업한 경우에도 재취직수당을 지급하는 것으로 완화하였으며, 2007년에는 소정급여일수의 1/3 미만을 남기고 재취업한 경우에도 조기재취직수당이 지급되는 것으로 개정된 후 2010년에는 소정급여일수를 30일 이상 남기고 재취업한 경우로까지 지급대상을 확대하였다.

지원금액의 경우에도 1997년 미지급일수의 1/2을 지급하는 것으로 변경되었고 2001년에는 중소제조업의 생산직 근로자로 재취업하는 경우 미지급일수 전액을 지급하는 것으로 변경되었다. 2003년에는 소정급여일수의 2/3 이상 남기고 재취업한 경우와 1/3 이상을 남기고 재취업한 경우로 나누어 각각 미지급일수의 2/3와 1/3을 지급하는 것으로 변경되었으며, 2007년에는 소정급여일수의 2/3 이상 남기고 재취업한 경우, 1/3 이상 2/3 미만 남긴 경우, 1/3 미만 남긴 경우로 구분하여 각각 미지급일수의 2/3, 1/2, 1/3을 지급하는 것으로 변경되었다. 이후 다시

2010년에는 미지급일수의 1/2을 지급하되 55세 이상 고령자와 장애인에 대해서는 2/3를 지급하는 것으로 개정되었다.

이와 같은 조기재취직수당의 지급요건 완화와 지급금액의 상향조정은 조기재취직수당의 지출이 급증하게 만드는 문제를 초래하였다. 그리하여 2010년에 ②의 요건을 재취업한 사업주에게 계속하여 6개월 이상 고용된 경우로 개정해 사후에 지급하는 것으로 변경하고, 2013년에는 다시 12개월 이상 고용된 경우로 엄격하게 개정하였다. 조기재취직수당의 지급대상도 2013년에 소정급여일수를 1/2 이상 남기고 재취업한 경우로 한정하였으며 금액도 미지급일수의 1/2을 지급하는 것으로 하향조정하여 오늘에 이르고 있다.

(2) 직업능력개발수당

고용보험연구기획단은 실업급여수급자가 직업능력개발훈련을 수강하는 기간에 기본급여와는 별도로 직업훈련수당을 지급할 것을 제안하여 왔으며, 직업능력개발훈련을 수강하는 동안에는 교통비·식대 등이 소요되기 때문에 이러한 비용에 충당하도록 하기 위하여 직업능력개발수당을 지급하는 것으로 조문화하였다.

(3) 광역구직활동비 및 이주비

광역구직활동비와 이주비는 고용조정에 따른 고용불안과 인력부족이 공존함에 따른 광역취업알선을 지원하기 위한 제도로 도입되었다. 광역구직활동비는 관할 직업안정기관의 관할구역 밖의 사업체를 방문하여 구직활동을 하는 경우에 지원되며, 이주비는 직업훈련 또는 취업을 위하여 주거를 이전해야 하는 경우에 지원하는 것으로 규정하였다.

제6장

고용보험의 재정

제6장

고용보험의 재정

1. 고용보험기금

과거에도 정부의 예산은 지금처럼 일반회계, 특별회계, 그리고 기금으로 분류되고 있었다. 그러나 2006년에 국가재정법이 제정되기 이전과 이후는 예산의 관리 방식에서 큰 차이가 있다. 지금은 국가재정법의 예산총계주의에 따라 일반회계, 특별회계, 기금이 모두 세입세출 예산으로 편성되어 국회의 심의·의결을 거쳐야 하지만, 국가재정법이 제정되기 이전에는 〈표 2-11〉에서 보는 바와 같이 지금은 폐지된 예산회계법에 의하여 일반회계와 특별회계는 세입세출 예산을 편성해 국회의 심의·의결을 받아야 했지만 기금의 경우에는 기금운용계획을 수립해 경제기획원과 협의를 거쳐 국무회의의 심의를 받아 대통령의 승인을 받으면 기금 사용이 가능하였다. 그러므로 특별회계의 경우에는 연도 중에 예산변경의 사유가 생겼을 경우 국회의 심의까지 받아야 하는 반면, 기금의 경우에는 그렇지 않아 재정운용의 자율성 측면에서 보면 기금이 월등히 높았다.

당시 노동부가 관장하는 산업재해보상보험의 경우에는 산업재해보상보험특별회계법에 따라 특별회계로 운용하고 있었고 만일 급여지출이 증가해 세출예산을 초과하는 경우에는 예산 전용·이용 등의 절차를 받아야 했고 국회의 심의까지 받아야 하는 경우도 있어 예산운용이 매우 경직적이었다. 반면에 고용보험법의 경우에는 노동시장의 상황변화에 탄력적으로 대응하면서 고용안정사업과 직업능력개발사업을 유연하게 추진할 수 있는 것이 가장 중요하다고 판단하였고, 상황변화에 탄력적으로 대응하려면 특별회계가 아니라 기금을 설치하여야 한다는 판단을 내렸다. 그러나 경제기획원 입장에서는 기금은 예산의 통제범위 밖에서 운용되는 돈주머니로 생각하여 기금의 설치에 대해서는 매우 제한적이었기 때문에 경제기획원의 동의를 받기가 쉽지 않을 수 있다고 예상하였다.

그래서 기금설치와 관련해서는 한바탕 전쟁을 치른다는 각오를 다지고 온갖 설득 논리를 가지고 무장을 하였다. 〈표 2-11〉도 이 과정에서 작성된 자료 중의 하나이다. 그런데 관계부처 협의를 해 보니 의외로 기금설치에 관하여 아무런 이견 개진이 없어 매우 의아하였다. 관계부처 협의를 할 때 경제기획원과는 경제정책국이 주요 창구가 되는데 경제정책국에서는 정책적인 측면에 관해서만 의견을 제시하였고, 기금 문제에 관해서는 예산실이 담당부서인데 전혀 이견이 나오지 않았던 것이다. 어쩌면 1993년 내내 예산실에서는 고용보험제 도입에 반대하는 입장이었기 때문에 고용보험법안에 대해 관계부처 의견조회가 왔을 때에도 전체에 대한 부정적 입장 때문에 세부 조문에 대한 의견은 내지 않았을 수도 있겠다는 생각이 들었다. 하여튼 당시 고용보험법 제정 실무를 총괄하던 필자의 입장에서는 단단히 전투준비를 하고 결전의 의지를 불사르고 있었는데 아무런 이견이 없어서 한편에서는 허탈하기도 했고 다른 한편에서는 다행이라는 생각도 들었다.

이런 우여곡절 끝에 고용보험기금이 설치되어 1997년 말부터 시작된 외환위기에도 탄력적으로 대응하는 등 기여한 바가 컸다고 생각한다. 그런데 2000년대 초반부터 정부의 예산통제를 받지 않고 돌아다니는 돈의 규모가 얼마라는 등 문제제기를 하는 의견이 들리더니 2006년 국가재정법 제정을 계기로 기금도 일반회계와 똑같은 예산통제를 받기 시작하여 요즘에는 고용보험기금을 담당하는 직원들의 고생이 이만저만이 아니게 되었다. 전년도에 고용보험기금운용계획을 수립하면서 예산지출소요를 너무 적게 판단하면 연도 중에 예산부족 문제가 제기되어 전용 등의 절차를 밟아야 하고 만일 부족규모가 너무 커지게 되면 국회에까지 가서 심의를 받아야 할 뿐 아니라, 예산지출소요를 전년도에 과다하게 판단하여 예산지출이 되지 않으면 예산이 불용되어 국회의 결산심사 때 혼쭐이 나고 다음 연도 예산편성에서 페널티를 받아 예산이 감액되고는 한다. 이런 기금담당자들의 모습이 안쓰러운 나머지 '1993년에 그렇게 아등바등하면서 기금으로 만들어 놨는데 다 소용이 없게 되었네' 하는 생각도 들곤 하였다.

(1) 하나의 기금계정

고용보험법안 작성 시에는 고용보험료율이 보험사업별로 분리되는 것으로 되어 있었기 때문에 보험료 수입도 보험사업별로 구분해 관리하기 위해 처음에는 고용보험기금을 보험사업별로 계정을 따로 두는 체제를 구상하였었다. 즉, 고용보험료의 납부서에 보험사업별로 납부액을 나누어 기재토록 하고 국고수납은행에서 보험료를 수납할 때 보험사업별로 납부액을 각각 읽어 들이면 한국은행에 설치된 고용보험기금의 보험사업별 계정에 각각의 금액이 입금되어 각각의 보험사업계정별로 보험료를 관리하는 체제였다.

우리는 당연히 가능할 것으로 생각하고 고용보험기금계정을 보험사업별로 구분해 설치하는 법안을 만들어 입법예고하고 경제장관회의까지 통과한 뒤에 한국은행과 협의하였으나, 한국은행으로부터는 전혀 예상하지 못한 답변이 돌아왔다. 하나의 납부서에는 하나의 계정만 설치할 수 있다는 것이었다. 즉 하나의 납부서에 기재된 금액을 세 개로 나누어 각각의 금액으로 읽어 들여 세 개의 계정으로 나누어 입금하는 방식은 불가능하다는 것이었다. 그러므로 계정을 세 개로 구분하려면 납부서도 세 장으로 구분해 작성하여야 한다는 것이었다. 문제는 이러한 방식으로 징수·수납체제를 구성하다 보면 고용보험법에서 하나의 고용보험료를 징수하는 것이 아니라 보험사업별로 완전히 구별된 세 개의 보험료를 징수하는 체제가 되어 보험료 보고서도 보험사업별로 세 장으로 나누어 작성해야 할 판이었다.

〈표 2-11〉 기금과 특별회계의 비교(1993년 당시)[76]

	기 금	특 별 회 계
설치근거	• 국가는 특정한 목적을 위하여 특정한 자금을 운용할 필요가 있을 때 한하여 특별한 기금 설치가능 (예산회계법 제7조)	• 국가의 회계는 일반회계와 특별회계로 구분 • 특별회계는 국가에서 특정한 사업을 운용할 때 특정한 자금을 보유하여 운용할 때, 기타 특정한 세입으로 특정한 세출에 충당함으로써 일반회계와 구분하여 계리할 필요가 있을 때 법률로 설치 (예산회계법 제7조)
특징	• 세입세출 예산에 의하지 않고 운용가능 (예산회계법 제7조②) • 세부항목 지출금액을 기금의 1/2 범위 내에서 기금관리 주체가 변경사용 가능	• 세입세출 예산을 편성하여야 하고 급여 등 세출은 세출예산 범위 내에서만 지급 가능 - 세출예산 부족편성 시에는 예비비를 사용하거나 익년도 이월 등 조치
예산사용절차	• 회계연도마다 기금운용계획 수립 → EPB와 협의 → 국무회의 심의 → 대통령 승인	• 일반회계와 동일
제도의 철학	• 재정운용의 자율성 제고	• 재정의 투명성 및 책임성 확보
타제도의 예	• 국민연금, 공무원연금, 체신보험 ※ 조달, 양곡, 군인연금, 산재보험 등은 특별회계와 기금이 같이 설치됨	• 산재보험 (일부는 기금)

그리하여 고용보험기금계정을 보험사업별로 두는 방식은 포기할 수밖에 없었고 고용보험기금계정을 한 개 두되 그 안에서 보험사업별로 금액

76 노동부 내부자료

을 구분해서 관리하는 방식으로 전환할 수밖에 없었다. 그러므로 이후 2011년에 자영업자의 고용보험 임의가입제도를 도입하면서 사용자단체 측의 요구로 '자영업자의 고용안정·직업능력개발 사업 및 자영업자의 실업급여로 구분하여 관리한다'는 규정을 두게 되었는데 이는 장부상 금액을 구분하여 관리한다는 것 이상의 의미를 갖기는 어려웠고 계정 자체는 한 개이기 때문에 모든 보험료 수입은 한 개의 계정 안에 섞여 있을 수밖에 없었다.

〈표 2-12〉 고용보험기금계정에 관한 법규정

입법예고 및 경제장관회의 안건	제정 법률
第69조(기금계정의 설치) ① 노동부장관은 기금출납공무원으로 하여금 한국은행에 기금계정을 설치하도록 하여야 한다. ② 제1항의 기금계정은 고용안정사업 및 능력개발사업의 계정과 실업급여의 계정으로 구분한다.	第70조(기금계정의 설치) ① 노동부장관은 한국은행에 고용보험기금계정을 설치하여야 한다. ② 제1항의 고용보험기금계정은 고용안정사업·직업능력개발사업 및 실업급여로 구분하여 관리한다.

2. 비용의 분담

고용보험연구기획단에서는 고용보험에 소요되는 재정에 필요한 비용을 누가 부담할 것인가의 문제는 본질적으로 노사정 간의 협의과정을 통해 결정될 정치문제라고 하면서도 논리적인 입장에서 비용부담의 원리를 논의하여 제시한다고 하면서 제안하여 왔다. 즉, 사회보험의 취지에 맞게 노사정 3자 부담의 원칙으로 하되 고용안정사업과 직업능력개발사업에 소요되는 비용은 사용자가 부담하고 실직근로자의 생활안정사업에 소요되는 비용은 노사가 1/2씩 분담하며, 고용보험의 관리운영비는 정부가 부담하도록 하자는 것이었다. 이러한 노사의 비용분담 원칙에는 입법예고 과정에서도 노사단체로부터는 아무런 이견 제시가 없었다.

그러나 당시 경실련에서는 실업급여 보험료는 노사정이 1/3씩 부담하여야 하며, 고용안정사업 및 직업능력개발사업의 보험료에 대하여는 근로자도 30%는 부담하도록 하자는 의견을 제시한 바 있었다. 이 제안에 대하여 정부는 국고의 부담 규정에 의하여 보험사업에 대한 지원예산이 확보되면 별도의 규정이 없더라도 보험사업비를 지원할 수 있고, 고용안정사업 및 직업능력개발사업의 직접적인 수혜자는 근로자를 위한 프로그램을 실시하는 사업주라는 점에서 사업주가 부담하는 것이 타당하다는 입장을 견지해 이를 수용하지 않았다.

노사의 보험료 분담 구조에 관하여 노사단체는 별다른 이견이 없었으나 정부가 고용보험의 재정을 어느 정도 부담할 것이냐의 문제에 대하여는 노사단체가 초미의 관심을 보였다. 노동부에서는 〈표 2-13〉에서 보듯이 보험사업의 관리운영비 전부 또는 일부를 일반회계에서 부담하며 예산의 범위 안에서 보험사업비의 일부도 지원할 수 있도록 하는 근거규정을 마련해 관계부처 협의를 시작하였다.

그러나 경제기획원에서는 보험사업비에 대한 지원은 절대 불가하다고 하면서 보험사업비 지원규정의 삭제를 요구하여 왔다. 당시에는 매년 예산 편성할 때마다 건강보험에서 대규모의 적자가 발생해 일반회계에서 재정적자보전을 위해 대규모 예산지원을 하던 시절이었기 때문에 다른 사회보험에 대해서는 일체 재정지원 근거규정조차도 설정할 수 없다는 것이 경제기획원의 입장이었다. 여러 가지 상황으로 보았을 때 경제기획원과 싸워서 근거규정을 만들었다고 해도 예산심의 때 지원예산을 편성하지 않으면 달리 손쓸 수 있는 방법도 없었기 때문에 경제기획원의 의견을 수용할 수밖에 없었다.

〈표 2-13〉 고용보험법상 국고의 부담 규정의 변천

입법예고안	제정법률 (1993.12월)	2001.8월	2015.1월 (현행 법률)
제4조(국고의 부담 및 지원) ① 국가는 매년 보험사업의 관리·운영에 소요되는 비용의 전부 또는 일부를 일반회계에서 부담한다. ② 국가는 매년도 예산의 범위 안에서 보험사업에 소요되는 비용의 일부를 지원할 수 있다.	제5조(국고의 부담) 국가는 매년 보험사업의 관리·운영에 소요되는 비용의 전부 또는 일부를 일반회계에서 부담할 수 있다.	제4조(국고의 부담) 국가는 매년 보험사업에 소요되는 비용의 일부를 일반회계에서 부담할 수 있다.	제5조(국고의 부담) ① 국가는 매년 보험사업에 드는 비용의 일부를 일반회계에서 부담하여야 한다. ② 국가는 매년 예산의 범위에서 보험사업의 관리·운영에 드는 비용을 부담할 수 있다.

이 규정은 2001년도부터 모성보호급여비용을 고용보험에서 부담하도록 하면서 국회에서 일반회계에 의한 고용보험기금에의 예산전입규모가

논의되자 보험사업비의 일부를 지원할 수 있는 근거규정으로 변경되었다가 모성보호급여 비용이 연간 1조 원을 초과하면서 일반회계에서의 전입에 대한 요구가 더욱 늘어나자 2015년 보험사업비의 일부를 일반회계에서 부담토록 하는 의무규정으로 변경되었다.

고용보험법안을 처음 작성하였고 고용보험기금을 수년에 걸쳐 관리해본 필자의 경험에 비추어 이 규정에 관한 개인적 의견을 말하라고 한다면 다음 두 가지를 언급하고 싶다. 첫째는 국고의 부담 규정을 어떤 내용으로 규정하든지 실제 예산편성과정에서 어느 정도의 일반회계 전입금이 편성되느냐 하는 것은 별개의 문제라는 점이다. 즉, 개별 법률의 국고부담 규정이 실제로 예산당국의 예산편성권에 구속력을 발휘하지는 못하더라는 것이고, 예산당국에서는 많은 법률에 국회에서 그런 규정을 만들어 넣기 때문에 제한된 예산을 가지고 예산을 편성하여야 하는 자기들 입장에서는 어쩔 수 없다는 말을 하곤 했다. 둘째는 보험사업의 관리운영비의 경우 일반회계에서의 고용보험기금 전입금만을 가지고 판단하여서는 안 된다는 점이다. 실제로는 고용센터에서 근무하는 공무원의 인건비와 관서운영비 등 고용보험기금의 전입비로 편성되지 않고 고용노동부 일반회계예산에 그대로 편성된 예산도 함께 봐야 한다는 점이다.

다행인 것은 모성보호급여에 대한 일반회계 전입금이 지속적으로 조금씩 늘어나고 있고, 코로나19 위기를 맞이해 고용보험지출이 급증하자 기획재정부에서 2020년도에만 추경예산편성을 통해 고용안정·직업능력개발 사업비에 대한 일반회계 전입금을 1조 원 가까이 편성하였다는 점이다. 고용보험의 재정수지 상황이 불안하여 편성된 것이기는 하나 보험사업비에 대한 대규모의 일반회계 전입금 사례라는 점에서 시사점이 크다고 생각한다.

1993년 당시에 고용보험제 도입 준비를 하면서 살펴본 일본의 제도는 고용보험기금 안에 고용안정자금 이라는 별도의 주머니를 만들어 일반회계에서 부담하는 노동시장정책예산을 이 주머니에 넣어 놓고 고용보험기금과 함께 유기적으로 노동시장정책에 활용하고 있었다. 고용노동부에서 고용정책을 추진하면서 방대한 규모의 일반회계 일자리예산과 고용보험기금을 서로 별개로 운영하지 않고 그 당시 일본과 같은 방식으로는 운영할 수는 없을까 하는 생각을 해 보곤 하였다.

3. 고용보험료율

고용보험료는 고용보험연구기획단에서 제안한 것처럼 실업급여의 보험료는 근로자와 사용자가 1/2씩 분담하고 고용안정사업과 직업능력개발사업의 보험료는 사용자가 전액 부담하는 것으로 하였다. 그리고 고용보험연구기획단에서는 고용보험기금은 노동시장 상황변동에 대비해 실업급여를 위한 적립금을 가지고 있어야 한다고 하면서 1995년 제도 시행 후 10년에 걸쳐 실업급여 한 해 지출액의 2배를 적립하기 위해 필요한 실업급여의 보험료율을 임금총액의 0.62%, 고용안정·직업능력개발사업의 보험료율을 임금총액의 0.74%로 추산하였다. 물론 구체적인 보험료율은 각종 보험사업과 급여의 세부사항이 세부적으로 확정되어야 추계할 수 있고 탄력적인 운영을 뒷받침하도록 보험료율 자체는 법률에서 시행령으로 위임하여 규정하였으며, 법률에서 백지위임을 할 수는 없는 것이기 때문에 위임범위를 설정해야 했다.

고용보험연구기획단에서 추산한 보험료율을 토대로 하면서 향후의 여유를 두기 위해 입법예고안에서는 '보험료율은 보험수지의 추이와 경제상황 등을 고려하여 1000분의 20의 범위 내에서 노동부장관이 고용안정사업 및 능력개발사업의 보험료율과 실업급여의 보험료율로 구분하여 정한다'라고 규정을 두었으나, 향후 보험료 인상 가능성에 우려하면서 그 가능성을 차단하고자 하는 경제부처들의 강력한 견제에 의하여 '1000분의 15의 범위 내에서 … 대통령령으로 정한다'는 규정으로 수정되게 되었다. 약간 아쉽기는 하였으나 노동연구원에서 당시에 제시한 보험료율이 합계 1.36%이었으므로 제도 도입에 큰 문제가 없다는 판단 아래 수정할 수밖에 없었다. 이후 이 규정은 대량실업 사태 속에서 1998년 '1000분의 30의 범위 내에서 … 대통령령으로 정한다'는 규정으로 한도를 대폭 인상해 오늘에 이르고 있다.

(1) 고용보험기금의 적립금

고용보험기금의 적립금과 관련해서는 고용보험연구기획단의 제안이 약간 모호하다는 판단을 하고 있었다. 왜냐하면 실업급여 지출액의 경우 노동시장 상황에 따라 변동 폭이 클 것이었고 노동시장 상황이 특히 악화되어 실업급여 지출이 급증할 때를 대비해 적립하는 것인데 실업급여 한 해 지출액의 2배를 목표로 적립한다고 하면 기준금액이 안정되지 못해 적립금 규모목표도 불안정하게 되는 게 아닌가라는 의문이 들었고, 고용안정사업 및 직업능력개발사업의 경우에도 노동시장 상황 악화에 대비한 적립금 운용이 필요하다는 판단이 들었다. 그리하여 적립금 규모산정의 기준을 금액이 지출액보다 안정적인 보험료징수액으로 하여 조문화 작업을 하여 '노동부장관은 대량실업의 발생 기타 고용불안에 대비하여 적립금이 당해연도 징수보험료액의 2배에 달할 때까지 보험료 중 당해연도의 지출소요를 초과하는 여유자금을 적립하여야 한다'는 규정을 두어 입법예고하였다.

이 규정에 대하여 사용자단체로부터 과도한 적립금은 불필요하다는 의견이 개진되고 경제부처로부터 그 정도의 적립금이 꼭 필요한 것인지에 대한 문제제기가 이어졌다. 당시로서는 대량실업의 경험도 없었고 그러한 상황이 있을 것이라고 예상도 못 했던 시기이었기 때문에 적립금 규모를 방어하기는 매우 힘든 상황이었다. 최종적으로는 적립금 규모를 향후 제도를 운영하면서 고용정책심의회에서 심의해 판단하는 것으로 유보하였고, '① 노동부장관은 대량실업의 발생 기타 고용불안에 대비한 책임준비금으로서 보험료 중 당해 연도의 지출소요를 초과하는 여유자금을 적립하여야 한다. ② 제1항의 규정에 의한 적립금의 적정한 규모는 고용정책심의회의 심의를 거쳐 결정한다'라는 규정으로 수정되어 국무회의를 통과하고 국회 심의를 거쳐 법률로 제정되었다.

경제부처 입장에서는 적립금 규모를 확정적으로 법률에 규정해 놓고 그 적립금을 확보하기 위한 보험료를 보험료율에 얹어서 책정하고자 하는 것을 사전에 견제하기 위한 목적이 있었고, 노동부 입장에서는 좀더 유연하게 재정운용 상황을 보아 가며 적립금 규모를 판단할 수 있는 장점이 있었다.

이 규정은 법 제정 당시의 조문이 계속 유지되다가 2008년 노사정위원회에서 적립금 규모를 법정화하여야 한다는 한국노총의 입장이 반영되어 〈표 2-14〉에서 보는 바와 같이 개정되었다. 이때에 노사정위원회 협의에는 당시 고용보험기금을 담당하고 있었던 필자가 참여하였는데, 외환위기를 겪은 경험이 있어서 고용보험법 제정 시보다는 훨씬 쉽게 노사정합의가 이루어졌다.

〈표 2-14〉 고용보험기금의 적립금 규정의 변천

입법예고안	제정 법률	2008.12월 (현행 법률)
적립금이 당해연도 징수보험료액의 2배에 달할 때까지 여유자금을 적립	적립금의 적정규모는 고용정책심의회의 심의를 거쳐 결정	고용안정·직업능력개발 사업 계정의 연말 적립금 : 해당 연도 지출액의 1~1.5배 실업급여 계정의 연말 적립금 : 해당연도 지출액의 1.5~2배

(2) 경험료율

현재는 하위법령이 제정되지 않아 시행되고 있지 않지만 고용보험법에는 경험료율에 관한 규정이 있다. 경험료율이란 실업급여 지출이 많은 사업장에 대하여는 그 비율에 따라 보험료율을 차등화해 높게 부과하여 보험료를 징수하는 제도를 말하며, 산재보험에서 사용하고 있는 제도이다. 그 연원은 고용보험연구기획단의 논의내용에서 찾을 수 있는데 고용보험연구기획단에서는 비자발적 실업의 경우에만 실업급여를 지급하는 제도 하에서 우리나라의 여건상 노사담합에 의해 이직사유를 허위기재할 가능성이 많을 뿐 아니라 사용자의 고용안정 노력을 유도하기 위해 경험료율의 도입이 필요하다는데 의견을 모으고 정부에 제안하여 왔다. 그리하여 고용보험법에 고용보험이 적용되고 3년이 경과한 사업장에 대해 보험료 징수액과 실업급여 지출액의 비율을 계산해 일정 비율 이상이면 보험료율을 인상하고 일정 비율 이하이면 보험료율을 인하하도록 하는 규정을 두었다.

그런데, 고용보험연구기획단에서의 우려사항은 이해되었으나 산재보험에서의 경험료율제도 운영경과를 살펴보면 결코 제도의 당초 의도대로 운영되지 않을 수 있음을 예상할 수 있었다. 산재보험의 경우 경험료율제도는 대기업에서는 산재율이 낮기 때문에 보험료율이 낮아지고 경영이 열악한 중소기업에서는 산재가 1건 발생하면 보험수지가 급격히 악화되어 보험료율이 높아지는 형태로 운영되고 있으며, 때때로 보험료율의 인상·인하 폭을 확대함으로써 대기업에 대한 보험료율 인하의 수단으로 이용되기도 하기 때문이었다. 고용보험의 경우에도 근로자의 이직률은 대기업이 낮은 대신에 중소기업은 높아서 동일한 상황이 발생할 우려가 있어서 하위법령의 규정을 차일피일 미루다 결국 하위법령이 제정되지 않은 채 오늘에 이르렀다.

(3) 퇴직금 일부의 고용보험료 전환

1993년 당시 법정퇴직금제도를 보는 노동단체와 사용자단체의 시각은 크게 달라서 사용자단체는 국민연금에 이어 고용보험이 도입되면 그동안 양자의 역할을 수행해 왔던 퇴직금제도의 조정이 필요하다고 주장하였고 이에 대하여 노동단체는 퇴직금은 후불임금이므로 퇴직금제도의 조정은 불가하다고 주장하였다. 좀더 구체적으로 보면 사용자단체는 법정퇴직금제도는 사실상 실직 시 구직활동에 소요되는 비용을 보전해 주는 기능이 있다는 점에서 고용보험제가 도입되면 퇴직금의 일부는 반드시 고용보험료로 흡수되어야 한다는 주장이었고, 노동단체는 연금수급도 본격화되지 않은 상태에서 고용보험료의 전환은 절대 받아들일 수 없다는 주장이었다. 이러한 노사 간의 입장 차이는 입법예고 기간 중에도 극명하게 표출되었고 일부 학자들도 법정퇴직금제도의 조정이 필요하다는 입장을 표명하고 있었다. 실제로 국민연금이 도입될 때에는 국민연금과 법정퇴직금제도의 중복을 인정해 국민연금갹출료를 노·사·퇴직금이 각각 1/3씩 분담키로 함으로써 법정퇴직금의 일부를 국민연금갹출료로 전환한 바 있다.

그런데, 국민연금의 퇴직금 전환분은 임금액의 2% 수준으로 노사 양측에 큰 영향을 미치는 것이었던데 반해, 고용보험의 실업급여 보험료는 연구기획단의 분석에 의하면 임금총액의 0.6% (노사 각 0.3%) 수준이어서 국민연금과 같은 방식으로 노·사·퇴직금이 각각 1/3씩 분담하는 경우 임금액의 0.2%가 퇴직금 전환분이 되어 노사 각 0.1%의 차이에 불과해 실익이 거의 없다는 판단이었다.[77] 또한 연금은 근로자가 수급연한을 충족하면 당연히 받는 금액이므로 퇴직금의 일부를 연금으로 전환하는 데에 큰 문제가 없으나 실업급여의 경우에는 실직자 중에서 수급자격을 충족하는 일부에게만 지급된다는 점에서 확정급부인 퇴직금을 불확정급부인 실업급여로 전환한다는 문제가 있다는 점에서 퇴직금 일부의 전환은 수용하기가 어려웠다.[78] 그 대신에 고용보험법 부칙 제3조에 '퇴직금제도의 개선에 관한 경과조치'를 두어 '노동부장관은 이 법 시행에 따라 근로기준법 제28조의 규정에 의한 퇴직금제도의 개선방안을 강구하여야 한다'는 규정을 두게 되었다.[79]

4. 고용보험료의 징수

앞에서도 기술한 바와 같이 고용보험료는 산재보험료의 징수와 동일한 방법으로 징수하기로 하였다. 이를 위하여 고용보험의 적용단위도 사업 또는 사업장으로 하였다. 산재보험료의 징수 방식이라 함은 매년 3월에 당해 연도에 당해 사업(장)에서 지급될 임금총액의 추정액에 보험료율을 곱하여 개산보험료를 신고·납부한 뒤 다음 연도 3월에 실제 지급된

---

77 국민연금의 경우 퇴직금 전환비율은 매월 퇴직금적립비율 8.3%(1개월/12개월) 중 2%로서 전체 퇴직금의 24.1%에 해당되며 날수로는 연간 7.23일분(33x24.1%)이 전환되었던데 반해, 같은 논리로 퇴직금의 일부를 고용보험료로 전환하면 실업보험요율 0.6%를 노사 각 0.2%, 퇴직금 전환금 0.2%가 되어 연간 퇴직금 전환비율을 날수로 표시하면 0.723일분에 불과하였다.

78 노동부 내부검토자료

79 법정퇴직금제도는 그 이후 1997년 3월에 '퇴직보험 및 퇴직일시금신탁제도'가 도입되면서 1998년에 국민연금으로의 퇴직금전환금제도가 폐지된다. 그러나 이 제도는 정책목표 달성에 한계가 있어서 2005년에 폐지되고 근로자퇴직급여보장법이 제정되게 된다.

임금총액을 토대로 확정보험료를 산정해 보고하고 정산하는 방식이다. 보통 임금총액의 추정액에는 전년도 임금총액을 사용하였으므로, 쉽게 풀어 다시 설명하면 당해 사업(장) 전체에서 전년도에 지급된 임금총액에 보험료율을 곱하여 매년 3월에 보험료를 산정해 신고·납부(분기별로 분할납부)한 뒤 다음 연도 3월에 전년도에 실제로 지급된 임금총액에 보험료율을 곱하여 정산하는 방식이었다.

(1) 건설업의 고용보험료 징수

이 방식을 사용하면 인건비가 정확히 확인되지 않는 건설공사 현장에도 보험료를 산정해 징수할 수 있다는 장점이 있었다. 건설공사에서 사용되는 노무비 비율을 조사해 고시해 두었다가 건설공사금액에 고시된 노무비 비율을 곱하여 임금총액을 추정해 사용할 수 있기 때문이다. 노무비율이 정확한 것이냐 하는 논란도 일부 있기는 하지만 워낙 오랜 기간 산재보험에서 사용해 온 방식으로 정착되어 있었고 건설공사현장의 경우 인력투입공수를 일일이 확인해 임금총액을 정확히 확인할 수 있는 방법도 달리 없었기 때문이다. 또한, 건설공사현장에 가면 많은 전문건설업체들과 복잡한 도급관계가 형성되어 있어서 서로 다른 사업주라 하여 회사별로 도급받은 공사를 쪼개기 시작하면 너무나 복잡한 관계가 형성되어 보험관계를 적용하기가 매우 어려운 상황이 되어 버린다. 그래서 산재보험에서는 오래 전부터 건설업에서 사업이 수차례의 도급에 의하여 이루어지는 경우에는 원청회사를 사업주로 보고 전체 건설공사금액에 노무비율을 곱하여 임금총액을 추정하고 보험료를 산정해 납부하도록 하였다.

도급업체들이 각자 부담하여야 할 보험료는 원청회사와 도급업체, 또는 도급업체와 하도급업체들 사이의 공사계약 체결과정에서 도급공사금액을 계산하고 지급받으면서 정산하면 되었다.

고용보험의 경우 일용근로자에 대하여는 실업급여의 지급요건 등을 따로 정할 때까지는 적용유예하기로 하였으나, 고용안정사업 및 직업능력개발사업은 고용보험제 시행과 동시에 적용되었기 때문에 이와 같은 건설공사현장에 대한 보험관계 적용방식은 고용보험 적용 및 고용보험료 징수에 많은 도움이 되었다. 왜냐하면 건설공사현장에서 근무하는 일용근로자들의 경우 고용안정, 고용구조개선, 직업능력개발훈련 등을 위하여 고용안정사업과 직업능력개발사업에서 해야 할 정책과제들이 많이 있는데 별다른 혼란 없이 고용보험을 적용할 수 있었기 때문이다.

2011년에 사회보험료가 징수통합되면서 고용보험료와 산재보험료의 징수방법은 월별 부과고지 방식으로 변경되게 되는데 건설업과 벌목업에 대해서는 지금도 위와 같은 개산·확정보험료 신고·납부 방식을 그대로 유지하고 있다. 그 이유도 건설공사현장은 근본적으로 임금액이 확인되기 어려운 구조이기 때문이다. 현재는 일용근로자에 대해 실업급여를 지급하면서 근로내역확인신고를 받고, 국세청에서 EITC 제도를 운영하면서 일용근로자 보수내역도 신고받고 있어서 점차 일용근로자들의 소득관계도 정리되어 가고는 있지만 아직도 투명하게 보험료를 산정해 징수할 수 있을 정도까지에는 이르지 못한 것 같다.

(2) 개별근로자의 소득자료

그런데 이와 같은 개산·확정보험료 신고·납부방식에서는 개개 근로자의 임금총액과 보험료는 신고받지 않는 특징이 있었다. 사업(장)에서 지급되는 임금총액과 보험료총액만 보고받고 개별근로자의 임금은 보고받지 않았으며, 근로자의 이직 시 이직확인서를 통해 지난 18개월간의 임금지급내역을 신고받아 실업급여의 수급자격과 실업급여액 산정에 사용하였기 때문이다. 이를 두고 고용보험제 시행 이후 종종 들었던 이야기 중의 하나가 고용보험에서 근로자에 대한 인별 관리가 이루어지지 않는 문제가 있다는 이야기였다. 이 이야기는 부분적으로는 맞고 부분적으로는 틀린 말이다. 당시의 고용보험에서도 전산망에 사업장 DB와 근로자 DB가 구축되어 있었고 근로자 DB에는 피보험자격 취득신고할 때 신고된 연령, 직종, 취업일 등의 자료가 들어있기 때문이다. 단지 개인별 임금자료는 따로 신고받지 않아 평소에 관리할 데이터가 없어서 이를 두고 인별 관리가 안 된다고 말하는 것 같았다.

수년 전에 필자는 주요 국가들의 고용(실업)보험료 징수방법을 세밀히 조사해 볼 기회가 있었다. 먼저 독일의 경우에는 의료보험기구에서 사회보험료를 통합징수하는데 근로소득세 원천징수와 동일한 방식으로 매월 당해 사업(장)의 보수지급총액에 고용보험료율을 곱하여 보험료총액을 산정해 보고·납부하고 다음 연도 초에 1년간에 지급된 보수액을 토대로 보험료를 정산하면서 1년간 지급된 개별근로자의 보수액을 보고토록 하는 방식을 사용하고 있다. 미국의 경우에는 분기별로 당해 사업(장)에서 지급된 보수지급총액에 실업보험료율을 곱하여 보험료총액을 산정해 보고·납부하면서 개개근로자의 분기별 보수지급액을 별도로 보고토록 하고 있다. 분기별 보수액 보고(quarterly wage report)를 토대로 실업급여 수급자격을 판단하고 실업급여액을 산정하고 있으나 분기별 보수액 보고와 실업급여 신청 사이에 시간의 갭이 벌어질 수밖에 없어 과거의 보수자료를 활용할 수밖에 없는 구조적 한계가 있다.

캐나다의 경우에는 고용보험료를 근로소득세 원천징수액과 함께 당해 사업(장)의 총액 베이스로 국세청에 신고·납부하는 구조이다. 그런데 실업급여의 수급자격 판단 및 실업급여액 산정에는 이 자료가 도움이 되지 않기 때문에 개별근로자가 이직할 때마다 우리나라의 이직확인서에 해당하는 고용기록(Record of Employment)을 신고하도록 하고 고용기록에 수급자격 판단 및 실업급여액 산정에 필요한 근로시간 수 및 보수지급액을 기재하도록 하고 있다.

일본의 경우에는 과거 우리나라와 동일하게 당해 사업(장)의 전년도 임금총액을 토대로 개산보험료를 신고·납부한 뒤 다음 연도 초에 전년도 임금지급총액을 토대로 확정보험료를 산정해 정산하고, 개별근로자가 이직할 때마다 이직확인서를 발급토록 해 수급자격 판단 및 실업급여액 산정에 필요한 고용기록과 보수지급액을 기재하도록 하고 있다. 국민보험체제를 갖추고 있는 영국의 경우에는 조사대상국가들 중 유일하게 매월 근로자 개인별 임금액을 보고하면서 개인별로 근로소득세 원천징수분과 사회보험료를 신고·납부하는 체제를 갖추고 있었다.

이들 사례에서 보듯이 영국을 제외하고는 매월 근로자 개인별 보수지급액을 신고받으면서 근로소득세와 사회보험료를 징수하는 체제를 갖추고 있는 국가는 없다. 미국이 분기별로 근로자 개인별 보수지급액을 신고받고, 독일은 1년에 한 번씩 신고받는다. 캐나다와 일본은 별도로 근로자 보수액의 신고를 받지 않으며, 그 대신 근로자가 이직할 때마다 이직확인서를 통해 근로자의 개인별 보수지급액을 신고받는다. 그러므로 우리나라의 고용보험법 제정 시 근로자 개인별 보수지급액을 별도로 신고받지 않았다 하여 특이한 구조는 아니며 캐나다와 일본과 같은 유형에 속하는 체제라 할 수 있었다. 2009년 사회보험 통합징수체제에 따라 개별근로자의 소득액에 보험료를 부과하는 방식으로 변경된 이후에도 전년도 월별보수를 다음 연도 초에 보고해 보험료를 정산하는 방식이기 때문에 근로복지공단이 피보험자 DB로 확보하고 있는 피보험자별 보수액은 당해 연도가 아닌 전년도의 소득액일 수밖에 없어 인별 관리를 강화했다 하더라도 사실상 실업급여액을 산정할 때에는 도움이 되지 않는 상황이다.

(3) 사회보험료의 징수통합

고용보험료의 징수체제는 2011년 사회보험료 징수통합 과정에서 보험료 산정기초가 임금총액에서 과세소득으로 변경되었고, 개산·확정보험료 신고·납부 방식은 월별 부과·고지 방식으로 변경되었다. 또한 이때부터 건강보험공단에서 사회보험료를 통합 고지하고 징수하는 체제로 변경되었다. 현재 시행되고 있는 고용보험료 징수방식을 요약해 보면 다음과 같다. 매년 5월에 모든 사업(장)에서 근로자 개인별로 전년도에 지급된 보수총액을 신고하면 개인별 보수총액에 고용보험료율을 곱하여 개인별 보험료납부액을 산정하고 당해 사업(장) 근로자의 보험료 납부액을 합산해 당해 사업주에게 매월 납부할 보험료총액에 대한 고지서가 발부되고 사업주는 원천징수한 근로자 보험료 부담분에 사용자 부담분을 합하여 매월 보험료를 납부하는 방식이다. 그리고 다음연도 5월에 근로자 개인별로 전년도에 지급된 보수총액을 다시 신고하면 근로자 개인별로 보험료납부액을 정산하여 당해 사업(장)에서 납부해야 할 고용보험료 총액을 정산하는 방식이다.

이와 같은 방식으로 변경된 배경에는 국세청에 신고되는 근로소득세 확정정산 신고내역과 근로자 개인별 보수총액을 대사하여 사회보험에서 누락된 근로자를 쉽게 확인할 수 있도록 함으로써 사회보험 사각지대를 완화해 보고자 하는 정책적 고민이 담겨 있다. 그러나 이 방식은 과거에 사용하던 방식보다 실무적으로는 훨씬 복잡하다는 문제가 있고, 이 방식에서도 신고된 전년도의 근로자 개인별 보수총액은 실업급여 지급 시 수급자격 판단 및 실업급여액 산정에 활용할 수 없기 때문에 근로자의 이직 시 발급되는 이직확인서에 의존할 수밖에 없는 한계가 있다. 다만, 현재는 실업급여의 상한액과 하한액의 차이가 거의 없어서 이직확인서를 통해 이직 전 소득을 세밀히 산정할 필요는 별로 없어 보인다.

제7장

고용보험의 심사제도

제7장

고용보험의 심사제도

일반적으로 행정기관의 위법·부당한 행정처분에 대하여는 행정심판법에 따라 행정심판을 제기함으로써 이의신청을 할 수 있다. 행정심판을 제기하면 처분청에서 다시 한번 행정처분의 적법성에 대하여 검토할 기회를 가지게 되며 문제가 없다고 생각되면 행정심판위원회에 답변서를 제출하고 행정심판위원회에서 행정심판 청구서와 답변서를 놓고 심의해 행정처분의 취소여부를 결정하게 된다. 고용보험법의 경우에도 고용안정사업 및 직업능력개발사업의 지원금에 관한 처분, 고용보험료의 징수처분은 행정심판법에 의한 행정심판 청구대상이다.

그런데 고용보험법에서는 피보험자격의 취득·상실에 관한 확인, 실업급여에 관해서는 일반행정심판 절차를 거치는 대신에 특별행정심판 절차에 해당하는 심사·재심사의 절차를 거치도록 제도를 설정하였다. 원래 구상하였던 취지는 이러하였다. 주로 미국의 사례를 연구하면서 설계하였는데 어떤 실직자가 실업급여를 신청하기 위해 직업안정기관을 방문하였는데 수급자격에 미달된다거나, 실업의 인정을 받지 못했거나, 정당한 사유 없이 취업알선을 거부하는 등의 사유로 실업급여의 지급을 거절 받았다고 가정하자. 이러한 경우에도 행정심판법에 의해 행정심판을 청구해 구제받으려고 하면 시간도 많이 걸리고 절차도 복잡하다. 그리고 행정심판법은 우리나라의 법체계에서 일단 행정기관의 처분은 적법하다는 가정 하에서 이루어지게 된다.

그러나 실업급여를 신청하는 실업자의 경우에는 생활도 급박하고 서류로 실업급여 부지급 처분의 부당함을 기술하는 것으로는 생생한 소명이 되지 못할 가능성이 크다. 그래서 미국의 직업안정기관에서는 바로 그 기관에 이러한 경우 이의를 제기할 수 있는 심사관이 배치되어 있고 그 심사관이 이의제기를 받아 현장에서 직업상담원의 실업급여 부지급 사유에 대하여 심사해 원처분을 취소할 수 있도록 하고 있다.

우리나라의 경우에도 고용보험제도의 도입 시에는 실업급여의 도덕적 해이를 방지하기 위해서는 실업급여 지급요건 등을 엄격히 해야 한다고 생각했고 이러한 경우에는 고용보험심사관이 모든 직업안정기관에 배치되어 현장에서 즉시 이의제기를 처리하여야 한다고 생각했다. 그리고 현장에서 해결되지 않은 경우에는 고용보험심사위원회에서 재심사하여 처리하도록 하는 체제를 설계하였다. 피보험자격 확인청구의 경우에는 대부분 실업자가 직업안정기관을 방문해 청구하게 되며 이 경우 피보험자격이 없다고 판단하면 실업급여의 부지급으로 이어지게 되기 때문에 마찬가지로 현장에서 고용보험심사관이 심사하도록 하여야 한다고 판단하였다.

이러한 이의제기 처리에 대하여는 경제기획원과 총무처에서도 적극 동의하여 고용보험제 도입을 위한 정원협의에서 모든 지방노동관서에 고용보험심사관을 한 명씩 배치하는 것으로 협의되어 고용보험제가 출범하였다. 그런데 실업급여 지급업무가 당초에 구상한 것만큼 엄격하게 이루어지지 않다 보니 부지급처분도 많지 않았고 그러다 보니 이의신청도 많지 않았다. 그래서 시행 후 얼마 지나지 않아 지방노동관서마다 배치되어 있던 고용보험심사관을 정리하고 6개 지방노동청에 한 명씩만 배치하게 되었다. 사실은 상급관청인 지방노동청에 고용보험심사관을 배치한다는 것은 당초 특별행정심판 절차로 고용보험심사관을 두게 된 취지와는 맞지 않는 것이었으나 부지급 처분이 많지 않다 보니 어쩔 수 없는 선택이었다. 그리하여 고용보험심사제도는 당초 구상과는 전혀 다른 특별행정심판 절차로 변질되었다. 이후 모성보호급여가 도입되자 같은 실업급여 보험료에서 지급되고 사업주가 아닌 근로자를 대상으로 지급되는 제도라는 등의 이유로 일반행정심판 절차가 아닌 고용보험심사 절차의 대상이 되었다.

제 3 부

고용보험법 시행령 제정과 전산망 구축

제1장

당시의 업무추진 여건

제1장
당시의 업무추진 여건

고용보험제도를 도입, 시행한 지가 벌써 27년이 지났다. 도입하던 당시에 비해 지금은 제도가 양적으로나 질적으로 많이 발전되어 이제는 고용보험 없이는 노동시장과 관련된 정책을 논하기 어렵게 되었다. 그러나 고용보험제 도입을 추진하던 당시에는 실업급여에 대한 부정적 인식과 고용안정 및 직업능력개발사업의 효과에 대한 의문 등으로 조심스럽게 접근할 수밖에 없었다. 아직도 질적, 양적으로 제도 개선의 여지가 남아 있기는 하지만 고용보험제도는 몇 차례의 경제위기 상황 속에서 사회안전망으로서의 역할을 다해왔다. 필자는 여의치 않은 여건 속에서 고용보험제 시행 준비작업을 하면서 향후 고용과 인력정책에 가져올 기대효과에 주목한 것은 사실이지만 이처럼 빠르게 그 역할이 커질 것으로는 생각하지 못했다.

당시에 함께 일했던 이재갑 사무관, 장신철 사무관과는 제도가 시행되고 좀 여유가 생기면 함께 고용보험제 도입역사를 정리하여 기록으로 남기기로 약속하였었다. 그런데 그 후 뿔뿔이 흩어지고 현안에 밀리면서 도입역사를 정리하기로 한 일은 유야무야되어 오늘에 이르게 되었다. 제도가 도입된 지 25년여가 지난 지금 당시의 기억을 더듬어 제도시행 준비과정을 기록으로 정리하는 것이 쉬운 일은 아니다. 남아 있는 자료도 많지 않고 상당 부분을 기억에 의존할 수밖에 없어 한계가 있는 것이 사실이다. 그런데 이제라도 용기를 낸 것은 당시 고용보험제 도입에 큰 역할을 한 정병석 총장님의 제안 때문이었다. 주저하는 필자에게 늦었지만 지금이라도 꼭 해야 할 일이고, 한다면 우리가 해야 한다고 강권하여 참여하게 되었다.

고용보험제도와의 인연은 전혀 예기치 않게 시작되었다. 대전지방노동청에서 관리과장으로 근무하다가 노동연구원에 파견근무를 한 지 불과 1개월여 만인 1994년 2월 초 또다시 인력수급과장으로 인사발령이 났다. 대전지방노동청에서 근무한 지 5개월여 만에 노동연구원으로 파견근무를 희망했던 이유가 그동안 바쁜 업무 등을 이유로 못 한 일들을 하고 싶었기 때문이었다. 전에 담당했던 분야의 책도 쓰고 또 사무관 시절 가지 못했던 해외연수도 준비할 겸 해서 파견근무를 하게 되었는데 갑자기 인력수급과장으로 차출이 된 것이었다. 인력수급과의 현안업무가 무엇인지를 알아보니 주로 고용보험 도입 준비작업을 전담하여 추진하는 일이었다. 의도한 바는 아니었으나 결국 준비하던 일들을 모두 포기하고 고용보험제도 시행을 위한 준비작업을 떠맡을 수밖에 없었다.

그런데 결과적으로는 이때 도입한 고용보험제도가 그 후 고용정책심의관, 직업능력정책심의관과 고용정책실장으로서의 업무를 수행하면서 점차 심화되고 복잡해지는 고용관련 문제를 해결하기 위한 주요 정책수단으로 적극적으로 활용하게 되었으니 필자에게는 큰 자산이 된 셈이었다.

인력수급과장으로 발령이 나자 당시 직업안정국장으로 고용보험 도입작업을 총괄 지휘하던 조순문 국장이 필자에게 "근무 시작 전날 미리 환영식을 해줄 테니 부임 당일부터 정상적인 근무가 이루어질 수 있도록 미리 준비하라"고 주문을 했다. 많은 부담감을 가지고 출근한 첫날 함께 일할 직원을 파악해 보니 여직원과 필자를 포함하여 모두 여섯 명이었다. 그것도 종전에 담당하던 업무 중 고용촉진훈련업무가 그대로 남아 있었다. 고용촉진훈련업무가 평상시에는 큰 부담이 되지 않았으나 훈련기관의 각종 부정행위 등 사고가 빈발하여 과장으로서는 늘 관심을 갖고 관리해야 할 업무였다.

나중에 확인한 바로는 고용보험제도 도입작업을 추진해 가는데 필요한 예산이 거의 확보되지 못한 상황이었으므로 고용촉진훈련사업에 편성된 예산을 활용할 수 있도록 하기 위한 배려라는 것이었다. 그러나 실질적으로는 고용보험제 도입을 위한 예산 활용에도 별다른 도움이 되지 못하였고 오히려 제도 도입업무에 전념하는데 장애가 될 뿐이었다.

당시 인력수급과에는 사무관으로 이재갑 사무관과 장신철 사무관 둘뿐이었고, 주무관으로는 이수종 주무관과 윤영순 주무관이 있었다. 장 사무관은 해외출장 중이었는데, 이 사무관이 일 잘하는 것은 익히 알고 있었으나 장 사무관은 신임사무관으로 경험이 적었고 해야 할 일에 비해 과의 인력이 너무나 부족하여 제도 도입작업을 제대로 수행할 수 있을지 크게 염려스러웠다. 걱정을 하던 필자에게 이 사무관은 장 사무관이 경험은 적으나 업무능력이 뛰어나니 크게 걱정하지 않아도 된다고 안심을 시켰다. 실제로도 그 후 장 사무관은 불비한 환경 속에서도 뛰어난 능력을 발휘하였고, 이 주무관과 윤 주무관도 맡은 업무를 기대 이상으로 잘 수행하여 고용보험 도입과 시행준비에 크게 기여하였다.

고용보험제도 도입과 관련하여 이미 법은 제정되어 있어 후속작업으로 시행령, 시행규칙, 각종 예규, 훈령, 지침 등을 제정하고, 업무 수행에 필요한 전산화 작업을 추진하는 것이 중요한 과제였다. 그런데 부내에서도 그렇고 정부 전체적으로도 고용보험제도에 대해 이해가 부족하고 필요한 지원이 이루어지지 않고 있었다. 먼저 도입된 산재보험, 의료보험, 국민연금 등 3대 보험 도입 시에는 제도시행 1년 전부터 국단위 조직이 만들어져 준비작업을 수행했었는데, 위에서 언급했듯이 제도 도입을 위한 준비조직이 턱없이 부족했고 필요한 예산도 편성되어 있지 않았다.

표면적으로는 고용보험관리운영기구의 구체적인 조직형태에 대해서 한국개발연구원과 노동연구원에 용역을 의뢰하여 그 연구결과에 따르기로 노동부와 경제기획원이 합의하였기 때문에 1994년도 예산에는 직업안정기관의 구축 등 고용보험 시행준비를 위한 예산이 반영되지 못하였다는 것이다. 그러나 전해 들은 바로는 당시 경제기획원의 이석채 예산실장이 고용보험 도입에 개인적으로 반대한다는 소신을 내세워서, 이미 법이 제정, 공포되어 국가적 차원에서 확정된 제도 도입에 필요한 예산이 반영되지 못한 것이었다. 지금으로서는 이해하기 어려운 상황이지만 당시에는 경제기획원의 정부 내 파워가 막강했기 때문에 가능한 일이었다.

이러한 상황 속에서 정해진 일정에 맞추어 제도를 차질 없이 도입, 시행하기 위해서는 먼저 고용보험제 도입의 의미와 준비사항들에 대한 부내 세일즈가 필요하다고 생각했다. 과 내에서도 그런 공감대가 형성되어 기회 있을 때마다 주변에 이런 내용을 알리려고 노력했고, 과장으로서도 관련부서와 윗분들에게 인력확충의 필요성을 기회 있을 때마다 설명하고 지원을 요청했다.

모두의 노력에 힘입어 1994년 6월 인력확충이 이루어졌다. 그런데 그 이전인 4월에 인력수급과의 명칭이 '고용보험과'로 바뀌었으나 고용촉진훈련은 그대로 남아 있었다. 그 사이 고용촉진훈련과 관련한 훈련기관의 부정수급 문제가 언론에 크게 보도되는 일이 발생하여 한동안은 장 사무관과 함께 이 일을 수습하느라 다른 업무는 뒤로 미룰 수밖에 없었다. 인력은 6명이 확충되었는데 이때 심경우 사무관, 강현철 사무관과 조보현, 이길수, 이금호 주무관이 합류하게 되었다. 신은종 사무관이 함께 충원되었으나 고용촉진훈련업무를 고용정책과로 이관하기로 하고 신은종 사무관을 고용정책과에 배치하였다. 고용촉진훈련업무를 그대로 둘 경우 과장으로서 이 업무에 늘 신경을 써야 하고 상당한 시간과 노력을 빼앗기게 되어 차라리 사무관 한 명을 포기하는 것이 낫다고 판단한 결과였다.

이때부터 부족하기는 하나 어느 정도 업무추진체제가 갖춰지게 되었다. 그러나 예산문제는 달리 해결할 방법이 없어 기본적인 과 운영과 전산화 추진에 많은 어려움을 겪을 수밖에 없었다. 그나마 고용정책과의 예산을 일부 활용하여 대외협력활동을 수행하는 데 다소 도움을 받을 수 있었다.

인력이 충원되면서 업무를 좀 더 체계적으로 분담하여 추진할 수 있었다. 이재갑 사무관이 제도담당으로 실업급여와 계획업무를 총괄하고 조보현 주무관이 보조역할을 하면서 주무업무를 수행하도록 하였다. 장신철 사무관과 이금호 주무관이 사업개발 담당으로 고용안정·직업능력개발 사업을, 심경우 사무관과 이길수 주무관이 적용, 징수업무를, 강현철 사무관과 윤영순 주무관이 전산개발업무를 분담하여 추진토록 하였다.[80] 이수종 주무관은 일본 노동성에 파견근무를 하면서 고용보험 도입에 참고할 일본의 제도 운영상황을 파악하여 보고하고 관련 지침과 규정 등을 수집하여 보내도록 하였다.

그런데 직업능력개발사업과 전산개발업무의 경우 담당인력 만으로는 업무를 효율적으로 추진하는 데 근본적으로 한계가 있었다. 이러한 한계를 극복하기 위해 직업능력개발사업은 당시 직업훈련국의 황우찬 사무관, 산업인력공단과 지방노동관서의 인력을 선발하여 사업개발T/F를 구성하여 추진하였고, 전산개발업무는 전산실의 송재영 사무관 등 전산전문인력, 협력업체인 삼성SDS 직원들로 T/F를 구성하여 추진하게 하였다.

80 고용보험관리운영기구 관련업무는 직업안정조직 전반에 대한 사안으로 고용정책과의 박효욱 사무관(도중에 서기관으로 승진)이 담당하고 있었다.

촉박한 일정과 많은 제약 속에서도 결과적으로 당초 목표대로 고용보험제도를 도입, 시행할 수 있었던 것은 이러한 협업의 결과가 아니었나 생각된다. 오랜 진통과 노력 끝에 고용보험제 도입이 결정된 것이 열정과 사명감을 가진 실무 관료들의 공이었듯이 제도가 성공적으로 시행될 수 있었던 것도 그러한 실무 공무원들의 노력의 산물이라고 생각한다. 이렇게 어렵게 도입, 시행된 제도는 그 후 외환위기를 겪으면서 급속히 발전되고 성숙되면서 위기 극복의 주요한 수단으로 활용될 수 있었다. 어려움 속에서도 고용보험제도 도입작업을 차질 없이 추진한 성과를 인정받아 '고용보험과'가 문민정부 초기 부처별 최우수부서로 선정되어 다소나마 직원 모두에게 위안이 되고 자부심도 가질 수 있었다.

제2장

고용보험법 시행령 제정과정

제2장

고용보험법 시행령 제정과정

고용보험법이 제정되면서 큰 틀에서 제도의 골격이 어느 정도 갖춰지게 되었다. 그런데 제도 도입 논의 시 실업급여와 관련된 모럴해저드의 가능성이 논란이 되어 실업급여와 관련된 조항은 법에 구체적으로 규정되었으나 고용안정·직업능력개발 사업은 구체적인 내용이 시행령에 상당 부분 위임되어 있었다. 아울러 많은 논란이 되고 있었던 적용범위와 관리운영기구에 대해서도 시행령 제정 시 논의하여 정리하기로 되어 있었다. 이러한 문제들로 인해 시행령 제정과정에서도 부처와 노사 간에 상당한 논란이 불가피하였다.

도입 일정이 촉박하였으므로 추진일정도 촘촘하게 관리하기로 하고 계획을 수립했다.

- '94.1/4분기 : 노동연구원의 실태조사결과를 바탕으로 고용안정 및 직업능력개발사업 개발, 실업급여 세부지급기준 설정, 전산화 추진계획 확정
- '94.2/4분기 : 노동연구원의 고용보험관리운영기구 연구와 재정추계 및 영향평가 결과를 바탕으로 시행령, 시행규칙(안) 작성, 고용보험관리운영기구 설치 계획 수립, 전산화 기본계획 수립 및 협력업체 선정
- '94.3/4분기 : 고용보험관리운영기구 설치계획 확정 및 설치 추진, 적정보험료율 결정, 시행령 입법예고, 전산프로그램 개발
- '94.4/4분기 : 시행령 및 시행규칙 제정, 각종 업무지침 개발, 모의운영실험 실시
- '95.1/4분기 : 훈령, 예규 등 제정, 교육계획 수립 및 청사 확보, 기금운용계획 수립, 전산장비 및 네트워크망 확보, 설치
- '95.2/4분기 : 고용보험 담당인력 확보 및 교육, 고용보험전문위원회 및 고용보험심사위원회 구성, 전산망 시험가동 및 담당직원 교육
- '95.7.1 : 고용보험 적용사업장 피보험자 등록 및 보험료 징수, 고용안정사업 및 직업능력개발사업 실시

고용보험제도의 도입 및 시행 일정이 촉박한 데 비해 추진 여건은 매우 어려운 상황이었다. 담당할 인력이 부족한 것은 당시 고용보험과 준비인력들이 극복해야 할 몫이라고 해도 외부 여건이 부정적인 것은 물론 부처 내부에서도 전반적으로 이해가 부족하여 적극적인 지원을 기대하기 어려웠다.

이미 법이 제정되었고, 법제정 시 실업급여의 부정적 영향을 최소화하는 한편 고용조정을 원활하게 하고 가용인력자원의 활용을 극대화하는데 목표를 두고 제도를 설계하였음에도 사용자단체와 경제부처를 중심으로 부정적인 기류가 계속 남아 있었다. 이에 따라 고용보험의 적용범위, 보험료율, 관리운영기구 등을 둘러싼 부처 간의 논의가 상당기간 지체될 수밖에 없었고, 고용안정사업과 직업능력개발사업에 대한 실무적인 협의도 계속 지연되었다. 부처 내에서도 고용보험에 대한 이해가 부족하여 부서 간 협조가 원활하지 못했고, 윗분들의 관심도 부족하여 충분한 지원을 받을 수 없었다, 이렇게 고용보험법 시행령 제정 작업이 지연되는 상황에서도 전산프로그램 개발은 정상적으로 추진하려고 노력했다. 아직 확정되지 않은 규정이지만 전산화 추진일정에 차질이 생기지 않도록 우선 프로그램을 개발하고 협의 과정에서 바뀐 부분을 보완하도록 했다.

고용보험 도입과정에서 오랜 기간 큰 역할을 한 조순문 국장이 다른 부서로 전보되고 이홍지 국장이 부임하게 되었다. 이홍지 국장은 부임 초부터 나름대로 고용보험제도 도입에 열정을 보이면서 적극적인 추진의지를 보여 주었다, 그런데 고용보험법시행령안에 대한 부처협의가 한창 진행되던 시기에 이홍지 국장이 공직생활을 마무리하는 것으로 명예퇴직이 결정되었고, 그런 상태로 상당 기간을 보내게 되었다. 그러다 보니 명예퇴직이 결정된 이후부터 퇴임 전까지 오랜 기간 업무 추진에 소극적인 행보를 보일 수밖에 없었다. 대외적으로 협의할 일이 많았던 상황이라 결국 상당부분을 국장 몫까지 필자가 떠맡아서 해결할 수밖에 없었다.

국가적으로나 노동부의 입장에서도 고용정책의 핵심으로 매우 중요한 고용보험제 도입을 총괄하는 자리에 조만간 퇴직할 국장을 보임하고 명예퇴직 결정 후에도 상당 기간 후속조치를 취하지 않는 인사에 대해 전혀 납득할 수 없었다. 결국 과장 이하 실무자들이 더 많은 역할과 적극적인 노력을 통해 그 공백을 메울 수밖에 없었고, 조직 차원의 지원에 기대지 않고 스스로 문제를 해결하고자 노력했다.

1. 고용보험법 시행령 부처협의와 제정과정

고용보험법 시행령 제정과정에서 가장 큰 논란이 된 것은 적용범위와 관리운영기구 문제였다. 부처협의를 통해 이러한 문제들을 어느 정도 정리한 다음 시행령(안)을 마련해 가고자 하였으나 협의가 계속 지연되었고 부처 간의 입장 차이가 컸다. 시행 일정상 우선 실태조사결과를 토대로 고용안정사업과 직업능력개발사업을 구체적으로 설계해 나가고 실업급여 세부지급기준도 정하기로 했다. 노동연구원의 재정추계결과를 바탕으로 보험료율도 내부안을 마련했다.

직업능력개발사업의 경우는 이미 시행되고 있었던 '사업내훈련의무제도'를 전면 개편하여 새로운 인력정책의 틀을 마련하는 것이므로 당시 직업훈련국의 협조가 필수적이었다. 제도가 시행되면 결국 직업능력개발사업은 직업훈련국에서 운영해야하므로 오히려 직업훈련국에서 제도를 설계하는 것이 타당하다고 생각하였으나 직업훈련국에서는 고용보험제도 도입 추진팀에서 전담해서 해야 할 일이라고 생각하여 소극적인 입장을 보였다. 일정기간이 지나면 결국 '사업내훈련의무제도'가 전면적으로 고용보험의 직업능력개발사업으로 흡수, 개편될 수밖에 없는 상황이었음에도 고용보험법 제정에 관여하지 않았다는 이유로 구체적인 제도설계에도 참여하지 않으려 했다.

그런데 다행히 당시 직업훈련국의 능력개발과장이던 김성중 과장의 도움으로 황우찬 사무관을 지원받고 한국산업인력공단과 지방노동관서의 직업훈련업무 담당 직원들을 파견받아 직업능력개발사업T/F를 구성, 운영함으로써 직업능력개발사업을 차질없이 설계할 수 있었다.[81]

당시 직업훈련제도의 운영이 관련 법령뿐만 아니라 각종 훈령, 예규, 지침 등에 근거를 두고 있어 실제로 직업훈련을 담당하는 실무자들의 도움이 컸다. 고용보험이 도입되면서, 기능인력 양성의 필요성 때문에 한시적으로 1,000인 이상 사업장에는 '사업내훈련의무제도'를 존치시키기로 하였으므로 직업훈련국에서 직업훈련기본법 개정 시 이러한 내용을 반영해야 했는데 장, 차관 보고에도 필자에게 함께 가서 설명해 줄 것을 요구했다. 고용보험제도 도입 추진과정에서 협의, 결정된 내용임에도 이를 설명하러 함께 가자고 요구하였으니 고용보험제도에 대한 이해와 인식 수준을 짐작할 수 있었다. 실제로도 장, 차관 보고 시에 필자가 외부에 있던 관계로 장신철 사무관이 함께 들어가서 관련 내용을 설명하고 결재를 받

81 직업능력개발T/F팀은 별도의 사무공간을 확보하고 장신철 사무관이 실질적인 팀장 역할을 수행하면서 계획업무를 총괄하던 이재갑 사무관과 조율과정을 거치도록 하였다.

았다고 한다.

고용보험법 시행령(안)을 마련하는 과정에서 부내에서도 고용보험관리운영기구와 관련하여 반대의견에 직면하면서 내부안 마련이 지연되었다. 당시 강봉균 차관이 "고용보험관리운영기구는 정부조직이 아니라 정부출연기관 형태로 설치하는 것이 적합하다"는 의견을 견지하다 보니 실무진들과 의견충돌이 계속되고 한동안 진전이 되지 않았다. 상당한 시간이 지나 다행히 강봉균 차관이 개인적 소신을 꺾지는 않았으나 "실무진들이 일관되게 주장하니 실무진 의견대로 안을 정립하고 부처협의를 해도 좋다"라고 도중에 입장을 바꿔준 배려 덕분에 내부안을 확정할 수 있었다.

고용보험법 시행령(안)에는 관리운영기구 외에도 적용범위, 보험료율, 고용안정 및 직업능력개발사업의 구체적인 내용, 실업급여 세부지급기준 등이 규정되어 있어 내용이 방대하였다. 실무적으로 안을 마련하고 장관, 차관 보고 절차를 거쳐 부처 내부안을 확정해야 했는데 특히 당시 경제기획원 출신의 강봉균 차관이 정책에 대한 시야가 넓고 전문가로서 깊이 있는 의견을 많이 제시했기 때문에 넘어야 할 큰 산으로 생각하고 있었다.

실무적으로 마련한 시행령(안)을 강봉균 차관에게 일괄해서 보고하고 조속히 내부안을 확정하기 위해 차관 비서관에게 오후 전 시간을 보고 일정으로 잡아 달라고 요청했다. 보고 일정이 잡히자 필자, 이재갑 사무관, 장신철 사무관, 심경우 사무관, 강현철 사무관 등 다섯 명이 함께 들어가 오늘은 어떠한 일이 있어도 차관 보고를 통해 내부안을 확정하기로 굳은 결의를 하고 보고에 임하기로 했다.

보고에 앞서 오후 시간을 모두 내어 달라고 하자 차관이 농담조로 "무슨 일인데 미리 그렇게 겁을 주느냐?" 하고 반문했다. "고용보험법 시행령의 조문과 설명할 내용이 많은데 고용보험의 시행 일정상 그 내용을 구체적으로 보고하고 가능한 한 빨리 확정해야 하므로 그 정도의 시간이 필요합니다"라고 답변했다. 이와 함께 시행령(안)에 대한 설명자료를 자세히 보고하려 하자 강봉균 차관이 "그러지 말고 여러분이 할 일은 여러분이 알아서 하고 내가 해야 할 일만 보고하라"고 주문을 했다. 전혀 예상하지 못한 반응이었다. 그동안 고용보험관리운영기구와 관련하여 많은 이견이 있었으나 실무자들의 열정과 소신으로 받아들이고 많은 신뢰가 쌓였다는 느낌이 들었다. 그래서 "고용보험관리운영기구는 경제기획원과 협의가 진행 중이므로 제외하고 시행령에서 결정해야 할 주요사안인 적용범위와 보험료율 문제만 해결해 주십시오"라고 건의드리고, 나머지는 실무적으로 해결해 나가기로 하였다. 이때 강봉균 차관이 우리에게 보여줬던 신뢰는 그 이후 시행령 제정과정에서 어려운 고비마다 크게 도움이 되었다.

그 후 시행령(안)의 주요내용을 중심으로 계속 부처 간 협의를 이어갔다. 바로 입법예고를 하고 부처협의를 할 수도 있었으나 좀 더 효율적으로 부처협의를 진행하기 위해 입법예고를 뒤로 미루고 적용범위, 보험료율 등 주요 사항에 대한 부처협의를 계속한 것이다. 그러나 부처협의가 계속 지연되어 마냥 입법예고를 미룰 수만은 없었다. 일단 입법예고 후 부처협의를 계속하기로 하고 1994.10.26. 고용보험법시행령(안)을 입법예고하였다. 입법예고 후 계속된 부처협의를 통해 고용보험관리운영기구를 제외하고 적용범위, 보험료율 등 주요 사항에 대해 합의가 이루어져 노동부, 경제기획원, 상공부 등 세 부처가 고용보험 도입과 관련한 합의 내용을 공표하였다.

그런데 고용보험관리운영기구에 대한 논란은 계속되었고 별문제 없어 보이던 고용안정·직업능력개발 사업에 대해서도 당시 경제기획원과 협의가 잘 진행되지 않았다. '제7차 경제사회발전 5개년계획'과 '신경제계획'에는 이미 고용보험제의 기본추진방향을 인력수급을 원활히 하기 위한 효율적인 인력관리시스템을 구축하고 산업구조조정과 근로자의 능력개발을 적극 지원하여 생활안정을 도모하는 것으로 확정해 놓고 있었다. 즉 고용보험제를 실업급여 지급이라는 사후 구제적 차원보다는 실업의 예방, 인력수급의 원활화, 고용구조의 개선과 근로자의 능력개발 등 적극적 인력정책을 실현하는 제도적 장치로 개발한다는 것이었다. 그럼에도 경제기획원 실무진은 '사업내훈련의무제도' 축소, 폐지에 따른 인력양성의 부족 문제, 고용안정사업과 직업능력개발사업의 급격한 확대 등을 우려하고 있었다. 구체적인 내용보다는 고용보험제도의 방향성에 대한 이견이었으므로 쉽게 합의점을 찾기 어려웠다.

그 당시에는 경제장·차관회의를 거쳐야 차관회의와 국무회의에 안건을 상정할 수 있었는데, 경제장·차관회의에는 우선 경제기획원과 협의가 되어야 안건을 상정할 수 있었다. 경제기획원에는 세 부서와 협의를 거쳐야 했다. 안건의 부처 간 협의 창구역할은 법무담당관실에서 했으나 업무 관련부서인 경제정책국의 인력개발과와 예산실의 담당예산부서와도 협의가 이루어져야 안건을 상정할 수 있었다. 수차 관련부서를 찾아가 과장들에게 내용을 설명하고 업무협의를 하려고 하였으나 세부적인 내용을 들으려고도 하지 않았다. 실무선에서의 문제라서 실무적으로 해결해 보려는 노력을 기울였으나 잘 진척되지 않았다.

당시 BH 노동비서관이 박훤구 박사였는데 고용보험 도입에 많은 관심을 갖고 수시로 상황을 확인하면서 도입 일정에 차질이 발생하지 않도록 당부하였다. 업무상 또는 격려차 만날 기회가 종종 있었는데 그때마다 필자에게 농담 삼아 "고용보험 도입에 차질이 생길 경우 1차적으로는 나에게 책임 문제가 발생하겠지만 2차적으로는 당신에게 책임이 있으니 공직생활 계속하고 싶으면 잘하라"고 엄포를 놓았다. 당시 문민정부에서는 금융실명제 도입, 지속적인 사정과 개혁 등으로 국민들에게 부담이 되는 정책이 많은데 고용보험제도는 마지막으로 도입되는 4대 보험의 하나로서 국민들에게 실질적인 혜택을 주는 제도이므로 대단히 중요한 의미가 있다는 설명이었다. 박훤구 비서관에게 경제기획원과의 협의가 지연되고 있음을 설명하고 BH 차원에서 협의가 진행될 수 있도록 도와 달라고 요청을 했다. 그러나 크게 달라지지 않았고 경제기획원과의 협의는 교착상태에 빠지게 되었다.

'94년 11월 초 경제기획원과의 협의를 어떻게 풀어갈지를 논의하다 이홍지 국장과 함께 당시 경제기획원 차관으로 자리를 옮긴 강봉균 차관을 찾아가 상황을 설명하고 도움을 받기로 했다. 차관실로 올라가 보니 결재대기 중인 경제기획원 간부들로 가득 차 있었다. 일단 비서관에게 찾아온 용건을 설명하고 면담을 요청하였으나 언제 면담이 가능할지도 알 수가 없었다.

그렇게 마냥 대기하고 있던 도중에 강 차관이 화장실에 가기 위해 나가다가 우리를 보고 "무슨 일로 왔지?" 하고 물었다. 용건을 말씀드리자 "노동부팀이 먼저 들어오라"고 해서 면담이 이루어지게 되었고, 고용보험법시행령에 대한 경제기획원과 그 동안의 협의상황을 설명하고 도움을 요청했다. 강 차관은 "내가 노동부에 차관으로 있을 때 마련한 시행령인데 기획원 실무진들이 내용도 제대로 모르고 반대하니 바로 해결해 주겠다"고 하면서 관련되는 두 과장을 즉시 올라오라고 호출했다. 우리는 감사를 표하고 나오다 두 과장 중 한 명을 만났으나 그냥 예산협의 문제로 왔다고 에둘러 말하고 그 자리를 피해 나올 수밖에 없었다.

며칠 후 경제기획원 인력과장이 우리부 시행령(안)에 동의하니 원안대로 추진해도 좋다고 전화를 통해 알려 왔다. 그런데 예산담당과장은 별다른 얘기가 없었다. 의견을 듣기 위해 예산담당과장을 방문하여 타진해 보니 아직도 종전의 의견을 되풀이해서 주장했다. 계속 협의를 해 나갔으나 자신의 주장을 굽히지 않아 합의점을 찾을 수 없었다. 입법예고기간이 끝났음에도 시행령 제정절차를 진행할 수 없었다.

결국은 다시 강봉균 차관을 찾아가서 도움을 요청할 수밖에 없었다. 이번에도 강 차관이 흔쾌하게 수락을 하고 즉시 예산담당과장을 호출했다.

이번에도 자리를 피해 나오다 예산담당과장을 만났으나 마찬가지로 다른 일로 왔다고 둘러댔다. 예산담당과장으로부터 의견 표명이 있을 것으로 기대했으나 여전히 잠잠했다. 협의를 위해 예산담당과장을 찾아가 긍정적인 의견을 듣고자 하였으나 종전의 주장을 집요하게 되풀이하였다.

시행령(안)의 주요내용에 대한 부처 간 협의를 완료하고 조속히 제정절차를 진행해야 하는데 경제기획원 과장 한 사람의 이견 때문에 모든 절차가 중단되고 있어 매우 답답한 상황이었다.

그러던 어느 날 그날도 야근을 하고 있는데 강봉균 차관이 전화로 "고용보험 시행 일정이 촉박하다고 하면서 왜 아직도 시행령을 경제장·차관회의에 상정하지 않느냐?"고 물어 왔다. 경제기획원과의 협의가 지연되는 사정을 말씀드렸더니 "내일 오전 경제장관회의에 상정할 수 있도록 지금 준비가 가능하면 안건을 바로 상정하라"고 주문했다. 당연히 밤샘 준비를 해서라도 다음 날 오전 경제장관회의에 안건을 상정하기로 했다. 잠시 후에 예산담당과장으로부터 사무실로 오라는 전화가 왔으나 "준비할 일이 많아 지금은 갈 수 없다"고 답변을 하고 전 직원이 다음날 경제장관회의에 고용보험법 시행령(안)을 상정하기 위해 철야작업을 하게 되었다. 다음 날 아침 예산담당과장으로부터 "노동부의 시행령(안)에 동의한다"는 전화통보를 받았다. 이렇게 하여 입법예고된 지 한 달 만인 1994년 11월 25일 고용보험법 시행령(안)이 경제장관회의를 통과함으로써 사실상 주요내용이 확정되게 되었다.

그 이후 12월에 차관회의에 상정된 시행령(안)은 이미 부처협의를 마친 상태였으므로 별다른 문제가 없을 것으로 예상하였으나 당시 상공부 차관이 실업급여 상한액이 너무 높다고 문제를 제기했다. 당시 시행령(안)에는 급여기초임금일액의 상한액을 7만 원으로 정했는데 이렇게 정할 경우 일 실업급여 지급 상한액은 3만5천 원, 월 실업급여 지급 상한액은 105만 원이 된다. 이는 '93년 근로자 가구주 평균소득이 1,066천원이고, 국민연금법상 평균보수월액의 상한선을 200만 원으로 정하고 있는 것을 참고하여 유사한 수준으로 정한 것이다. 그런데 처음 도입, 시행하는 제도라는 점을 감안하면 실업급여 지급상한액이 너무 높다는 주장이었다.

당시에는 경제기획원 차관이었던 강봉균 차관이 국무조정실장으로 승진하여 차관회의를 주재하고 있었다. 강 실장이 배석해 있던 필자에게 구체적인 내용을 나와서 설명하라고 하여 세부적인 내용을 설명하였으나 상공부 차관이 계속 문제를 제기하여 쉽게 합의되기 어려운 상황이 되었다. 당시 우리부 차관과 상공부 차관이 서로 경쟁의식을 갖고 있는 라이벌 관계였기 때문에 더욱 합의가 어려웠을 것으로 짐작된다. 그런데 이때에도 강 실장이 다시 한번 도움을 주었는데 문제가 된 규정에 대해서는 경제기획원 주관하에 노동부와 상공부 간 추가 협의를 통해 합의안을 도출하기로 하고 조건부로 고용보험법 시행령(안)을 통과시켜 주었다.

돌아와서 경제기획원 담당 서기관에게 급여기초임금일액의 상한선을 7만 원으로 정한 근거를 구체적으로 설명하고 이미 경제기획원, 노동부, 상공부 세 부처가 고용보험제 도입에 대한 기본합의를 하고 언론에 공표한 사실을 들어 원안대로 조정해 줄 것을 요청했다. 다음 날 경제기획원 차관보 주재로 조정회의가 개최되어 이홍지 국장에게 함께 참석할 것을 요청하였으나 명예퇴직이 예정된 상황이라 참석치 않으려 했다. 어쩔 수 없이 필자 혼자 참석할 수밖에 없었다. 과에서도 인력이 절대적으로 부족한 상황에서 각자 자기 몫을 다해야 했기 때문에 누구든 함께 갈 수 있는 형편이 못 되었다.

상공부에서는 산업정책국장과 담당 서기관이 참석했다. 경제기획원 차관보가 필자에게 먼저 내용 설명을 요청해서 급여기초임금일액의 상한선을 7만 원으로 정한 구체적 근거를 제시하고, 일본의 경우도 일본의 임금수준과 비교하면 우리와 유사한 선에서 상한선이 설정되었음을 설명했다. 노동부의 입장에 대한 설명을 듣고 나서 경제기획원 차관보가 고용보험제 도입과 관련하여 이미 세 부처 간에 기본합의가 있었는지를 물어 사실대로 답변하였다. 그러자 이미 합의가 되어 주요내용이 공표된 만큼 원안대로 확정하는 것이 타당하다는 의견을 제시하고 상공부 측을 설득했다. 상공부 측에서도 명분이 없다고 생각하고 합의에 응하게 됨으로써 고용보험법 시행령(안)은 당초안대로 통과될 수 있었다.

고용보험법 시행령(안)이 사실상 확정되었음에도 국무회의 통과와 공포는 뒤로 계속 늦춰졌는데 이는 고용보험관리운영기구 문제와 관련이 있었다. 고용보험관리운영을 정부조직이 담당하되, 기존의 산재보험업무는 정부출연기관화하는 것으로 결정되어 산재보험법 개정과 맞물려 추진될 수밖에 없었다. 고용보험법 시행령은 1995.3.21 국무회의를 통과하여 1995.4.6 공포됨으로써 최종 확정되었다. 시행령 공포 이전에도 이미 내용은 확정된 것이나 다름없었으므로 시행규칙, 지침, 훈령 등 후속 작업은 계속되었고 이를 토대로 전산화 작업도 추진해 갈 수 있었다.

고용보험법 시행규칙은 시행령이 공포되기 전에 고용보험제도의 시행 일정을 고려하여 '95년 3월 8일 입법예고 후 관계부처 및 각계의견을 수렴하여 '95년 6월 12일 공포하였다. 이로써 고용보험 시행을 위한 기본 법령의 제정이 완료되었다. 고용보험의 시행을 위해서는 기본법령 외에도 구체적인 기준, 절차 등을 규정하는 내부규정의 마련이 필요했다.

고용보험법 관련 고시로는 '고령자고용촉진장려금액', '육아휴직장려금액', '직장보육시설지원금', '중소기업범위고시'('95.6.26), '고용조정지원대상 업종지정고시'('95.6.28), '직장보육시설지원금 지급기준', '직업훈련 직종별기준 및 직업훈련교사 면허발급기준'('95.8.1) 등의 제정이 이루어졌다. 고용보험법 관련 예규로는 '고용보험적용 및 사업장관리규정'('95.6.26), '실업자재취직훈련실시규정', '교육기관의 지정 및 관리 등에 관한 규정', '직업능력개발사업지원금 지급규정', '고령자 등 수강장려금 지원규정'('95.6.30), '피보험자관리규정'('95.8. 18), '고용보험금지급사무규정'('95.8.21) 등이 제정되었다.

2. 고용보험법시행령 입법예고(안)의 주요 내용

내부적으로 확정한 고용보험법시행령(안)을 가지고 적용범위, 보험료율 등 주요사항에 대한 부처협의를 계속하였으나 합의가 되지 않아 시행령 제정 절차가 지연되고 있었다. 일단 내부적으로 확정한 안을 입법예고하고 부처협의를 계속하기로 하였다. 1994.10.26. 시행령의 주요내용을 입법예고하고 1994.11.15까지 입법예고기간 중 부처협의를 계속 진행하면서 노사단체 및 일반국민의 의견을 수렴하여 1994.12월까지 제정을 완료하기로 하였다. 당시 입법예고한 시행령(안)의 주요내용은 다음과 같다.[82]

(1) 적용범위

고용보험의 적용범위는 '94년도 중앙노사 임금합의 시 노사합의에 의한 대정부 건의내용을 수용하여 상시근로자 30인 이상의 사업에 적용하되 '98.1.1부터는 상시근로자 10인 이상으로 확대하는 것으로 예고하였다. 이렇게 적용범위를 정할 경우 '93.4월 현재 고용보험 적용사업체는 38천 개소, 근로자는 3,940천 명으로 추정되었다.

(2) 고용보험료율

고용보험료율은 노동연구원의 재정추계결과와 고용안정·직업능력개발 사업을 위한 실태조사결과를 토대로 임금총액의 1.3%로 산정하였다.

---

82 노동부 고용보험법 시행령 입법예고안

이중 실업급여 보험료율은 0.6%로 근로자와 사업주가 0.3%씩 분담하게 되며, 고용안정사업의 보험료율은 0.3%, 직업능력개발사업의 보험료율은 0.4%(직업훈련의무적용사업체는 0.1%)로 사업주가 전액 부담하는 것으로 상정하였다.

결과적으로 근로자는 임금총액의 0.3%, 사업주는 임금총액의 1.0%를 부담하게 되어 '93년도 월평균임금(103만 원)을 기준으로 할 때 근로자는 월평균 1인당 3,000원, 사업주는 10,000원을 부담하는 것으로 추정되었다. 근로자와 사업주가 부담하는 보험료를 재원으로 매년 5,900억 원의 고용보험기금을 조성해 각종 사업의 재원으로 활용하고 여유자금은 고용불안 등에 대비하여 매년 적립하는 것으로 설정하였다.

(3) 고용안정사업

고용안정사업은 고용보험법 규정에 따라 다섯 개의 사업으로 구분하였다.

먼저 산업구조조정 과정에서 발생할 수 있는 근로자의 실직을 예방하고 고용조정을 둘러싼 노사갈등을 해소하여 원활한 고용조정이 이루어질 수 있도록 지원하기 위하여 고용정책기본법에 따라 고용조정 등이 필요한 것으로 지정된 업종 또는 지역의 사업주가 휴업, 전직 훈련 등 고용조정을 실시한 경우 '휴업수당지원금', '전직훈련지원금', '인력재배치지원금'을 지급하도록 규정하였다.

'휴업수당지원금'은 1일 4시간 이상 휴업을 실시하고 휴업수당을 지급한 사업주에 대하여 휴업수당액의 1/3(중소기업은 1/2)을 최대 6개월간 지급하도록 하였다. ‘전직훈련지원금’은 이직 예정 근로자에게 전직 훈련을 실시한 사업주에 대하여 훈련기간 중 지급한 임금의 1/3(중소기업은 1/2)과 훈련비용을 지급하도록 하고 직업훈련기본법에 의한 훈련의무제 적용기업이 이 훈련을 실시할 경우 훈련비용을 직업능력개발사업에서 지원받도록 하였다. ‘인력재배치지원금’은 업종전환 등에 의하여 근로자를 재배치한 사업주에 대하여 인력재배치된 근로자에게 지급한 임금의 1/3(중소기업은 1/2)을 1년간 지급하도록 설정하였다.

고용정책기본법에 의하여 고용조정 등이 필요한 것으로 지정된 지역 내에서 사업을 개시, 확장하여 당해지역의 거주자를 고용하는 사업주에 대하여는 ‘지역고용촉진장려금’을 지급하도록 설계하였다. 이는 지역경제활동의 촉진과 지역 간 균형개발 차원에서 지역개발에 참여하여 지역주민의 고용증대를 도모하는 기업에 장려금을 지급하기 위한 것이었다. ‘지역고용촉진장려금’은 고용된 근로자에게 지불된 임금의 1/3(중소기업은 1/2)을 조업개시일로부터 1년간 지급하도록 마련하였다.

55세 이상의 고령자를 노동부령이 정하는 비율(6%) 이상 고용하는 사업주에 대하여는 그 비율을 초과하는 고령자 1인당 월정액을 ‘고령자고용촉진장려금’으로 지급하도록 하였다. ’90년 이후 고령자 비율은 매년 크게 증가하였으나 300인 이상 사업장은 고령자 고용비율이 2.6%에 불과하여 매우 저조한 수준에 있었다. 고령자고용촉진법상에는 고령자의 고용촉진을 위한 다양한 지원규정들이 마련되어 있었으나 정부예산의 한계로 특별한 지원조치가 거의 없어 고용보험법제에서 이러한 한계를 극복할 수 있는 실질적 지원조치가 필요하다고 보고 고령자를 다수 고용하는 업체를 지원함으로써 인구의 고령화 추세에 부응하고 기업의 인력난 해소에도 기여하기 위한 의도였다.

근로자에게 산전·후 휴가를 포함하여 90일 이상의 육아휴직을 부여하고 육아휴직 종료 후 30일 이상 계속 고용한 사업주에 대하여는 육아휴직을 부여받은 근로자 수에 비례한 육아휴직장려금을 지급하고, 중소기업 사업주가 설치, 운영하는 직장보육시설에 대하여는 보육교사의 인건비 등 운영비 일부를 직장보육시설 보조금으로 지원하도록 하였다. 이는 당시 경제활동이 가능한 15~64세 여성의 경제활동 참가율이 50.3%에 불과한 상황으로 일본의 58.0%, 미국의 66.5%에 크게 미달하는 현실을 고려하여 여성의 가장 큰 취업애로요인인 육아문제를 해소함으로써 기업의 인력난 완화에 기여하기 위한 목적이었다.

고용정책기본법에 의하여 이동근로자 숙소, 여성근로자의 고용촉진시설, 고용문제 상담시설 등 고용촉진시설의 설치, 운영을 위임, 위탁받은 지방자치단체, 산업인력관리공단, 근로복지공사에 대하여는 설치, 운영비용의 일부를 지원하여 원활한 인력수급의 기반을 조성하고자 하였다.

(4) 직업능력개발사업

직업능력개발사업은 직업생활을 하는 동안 모든 근로자들에게 다양한 기능습득과 능력향상의 기회를 제공하기 위해 장려금 등을 지급하고, 실직자들에게도 실업급여를 통한 보호보다는 직업능력을 체득하게 하여 조기에 재취업할 수 있도록 지원하기 위해 다섯 종류의 사업으로 구성하였다.

먼저 사업 내 직업훈련계획을 수립하여 노동부장관의 승인을 받은 후 사업내직업훈련을 실시한 사업주에 대하여는 훈련비용의 일부를 장려금으로 지급하도록 하였다. 매년 1월 말까지 훈련계획을 수립하여 승인을 받은 경우에는 직업능력개발사업 보험료의 사전공제도 받을 수 있도록 하였다. 고용보험제 시행을 계기로 직업훈련기본법에 의한 훈련의무제의 적용은 상시 1,000인 이상 기업으로 상향 조정하여 고용보험에 의한 직업능력개발사업은 상시 1,000인 미만 기업에 적용되도록 입안하였다.

교육법에 의하여 설립된 교육기관 기타 노동부령이 정하는 교육훈련시설에 개설된 교육과정에 근로자를 파견하여 교육훈련을 받도록 하거나 또는 근로자의 직업능력개발 촉진을 위해 1개월 이상 유급휴가를 부여하는 사업주에 대하여는 그 비용의 일부를 장려금으로 지급하도록 하였다. 사업내직업훈련과 교육훈련 등 실시에 대한 비용지원기준은 노동부장관이 매년 고시하도록 하였다. 다만 '사업내직업훈련 장려금' 및 '교육훈련 장려금' 등은 그 총액이 당해 사업주가 납부하여야 할 보험료의 100분의 120(중소기업은 10분의 180)을 한도로 하여 지급함으로써 사업내직업훈련, 교육훈련에 대한 인센티브 효과를 부여함은 물론 일부 대기업에 지원금이 편중되는 부작용을 방지하도록 규정하였다.

직업훈련시설을 설치하고자 하는 사업주 또는 인정직업훈련 실시자에게는 설치비용의 일부를 대부하고, 훈련시설이 부족한 중소기업의 현실을 감안하여 중소기업 사업주단체 또는 중소기업 사업주들이 공동으로 이용할 훈련시설을 설치하는 경우에는 그 설치비용의 일부를 지원하도록 제안하였다.

고용보험의 피보험자였던 실업자는 본인이 직업훈련의 수강을 원할 경우 공공직업훈련기관 등에 위탁하여 훈련을 받게 함으로써 근로자 스스로의 취업능력을 제고시키고 국가가 필요로 하는 인력을 양성할 수 있도록 하였다. 실업급여의 수급자격이 있는 실업자는 훈련기간 중 실업급여가 계속 지급되고(최대 2년간) 여기에 추가하여 직업능력개발수당을 받을 수 있도록 하였다. 실업급여의 수급자격이 없는 실업자에게는 훈련기간 중에 당시의 고용촉진훈련에 준하는 훈련수당을 지급하도록 규정하였다.

당시 50대 실직자가 급증하고 있음을 감안하여 이들이 미리 실업에 대비할 수 있도록 하거나 직업능력을 개발할 수 있도록 50세 이상 중고령자인 피보험자가 교육훈련기관에서 자비에 의한 교육훈련을 받는 경우 수강비용의 전부 또는 일부를 지원하도록 하였다. 아울러 피보험자가 기능대학 또는 교육법에 의한 교육기관의 이공계학과에 진학하여 자비로 교육을 받는 경우 수업료의 전부 또는 일부를 대부함으로써 다양한 방법에 의해 근로자 스스로의 직업능력개발 노력을 지원토록 입안하였다.

(5) 실업급여

실업급여는 이직 전 임금의 50%를 지급하되 생활보조적, 복리후생적으로 지급되는 급여와 불확정적으로 지급되는 상여금은 실업급여의 산정기초가 되는 임금일액에서 제외토록 하였다. 실업급여의 산정기초가 되는 임금일액은 1일 7만 원을 상한액으로 하여 실업급여가 1일 3만5천 원을 초과하지 않도록 하였다. 실업급여 수급자의 조기재취직을 유도하기 위하여 소정급여일수의 1/2 이상을 남기고 조기에 재취업한 경우에는 실업급여 미지급일수의 1/3에 해당하는 금액을 '조기재취직수당'으로 지급하도록 규정하였다.

3. 입법예고(안)에 대한 논의와 최종결과

고용보험법시행령(안)을 입법예고한 이후에도 주된 논의는 적용범위와 보험료율과 관련된 내용이었다. 경제기획원 실무자들이 직업능력개발사업에 대하여도 부정적인 의견이 강하였으나 개별적인 사업내용과 관련된 것이라기보다는 양성훈련 위축 등 전체적인 방향성에 대한 우려를 표명한 것이었다. 앞에서 언급한 바와 같이 당시 경제기획원 강봉균 차관의 도움으로, '사업내훈련의무제도'를 1,000인 이상 사업장에 존치시키도록 하여 양성훈련의 급격한 위축을 막고 그 이하 사업장에 직업능력개발사업을 적용하는 고용보험법 제정 취지에 부합되도록 구체적인 제도설계가 된 것임을 설득하여 직업능력개발사업의 방향성에 대한 문제가 해소되면서 구체적인 조항과 관련한 반대의견이 없었으므로 이 문제는 일단락되었다. 적용범위와 보험료율에 대한 논의가 지속되면서 이 문제와 관련한 협의가 집중되었다. 특히 고용보험 적용범위와 관련해서는 관련부처 장관회의만 4차례 이상 개최될 정도로 협의에 난항을 겪었다.

고용보험의 적용범위는 중앙노사합의에 의한 건의에 따라 '95년 7월부터 30인 이상 사업장에 적용하되 '98년부터 10인 이상 사업장으로 확대적용하는 것으로 입법예고하였으나 당시 상공부와 중소기업계를 중심으로 급격한 비용부담에 대한 우려를 지속적으로 표명함에 따라 노사의 입장을 모두 존중하는 선에서 적용범위에 대한 최종결정이 이루어지게 되었다.

최종적으로 확정된 내용은 노동계에서 가장 관심이 큰 실업급여 부문에 대해서는 노사합의를 수용하여 상시 30인 이상 사업장부터 출발하여 '98년 10인 이상으로 확대토록 하였고, 고용안정사업과 직업능력개발사업은 중소기업의 부담완화 요청을 수용하여 상시 70인 이상 기업부터 출발하여 '98년에 상시 50인 이상으로 확대하는 것이었다. 다만, '98년부터 실업급여 부문을 10인 이상 사업장으로 확대하고 고용안정사업과 직업능력개발사업을 50인 이상 기업으로 확대하는 내용은 대통령 임기 이후임을 감안하여 시행령에는 반영하지 않고 정부방침만 천명하기로 하였다.

고용보험의 적용제외 근로자는 사립학교법에 의한 교원은 신분이 보장되고 연금수혜 대상임을 고려하여 사립학교 직원은 제외하고 교원만 적용제외하는 것으로 규정하였으나 당시 교육부와 사립대학교단체 등에서 사립학교 직원도 사립학교교직원 연금법 적용을 받고 직원들도 교육부의 정원관리에 따라 규제를 받고 있어 실질적으로는 공무원과 유사한 지위에 있으므로 적용제외하는 것이 타당하다는 의견을 강하게 제기하였다. 고용보험연구기획단의 보고서에도 사립학교교직원을 적용제외하는 것으로 되어 있어 이러한 의견을 수용하여 최종적으로 사립학교직원에 대하여도 고용보험의 적용을 제외하기로 하였다.

고용보험료율은 기존 직업훈련기본법에 의한 직업훈련의무를 지고 있는 기업의 훈련의무비율이 기업규모별로 차등화되어 있고 직업훈련에 새로이 참여하는 중소기업의 부담완화 차원에서 직업능력개발사업 보험료를 기업규모별로 차등적용하고, 고용안정사업 보험료를 다소 하향조정하였다. 최종 확정된 고용보험료율은 실업급여는 0.6%로 변동이 없고, 고용안정사업은 0.3%에서 0.2%로 하향 조정하였으며, 능력개발사업은 0.4%에서 150인 미만 기업은 0.1%, 150인 이상 중소기업은 0.3%, 대기업은 0.5%로 차등요율을 적용하였다.

제3장

고용보험법 시행령의 핵심 쟁점과 조정과정

제3장

고용보험법 시행령의 핵심 쟁점과 조정과정

1. 적용범위

고용보험법 제정 시 적용범위를 시행령에 위임하였기 때문에 노사와 관계부처 간에 고용보험의 적용범위를 둘러싼 이견이 가장 큰 쟁점이 되었다. 법 제정 시에도 적용범위와 관련된 합의가 어려워 시행령에 일단 위임한 사안이므로 시행령을 준비하는 초기단계부터 서로 간의 주장이 팽팽하게 대립되었다. 노동계에서는 중소기업은 고용이 불안정하고 근로자 이직이 빈번하여 고용보험제도 적용의 필요성이 대기업보다 크다는 사실을 앞세워 5인 이상 사업장부터 시작하여 3~4년 이내에 전 사업장으로 확대할 것을 요구했다. 반면 사용자 측에서는 영세사업주의 비용부담을 이유로 150인 이상 사업장부터 적용할 것을 주장했다.

(1) 적용범위에 대한 초기입장

노동부 내부에서 고용보험은 국가에서 시행하는 강제적 사회보험으로서 원칙적으로 모든 사업장을 대상으로 하여야 하나 제도 시행 초기에 행정능력과 보험재정의 안정성을 고려하여 10인 이상 사업장부터 적용하는 것이 타당하다는 입장을 정했다. 당시에 그런 판단을 하게 된 구체적인 근거는 다음과 같았다.[83]

첫째, 고용보험제도는 인력수급 불균형의 해소와 산업구조조정의 촉진, 근로자의 능력향상 등을 위한 핵심수단으로서 가능한 한 많은 기업과 근로자를 적용대상으로 하여야만 제도의 시행취지를 살릴 수 있다. 따라서 많은 중소기업체가 가입대상에서 제외될 경우에는 중소기업의 인력조정을 지원할 수 없는 결과가 초래된다. 즉 고용변동은 대기업보다는 중소기업에서 많이 발생하기 때문에 고용보험제도는 대기업이 부담하는 보험료를 주로 중소기업을 위해 사용하는 사회보험의 성격을 갖는 것이다.

둘째, 고용안정사업 및 직업능력개발사업을 실시함에 있어서는 중소기업을 우선적으로 고려하도록 하고 있다. 중소기업의 경우 상대적으로 보험료 부담수준은 낮은 반면 오히려 고용이 불안정하고 근로자 이직이 심하여 제도적용의 필요성은 더 크다. 그럼에도 인력부족 등으로 대외경쟁력이 크게 떨어지고 있는 영세기업을 적용대상에서 제외하는 것은 불합리하다. 당시 사업체 규모별 노동이동률을 보면 500인 이상의 경우 입직률이 2.18%, 이직률이 2.40%였던 반면에 10~29인의 경우 입직률이 4.10%, 이직률이 4.12%로 훨씬 높았다.

83 노동부 내부자료

셋째, 만일 100인이나 150인 이상 사업체부터 고용보험제도를 시행한다면 영세업체 근로자들이 고용보험 적용기업으로 전직하게 되고, 신규 취업자들도 보험 미적용 업체를 기피하게 되는 등 기업규모 간 인력흐름의 단절로 영세사업장의 인력난을 가중시킬 우려가 있다. 아울러 보험 미적용 사업장으로의 전직 시 근로자들이 이미 납부한 보험료의 혜택을 받을 수 없다는 문제가 있다.

넷째, 고용보험제도의 도입으로 모든 가용인력을 전산관리하여 구인·구직의 POOL을 형성하고 직종 간, 지역 간 인력수급 상황과 각종 고용정보를 정확히 파악함으로써 구조적인 인력수급 불균형에 대응하기 위한 것임에도 다수의 사업장과 근로자를 관리대상에서 제외할 경우에는 고용정보의 효율적인 수집과 활용이 곤란하여 노동시장 관리에 커다란 한계를 초래할 수밖에 없다.

다섯째, '88년에 시행된 국민연금이나 최저임금제도가 10인 이상 업체부터 시행되었고 현재 타 사회보험의 적용범위가 5인까지 확대 적용되고 있음을 볼 때 고용보험도 10인 이상부터 제도를 도입, 시행하는 데 큰 무리가 없다고 보인다. 아울러 고용보험연구기획단에서도 중소기업과 대기업 간의 노동시장 이중구조가 심각한 상황에서 150인 이상부터 제도를 시행할 경우에는 고용보험제 시행에 따른 실익보다 부작용이 오히려 더 심각해질 것이라는 점을 이유로 10인 이상 사업장부터 적용할 것을 건의한 바 있다.

이렇게 고용보험의 적용범위는 10인 이상 사업장으로 하는 것이 타당하다는 노동부 입장을 정리하여 노사단체 및 관련부처와 협의를 해 나가고자 하였으나 중소기업중앙회를 중심으로 한 경제단체와 상공부 등 관련부처의 반대가 심하여 의견차를 좁히기가 어려웠다.

(2) 노사의 건의를 반영한 적용범위 조정

노사 양측은 '93년 4월 1일 한 자리수 임금인상에 합의하면서 고용보험제의 조기시행을 정부에 건의한 바 있으며, '94년 3월 30일에도 5.0~8.7%의 임금인상률에 합의하면서 정책, 제도 개선에 관한 건의사항으로 30인 이상 사업장부터 고용보험제를 적용토록 제시하였다. 근로자측이 '93년에 이어 '94년에도 과거보다 낮은 임금인상률을 수용한 것은 전체적인 사회분위기의 영향도 있었지만 고용보험제의 시행도 간과하기 어려운 요소였다고 볼 수 있다.

또한 '93년 4월 1일 노사합의에서의 임금인상 합의와 고용보험제 시행 건의는 사업장 규모와 관계없이 전체 근로자들의 뜻을 반영한 것이라고 볼 수 있고 노총 등 근로자 단체가 5~10인 이상 업체부터 고용보험제를 시작하여 3~4년 이내에 전 규모로 확대해 줄 것을 건의했음을 감안할 때 중소기업중앙회에서 주장하는 150인 이상 업체부터의 적용 제안을 수용하기에는 현실적으로 어려움이 있었다.

'94년 3월 30일 '94년도 중앙노사 임금 및 정책, 제도개선을 위한 사회적 합의'에서 노사는 고용안정을 위해 실시될 고용보험제는 '95년 7월부터 30인 이상 사업장에, '98년 이내에 10인 이상 사업장에 적용되도록 하며, 고용보험제 운영에 있어 노사대표의 참여를 보장한다고 합의하였다. 그러나 중소기업협동조합중앙회는 이런 합의에도 불구하고 계속 중소기업의 부담 증가를 이유로 150인 이상 사업장부터 적용할 것을 요구했다. 중소기업협동중앙회에서는 사업주의 부담 측면만을 강조하여 150인 이상 적용을 주장하였으나 정부 입장에서는 사업주의 입장뿐 아니라 영세기업에 고용되어 있는 근로자의 고용안정과 불가피한 실직 시의 생계지원 등 근로자에 대한 배려문제도 동일하게 중요한 사안이었다.

고용보험제의 적용범위는 국가의 고용정책 차원에서 정부의 정책의지에 따라 결정할 수도 있는 문제지만 가급적 노사의 의견을 반영하여 적용범위를 결정하고자 하였다. 고용보험제는 의료보험, 국민연금, 산재보험 등 타 사회보험과는 달리 근로자뿐 아니라 사용자 측에도 많은 혜택이 돌아가는 제도로서 고용안정사업 및 직업능력개발사업의 각종 지원제도는 사업주를 위한 것이었다. 사업주의 고용보험료 부담도 1% 내외에 불과하여 고용보험제로 인해 중소기업의 어려움이 가중된다고 보기는 어렵다고 판단했다.

고용보험의 적용범위는 고용보험료 부담 측면과 고용정책수단 측면을 감안하고 '93년 및 '94년 노사합의의 취지를 수용하여 30인 이상 사업장부터 적용하되, 3년 이내에 10인 이상으로 확대하는 것으로 결정했다. 이렇게 부처 내부입장을 다시 정리하여 관계부처와 협의에 들어갔다. 주로 고용보험 적용범위와 관련하여 관계장관회의를 4차례 정도 개최한 것으로 기억하고 있다. 그러한 협의 노력에도 관계부처 간 의견 차이가 좁혀지지 않았다.

(3) 적용범위에 대한 입법예고

고용보험의 적용범위를 둘러싸고 관계부처 간 이견이 계속되는 상황 속에서 시행령 제정 일정을 고려하여 우선 입법예고를 하고 계속 협의를 해 나가기로 하였다.

고용보험의 적용범위는 '94 중앙노사 임금합의 시 대정부 건의내용을 수용하여 '95년 7월부터는 상시 30인 이상 사업 또는 사업장에 적용하되 '98년 1월부터는 상시 10인 이상으로 확대 적용하는 것으로 하였다. 이렇게 적용범위를 정할 경우 당시 적용사업체는 38천 개소에 상용근로자는 3,940천 명 수준으로 추정되었다.

노동부는 고용보험을 상시 30인 이상 사업장에 적용할 필요가 있다고 보고, 이에 대한 일곱 가지 이유를 제시했다.[84]

첫째, 노사 양측은 '93년 노사합의에 의한 고용보험제 시행 건의에 이어 '94년도에는 30인 이상부터 적용하여 '98년 이내에 10인 이상으로 확대 적용하여 줄 것을 노사합의 하에 정부에 건의하였다. 고용보험제의 적용범위를 이와 다르게 축소시키는 경우에는 노총 등 노동계의 반발이 예상되므로 다음 연도 노총과 경총의 노사합의를 도출하는 데 큰 걸림돌이 될 소지가 있고 이로 인해 노사관계의 안정을 저해할 우려가 있었다. 대정부 건의내용 중 다른 건의내용들이 추상적이고 선언적인 데 비해 고

84 노동부 내부자료

용보험제의 적용범위는 구체적으로 사업장 규모를 명시하고 있어 노동계의 가장 큰 관심사항이 되고 있었다.

둘째, 영세 중소기업일수록 열악한 임금, 복지수준 등으로 인력확보에 애로를 겪고 있는 상황에서 영세 중소기업을 고용보험 적용대상에서 제외할 경우 이들 미적용 업체에의 취업을 더욱 기피함으로써 중소기업의 인력난을 보다 가중시킬 우려가 있었다. 중소기업의 인력난 원인이 열악한 근로조건 등 구조적인 것이라 하더라도 고용보험의 미적용은 영세기업의 근로조건을 더욱 열악하게 하여 인력난을 더욱 심화시킬 우려가 컸다. 당시 사업체 규모별 인력부족률을 보면 500인 이상이 2.1%인 데 비해 10~29인이 11.4%, 30~99인이 6.6%에 이르고 있었다.

셋째, 고용보험의 체계적 관리와 실업급여 부정수급 등의 방지를 위하여 최소 30인 이상 사업장의 적용이 필요하였다. 고용보험제 시행의 가장 큰 의의는 가용인력을 체계적으로 관리하여 실업을 예방하고 인력 흐름을 원활히 함으로써 기업의 인력확보를 지원하는 것이었다. 그러나 적용범위가 축소되는 경우 사업장 및 근로자에 대한 고용정보의 관리에 제약을 초래하여 고용보험의 인력확보 지원기능은 한계에 부딪히게 되고, 실업급여 수급자가 미적용 업체에 취업하는 경우 전산관리가 되지 않아 실업급여 부정수급 등을 방지하는 데도 큰 애로요인으로 작용할 수밖에 없었다. 이에 따라 최소한 시작 단계에서 전 근로자의 50% 정도에 적용되고 단계적으로 적용범위를 확대할 필요가 있었다.

넷째, 고용보험의 주된 수혜대상은 중소기업이므로 대기업을 중심으로 고용보험을 운용하는 것은 제도 도입의 의미를 크게 퇴색시킬 우려가

켰다. 실업급여의 수급대상이 되는 실업자는 고용이 상대적으로 불안정한 중소기업 종사 근로자들이 대부분을 차지하고 있으므로 이들이 주된 수혜대상이 될 수밖에 없었다. 당시 전직실업자의 종사사업장 규모별 비율을 보면 300인 이상이 16.5%에 불과하고 나머지는 모두 300인 미만 사업장에 종사하는 것으로 나타났다. 또한 중소기업은 심각한 인력난을 겪고 있어 이를 극복하기 위해 고령자, 여성근로자 등을 주로 사용하고 경영 불안정으로 휴업, 인력재배치 등이 빈번하게 발생하는 바, 고용보험은 이를 촉진하기 위해 다양한 지원제도를 가지고 있으므로 중소기업이 주된 수혜대상이 되는 것은 당연한 일이었다.

다섯째, 타 사회보험과의 균형을 위해서도 최소 30인 이상에 적용이 필요했다. 산재보험, 의료보험의 경우 제도 도입 시 500인 이상 사업장에 적용되었다고는 하나 당시는 1인당 GNP가 $1,000 미만인 '64년과 '77년의 경우로서 사회보험에 대한 관리능력이 미숙하고 전산지원이 없던 시기였다. '80년대 후반기 도입된 국민연금, 최저임금은 10인 이상 사업장부터 적용된 바 있고, 산재보험, 의료보험의 경우에도 '80년대 후반기에 모두 상시 5인 이상 사업장으로 적용이 확대되었다.

여섯째, 중소기업은 고용보험의 주된 수혜대상이 되는 반면 대기업에 비하여 보험료 부담수준은 상대적으로 작으므로 실질적인 비용부담이 크다고 볼 수 없었다. 근로자 1인당 보험료 수준은 임금수준이 낮음에 따라 30인 규모 중소기업의 경우 300인 이상 대기업의 76.3% 수준에 불과하였다. 고용보험료율을 1.3%로 할 경우 사업주 월 부담액은 30인 사업장이 8,880원, 50인 사업장이 9,050원 수준으로 추정되었다.

일곱째, 중소기업의 대부분을 적용대상에서 제외하여 임의가입의 대상으로 하는 경우에는 고용보험재정의 안정을 크게 해칠 우려가 있었다. 중소기업중앙회 측은 고용보험이 중소기업에 도움이 될 경우에는 사업주 판단에 따라 임의가입할 것이므로 상시 150인 이상 사업장만을 대상으로 하자고 주장하고 있었다. 그러나 이러한 경우에는 중소기업 중에서도 특히 고용이 불안하거나 고령자, 여성근로자 등을 많이 사용하여, 부담하는 비용보다 훨씬 많은 수혜를 받게 될 중소기업만이 주로 임의가입을 할 가능성이 컸다. 이렇게 될 경우 보험료율을 인상하지 않는 한 고용보험재정은 크게 불안정해질 것이고, 일정한 범위 내에서의 강제적용이 필수적인 사회보험의 원리상 주된 수혜계층을 적용제외하여 임의가입에 맡기는 불합리한 결과를 초래할 수 있었다.

(4) 적용범위에 대한 부처 간 합의와 평가

고용보험제의 적용대상이 되는 기업의 규모를 놓고 1년여 간 노사와 부처 간에 많은 이견을 보였으나 노사의 입장을 모두 존중하는 선에서 적용범위에 대한 최종결정이 이루어졌다. 앞에서도 언급했듯이 고용보험의 적용범위와 관련해서는 노사 간, 부처 간 이견이 커서 관련 장관회의만 4차례를 개최했음에도 이견이 좁혀지지 않았다. 특히 중소기업중앙회와 상공부에서 30인 이상 사업장부터 적용하는 방안에 대해 강한 반대의견을 지속적으로 제기하여 부처 간 협의에 난항을 겪을 수밖에 없었다.

결국 당시 경제기획원에서 적극 나서 조정 노력을 하게 되었는데 노동부에서 경제기획원으로 자리를 옮긴 강봉균 차관이 적극 지원한 결과로 알려져 있다. 경제기획원이 노동부와 상공부의 주장과 제도 도입 취지 등을 감안하여 조정에 나섰는데 주로 적용범위와 보험료율을 중심으로 논의되었다. 강봉균 차관이 시행령 보고 시 적용범위와 보험료율은 직접 해결해 주기로 언약한 바가 있어 노동부 차관 시절부터 관련부처 회의를 소집하여 합의안을 마련하고자 노력하였고 경제기획원으로 자리를 옮긴 후에는 좀 더 적극적인 조정역할을 함으로써 부처 간 합의안을 도출할 수 있었다. 고용보험의 최대 난제였던 적용범위와 보험료율이 합의된 직후 세 부처 공동으로 고용보험 도입과 관련한 합의내용을 중심으로 제도를 시행한다는 점을 발표하였다.

최종적으로 부처 간에 확정된 내용은 노동계에서 가장 관심이 큰 실업급여 부문에 대해서는 노사합의를 수용하여 상시 30인 이상 사업장부터 출발하여 '98년 상시 10인 이상으로 확대토록 하였고, 고용안정사업과 직업능력개발사업은 중소기업의 부담완화 요청을 수용하여 상시 70인 이상 기업부터 출발하여 '98년에 상시 50인 이상으로 확대하고 2002년에 상시 10인 이상 업체로 적용을 확대하는 것이었다. 다만, 앞에서 언급한 바와 같이 추후 확대하는 내용은 대통령 임기 이후인 점을 감안하여 시행령에는 반영하지 않기로 했다.

적용범위와 관련하여 최종적으로 합의된 내용은 당초 입법예고안보다 일부 사업의 적용범위가 축소 조정된 것이나 이는 노사의 의견을 최대한 반영하여 제도를 도입함으로써 조기에 제도의 연착륙을 도모하기 위한 것으로 노동부 자체적으로 다음과 같이 평가하였다.[85]

첫째, 노총과 경총의 사회적 합의의 정신을 최대한 수용하였다. 노사 양측은 '93년 조속한 고용보험제 시행 건의에 이어 '94년 30인 이상 사업장부터의 제도 시행과 '98년 10인 이상으로의 적용 확대를 노사합의로 정부에 건의한 바 있었다. 이때에도 중소기업중앙회 등 중소기업계에서는 이견이 있었고 고용보험제의 신규 적용에 따른 급격한 비용부담에 지속적으로 우려를 표명하였다. 이에 정부에서는 노사에 의한 자율협의 관행은 우선 존중되어야 하고 다른 한편으로는 노사관계의 건전한 발전을 위해서 중소기업계의 대정부 건의내용도 최대한 수용할 필요가 있다고 판단하여 보험료율을 하향조정하면서 노사 모두가 수용 가능한 수준에서 적용범위를 결정한 것이었다.

둘째, 고용보험의 당초 도입취지를 어느 정도 살릴 수 있는 기반을 구축할 수 있게 되었다. 정부가 고용보험을 도입하고자 했던 당초의 취지는 실직근로자의 생활안정은 물론 인력수급을 원활히 하고 산업구조조정을 촉진함과 아울러 근로자의 직업능력을 향상시키고자 하는 것이었다. 따라서 제도 시행의 취지를 살리기 위해서는 적정규모 이상의 기업과 근로자가 제도의 적용을 받을 필요가 있었다. 실업급여가 30인 이상 사업장부터 시행되지만 '98년부터는 10인 이상으로 확대됨에 따라 전체근로자의 62.1%를 포괄하게 됨으로써 체계적인 고용정보체계의 구축을 위한 최소한의 발판이 마련된 것이었다. 당시 사업장 규모별 근로자 수와 비율을 보면 30인 이상이 3,940천 명으로 전체의 49.9%를 차지하고, 10인 이상이 4,905천 명으로 전체의 62.1%를 차지하고 있었다.

85 노동부 내부자료

셋째, 중소제조업의 인력난 완화에도 기여할 수 있는 제도적인 여건이 마련되었다. 영세 중소기업일수록 열악한 임금, 복지수준 등으로 인하여 인력확보에 애로를 겪고 있는 상황에서 다수의 영세 중소기업을 고용보험 적용대상에서 제외할 경우 고용보험 미적용 업체에는 근로자들이 더욱 취업을 기피함으로써 중소기업의 인력난을 가중시킬 우려가 있었다. 또한 중소기업 인력난의 원인이 열악한 근로조건 등 구조적인 것이라 하더라도 고용보험제 시행과 함께 모든 가용인력자원을 체계적으로 배분하고 훈련기회를 제공하여 유휴인력의 낭비를 막음으로써 중소기업의 인력난 해소에 기여할 수 있게 된 것이었다. 당시 노동부의 고용전망보고서에 따르면 사업체 규모별 인력 부족률이 300인 이상이 3.0%에 불과한 데 비해 30~99인이 6.6%, 10~29인이 11.4%에 이르고 있었다.

2. 고용보험료율

적용범위와 관련한 논의에 비해 고용보험료율은 우려했던 것보다 논란이 비교적 크지 않았다. 통계를 기반으로 한 재정추계에 따라 보험료율을 산정하는 것이어서 구체적이고 기술적인 논리에 따라 결정될 수밖에 없었기 때문이라고 생각된다. 시행령(안)을 당시 강봉균 차관에게 보고한 후 적용범위와 보험료율 협의를 위해 관련부처 국장회의를 소집하여 논의하는 자리에서 주로 이견이 적용범위에 집중되었다. 그러자 강 차관이 보험료율에 대해서는 이견이 없는지를 확인하면서 “노동부 보험료율 산정이 아주 체계적으로 통계적 근거를 가지고 산출한 것이므로 이견 제시가 어려울 것이다"라고 그 타당성을 인정한 바 있었다. 실제로도 고용보험연구기획단의 재정추계 자료를 활용하여 고용보험료율을 산출하였는데 처음에는 관계부처의 이견이 많지 않았다. 그러나 점차 적용범위의 축소조정과 직업능력개발사업 보험료율의 사업체 규모별 차등화에 대한 논란 등으로 내용이 계속 수정될 수밖에 없었다.

(1) 재정추계와 보험료율 산정

고용보험료를 누가 부담할 것인지 하는 문제는 국가에 따라 다양한 형태를 취하고 있었다. 미국의 경우에는 사업주가 실업보험료 전액을 부담하는 대신 사업주가 상대적으로 폭넓은 일시적 해고 권한을 가지고 있고, 독일, 일본, 프랑스 등 대부분의 국가에서는 노사가 공동으로 고용보험료를 분담하고 있는데 일반적으로 사업주의 부담비율이 높은 편이었다. 우리의 경우에도 실업급여는 노사가 각각 1/2씩 부담토록 되어 있었으나 고용안정·직업능력개발 사업 보험료는 사업주가 전액을 부담토록 되어 있었다. 보험료율은 임금총액의 1,000분의 15 범위 내에서 고용안정사업, 직업능력개발사업, 실업급여의 보험료율로 구분하여 정하도록 되어 있었다. 따라서 보험료율을 결정하는 데 있어 수지균형을 고려함은 물론이고 적용범위 논란과 연계하여 중소기업 사업주의 부담도 고려하지 않을 수 없었다.

고용보험연구기획단에서는 고용보험법 제정 시 균형보험료율을 1.35%

로 잠정 추정하였다. 실업급여 보험료율은 0.61%로 추계하였는데 그 근거는 실업률을 4.0%로 가정하고 이 중 비자발적 실업자를 35%, 평균실업기간을 4.5개월로 가정하여 산정한 결과였다. 고용안정사업과 직업능력개발사업의 보험료율은 0.74%로 추계하였는데 고용조정지원, 지역고용촉진지원, 고용촉진시설지원 등 고용안정사업비로 1,200억 원을, 사업 내 훈련지원, 실업자훈련지원, 직업훈련시설지원 등 직업능력개발사업비로 3,000억 원을 추정하여 산정한 결과였다. 그러나 그 이후 고용보험의 적용범위가 노사합의와 부처협의 등에 따라 축소 조정되고 고용보험법시행령 제정과정에서 고용안정·직업능력개발 사업의 세부내용이 구체화되면서 재정추계를 다시 해야 할 필요성이 커졌다.

이에 따라 노동연구원에 재정추계작업을 의뢰하고 그 결과를 구체적으로 검토하여 보험료율을 산정하였다. 이때 노동부 내부의 기본적인 입장은 고용안정사업과 직업능력개발사업에 대하여도 실업급여와 동일하게 사업체 규모와 관계없이 단일료율을 적용하자는 것이었다. 고용보험제도를 시행하고 있는 국가 대부분에서도 단일료율을 적용하고 있었고, 고용보험제도가 대기업보다는 중소기업 지원에 중점을 두고 있었기 때문에 기업규모에 따라 보험료율을 달리 적용할 이유가 없다고 판단했기 때문이었다.

노동연구원의 재정추계결과를 분석 검토하여 실업급여의 보험료율은 0.6%로, 고용안정사업의 보험료율은 0.3%로, 직업능력개발사업의 보험료율은 0.4%로 결정하고 이를 시행령(안)에 반영하였다.[86]

실업급여 보험료율은 실업급여 지급요건이 구체적으로 정해져 있는 의무지출금으로서 보수적으로 산정할 필요가 있었다. 이에 따라 실업률은 고용보험제도의 시행과 함께 0.5% 정도 높아질 것으로 예상하여 4.0%를 가정하였고, 평균실업기간도 당시 평균 3.66개월보다 다소 길어질 것으로 예상하여 4.5개월로 가정하였다. 실업자 중 비자발적 실업자의 비율은 실태분석자료에 따라 35%로 가정하였고, 제도 시행 후 15년간 매년 실업급여 총액의 7%씩을 적립하여 적립금을 마련해 나가는 것으로 하였다. 이렇게 실업급여 보험료율을 정할 경우 연간 보험료 수입은 2,800억 원 내외 수준으로 추정되었다.

고용안정사업과 직업능력개발사업은 지원대상과 지원규모를 법령에 규정하고 있기는 하지만 재정형편에 따라 어느 정도 사업규모를 조정할 수 있어 실업급여에 비해서는 다소 신축성이 있었다.

고용조정지원사업은 '93년 휴폐업 실직근로자 47천 명 중 30%인 14천 명에 대해 4개월간 휴업수당의 1/2을 지원하는 것으로 휴업수당지원금을 산출하였다. 한편 휴폐업 근로자에 대하여는 실업자 중 직업훈련 수강희망자 비율인 15.4%에 대해 6개월 과정의 전직 훈련을 실시하는 것으로 추정하여 전직훈련비용과 그 기간의 임금에 대하여 1/2을 지원하는 것으로 전직훈련지원금을 산출하였다. 지역고용촉진지원은 지역고용기회 확대를 위해 연간 20천 명에게 6개월간 지원하는 것으로 추정하였고, '92년 사업체 고령자 고용률이 2.3%이므로 당시 고령자 고용률 목표

86 노동부 내부자료

인 3.0%를 달성하기 위해 연간 36천 명에게 고령자 고용촉진을 위한 지원을 하는 것으로 추정하여 지역고용촉진지원금을 산출하였다. 고용촉진시설에 대한 지원은 탁아소 1,000개소와 고용촉진시설 10개소를 지원하는 것으로 하여 고용촉진시설지원금을 산출하였다.

직업능력개발사업 중 사업 내 훈련에 대한 지원은 고용보험 적용근로자의 5%를 연간 훈련목표로 정하고 '93년 1인당 직업훈련 평균소요비용인 590천 원을 적용하여 지원금을 산출했다. 실업자훈련지원은 '92년 도시가구 취업실태조사결과 중 실업자의 직업훈련 수강희망자 비율인 15.4%와 위 1인당 직업훈련 평균소요비용인 590천 원을 적용하여 지원금을 산출했다. 직업훈련시설에 대한 지원은 종전 지원실적 등을 참고하여 150억 원으로 추정했다.

실업급여에 대하여는 보수적으로 보험료율을 산정하였으나 고용안정사업과 직업능력개발사업의 보험료율은 적용범위를 둘러싼 논란과 중소기업 사업주의 부담 등을 감안하여 고용보험제도 도입의 취지가 훼손되지 않는 선에서 부담이 최소화될 수 있도록 산정한 것이었다.

(2) 보험료율의 조정과 대응

고용보험법시행령(안)을 입법예고하기 전부터 보험료율에 대하여는 관계부처 협의를 진행해 왔고 입법예고 이후에는 좀더 적극적으로 협의에 나서게 되었다. 대체적으로 실업급여의 보험료율에 대하여는 법정 의무지출금의 성격을 띠고 있어 부처 간에 별다른 이견이 없었으나 고용안정사업과 직업능력개발사업의 보험료율에 대하여는 부처 간에 많은 논란이 있었다.

고용안정사업과 직업능력개발사업에 대하여는 제도 설계과정에서부터 당시 경제기획원과 이견이 있었다. 당시 경제기획원 차관이 고용보험사업 중 고용안정사업은 고용정보 제공 및 직업지도 업무 정도로 하고 직업능력개발사업도 실업자 재취업훈련에 한정하는 것이 바람직하다는 의견을 제시한 바가 있었다. 이에 대해 노동부에서는 제7차 계획과 신경제계획을 통해 고용보험제의 기본적인 추진방향이 실업급여 지급이라는 사후 구제적 차원보다는 실업의 예방, 인력수급의 원활화, 고용구조의 개선과 근로자의 능력개발 등 적극적 인력정책을 실현하는 제도적 장치로 개발한다는 것이므로 제7차 계획과 신경제계획의 기본방향에 어긋날 뿐만 아니라 제도 시행의 설득력도 갖기 어렵다고 대응한 바가 있었다.

그런데 이러한 분위기는 그 이후에도 부분적으로 계속되면서 고용안정사업과 직업능력개발사업에 대한 소극적인 인식으로 이어지고 있었다. 특히 고용안정사업 중 휴업수당지원금이 산업의 구조조정을 지연시킬 우려가 있다는 점과 직업능력개발사업이 의도한 대로 작동될 것인지의 의구심과 함께 양성훈련만 위축시킬 수 있다는 우려를 하고 있었다.

이러한 인식의 연장선상에서 경제기획원을 중심으로 고용안정사업과 직업능력개발사업의 보험료율을 하향 조정해야 한다는 의견이 제기되었다. 특히 직업능력개발사업의 보험료율은 사업체 규모에 따라 차등 적용해야 한다는 의견을 제시했다. 당시 시행되고 있던 사업 내 훈련의무제도가 업종 및 사업체 규모에 따라 훈련의무비율을 차등하여 적용하고 있었다. 고용보험제도를 도입하면서 직업훈련기본법상의 훈련의무제도를 고용보험의 직업능력개발사업으로 대체하는 것이므로 훈련의무제도가 폐지되어야 했으나 부처 내·외에서 제기된 우려로 인해 양 제도가 엉거주춤하게 일정 기간 병존하는 상황이 되었다. 자연스럽게 중소기업의 부담완화 차원에서 사업체 규모에 따른 보험료율의 차등적용이 현실적인 방안으로 제시되었던 것이다.

보험료율에 대한 협의는 적용범위에 대한 문제와 함께 진행될 수밖에 없었다. 적용범위에서 노동부의 입장을 관철시키기 위해서는 어느 정도 보험료율에 대한 양보가 불가피하였다. 그나마 실업급여의 보험료율에 대해서는 대체로 수용하는 분위기여서 고용안정사업과 직업능력개발사업의 보험료율을 다소 조정하는 선에서 적용범위와 보험료율에 대한 동시합의를 이끌어내고자 하였다.

경제기획원, 상공부와 최종 합의된 보험료율은 실업급여 보험료율이 0.6%로 노사가 각각 0.3%씩 부담하고, 고용안정사업 보험료율은 0.2%, 직업능력개발사업 보험료율은 70~150인 미만 기업이 0.1%, 150인 이상 중소기업이 0.3%, 대기업이 0.5%로 조정되었다. 결과적으로 세 가지 보험료를 합하여 30~70인 미만 기업의 사업주는 0.3%, 70~150인 미만 기업의 사업주는 0.6%, 150인 이상 중소기업 사업주는 0.8%, 대기업 사업주는 1.0%를 부담하고, 고용보험 적용근로자는 0.3%를 부담하게 되었다. 당시 직업훈련의무제도의 적용을 받던 소규모 중소기업의 직업훈련의무비율이 0.1%대에 머물러 있던 것을 감안하여 직업능력개발사업의 보험료율을 차등적용하면서 영세 중소기업의 보험료율을 최대한 낮게 조정했던 것이다.

중앙노사단체의 합의 정신을 최대한 존중하여 실업급여는 건의내용이 반영되도록 하되 중소기업계의 의견도 반영하여 영세 중소기업의 부담이 최소화되도록 하였던 것이다. 이렇게 하여 70인 미만 사업주의 부담은 '97년 말까지 0.3%에 불과하였고, 50인 미만 사업주의 부담은 2000년 이후까지도 0.3%가 유지되도록 하였다.

확정된 고용보험료율은 우리나라의 다른 사회보험이나 다른 국가의 고용보험에 비해서 크게 낮은 수준이었다. 우리나라 타 사회보험의 당시 사업주 부담 보험료율을 보면 의료보험이 1.5%, 산재보험이 평균 1.9%, 국민연금이 2.0%('98년부터 3.0%)로 고용보험에 비해 사업주 부담 보험료율이 전반적으로 높았다. 다른 국가의 고용보험료율도 일본이 1.45%(노 0.55%, 사 0.9%), 독일이 6.8%(노 3.4%, 사 3.4%), 미국이 평균 1.3%(사업주 전액 부담), 프랑스는 실업급여만 7.9%(노 2.47%, 사 4.43%)로 우리에 비해 상당히 높은 수준이었다.

이렇게 고용안정사업과 직업능력개발사업의 보험료율이 예상보다 하향 조정되면서 보험료 수입이 줄어들 수밖에 없었다. 이에 따라 줄어든 보험료 수입 규모에 맞추어 지원사업 규모도 조정하기로 하였다.[87]

고용안정사업은 재원의 대부분이 고용조정에 대한 지원금인 바, 지원

87 노동부 내부자료

사업의 대상 업종과 지역을 노동부장관이 지정하도록 되어 있어 노동부장관이 재정형편에 따라 사업규모를 조정할 수 있었다. 이에 따라 당분간 고용조정지원사업의 규모를 축소하여 운영하기로 하였다.

직업능력개발사업도 보험료율의 하향조정에 따라 지원규모의 축소가 불가피하므로 훈련비용 지원대상을 축소하고 그 지원기준도 하향 조정하기로 하였다. 중소기업의 경우에는 제도 시행 초기에는 훈련여건의 미비로 훈련이 제대로 이루어지지 않을 것이므로 당분간 훈련시설 확대에 중점 투자하도록 하고 일정 기간이 경과하여 훈련이 점차 활성화되면 직업능력개발사업 보험료율을 상향 조정하기로 하였다. 아울러 향후 직업훈련의무제를 직업능력개발사업으로 완전히 전환시킬 때 직업능력개발사업의 내용과 보험료율의 체계를 전면적으로 재검토하여 당초의 입장이던 단일료율체계로 개편해 나가기로 하였다.

3. 고용보험관리운영기구

고용보험법 제정 시부터 고용보험의 관리운영기구와 관련하여 노동부와 예산당국, 총무처 간에 논란이 많았다. 총무처는 작은 정부를 지향하는 정책기조와 고용보험이 기본적으로 사회보장급부를 지급하는 서비스 행정이라는 점을 들어 공단형태가 바람직하다고 주장하였다. 경제기획원에서는 공무원 조직은 순환근무제 및 잦은 인사이동이 보편화되어 전문성 확보가 곤란하나 공단은 우수인력 확보가 가능하고, 취업알선 업무는 서비스가 중요하므로 권위주의적인 공무원 조직이 담당하기에 부적합하다는 점을 들어 공단형태가 적정하다고 주장했다. 이에 대해 노동부는 고용보험의 도입목적이 단순히 실업급여를 지급하는 것이 아니라 실업급여를 매개로 적극적 인력정책을 수행하기 위한 것이라는 점에서 공단이 아닌 정부형태가 적정하다고 주장하였다.

고용보험관리운영기구의 형태가 초미의 관심사로 부상하면서 노동부와 경제기획원은 고용보험관리운영기구의 설치방안을 한국개발연구원과 한국노동연구원에 공동연구 의뢰하기로 합의했다.

'93년 9월 18일 노동부 직업안정국장과 경제기획원의 제3예산심의관 사이에 합의된 내용은 5개 조항이었다.

첫째, 고용보험 실시와 관련하여 보험의 관리조직형태를 결정하기 위하여 용역을 발주하고, 용역을 수행하는 기관은 고용보험업무를 정부가 관장할 것인지, 공단형태로 운영할 것인지를 연구토록 하여 그 결과를 '94. 8월 말까지 제출한다.

둘째, 연구용역에는 산재보험의 관장기구에 관한 사항도 포함하여 그 결과를 반영한다.

셋째, 동 연구용역은 KDI와 KLI가 공동으로 수행하도록 한다.

넷째, 연구용역결과에 대하여 경제기획원과 노동부는 이를 수용하고 법률개정 등 필요한 조치를 취한다.

다섯째, 고용보험관리조직의 형태가 결정될 때까지 고용보험 실시를 이유로 노동부는 본부 및 지방관서 총 정원의 증원을 요청하지 않는다.

이러한 합의에 따라 공동연구가 진행되고 고용보험관리운영기구 연구팀에는 한국노동연구원의 유길상 박사와 어수봉 박사, 한국개발연구원의 유일호 박사와 이주호 박사가 참여하였고 연구의 객관성을 높이기 위하여 한국행정연구원의 송하중 박사와 서울대학교 행정대학원의 이달곤 교수가 함께 참여하게 되었다.

'94년 4월에 공동연구 결과보고서가 제출되었으나 부처 간의 논란은 계속되었다. 공동연구결과 정책 제안한 방안이 이러저러한 수사가 있기는 하였으나 결국 노동부와 경제기획원의 입장을 반영한 정부형태와 공단형태의 복수안으로 제안되었기 때문이었다. 공동연구결과가 제출된 이후에도 두 부처 간에 지속적으로 협의가 이루어지고 두 연구기관의 추가적인 연구와 논의과정을 거쳐서 우선 정부형태로 출범하는 것으로 합의할 수 있었다.

(1) 고용보험 업무의 국민연금공단 위탁문제 검토

고용보험관리운영기구에 대한 논란이 커지는 와중에 고용보험업무의 국민연금공단 위탁 가능성 문제가 제기되었다. 당시 보건사회부 측에서 제기한 것으로 구체적인 검토 없이 즉흥적으로 제기된 것으로 보이나 조기대응이 필요하다고 판단하여 즉시 위탁 가능성을 검토한 후 업무위탁에 따라 예상되는 한계와 어려움을 제시하고 구체적인 협의에 들어갔다.

업무위탁에 따르는 문제로는 세 가지를 제시했다.[88]

88 노동부 내부자료, '고용보험업무의 국민연금관리공단 위탁 가능성 검토', 1994.2

첫째는 양 제도의 이질성으로 인한 한계였다. 양 제도는 적용대상 사업장 및 근로자가 중복된다는 것 외에는 업무의 성격, 내용 등이 이질적이며 업무적인 공유부분이 없어 한 기관에서 양 제도를 통합 시행할 실익이 거의 없었다.

둘째는 고용보험 업무의 특성에 기인한 공단 업무수행의 한계였다. 고용보험은 직업훈련, 고용조정의 지원, 실업대책 등 한 국가의 인력정책의 근간이 되는 제도적 수단이므로 정부가 이를 집행하는 것이 타당하고, 가장 큰 우려사항인 실업급여의 부정수급 방지를 위해서는 국가의 행정력이 뒷받침되어야 하므로 공단이 이를 수행하기에는 한계가 있었다. 특히 현행 노동부 직업안정조직과는 별도로 고용보험 업무만을 보건사회부 산하 국민연금공단에 위탁할 경우 국가 고용정책의 일선 집행기관이 이원화되는 문제가 있었다.

셋째는 조직규모의 차이에서 오는 국민연금공단 활용에 어려움이 있었다. 연금은 수급권이 생길 때까지의 적용, 징수와 자격관리가 업무의 핵심이고 민원인과의 접촉이 거의 없어 적은 사무소와 인원으로도 운영이 가능하나 고용보험 업무는 민원인과의 빈번한 접촉이 불가피하므로 보다 많은 수의 지방조직과 인원이 요구되어 기존의 국민연금공단 지방조직(17개 지부, 23개 출장소)으로는 고용보험 업무추진이 사실상 불가능하였다.

이러한 검토결과에 대하여 보건사회부에서는 고용보험 업무를 국민연금관리공단에서 담당하는 것을 검토한 바가 없고 다만 사회보험전산망은 통합되는 것이 바람직하다는 의견을 제시하며, 향후 고용보험전산망 개발 시 국민연금전산망 운용체계 및 경험을 활용할 수 있도록 협조하겠다는 의견을 표명했다. 국민연금관리공단에서도 고용보험은 정부조직으로 수행함이 바람직한 것으로 보이며 다만 국민연금 전산 및 자격관리시스템 운용체계와 경험 등을 활용할 수 있을 것이라는 의견을 보였다.

이에 따라 그동안 제기된 고용보험 업무의 국민연금공단 위탁은 국민연금전산망의 활용 가능성에 대한 언급에 불과한 것으로 보고, 결국 고용보험 업무를 국민연금공단에서 수행하는 것은 실익보다는 오히려 부작용이 클 것으로 판단되어 불가한 것으로 결론지었다. 이미 신경제계획 수립 시에도 국민연금, 의료보험, 산재보험 그리고 고용보험의 관리운영기구를 효율화하는 방안이 논의되었으나 주관부처의 상이, 사업성격의 이질성 등의 요인으로 실현 가능성이 없다고 판단되어 백지화된 바가 있었다.

(2) 공동연구 결과보고서의 주요내용

한국개발연구원과 한국노동연구원의 공동연구 결과보고서가 '94.4.21 제출되었는데 고용보험관리운영기구를 명확하게 특정형태로 설치할 것을 제안한 것이 아니었으므로 계속해서 관련부처 간에 논란이 이어졌다. 연구보고서의 주요내용은 다음과 같았다.[89]

---

89 한국개발연구원·한국노동연구원, '고용보험관리운영기구에 관한 연구', 1994. 4.
이 연구를 수행한 연구책임자는 유길상(한국노동연구원), 유일호(한국개발연구원), 송하중(한국행정연구원), 어수봉(한국노동연구원), 이달곤(서울대학교 행정대학원), 이주호(한국개발연구원) 등 6인이었다.

1) 고용보험관리운영기구 선택을 위한 판단기준

연구진들은 먼저 고용보험관리운영기구 선택을 위한 판단기준으로 세 가지 요건을 제시했다.

첫째는 고용보험관리운영기구는 고용보험이 목적하는 바를 효과적으로 달성할 수 있어야 한다. 고용보험제도가 시행되면 직업소개, 직업지도 등 직업안정서비스를 효율적으로 제공하고, 실업급여 요건의 공정한 판정, 신속한 급여 제공, 부정수급 방지 등 실업급여 업무와 기업 및 구직자의 훈련수요 파악, 민간직업훈련의 효율적 지원 등 직업능력개발 업무를 효과적으로 수행하여야 한다. 아울러 대량실업, 인력부족 시 관계행정기관, 관련단체 등과의 유기적 협조하에 효율적으로 대응하여야 하며, 국가 전체적인 고용정책과의 연계성이 확보되어 이러한 기능을 원활히 수행할 수 있어야 한다.

둘째는 고용보험관리운영기구 내의 운영인력, 예산, 운영체제 등이 효율적으로 구성되어야 한다. 운영인력 측면에서는 초기에 우수한 운영인력이 확보되고 결원보충이 원활해야 하며, 운영인력의 전문성 확보를 위한 제도적 장치 마련이 용이해야 한다. 운영체제 측면에서는 조직 내 의사전달과 리더십 발휘가 효율적이고 운영에 대한 내부평가와 외부통제가 적절해야 한다. 보험료 부담과 사용 측면에서는 노사정의 보험료 부담원칙에 대한 합의가 용이하며 보험료 사용절차와 용도가 투명하고 징수비용이 최소화될 수 있어야 한다.

셋째는 고용보험제도의 장기적 발전을 기할 수 있게 탄력성과 적용성이 있어야 하며 초기의 제도정착에 장애가 없어야 한다. 제도 시행 시에는 정치적 상황과 조직의 운영기조는 물론 국민정서와도 부합하여야 하며 초기 투자재원의 확보가 용이해야 한다. 아울러 기존 관련조직의 통·폐합에 대한 반발이 크지 않고 기존 인력과 기구의 활용 가능성이 커야 하며, 제도 시행시기를 감안하여 관계 법률과도 어느 정도 부합되어야 한다. 또한 행정구역 개편에 따른 기구, 운영체제 개편의 적응성이 있고 고용보험제도의 기능변화 및 적용범위 확대요구 수용이 원활해야 한다.

2) 관련법의 고용보험 관리운영에 관한 규정

당시 고용관련 법률은 노동부장관 및 지방노동행정기관인 직업안정기관의 장이 고용보험 및 고용관련사업을 집행하도록 규정하고 있었다. 고용보험법에서 고용보험은 노동부장관이 관장한다고 규정하고 있었고, 고용보험사업 중 고용안정사업 및 직업능력개발사업, 보험료의 징수 및 고용보험기금의 관리는 노동부장관이 관장하되 대통령령으로 정하는 자에게 일부 위탁이 가능하도록 되어 있었으나 피보험자에 대한 신고 및 피보험자격의 관리, 실업급여에 관한 업무는 직업안정기관의 장이 직접 관장하도록 되어 있었다.

직업안정법에서는 직업안정기관을 지방노동행정기관으로 정의하고, 정부는 직업안정기관에 전담공무원을 양성, 배치하고 노동부 소속 공무원 중에서 직업지도관을 지명할 수 있도록 되어 있었다.

고용정책기본법에서는 구인, 구직자에 대한 직업안정기관의 지도의무와 대량고용변동 시 직업안정기관에 대한 사업주의 신고의무 및 직업안정기관의 실업자 재취직촉진의무를 명시하고 있었다. 또한 고용정책기본법상의 노동부장관 권한의 일부를 직업안정기관의 장에게 위임할 수 있도록 규정되어 있었다.

3) 대안별 검토

고용보험관리운영기구의 대안으로는 네 가지 안이 검토되었다. 정부형, 새로운 형태의 공단형, 독일식 공단형, 민간참여형 등이었다.

• 제1안 : 정부형

정부형은 기존 산재보험의 관리운영을 근로복지공사에 이관하고 현행 지방노동관서의 산재보험 담당공무원을 활용하는 방안이었다. 이미 정착단계에 있는 산재보험은 순수 봉사행정의 특성이 많아 공사화의 우선순위 면에서 고용보험보다 앞서므로 그 관리운영을 당시 산재병원 운영업무를 수행하던 근로복지공사에 이관하고 지방노동관서의 산재보험 담당부서인 관리과, 보상과를 폐지하여 산재보험 담당공무원 정원을 고용보험 담당공무원으로 활용하고자 하는 것이었다.

당시의 직업안정 담당공무원(정원 332명)과 산재보험 담당공무원(정원 818명) 등 정원 1,150명을 고용보험 담당 전문요원 정원으로 확보하여 독립된 공공직업안정기관을 설치, 고용보험 업무를 관장하도록 하고 고용보험 담당공무원은 특정직렬화하여 전문성을 확보하도록 하였다. 공공직업안정기관에서 비교우위가 없는 업무는 한국산업인력관리공단과 한국장애인고용촉진공단에 위탁하도록 제안하고 있었다.

정부형의 논거로는 세 가지를 들고 있었다.

첫째는 고용정책과 고용보험사업 간의 유기적 연계 확보를 위해서는 정부조직이 더 효율적이라는 것이다. 고용보험제도는 적극적 노동시장 정책 추진을 위한 수단적 성격을 가지고 있으므로 고용보험제도의 목적과 기능을 감안할 때 책임 있는 정부조직이 고용정책과 밀접한 연계 하에 고용보험 업무를 추진해야 한다는 것이었다. 아울러 실업급여에 있어서도 실업의 확인, 이직사유에 따른 수급자격의 제한, 훈련거부 등에 따른 급여의 지급 제한 등 실업급여 남용방지와 근무기강 확립을 위한 공권력적 의사결정은 공단 또는 민간조직이 수행하기에는 부적합하다는 지적이었다.

둘째는 고용보험제도 시행 초기의 연착륙에는 정부조직이 적합하다는 것이다. 정부조직은 공권력을 바탕으로 시행 초기의 새로운 제도 정착에 유리할 수 있으며 기존의 중앙직업안정소 및 지방노동관서의 직업안정과 조직을 토대로 할 수 있다는 것이었다. 한국산업인력관리공단은 훈련제도의 개혁에 따라 그 조직과 기능의 변화가 예상되는 바, 전환기의 조직에 새로운 제도의 운영을 맡길 경우 과부담이 우려된다는 것이었다.

셋째, 공단조직의 비효율성이 단기적으로 개선되기는 어려우며, 정부조직으로 할 경우에는 전문성의 확보가 가능할 수 있다는 것이다. 우리나라 공단조직은 정부의 업무 및 인사에 대한 관여가 심하여 당초 의도와는 달리 조직의 비대화와 비효율성을 초래하고 서비스의 질도 정부조직에 비하여 비교우위에 있다고 보기 어렵다는 것이었다. 그리고 당시 정부가 수행하고 있는 산재보험 업무를 공사화할 경우 공무원의 추가증원 없이 고용보험제도 시행이 가능하고 고용보험 담당공무원을 특정직렬화할 경우 일반공무원 조직이 가지는 전문성 미흡 문제도 해결이 가능하다는 것이었다.

정부형태로 할 경우에 많은 장점을 가지고 있으나 일부 단점도 지적되었다.

장점으로는 첫째 정책결정과 집행의 유기적 연계성 확보가 가능하다는 점이었다. 정책결정과 집행의 유기적 연계로 고용보험제도의 연착륙에 유리하고, 대량고용변동 시 특정지역의 고용안정대책 등 다른 행정기관과의 유기적인 협조가 필요한 때에도 업무수행이 용이하다는 것이었다.

둘째는 고용보험 사업집행의 공정성 확보에 유리하다는 점이었다. 고용조정지원금, 직업훈련보조금, 실업의 판정 등에 있어서 공정성 확보가 용이하고 실업급여 남용방지 측면에서도 공단조직보다 유리하다는 것이었다.

셋째는 제도 시행 초기의 전환비용이 저렴하다는 점이었다. 고용보험 시행과 관련한 기존 조직의 통폐합에 따른 문제점이 크지 않고 노동부 산하의 공공직업안정기관 설치를 전제로 하고 있는 고용보험법, 고용정책기본법, 직업안정법의 개정도 불필요하다는 것이었다.

반면 단점으로는 첫째 공무원 조직의 경직성과 인력 추가확보의 한계가 있다는 점이었다. 직업지도, 취업알선, 실업급여의 지급업무는 봉사적 성격이 강하므로 이를 경직된 공무원 조직이 수행할 경우 서비스의 질을 저하시킬 우려가 있고, 초기 인력확보는 무난하나 공무원정원 추가확보가 어려울 경우 장기적으로 승진적체에 따라 사기가 저하되고 적용대상 확대에 따른 적정인력 확보가 곤란하다는 것이었다.

둘째는 고용보험이 정부 주도로 운영될 우려가 있다는 점이었다. 고용보험 운영이 민간부문의 수요와 괴리되어 행정편의적으로 운영될 우려가 있고, 공무원 조직의 특성상 지역의 다양한 수요에 맞춘 정책개발 및 집행보다는 획일적으로 운영될 우려가 있다는 것이 지적되었다.

• 제2안 : 새로운 형태의 공단형

새로운 형태의 공단형은 노동부에 노·사·정·공 대표로 구성된 고용정책심의회를 두어 고용정책 및 고용보험에 관한 주요정책을 심의하도록 하고, 고용보험 관련업무의 집행은 (가칭)인력공단에서 담당하도록 한다는 방안이었다.

인력공단에는 노사정공 대표로 구성된 이사회를 두어 정부의 위임을 받은 주요사항을 심의, 결정하게 함으로써 자치기능을 보강하였다. 전국을 5~6개 권역으로 나누어 지역인력공단을 설치하고 지역인력공단에 당해지역의 노사정공 대표로 구성된 지역고용협의회를 두어 지역 특성에 맞는 고용보험사업을 추진토록 하면서 지역인력공단 산하에 공공직업안정기관 및 출장소를 두어 고용보험 업무를 집행하도록 하였다. 지방노동관서의 직업안정과 및 중앙직업안정소의 기능은 인력공단으로 통합하고, 한국산업인력관리공단은 인력공단에 흡수 통합하면서 훈련과정 개편에 따라 예상되는 유휴훈련교사와 기능검정업무의 민간위탁 확대에 따른 유휴인력을 고용보험 담당요원으로 우선 활용하도록 하였다.

노동부에는 고용보험심사관을 배치하여 고용보험업무와 관련한 분쟁을 심사하도록 하고 공정성이 요구되는 판정업무에 대한 감독 및 심사기능도 수행하게 함으로써 고용보험의 연착륙을 유도할 수 있도록 하였다. 인력공단 직원에 대한 자율적이고 탄력적인 인사관리를 제도화하여 우수인력이 충원될 수 있도록 하고 전문성이 확보되도록 하였다. 한편, 공단운영의 자율성을 보장하기 위해 관리운영비는 고용보험기금에 의한 충당을 원칙으로 하되 보험료 인상요인으로 작용하지 않도록 조직과 인력의 확대가 불가피한 초기 5년간은 관리운영비의 일정비율을 정부가 부담하도록 하였다.

새로운 형태의 공단형을 지지하는 논거로는 두 가지를 들고 있었다.

첫째는 고용보험 업무는 담당직원의 전문성과 봉사정신이 요구된다는 점이었다. 공무원 조직은 순환보직제가 보편화되어 특정 업무에 대한 전문지식과 경험 축적이 곤란하고 취업알선 등 봉사적 성격의 업무는 권위적이고 경직된 공무원 조직이 수행하기에는 부적합하다는 것이었다.

둘째는 민주화와 행정조직의 장기발전추세에 부합한다는 점이었다. 노사정공 대표로 구성된 이사회를 공단의 최고의사결정기구로 하여 운영의 자율성을 보장하는 새로운 형태의 공단조직은 장기적으로 행정의 민주화, 전문화 추세에 부합한다는 판단이었다. 당시 선진국에서도 정부가 관장하던 순수 봉사적 성격의 업무는 민간조직 또는 공단 등에 이관하는 추세였다.

새로운 형태의 공단형은 많은 장점을 가지고 있었으나 동시에 단점도 많았다.

장점으로는 첫째 작은 정부를 지향하는 정부의 행정조직 관리방향 및 민간부문의 효율성을 강조하는 신경제 기본방향에 부합한다는 점이었다. 공무원 정원동결방침과 상충되지 않아 소요인력 확보가 용이하고 지역특성에 따라 민간부문의 수요에 부응하는 정책집행이 용이하다는 것이었다.

둘째는 전문인력의 확보와 탄력적 운영이 용이하여 대민서비스의 수행에 적절하다는 점이었다. 전문고급인력 및 파트타임인력의 확보가 용이하여 양질의 서비스 제공이 가능하고 인력관리에 있어 업무성과에 따른 유인제도 도입이 가능하여 업무추진의 효율성 확보가 가능하다는 것이었다.

셋째는 직업훈련과 고용보험 간의 정책적인 연계를 높일 수 있다는 점이었다. 직업훈련, 기능검정, 취업알선, 실업급여 등 제반업무가 유기적인 연계 하에 추진되어 통합적인 고용정책 추진이 가능하고 한국산업인력관리공단의 유휴인력 활용이 가능하다는 것이었다.

반면에 단점으로는 첫째 기존 공단조직과 유사한 비효율성이 노정될 우려가 크다는 점이었다. 우리나라의 행정문화를 감안할 때 정부의 인사 및 예산에 대한 관여로 공단 운영의 자율성과 책임성이 훼손될 가능성이 크며 이 경우 기존 공단조직이 안고 있는 문제들이 인력공단에도 재현될 가능성이 높고, 방만한 조직관리와 관리운영비 과다소요로 보험료율의 증가 및 보험재정의 부실이 우려된다는 것이었다.

둘째는 고용보험 업무의 공정성 확보가 의문시된다는 점이었다. 공권력적 성격이 강한 고용조정지원금 지원, 실업급여 지급제한 등과 관련한 판정의 공정성이 확보될지 의문시되고, 고용보험 업무의 공정성 확보가 어려울 경우 부정수급 방지가 곤란하여 실업기간의 장기화 등 실업급여의 역기능 발생이 우려된다는 것이었다.

셋째는 고용정책과 고용보험 사업추진의 유기적인 연계 확보가 곤란하다는 점이었다. 적극적 노동시장정책의 주요수단인 고용안정사업과 직업능력개발사업을 공단이 수행할 경우 고용정책과의 연계성 확보가 어렵고 대량고용변동 시 등에 타 행정기관의 유기적인 협조가 필요한 사업의 추진이 곤란하다는 것이었다.

• 제3안 : 독일식 공단형

독일식 공단형은 서울, 중부, 호남, 영남의 4개 지역인력공단을 설치하여 노·사·공 3자 대표로 구성된 이사회를 둔 자치적 기구로 하고, 지역인력공단 산하에 직업안정기관을 설치하여 고용보험업무를 집행토록 하는 방안이었다.

기초단위인 4개 지역인력공단을 횡적으로 연결하기 위해 인력공단연합회를 설치하되, 인력공단연합회는 고용보험업무의 전국적, 통일적 추진에 필요한 지침작성 및 지역인력공단 간의 업무 연계를 위한 봉사기능만 수행토록 하였다. 인력공단연합회에 노·사·정·공 대표로 구성된 이사회를 두어 고용보험업무에 필요한 주요사항을 결정하도록 하고, 인력자원연구소를 두어 인력정책 및 고용보험 관리운영에 관한 연구를 담당하게 하였다. 소요인력은 기존의 산업인력관리공단을 흡수, 통합하여 그 인력을 활용하고 부족한 인력은 대졸여성을 확보하여 활용토록 하였으며, 고용보험 담당직원은 경영대학원 1년의 직업안정전문과정에 위탁교육시킨 후 배치토록 하였다.

독일식 공단형의 논거는 지속적이고 통합적인 인력정책 수행을 위해서는 노동부 조직과 독립된 자치기구에서 직업안정기능을 담당해야한다는 것이었다. 노동부 조직 내에 직업안정기관을 설치할 경우 근로기준 및 노사관계에 관한 업무가 부처의 1차적 관심사가 될 수밖에 없으므로 직업안정기능의 활성화를 기대하기 곤란하다고 보았다. 또 정부의 낙하산 인사가 가능한 기존의 공단조직으로는 우수인력 확보 및 전문성 확보가 불가능하므로 인사 및 예산의 독립성을 가진 자치기구에서 직업안정기능을 수행하여야 한다는 이유에서였다.

독일식 공단형도 장점과 함께 단점을 갖고 있는 방안이었다.

이 안의 장점으로는 첫째, 작은 정부를 지향하는 정부의 행정조직 관리방향 및 민간부문의 효율성을 강조하는 신경제 기본방향에 부합한다는 점이었다. 공무원 정원동결방침과 상충되지 않아 소요인력 확보가 용이하고, 지역특성에 따라 민간부문의 수요에 상응하는 정책집행이 용이했다.

둘째는 전문인력의 확보와 탄력적 운영이 용이하여 대민서비스의 수행에 적절하다는 점이었다. 고급전문인력 및 파트타임인력의 확보가 용이하고 인력관리에 업무성과에 따른 유인제도 도입이 가능하여 업무추진의 효율성을 확보할 수 있었다.

셋째는 직업훈련과 고용보험 간에 정책적 연계를 높일 수 있다는 점이었다. 직업훈련, 기능검정, 취업알선, 실업급여 등 제반 업무가 유기적 연계 하에 추진되므로 통합적인 고용정책의 추진이 가능하고, 한국산업인력관리공단의 유휴인력 활용이 가능하다고 판단했다.

반면 단점으로는 첫째 고용정책과 고용보험 사업추진의 유기적 연계 확보가 곤란하다는 점이었다. 기본적으로 독일의 연방고용청 조직과 유사하나 독일과 달리 인력공단이 정부조직과 완전히 단절됨으로써 고용보험제도의 운영과 고용정책과의 유기적 연계 확보가 곤란하였다.

둘째는 이사회의 효율적 운영이 확보되지 않을 경우 고용보험사업 추진에 지장을 초래할 우려가 있다는 점이었다. 노사정공 대표로 구성된 이사회에서 고용보험사업의 집행과 관련한 주요사항을 심의하게 될 경우 노사관계가 성숙되지 못한 우리나라에서는 이사회가 파행적으로 운영될 우려가 상존하고 있었다.

• 제4안 : 민간참여형

민간참여형은 복수의 민간보험회사가 실업급여 업무를 담당토록 하고, 직업안정사업과 직업능력개발사업은 분리하여 별도의 관리운영체계를 두는 방안이었다.

고용보험을 강제보험으로 하되 고용보험 적용대상 사업장의 노사가 협의하여 자유롭게 보험회사를 선택하고, 고용보험업무를 취급할 보험회사는 일정 수 이상의 근로자를 보험가입자로 확보하도록 하였다. 모든 보험회사로부터 가입을 거부당한 위험도 높은 기업은 정부가 이미 확보한 가입근로자 수에 역진적으로 보험회사에 할당하도록 하였다. 노동부의 '고용보험심의회'에서 1~3년마다 고용보험료율의 상한과 실업급여의 하한을 설정하고 민간보험회사는 그 한도 내에서 보험료율 및 실업급여를 자율적으로 결정하도록 하였다. 고용보험기금은 민간보험회사별로 관리하되 보험감독원과 노동부의 업무감독을 받도록 하였다.

직업안정사업은 공공 및 개별보험회사의 고용전산망을 연계하여 상호 활용이 가능하게 하였다. 노동시장 신규 진입자에 대한 직업소개 및 취업지도는 주로 공공직업안정기관에서 담당하도록 하되, 민간보험회사는 가입된 기업의 노사에게는 무료로, 기타의 고객에게는 유료의 서비스를 제공하도록 하였다. 직업안정사업을 위한 보험료 수입은 노동부가 관장하되 직업소개 실적에 따라 보험회사에 차등하여 보조하도록 하였다. 직업능력개발사업은 질 높은 서비스 제공을 위해 공공훈련원, 인정훈련원, 사업내훈련원, 보험회사 직업훈련원 간의 경쟁을 유도하도록 하였다. 직업능력개발사업을 위한 보험료 수입은 노동부가 관장하되 직업훈련실적에 따라 보험회사에 차등하여 지원하도록 하였다.

민간참여형의 논거로는 두 가지를 들었다.

첫째는 고용보험수혜자의 효용 극대화와 노동시장기능의 활성화를 위한 고용보험관리운영기구가 되어야 한다는 것이었다. 정부 또는 공단은 기본적으로 공공독점이므로 수혜자에게 고용보험서비스를 잘해주고 관리운영비를 절감할 유인이 없고, 서비스의 공정성, 전문성에 있어서도 경쟁원리가 지배하는 민간보험회사가 정부나 공단보다 우월하다는 이유에서였다.

둘째는 고용보험서비스를 하나의 산업으로 간주하여 민간을 참여시키고 민간보험회사 간, 민간부문과 공공부문 간의 경쟁체제를 도입함으로써 최소비용으로 최대의 서비스 제공이 가능하다는 것이었다. 도입 초기에는 민간보험회사가 실업급여업무만을 취급하되 단계적으로 직업안정, 직업능력개발업무까지 확대해나감으로써 서비스 수준을 높일 수 있다고 보았다.

민간참여형이 일부 장점을 가지고 있었으나 고용보험의 속성으로 인해 한계가 있을 수밖에 없었다.

장점으로는 첫째, 고용보험 관리운영에 민간의 경쟁원리를 도입함으로써 최소의 비용으로 질 높은 서비스 제공이 가능하다는 점이었다. 개별 보험회사별로 실업예방노력을 할 유인이 크므로 취업알선, 직업상담, 능력개발사업에 적극 참여함은 물론 고용보험을 기초로 실직, 퇴직, 연금, 재훈련을 연계하는 근로자의 생애복지 전반에 걸친 보험상품 개발이 가능하다는 것이었다. 아울러 민간전산망과 공공전산망의 연계로 실업급여의 남용을 방지하고, 감독 채널에 노동계 인사가 참여함으로써 관리감독의 효율성을 높일 수 있다고 보았다.

둘째는 인력개발에 민간자본이 참여하고 경제주체 간 인력개발 노하

우를 공유할 수 있다는 점이었다. 민간자본의 참여로 국제화, 개방화에 따라 중요성이 더욱 커질 인적자원에 대한 투자의 확대와 효율성 제고가 가능하다는 것이었다. 산업계, 노동계, 정부의 긴밀한 상호연계와 협조체제가 구축되고, 노동계의 참여로 노사관계의 관심사가 근로자들의 능력개발로 전환됨에 따라 노사관계 안정의 제도적 틀을 제공할 것이라고 보았다.

셋째는 작은 정부 지향의 국가경영철학과 일치한다는 점이었다. 공무원 또는 공단인력 증원이나 예산증가 없이 고용보험의 효율적인 운영이 가능하고, 충분한 인센티브를 가지는 주체가 운영을 하게 됨으로써 비용절감과 전문성 제고가 가능하다는 것이었다.

반면에 그 단점으로는 첫째 고용보험시장의 속성과 보험회사의 이윤추구 동기가 상충될 우려가 있다는 점이었다. 고용보험시장은 국가의 노동시장정책과 직결되어 민간보험회사에 대한 규제와 감독이 엄격할 수밖에 없으므로 보험회사의 이윤추구가 현실적으로 어려울 가능성이 높아 민간의 참여유인과 서비스의 질 제고 가능성이 감소할 수 있다는 것이었다.

둘째는 민간이 고용보험을 운영하는 것은 실업급여에 한해 노조의 실업기금 전통이 있는 일부 국가에 한정된다는 점이었다. 완전경쟁시장과 거리가 먼 우리나라 노동시장 여건하에서 장점으로 예상하는 긍정적 효과가 나타날지 의문이고, 이윤추구를 우선하는 민간이 담당할 경우 주된 보호대상인 중소기업 근로자의 보호가 소홀해질 우려가 상존한다는 것이었다.

4) 결론 및 정책건의

고용보험관리운영기구 설치방안 중 가장 이상적인 안으로 독일의 연방고용청과 같은 민관 혼합의 독립된 자치기구형태를 상정하였으나 우리나라 현행 정부조직법 및 공무원법의 체계하에서는 불가능하다고 보고 앞서 제시한 네 가지 대안을 검토하였다. 위 네 가지 대안 중 우리나라 고용보험관리운영기구의 설치방안으로는 노동부 산하에 공공직업안정기관을 설치하는 '정부형'과 반자치적 자율운영권을 가진 '새로운 형태의 공단형'으로 압축되었다.

정부형을 선택하기 위해서는 세 가지 선행조건이 제시되었다. 세 가지 조건은 산재보험업무의 공단화 또는 공사화, 직업안정담당 공무원의 별도직렬화, 한국산업인력공단 등에 위탁 가능한 업무의 최대한 위탁으로 소요인력 최소화 등이었다.

반자치적인 새로운 형태의 공단형을 선택하기 위해서는 두 가지 선행조건이 제시되었다. 첫째가 고용보험법, 고용정책기본법, 직업안정법 등의 개정이었다. 둘째는 인력공단의 반자치적인 자율운영권의 보장 등 기존 공단조직의 비능률, 무책임성을 제거하고 부정수급 방지를 위한 제도적 장치를 마련하는 것이었다.

정부형은 제도의 연착륙에는 상대적으로 유리하나 적용대상 확대, 고용보험사업의 확충 등에 탄력적으로 대응하여 제도를 발전시켜 나가는 데는 상대적으로 불리하다고 보았다. 국민 의식수준의 향상 및 행정 선진화가 이루어져 새로운 형태의 공단조직이 본래의 기능을 수행할 수 있다면 장기적으로는 새로운 형태의 공단형이 고용보험의 발전에 상대적으로 유리하나 당시 우리나라의 현실에서 제도의 연착륙에는 상대적으로 불리하다고 보았다.

이러한 검토결과와 판단에 따라 전제조건으로 고용보험법 등 '93정기국회에서 통과된 관련 법률의 시행 전 대폭 개정과 기존 공단조직이 안고 있는 문제점의 해소가 현실적으로 가능하고 인력공단이 반자치적, 효율적 기구로 정착될 수 있을 것인가를 판단해야 할 것이며 그런 조건이 갖춰진다면 우리나라 고용보험관리운영기구는 새로운 형태의 공단형이 바람직하다고 보았다. 다만 공단형 조직을 채택하기 위한 요건 충족이 현실적으로 어렵다고 판단될 경우에는 정부형을 채택하되 앞서 제시한 선행조건들을 준수할 것을 건의했다.

정부형을 채택할 경우에도 한국산업인력공단이 장기적으로 고용보험업무를 수행할 수 있는 반자치적, 효율적 기구로 발전할 수 있도록 조직, 기능, 인력을 혁신하고, 매 5년마다 공공직업안정기관과 한국산업인력공단의 업무성과를 종합 비교 평가하여 반자치적인 기구의 국내정착 가능성 및 고용보험업무의 공단화 가능성을 검토하고 공단화 이전까지는 양조직의 경쟁체제를 유지할 것을 권고했다.

(3) 논의의 경과

고용보험관리운영기구를 둘러싼 논쟁은 공동연구결과가 나온 이후에도 계속되었다. 공동연구결과 정책건의가 현실적인 문제를 들어 정부형에 기울어져 있었으나 경제기획원에서는 작은 정부 지향의 기조를 앞세워 공단형을 지속적으로 주장했다. 우리부 내부적으로는 공동연구결과가 나오기 전후 몇 차례에 걸쳐 내부 워크샵을 진행하여 정부형과 공단형의 장·단점을 구체적으로 논의하고 당시 우리의 현실에서는 고용보험관리운영기구로 정부형이 가장 적절하다는 데에 의견을 모았다. 다만 작은 정부 기조하에서는 고용보험관리운영기구를 신설하는 것보다는 산재보험업무를 공단에 위탁하고 산재보험 담당조직과 인력을 활용하는 것이 관련부처 협의를 위해 불가피하다고 판단하였다. 이러한 논의결과가 노동연구원에 전달되어 공동연구 결과보고서에도 반영될 수 있었다.[90]

고용보험관리운영기구 형태의 최종결정과 관련해서는 다음과 같은 몇 가지 사항을 고려했다.[91]

첫째, 고용보험관리운영기구는 고용보험뿐만 아니라 국가 고용정책의 일선집행기능을 담당하게 되므로 이러한 정책목표를 효율적으로 달성할 수 있는 조직이 필요했다.

둘째, 고용보험제도는 실업급여의 부정수급 방지가 제도의 성패를 좌우하는 요소로서 각종 장부의 검사, 사업장 조사 등 공권력적 업무수행이 필요했다.

셋째, 업무수행 대상이 주로 실업자, 장애인, 고령자 등 소외계층이므로 이들이 쉽고 편리하게 이용할 수 있는 많은 지역에 조직을 설치할 필

90 공동연구 진행과정에서 3차례에 걸쳐 토론회가 개최되고 연구결과 중간보고가 이루어졌는데, 이 과정에서 부처 내부 의견이 전달되고 그 내용이 반영되어 최종연구결과 보고서가 제출되었다.

91 노동부 내부자료

요가 있었다.

넷째, 만일 공단조직으로 결정하였다가 제도정착 실패 시 이를 다시 정부가 맡기는 곤란했다.

다섯째, 작은 정부 지향의 정부조직 개편추세에 부합하는 대응방안의 모색이 필요했다.

여섯째, 국제노동기구에서 권고하고 또한 세계 각국에서 채택하고 있는 직업안정조직의 유형도 검토할 필요가 있었다.

이러한 사항을 종합적으로 고려하여 정부조직형태가 고용보험관리운영기구로 적합하다고 실무적인 결론을 내렸다.[92]

그 근거로는 첫째, 취업알선 담당기구에서 고용보험을 통합운영해야 실업급여가 인센티브로 작용하여 취업알선 기능이 활성화될 수 있다는 점이었다. 실업급여 수급자에 대하여 직업소개, 직업지도 등을 행함으로써 구직활동을 촉진하고 실업급여와 직업훈련을 연계하여 시행할 수 있었다. 독일은 연방고용청 산하에 있는 고용사무소에서, 일본은 공공직업안정소에서 취업알선업무와 고용보험업무를 통합운영하고 있었다. 영국의 경우 종전에는 실업급여는 사회보험기구에서 지급하고 취업알선은 고용사무소에서 담당하였으나 '80년대 이후에는 통합운영하고 있었다. ILO에서도 직업안정조직의 구성에 관한 협약(제88호)을 통해 직업안정조직은 국가의 지휘를 받는 전국적 체계로 구성하여야 한다고 권고하고 있었다.

92 노동부 내부자료

둘째, 인력의 수급조정 등 고용정책 집행기관으로서의 역할수행이 필요하다는 점이었다. 관내 인력수급 동향을 파악하여 교육, 훈련기관과의 협조하에 인력 조절을 하고, 대량의 실업 및 인력부족이 발생할 경우 관할 지방행정기관과 긴밀한 협조하에 실업대책을 신속히 수행해야 했다. 아울러 구인, 구직동향 및 근로조건의 변동 등 고용정보를 수집, 분석하여 활용할 필요가 있었다.

셋째, 실업급여의 부정수급 방지 등을 위하여 공권력 행사가 필요했다. 실업급여의 부정수급 문제는 고용보험제도의 성패를 좌우하는 중요한 문제로서 부정수급 방지를 위하여 사업장 출입, 서류조사 등 공권력 행사가 필수적이었고, 관내 직업훈련기관 및 민간직업소개기관에 대한 지도, 감독업무를 수행해야 했다.

넷째, 고용보험제도의 조기 정착을 위해서는 공단 등 새로운 조직보다는 기존의 정부조직이 유리하다는 점이었다. 이미 전국적으로 조직이 설치되어 있고, 산재보험을 근로복지공사로 이관하고 산재보험 담당 조직과 인력을 활용할 경우 작은 정부를 지향하는 정부조직 개편추세에도 부합하는 현실적인 방안이었다.

내부적으로 검토한 고용보험관리운영기구로 정부조직형태가 적합하다는 실무적인 결론을 가지고 당시 관련되는 부처나 단체에도 이러한 내용을 적극 설명하고 협의를 해나갔으나 여전히 여러 이견이 있었다.

총무처는 산재보험을 근로복지공사에 이관하고 산재보험 담당 조직과 인력을 직업안정조직으로 전환하여 고용보험을 담당토록 하는 방안에 동의하였고, 한국노동조합총연맹도 고용보험관리운영기구로 정부조직을 설치, 운영하는 방안에 찬성하였다. 경제기획원은 부서별로 입장이 달랐는데 경제기획국은 산재보험 징수와 통합, 별도직렬 설치, 직업훈련의무제 유지, 지방조직의 점진적 확대 등을 전제로 고용보험업무를 정부조직이 담당하는 데 동의하였으나 예산실은 일부 공단, 공사조직을 통합하여 인력공단을 설치하고 고용보험업무를 수행토록 하자는 안을 견지했다.

고용보험관리운영기구와 관련해서 경제기획원 예산실과 이견이 지속되는 상황에서 내부적으로도 논의가 마무리된 것은 아니었다. 실무적으로는 정부조직으로 의견이 모아졌지만 당시 강봉균 차관이 계속 반대의견을 가지고 있었다. 고용보험업무를 공단조직으로 수행하지 못할 이유가 없다는 생각이었다. 고용보험관리운영기구와 관련된 총괄업무는 당시 고용정책과의 박효욱 서기관이 담당하고 있었는데 국 차원의 실무적인 입장이 정리되어 있었고 나름대로 소신이 강하여 강봉균 차관과 늘 의견충돌이 발생할 수밖에 없었다. 고용보험제도의 연착륙에 고용보험관리운영기구의 형태가 대단히 중요한 문제였으므로 늘 함께 보고나 결재를 들어가곤 했는데 그때마다 또 강봉균 차관으로부터 "오늘 또 관리운영기구 문제로 설득하러 온 것이냐?"는 핀잔을 들어야 했다.

다른 업무로 보고나 결재를 간 경우에도 늘 관리운영기구 문제가 거론될 수밖에 없었다. 당시 고용보험제도 도입추진 업무를 맡고 있던 우리 실무진 모두가 어떤 어려움이 있어도 제도 도입의 취지를 충분히 살릴 수 있도록 제도를 도입하고 운영해야 된다는 신념이 강했다. 나름대로 사명감에 충만해 있었다고 생각된다. 고용보험제도 도입추진과 관련해 다른 업무들은 강봉균 차관과 별다른 충돌요인이 없었으나 고용보험관리운영기구와 관련해서는 좀처럼 이견이 해소되지 않았다.

몇 개월째 상호 평행선을 그리던 이견은 강봉균 차관이 개인적인 소신은 지키면서도 정부조직으로 추진하도록 배려하면서 해소될 수 있었다. 결재를 들어간 어느 날 필자에게 "아직도 고용보험을 정부조직이 담당해야 한다고 생각하느냐?"고 물어서 당연히 그렇다고 답변을 하자 강 차관이 "개인적 소신으로는 여전히 동의할 수 없지만 실무진에서 계속 정부조직으로 해야 한다고 주장하니 일단 그렇게 추진하도록 하되 내가 공식적으로 지원은 하지 않겠다"고 입장을 바꾼 것이었다.

그러면서 경제기획원 차관을 비롯한 관련 국과장들과 노동부 국과장들 간에 고용보험관리운영기구에 대한 토론 기회를 마련해 주었다. 물론 강봉균 차관은 토론만 주선했을 뿐 토론에는 일절 참여하지 않았다. 강봉균 차관이 고용보험제도 도입과 관련해서 많은 도움을 주었는데 이때에도 제도 도입 추진에 장애가 되지 않도록 도움을 주었던 것이었다. 우리 고용보험팀에 대한 상당한 신뢰가 밑바탕에 있었기에 가능하지 않았을까 생각된다. 경제기획원과의 토론에서는 양측 간에 열띤 공방이 이어졌지만 쉽게 합의점을 찾기는 어려웠다. 결국 한국노동연구원과 한국개발연구원이 공동으로 추가연구를 통해 한 가지 방안을 제시하도록 하고 노동부와 경제기획원은 이에 따르기로 하였다.

한국노동연구원과 한국개발연구원의 추가적인 연구와는 별도로 노동부 내부적으로도 고용보험관리운영기구의 문제는 조직 전반에 미치는 영향이 매우 큰 사안으로서 심도 있는 논의가 불가피하였다. 고용보험 도입업무를 담당하고 있던 직업안정국에서는 장기적으로 볼 때 산재보험을 공단으로 이관하고 그 조직을 활용하여 고용보험업무를 수행해야 한다고 주장한 반면, 산재보험업무를 관장하고 있던 노동보험국에서는 산재보험업무의 공단 이관에 반대하는 입장이었다. 지방관서에서도 산재보험업무의 공단 이관에 반대하는 의견이 대부분이었다. 당시 지방노동관서에 설치되어 있던 직업안정과는 한직으로 인식되어 기피하는 반면 산재보험업무를 담당하던 보상과나 징수과는 상대적으로 선호부서로 인식되고 있던 분위기도 크게 작용한 것으로 생각된다.

부처 내부에서 찬반의견이 나뉘게 되자 실국장회의 등 논의를 통해 입장을 정리할 필요가 있었다. 당시 고용보험관리운영기구와 관련된 업무를 담당하고 있던 박효욱 서기관이 장관주재 실국장 논의자리에 몇 차례 배석하게 되어 논의내용을 전해 들을 수 있었다. 지방노동관서의 여론과는 달리 본부에서는 장기적으로 고용보험의 발전가능성을 고려하여 산재보험보다는 고용보험에 비중을 두고 논의가 이루어졌는데 노동보험국에서는 고용보험 도입이 산재보험 운영에 직접적으로 영향을 주게 되자 부정적인 반응을 보일 수밖에 없었다. 입장 정리를 위한 최종적인 논의 자리에서 당시 남재희 장관이 실국장별로 입장을 개진하도록 하였는데 대부분이 산재보험업무의 공단 이관을 전제로 한 고용보험 운영방안에 동의하자 반대입장을 견지해 오던 당시 김송자 노동보험국장이 대승적인 차원에서 양보를 하여 부처의 입장이 정리될 수 있었다고 한다.

이때까지도 강봉균 차관은 고용보험관리운영기구로 공단형태가 바람직하다는 의견을 가지고 있었는데 남재희 장관이 강봉균 차관에게 발언기회를 주지 않고 "노동부 실국장 의견이 산재보험 업무의 공단 이관과 이를 활용한 고용보험 운영방안으로 모아졌으니 차관이 책임지고 부처협의 등을 통해 관철해 주세요"라고 주문했다고 한다. 아마도 이 무렵부터 강봉균 차관이 개인적인 소신은 그대로 가지고 있었으나 공식적으로는 노동부안으로 부처협의 등이 진행될 수 있도록 입장을 바꾸지 않았나 생각된다. 이렇게 부 내부적으로 입장 정리가 되면서 산재보험 담당조직을 활용한 고용보험 운영방안이 추진력을 갖게 되었고 한국노동연구원과 한국개발연구원의 추가적인 연구과정에서도 강하게 반영을 요구할 수 있었다.

한국노동연구원과 한국개발연구원의 추가적인 연구과정도 순탄하지는 않았다. 한국노동연구원은 노동부의 입장을 반영하려고 했고, 한국개발연구원은 경제기획원의 입장을 반영하려고 했다. 그러다 보니 계속해서 의견이 엇갈리고 합의점을 찾기가 어려웠다. 노동부에서는 연구팀에 실제 우리가 도입하고자 하는 제도와 유사한 고용보험을 운영하고 있던 일본을 방문하여 제도 시행과 관련한 구체적인 실태와 제도운영 경험을 파악, 분석한 다음 우리에게 적합한 고용보험관리운영기구의 형태를 제시해 줄 것을 요청했다. 이러한 요청에 따라 연구팀은 일본을 방문하여 고용보험 운영과 관련한 실태를 구체적으로 파악한 다음 많은 논란을 거친 끝에 최종적으로 단일방안을 제시하게 되었다.

최종안은 산재보험을 근로복지공사에 위탁하고 산재보험 담당 조직과 인력을 활용하여 우선 고용보험업무를 수행하도록 하되 5년 경과 후에 그동안의 성과와 여건의 변화를 고려하여 가장 적정한 고용보험관리운영기구의 형태를 재검토한다는 것이었다. 그 이유로는 이상적으로 기능할 수 있는 공단조직을 고용보험제도 시행 이전에 설치하기에는 현실적으로 불가능하여 공단조직의 효율성을 기대하기 어렵고, 고용보험제도의 조기 연착륙을 위해서는 정부조직이 유리하다는 점을 들었다. 당시 고용보험제도의 도입추진 일정이 촉박하여 제도 시행 이전에 공단조직을 설치하기 위해 고용보험법, 직업안정법 등 관련 법률을 개정하고 기존 공단조직의 비능률 등의 문제를 해결하기에는 물리적으로 한계가 있었다. 고용보험관리운영기구의 형태를 둘러싸고 경제기획원과의 논쟁이 길게 이어졌으나 결과적으로는 현실적인 문제로 정부조직형태로 출범할 수 있게 된 것이었다.

고용보험관리운영기구가 정부조직으로 최종 결정되자 불똥이 튄 곳은 노동보험국이었다. 고용보험 도입, 시행일정에 맞추어 '95년 4월 말까지 그동안 정부가 담당하여 오던 업무를 당시 산재병원을 운영하던 근로복지공사에 위탁하기 위한 작업을 마무리해야 했다. 근로복지공사의 운영체계를 산재보험업무의 비수익적 성격에 부합하는 '근로복지공단'으로 개편하면서 지방조직을 설치해야 했고, 산재보험업무의 연착륙을 위해 관련업무 경험이 축적된 공무원 인력을 선발하여 공단으로 전출하고 공단직원으로 신분을 전환하여 기존의 공사 직원들과 적정비율로 재배치하는 작업이 필요했다.

먼저 산업재해보상보험법, 산업재해보상보험특별회계법, 산업재해보상보험업무및심사에관한법률, 근로복지공사법 등 4개 법률에 분산되어 있던 산업재해보상보험 관련제도를 산업재해보상보험법으로 통합정비하는 산업재해보상보험법개정법률안을 마련하여 국회에 제출하였다. '94년 12월 22일 산업재해보상보험법이 공포, 확정되면서 산재보험법 부칙에 따라 고용보험법 중 일부조항이 수정되게 되었다. 고용보험법은 보험료의 보고와 징수, 고용보험사무조합 및 고용보험사무조합에 의한 보험가입의 처리, 심사 및 재심사 청구, 소멸시효 등과 관련하여 산업재해보상보험법의 상당부분을 준용토록 하고 있었는데 산재보험법이 개정되면서 고용보험법의 관련조항을 정비하는 것이 불가피하였기 때문이었다. 산업재해보상보험법시행령도 '95년 4월 15일 개정되면서 고용보험법시행령 일부조항도 함께 개정되었다.

산재보험업무가 근로복지공단에 위탁되는 것으로 결정되면서 노동보험국 입장에서는 관련 업무의 원활한 연착륙이 중요한 과제가 되었다. 관련 업무에 대한 전문성과 업무 경험이 축적된 인력을 선발하여 공단에 재배치할 필요가 있었다. 그런데 고용보험을 도입하는 부서에서도 입장은 마찬가지였다. 지방노동관서의 기존 산재보험 조직과 인력을 활용하여 고용보험을 운영하는 방안을 마련해야 했고 제도 도입 초기인 만큼 우수인력의 확보가 중요한 과제였다. 특히 앞에서도 언급한 바와 같이 지방노동관서 직원들이 산재보험업무를 선호하고 있어 공단 전출 희망자가 많을 것으로 예상되었고 그 후에 이루어진 전출희망자 조사에서도 실제 결과가 그렇게 나타났다. 공단 전출 희망자가 많은 가운데 우수인력 상당수가 공단으로 유출될 우려가 컸다. 당시 고용보험과에 근무하던 주무관 중에도 일부가 공단 전출을 희망하는 상황이었다.

근로복지공단 전출인력 선발기준에 대한 양 부서의 입장이 달랐지만 다행히 고용보험업무와 산재보험업무 모두 성공적인 연착륙이 중요하다는데 뜻을 같이 하고 전출인력 선발기준을 조정하여 결과적으로는 고용보험업무와 산재보험업무에 필요한 인력이 적정하게 배분되어 확보될 수 있었다.

고용보험관리운영기구를 정부조직으로 할 경우에도 구체적으로 어디에 설치할 것인지가 문제가 되었다. 대부분의 선진국들이 노동부 조직으로 근로감독조직과 직업안정조직을 두고 있었는데 근로감독조직이 점차 그 중요성이 퇴색되어가는 반면 직업안정조직은 인력의 원활한 수급조절과 실업자 등 열위계층 근로자의 보호를 위하여 방대한 조직으로 전국적인 네트워크를 형성하고, 관련기능을 통합하여 원스톱 서비스체제로 점차 강화되어 가고 있었다. 우리나라의 경우에도 고용보험제도의 실시를 계기로 직업안정기관의 전국적인 네트워크가 형성되어 가면서 지방노동관서의 조직이 근로감독, 산업안전을 중심으로 하는 근로감독조직과 고용보험, 직업안정, 직업훈련을 중심으로 하는 고용관련조직으로 양분될 것이었다.

대부분의 국가에서는 이들 양 업무는 그 성격이 너무나 판이하여 분리된 조직을 두어 담당토록 하는 것이 일반적이었다. 고용관련 업무는 근로자와 사업주에게 구인, 구직 알선 및 각종 고용정보를 제공하고 실업급여 및 각종 지원금, 장려금을 지급하는 서비스 업무이므로 근로자와 사업주가 편안하게 언제든지 찾아올 수 있도록 편리한 장소에 위치하여야 하고 안락한 분위기를 갖추어야 하기 때문이었다.

우리나라의 경우에도 장기적으로는 직원의 전문성 확보와 서비스의 질 제고 측면에서 분리된 직업안정조직을 갖추는 것이 바람직하다고 보았다. 그러나 현실적으로 산재보험 담당조직과 인력을 활용하여 고용보험업무를 수행할 수밖에 없었으므로 일단 초기 단계에서는 당시의 지방노동관서 내에 직업안정조직을 두어 지방노동관서가 양 업무를 수행하도록 하였다.

제4장

고용보험전산망 구축

제4장

고용보험전산망 구축

고용보험제도를 도입하기 위한 시행령, 시행규칙 제정과 준비작업들이 전반적으로 빠듯한 일정 속에서 추진되고 있었는데 그중에서도 고용보험전산망을 구축하는 일정은 더욱 촉박하고 난제가 많았다. 정부에서 정보화사업을 추진하는 과정에서 많은 실패사례가 있었는데 당시 산재보험전산망이 대표적 사례였다. 두 차례에 걸쳐 전산화작업을 추진했으나 업무의 효율화보다는 수작업을 병행해야 하는 등 오히려 업무의 효율을 떨어뜨린다는 지적을 받고 있었다. 산재보험의 수작업에 의한 업무처리가 비효율적이더라도 시행이 가능했던 데 비해 고용보험은 적용되는 전 근로자에 대한 피보험자 자격관리가 필요했기 때문에 고용보험전산망의 구축이 선택이 아닌 필수적인 사안이었다. 그런데 현실적인 여건은 불과 1년여 만에 적용, 징수시스템 구축을 완료하고 2년여 만에 보험급여시스템까지 완비해야 하는 상황이었는데 반해 예산은 2억 7천만 원밖에 확보되지 않은 상태였다. 거기다 예상하지 못한 문제들이 계속 불거져 나와 고용보험전산망 구축작업에 어려움을 가중시켰다.

1. 실무추진팀 구성과 타 전산망 활용 검토

고용보험전산망은 보험관리시스템과 고용정보시스템으로 구성하기로 하였는데, 모든 업무를 전산처리함으로써 수작업이 없는 사무환경을 구축하기로 하였다. 보험관리시스템은 고용보험의 실업급여, 고용안정사업, 직업능력개발사업과 관련된 업무를 전산처리하기 위하여 필수적으로 구축이 필요했다. 또한 당시의 고용관리전산망의 취업알선시스템을 고용보험전산망의 고용정보시스템으로 확대, 개편하여 고용보험전산망을 고용정보에 대한 기간전산망으로 구축하고자 하였다.

전산망을 구축하면서 벌어진 많은 실패사례가 전산담당부서나 사업부서에서 단독으로 정보화사업을 추진한 데서 비롯된 경우가 많았다. 전산부서의 경우 사업부서의 구체적인 수요와 효율적인 업무프로세스를 제대로 반영하지 못하는 측면이 있었고, 사업부서의 경우 전산부서의 전문성과 축적된 경험을 잘 활용하지 못하는 측면이 있었다.

이러한 시행착오를 되풀이하지 않기 위해 고용보험전산망 실무추진팀을 시작단계부터 전산담당부서와 함께 구성했다. '94년 2월 당시 인력수급과의 윤영순 주무관을 전담인력으로 하고 전산담당관실의 송재영 사무관 등 인력을 지원받아 실무추진팀을 구성하고, 이재갑 사무관이 제도와의 연계 등을 총괄하여 지원하기로 했다. 송재영 사무관은 경제기획원 예산실에서 전산관련 예산업무를 담당하다 노동부로 전입하였는데 예산 및 전산 관련 실무에 밝아 많은 도움이 되었다. 송재영 사무관에 따르면 이석채 예산실장이 고용보험 도입 준비에 필요한 예산을 모두 삭감하면서도 송재영 사무관이 노동부로 전출간다고 하여 배려 차원에서 고용보험전산화기본계획 수립 예산 2억7천만 원을 반영하였다고 한다.

고용보험전산망 구축을 추진하면서 가장 먼저 발생한 문제는 국민연금전산망과의 통합 문제였다. 당시 보건사회부의 서상목 장관이 국무회의석상에서 이 문제를 제기한 것이 발단이 되었다. 이는 고용보험업무를 국민연금공단에 위탁하는 문제를 논의하면서 업무의 위탁은 여러 가지 측면에서 어렵지만, 사회보험전산망은 통합이 바람직하고 고용보험전산망 구축 시 국민연금전산망의 운용체계와 경험을 활용할 필요가 있다는 의견을 제시한 데 따른 것으로 생각된다.

우리는 이 문제로 발목이 잡히게 될 경우 가뜩이나 갈 길이 먼 전산망 구축작업이 지연되는 것을 가장 우려했다. 그래서 즉시 고용보험전산망과 국민연금전산망의 통합 가능성을 검토하고 현실적으로 통합개발이 불가능하다는 결론을 내렸다. 장기적으로 볼 때는 사회보험전산망을 통합 운영하는 것이 불가능한 일은 아니었다. 그러나 고용보험 도입일정에 맞추어 시급하게 전산망을 구축해야하는 상황에서는 가입대상, 적용, 징수,

자격관리, 급여지급 등 처리해야할 업무의 내용이 상이하여 통합개발이 실익보다는 부작용이 클 것으로 판단되었다.

필자가 검토자료를 갖고 보건사회부 연금정책과장을 찾아가 내용을 설명하고 함께 서상목 장관에게 보고할 것을 요구했다. 혹시 아직도 양 제도의 전산망을 통합하는 것이 맞다고 생각한다면 고용보험제도 도입기간 내에 고용보험전산망을 통합개발해 줄 것을 요구했다. 연금정책과장은 양 제도의 전산망을 통합개발하는 것이 현실적으로 어렵다는 데 동의하고 장관에게 관련 내용을 보고하고 결과를 알려주기로 했다. 필요시에는 고용보험전산망 개발과정에서 국민연금전산망 운용체계와 경험을 활용할 수 있도록 협조하기로 했다. 며칠 후 연금정책과장이 전산망 통합문제를 장관에게 보고하고 고용보험전산망을 별도로 개발하는 것으로 정리하여 문제가 해결되었음을 알려왔다. 그 후 고용보험전산망을 개발하는 과정에서 실제 국민연금전산망의 운용체계를 살펴보고 운용경험도 참고하게 되었다.93

이때 산재보험전산망을 활용하는 방안도 검토하게 되었다. 당시에 산재보험의 경우 적용, 징수체계는 유사하였으나 피보험근로자에 대한 자격관리가 이루어지지 않고 있었다. 산재보험에서는 적용대상 사업장의 근로자인지 여부만 확인되면 보험급여 지급 대상인지를 판단할 수 있기 때문이었다. 그러나 고용보험에서는 실업급여의 수급자격 판단을 위해

93 실제 전산프로그램이 개발된 후 국민연금공단의 협조를 얻어 이미 구축 운영 중인 국민연금공단의 기본데이터를 이용하여 고용보험데이터베이스를 구축하고 부족한 부분을 보완하였다.

서는 피보험 근로자 개인별 자격관리가 필수적이었으므로 산재보험전산망을 활용할 만한 실익이 없었다. 결과적으로 고용보험전산망을 별도로 구축하여 운영할 수밖에 없는 상황이었다.

2. 고용보험전산망 개발계획 수립 및 추진체계 확보

'94년 5월 고용보험전산망 개발기본계획을 확정하고 고용보험제 시행 일정에 맞추어 시스템을 단계적으로 개발하여 운용하기로 하였다. '94년 6월 중으로 전산업체를 선정하여 시스템 설계 등 전산망 개발에 착수하고, 1단계로 '95년 3월까지 징수 및 자격관리시스템을 개발 완료하여 시험가동을 거쳐 '95년 7월부터 정상운영하기로 하였다. 2단계로는 '96년 3월까지 실업급여 지급 등 기타시스템을 개발 완료하여 실업급여가 지급개시되는 '96년 7월부터 전산망을 완전가동하기로 하였다.

'94년도 전산망개발 예산은 2억7천만 원이 편성되어 있었는데 정상적인 사업추진을 위해서는 턱없이 부족한 금액이었다. 이 문제를 해결하기 위해 우선 전산망을 개발할 업체를 선정하여 시스템 설계를 추진하되 장기계속계약을 체결하여 부족한 예산에 대처하기로 했다. '94년도 예산으로 용역비의 일부를 우선 지급하고, 잔여금액은 '95년도 예산에 추가 확보하여 '95년도 계약이행금액에 포함하여 지급하기로 했다.

이러한 계획에 따라 고용보험전산망을 통합 개발할 수 있는 전산SI업체를 선정하기로 했다. 당시 전산SI업체는 대기업 계열사 몇 군데에 불과하였다. 모든 업체에 제안서를 제출토록 하여 시스템 구축의 적정성과 제안가격에 대한 전문가의 평가를 거쳐 협력업체를 선정하기로 했다. 절차를 거쳐 최종적으로 전산망을 개발할 협력업체로 삼성SDS가 선정되었다. 당시 삼성SDS는 설립된 지 얼마 되지 않아 정부프로젝트를 처음으로 수행하게 되었는데, 경험이 충분하지 않은 문제는 있었으나 우수인력이 많이 확보되어 있었고 정부프로젝트를 성공적으로 수행해 보고자 하는 적극적 의지를 가지고 있었다. 협력업체의 이런 적극적인 의지는 그 후 많은 난관이 있었던 고용보험전산망 개발 작업을 원활하게 추진해 가는 데 큰 도움이 되었다.

협력업체가 선정되고 집중적인 논의를 거쳐 구체적인 고용보험전산시스템 구축계획을 수립하였다. 고용보험전산시스템을 중앙집중식으로 할 것인지, 아니면 지방분산식으로 할 것인지를 먼저 논의하여 결정하게 되었다. 주전산기의 용량을 고려하고 일부 장점도 갖고 있어 지방분산식도 검토되었으나 다른 사회보험시스템의 운용체계를 검토하고 전산전문가의 의견을 들어 중앙집중식으로 결정하였다. 다만 수도권을 제외한 지방 4개청에 ATM스위칭 장비를 설치하고 관리인력을 배치하기로 하였다.

협력업체가 선정되면서 고용보험전산망 실무추진팀을 확대하여 재구성하였다. 새로이 충원된 강현철 사무관을 보강하였고 전산담당관실에서 실무에 밝은 직원들을 지원받아 협력업체의 시스템개발 담당직원들과 합동 근무하도록 하였다. 협력업체가 선정되면서 본격적으로 전산망 개발에 착수할 수 있었다. 협력업체에서 별도의 작업공간을 확보하여 실무 추진팀원 모두가 함께 근무토록 하였다. 필요한 인력을 업무분야별로 배치하여 협력업체의 직원들과 함께 전산프로그램을 개발하도록 함으로써 시행착오를 최소화시키기로 하였다.

당시에는 고용보험법시행령, 시행규칙 제정 작업과 전산프로그램 개발을 동시에 진행할 수밖에 없는 상황이었다. 고용보험법 시행령안에 대한 관계부처 협의가 지연되다 보니 불가피하게 우선 내부적으로 확정한 시행령안을 토대로 전산프로그램을 개발해 나가되 관계부처 협의과정에서 시행령안이 변경될 경우에는 제도담당자가 전산팀에 수정된 내용을 별도로 설명하도록 하였다. 아울러 매주 토요일 오후마다 고용보험제도의 구체적 내용을 설계하는 팀과 전산프로그램을 개발하는 팀이 한 자리에 모여 합동 점검회의를 갖고 그동안 개발된 전산프로그램을 공유하고 오류나 불합리한 부분을 바로잡도록 하였다.

이러한 노력을 통해 제도와 전산프로그램이 효율적으로 연계될 수 있도록 하였고, 환류기능을 통해 제도가 합리적으로 설계될 수 있도록 하는 데에도 기여하였다. 매주 전산프로그램 개발 점검회의를 갖다 보니 전산개발팀에는 보이지 않는 압박이 되어 전산프로그램 개발속도를 높이는 데에도 크게 도움이 되었다.

고용보험의 촉박한 도입일정에 따라 고용보험전산망도 전례를 찾을 수 없을 만큼 단기간에 구축되어야 했는데, 큰 차질 없이 고용보험전산망을 구축, 운영할 수 있었던 것은 이처럼 효율적인 전산개발 추진체계가 확보되어 작동되었기 때문이라고 생각한다. 물론 전산개발에 참여한 우리 직원들이 능동적으로 그 역할을 다하고, 협력업체에서도 우수한 인력을 배치하여 프로그램 개발이 차질 없이 추진되도록 지원했기 때문이기도 했다. 결과적으로 고용보험전산망 구축에 많은 인력이 여러 분야에서 역할을 달리하여 참여하면서도 상시적인 업무 공유, 효율적인 업무연계와 주기적인 점검 과정을 통해 하나의 팀으로 운영된 결과였다.

3. 고용보험전산망 구축 추진

고용보험전산망 구축을 위해서는 전산프로그램 개발도 필요했지만 동시에 전산하드웨어의 구축작업도 주요한 현안이었다. 시작과 함께 해결해야 될 가장 중요한 부분이 주전산기의 기종 결정과 관련된 문제였다. 협력업체에서는 고용보험전산망의 특성상 용량이 일정 수준 이상이어야 하므로 주전산기로 외산장비인 유니시스(UNISYS) 기종을 제안했다. 당초에는 주전산기로 IBM기종을 선호하였는데 실무추진팀이 독일과 일본 등의 고용보험전산망 운영상황을 견학하고 나서 일본이 유니시스 기종을 주전산기로 활용하는 것을 고려하여 향후 일본의 사례를 벤치마킹하려면 유니시스 기종이 적합하다고 판단한 결과였다.

그런데 당시에 국산 주전산기인 타이콤이 처음 개발되어 총무처에서는 정부가 추진하는 정보화사업에는 타이콤을 우선적으로 활용토록 하고 있었다. 고용보험전산망의 경우는 모든 근로자에 대한 자격관리가 이루어져야 하는 만큼 주전산기의 용량이 충분해야 했고 이러한 부분에 대한 검증이 매우 중요했다. 당시 국산 주전산기의 경우 개발된 지 얼마 되지 않아 용량이 부족한 것으로 파악되었으나 정부의 정보화사업을 총괄하던 총무처에서는 '국산 주전산기 한 대로 용량이 부족하다면 필요한 만큼 몇 대를 연결하여 동시에 사용하는 방식으로 활용이 가능하다'고 주장했다. 그러나 국산 주전산기의 용량에 대한 검증이 되지 않은 상태에서 국산 주전산기를 활용하여 전산망을 구축하는 것은 많은 위험부담을 안을 수밖에 없었다.

내외 전산 전문가들과 대책을 협의하였으나 성능이 검증된 외산기기를 도입하는 방안 외에는 달리 특별한 해결방안이 없었다. 외산기기 도입의 필요성에 대해 총무처 관계자를 설득하고자 하였으나 총무처에서도 원칙적인 입장을 바꾸지 않았다. 당시 국산 주전산기를 개발, 활용함으로써 관련 산업을 육성하기 위한 정책의 일환이었으므로 쉽게 입장을 바꾸기도 어려운 상황이었을 것으로 이해된다.

우리가 계속해서 총무처에 성능이 검증된 외산기기의 도입 필요성을 강하게 주장하자 총무처에서는 외산 주전산기를 도입하려면 '컴퓨터연구조합'[94]에서 '고용보험업무는 국산 주전산기인 타이콤으로 수행하기 어려우니 외산기기를 도입해도 된다'는 문서를 받아오라는 조건을 제시했다. 컴퓨터연구조합에는 '고용보험전산망의 경우 국내 전체사업장 정보는 물론 근로자 개개인에 대한 자격관리가 필수적이므로 타이콤으로는

94 국산 주전산기인 타이콤 개발에 참여한 국내 4개사가 국산 주전산기 보급을 위해 컴퓨터연구조합을 설립하였다.

용량이 부족하여 업무 수행이 어려우며 검증결과 타이콤을 여러 대 연결해도 용량이 크게 개선되지 않는 점 등을 들어 외산 주전산기의 도입이 불가피하다'는 것을 지속적으로 설득했다. 다행히 우리의 의견이 받아들여져 컴퓨터연구조합으로부터 외산 주전산기를 도입해도 좋다는 문서를 받아 총무처를 설득할 수 있었다. 이러한 결과에 따라 외국산 주전산기를 도입하는 것으로 총무처와 최종 협의가 이루어지게 되었다.

다음으로 발생한 문제는 외국산 주전산기 도입결정은 이루어졌으나 외산기기 도입을 추진하는데 절차적으로 많은 시일이 소요되어 고용보험 전산망 구축일정에 차질이 빚어지게 된 것이었다. 외국산 주전산기의 도입은 조달청에 조달을 의뢰하여 외산기기 도입절차에 따라 도입을 추진하도록 되어 있었는데 조달청의 외산기기 도입절차가 복잡하여 많은 시일이 소요되었다. 이러한 문제로 정상적인 절차에 따라 주전산기 도입을 추진할 경우 시일이 장기간 소요되어 고용보험제도의 도입일정에 맞추어 고용보험전산망을 구축, 가동할 수 없었다. 전산추진팀에서 수차례 조달청 실무진과 접촉하여 협의하고 문제를 해결하려고 했으나 아무런 진척이 없었다.

내부점검회의를 통해 협의진척상황을 확인하는 과정에서 윤영순 주무관이 조달청 담당과장에게 상황을 설명하고 도움을 요청할 수밖에 없다며 필자에게 지원요청을 했다. 일단은 부딪쳐 보자는 생각으로 강현철 사무관, 윤영순 주무관과 함께 조달청을 방문하여 담당과장을 찾아가게 되었다.

외산기기 도입을 담당하는 당시 조달청 과장은 나이가 좀 든 분이었는데 처음에는 원칙적인 입장을 주장했다. 그래서 고용보험제도 도입의 전반적인 내용을 설명하고 이해를 구할 필요가 있다고 생각하여 당시 정부의 입장에서 고용보험 도입이 갖는 의미가 무엇인지, 고용보험 도입추진과정에서 촉박한 일정으로 인한 어려움, 외국산 주전산기 도입 결정 배경과 도입 지연 시 발생할 문제 등을 자세하게 설명하였다. 조달청의 담당사무관은 이러한 내용에 대한 설명을 듣고서도 조달청이 신축성 있게 수용하기 어려운 원칙적인 입장을 반복해서 얘기했다. 담당과장에게 조달청이 취할 수 있는 최선의 도입기간 단축방안을 마련해 줄 것을 요청했다. 담당과장은 확실한 답변을 하지는 않았으나 담당 사무관에게 노동부의 입장도 충분히 고려할 필요가 있다는 의견을 주고 검토해 보자고 했다.

점심식사 시간이 되었으므로 함께 식사를 하자고 하니 구내식당으로 가자고 하여 구내식당에서 함께 식사를 하게 되었고, 점심식사 후 조달청 경내에 산책코스가 있다고 하여 담당과장과 함께 길지 않은 시간이지만 산책을 하게 되었다. 함께 산책을 하면서 다시 고용보험제도 도입과 관련된 현안과 어려움을 이야기하고 도움을 요청했다. 담당과장도 "노동부의 어려움에 충분히 공감하며 개인적으로 하는 일이 아니라 국가적인 과제를 맡아 하는 일이니 조달청에서도 최대한 도울 수 있는 방안을 찾아보겠다"고 답하였다. 감사를 표하고 돌아왔는데 며칠 후 조달청에서 외국산 주전산기 도입일정을 고용보험전산망 구축에 차질이 없게 단축할 수 있는 방안을 찾아 보겠다는 검토의견을 보내왔다.

그 후 외국산 주전산기 도입은 조달청과의 원활한 협조를 통해 고용보험전산망 구축일정에 맞추어 추진할 수 있었다. 가장 먼저 결정되어야 할 주전기의 기종은 조달청의 국제입찰을 통하여 협력업체가 제안한 유니시스로 결정되었다. 그런데 서버와 네트웍 장비는 협력업체에서 제안하였던 기종과 다른 기종으로 도입 결정되어 전산하드웨어 구축과정에서 새롭게 협력체계를 구축해야 하는 등 일부 혼선이 초래되기도 하였다.

이렇게 고용보험전산망 구축을 위한 하드웨어가 구비되어 가면서 전산프로그램 개발도 본격적으로 추진되었다. 협력업체가 결정되면서 우선 협력업체의 재원 투입을 통해 전산프로그램 개발 작업을 적극적으로 추진할 수 있는 토대가 갖춰지게 되었다. 전산개발팀을 확대 개편하고 함께 근무할 전용공간도 마련되었다.

외국의 고용보험전산망 구축, 운영실태를 파악하기 위해 우리와 유사한 제도를 운영하는 일본과 독일의 사례도 함께 둘러보도록 하였다. 그런데 외국의 고용보험전산망을 운영하는 관계자들이 우리가 2년 반 만에 전산망 구축을 완료하겠다는 계획을 듣고 모두가 부정적인 반응을 보였다고 들었다. 특히 당시에 모범적인 고용보험전산망 구축, 운영사례로 평가받던 일본의 경우 고용보험전산망을 구축하고 보완하여 정상적으로 운영하는 데 10년 정도 소요되었는데 한국이 그렇게 짧은 기간에 고용보험전산망을 구축하는 것은 불가능하다는 의견을 표했다고 한다. 그리고 만약에 한국이 2년 반 만에 고용보험전산망 구축을 실제 완료한다면 일본 측에서 견학을 오겠다고 한다는 것이었다.

그런 반응을 보고 우리 고용보험팀과 협력업체도 많은 걱정이 앞설 수밖에 없었다. 그런데다 전산프로그램을 개발하기 위해서는 고용보험법 시행령, 시행규칙, 각종 예규, 지침 등이 확정되어야 이를 토대로 세부설계 후 개발작업을 추진할 수 있었다. 그런데 앞에서 언급한 바와 같이 고용보험법 시행령의 세부내용이 부처 간 협의 지연으로 확정이 늦어지고 있었다. 고용보험법 시행령과 관련된 쟁점은 주로 적용범위, 보험료율, 관리운영기구 등과 관련된 사안이었다. 그렇다고 전산프로그램 개발을 마냥 늦출 수만은 없었고 당시까지 실무적으로 마련된 시행령(안)이 크게 바뀌지 않을 것으로 예상되어 그 내용을 토대로 일단 전산프로그램 개발을 추진해 갔다.

그럼에도 불구하고 소소하게 일부내용이 변경되는 일이 발생하여 전산프로그램 개발 작업이 효율적으로 진행되기 어려운 경우도 있었다. 이러한 문제를 최소화시키기 위해 부처협의과정에서 시행령 등의 내용이 바뀔 때마다 제도담당자가 직접 전산팀에 관련내용을 설명하고 즉시 전산프로그램에 반영될 수 있도록 고용보험제도 설계팀과 전산추진팀이 상시적으로 업무를 공유하도록 하였다. 매주 토요일 오후에는 앞에서 이미 언급한 합동 점검회의를 정례화하여 그동안 개발된 전산프로그램을 함께 검토하며 오류를 개선하고 보다 효율적인 프로세스를 설계하여 이를 다시 제도설계에도 반영토록 하였다.

이러한 과정을 거쳐 절대적으로 부족한 개발기간에도 불구하고 고용보험제 시행일정에 맞추어 1단계로 적용, 징수 및 자격관리시스템을 개발 완료하여 '95. 7월부터 가까스로 운영해 가면서 2단계로 실업급여 지급 등 기타시스템도 개발 완료하여 '96. 7월부터 정상적으로 운영할 수 있었다. 절대적으로 부족한 예산도 다음 연도 예산에 추가 계상되어 편성됨으로써 해결할 수 있었다.

구축된 고용보험전산시스템의 구성을 보면 하드웨어는 크게 주전산기, 디스크장치, 통신장비로 구성되어 있고, 주전산기는 온라인 업무처리용인 유니시스 기종 1조와 개발, 통계처리용인 유니시스 기종 1조로 운영되었다. 고용보험전산시스템은 크게 8개의 하부 시스템으로 구성되었는데, 사업장시스템, 징수시스템, 피보험자시스템, 실업급여시스템, 기금(펌뱅킹)시스템, 지원금시스템, 인터넷서비스시스템(EDI), 통계관리시스템 등이었다.

고용보험전산시스템 네트워크는 중앙고용정보관리소(내부망)와 지방노동관서(외부망)로 구성되었다. 내부망은 고성능의 스위칭허브(백본망) 2대에 주전산기와 각종 서버가 연결되었다. 2대의 스위칭허브 간에는 고속백본으로 구축되어 향후 ATM 등 어떠한 기술로의 이전 시에도 모듈만 추가 장착하면 확장이 가능하도록 하였다. 또한 라우터와 스위칭허브는 상호 백업이 가능하도록 구성하였다. 외부망은 타 기관과 연결된 전용회선과 인터넷망이며 지방노동관서는 전용회선으로 연결되었다. 특히 지방노동관서의 ATM망은 먼저 지방 4개청(부산, 대구, 광주, 대전)에 설치된 ATM 스위칭장비와 연결된 후 중앙고용정보관리소로 연결되었다. 지방노동청과 사무소 간에는 회선비용을 고려하여 거리와 업무량에 따라서 근거리 사무소는 전용회선, 원거리 사무소는 교환회선으로 연결하였다.

인력도 부족하고 예산도 제대로 반영되지 않은 상황에서 짧은 기간 내에 고용보험제도를 정상적으로 도입하고 이에 맞추어 고용보험전산망을 구축, 가동할 수 있었던 것은 당시 고용보험팀원을 비롯하여 고용보험제도 도입업무에 참여하였던 T/F팀원, 협력업체 직원 등 모두가 열정과 사명감을 갖고 일해 준 결과라고 생각한다.

마무리하며

마무리하며

'과거는 미래의 거울이다'라는 말이 있다. 과거가 현재의 우리의 모습을 결정하고 있으니 과거를 알면 미래의 모습이 보인다는 뜻일 것이다. 제1부부터 제3부까지는 과거의 제도 도입과 관련된 주요 논의과정을 정리함으로써 현재의 고용보험 모습을 이해하는 데 도움을 주는 것을 목적으로 기술하였다. 이 글을 마무리하면서 노동시장의 환경 변화에 맞추어 도입 이후 현재까지 고용보험이 어떻게 발전해 왔는지를 개괄적으로 기술하고, 앞으로 디지털 기술혁명에 커다란 영향을 받게 될 미래의 노동시장에 대응하여 새로운 변신을 추구하고 있는 고용보험의 향후 발전 방향을 제시해 보고 최종 정리하고자 한다.

1. 고용보험제의 변천

우선 제1부부터 제3부까지는 노동부 내에서 나아가 행정부 내에서 고용보험제의 논의가 시작될 때부터 1995년 고용보험법 시행까지의 모습을 그려내는 데 중점을 두었기 때문에, 제도 시행 이후에 그 제도가 어떻게 변했는지는 해당 사안별로 관련이 있는 곳에서 간단히 언급하는 데 그쳤다. 여기에서는 1995년 고용보험법 시행 이후에 고용보험제의 모습이 현재까지 어떻게 변해 왔는지를 흐름을 잡아 전체적으로 훑어보기로 한다.

고용보험제는 1995년 7월 1일에 시행된 이후 얼마 가지 않아 외환위기로 촉발된 대량실업 사태를 겪으면서 당초에 가지고 있었던 계획보다 훨씬 빠른 속도로 적용범위, 사업내용, 담당조직 등을 확대해 나갔다. 실업보험에 관한 세계 각국의 역사를 읽어보면 20세기 초에 일찍이 실업보험을 도입했던 영국과 독일은 1930년대의 세계대공황을 겪으면서 대량실업에 대한 사회안전망으로서 실업보험이 주된 역할을 하였다고 한다. 다만 독일의 경우에는 패전에 따른 경제상황 속에서 엄청난 재정적자의 문제가 발생하였다고 한다. 미국의 경우에는 세계대공황 속에서 영국과 독일의 사례를 타산지석으로 삼아 뒤늦게 실업보험제를 도입하였으나 제도의 도입이 늦다 보니 정작 대량실업 기간 중에는 실업보험 대신에 별도의 대규모 실업대책 프로그램이 필요했다고 한다.

이와 비교해 보면 우리나라는 부족하기는 하지만 고용보험이라는 제도의 틀을 갖춘 상태에서 외환위기를 맞게 되었고 실업률이 급등하는 속에서 매우 기민하고 탄력적으로 제도를 확충해 나가면서 외환위기에 대응해 나갈 수 있었다. 도입과정에서 많은 논란을 거쳤지만 고용보험이라는 제도가 이미 갖추어져 있었기 때문에 제도를 탄력적으로 확대 운용함으로써 위기 상황에 기민하게 대응해 나갈 수 있었던 것이다.

이 시기의 시대적 방점은 사회안전망을 최대한 확충하여 실업의 위기로부터 실업자를 보호하는 데에 있었고 이러한 정책 방향은 실업급여뿐만이 아니라 고용안정사업과 직업능력개발사업의 경우에도 마찬가지로 적용되었다. 고용안정사업과 직업능력개발사업은 제도 도입 당시부터 고용보험 피보험자 이외의 사람을 대상으로도 시행할 수 있게 설계되어 있었기 때문에 실업자 직업훈련사업과 같이 실업급여의 보호를 받지 못하는 실업자에게 이들 사업을 통하여 보완적 의미에서의 사회안전망을 제공한 것이라고 생각하면 이해하기가 훨씬 쉬울 것이다.

고용보험제가 도입된 이후에도 직업안정기관의 발전은 서서히 이루어졌다. 외환위기를 거치면서 지방노동관서에 있던 고용보험과와 직업안정과를 합쳐 고용안정센터를 만듦으로써 우리나라에도 Job Center 같은 PES 조직이 설치되었다. 직제상으로는 지방고용노동관서의 과단위 조직으로 편제되었으나, 고용정책의 전달체계로서는 '공공직업안정기관'으로서의 기능을 수행해야 했기 때문에 운영의 묘가 절실하였다. 더욱이 고용서비스와 같은 내부의 S/W는 외형적인 변화보다 더디게 발전하였다.

이러한 상황은 2005년 4월 노무현 대통령이 직접 '국가고용지원서비스 혁신보고회'를 주재하여 '선진화된 고용지원서비스 구축'을 국가전략

과제로 설정함으로써 역사의 획이 그어지면서 오늘과 같은 고용센터의 틀이 잡히게 되었다. 이로써 1993년 고용보험법을 비롯한 고용4법을 제·개정하면서 구상하였던 고용보험과 고용서비스를 양대 축으로 하고 고용정책기본법을 통해 고용정책을 운용해 나가는 고용정책의 틀이 본궤도에 오르게 되었다.

그런데 우리나라 노동시장은 외환위기를 거치면서 그 이전과는 전혀 다른 상황으로 전개되었으며 그에 따라 고용보험의 보험사업도 변화하게 되었다. 우선 우리나라 경제는 고용창출력이 눈에 띄게 둔화되어 2000년까지 실업률은 3% 수준으로 안정되었으나 경제성장률은 본격적으로 중성장 시대로 들어섰고 그에 따라 취업자 증가폭도 크게 감소하였다. 거기에 카드대란까지 발생한 2003년에는 경제성장률이 3% 가까이 이르렀는데도 취업자는 도리어 3만 명 감소하는 초유의 사태까지 발생해 우리나라에서도 '고용없는 성장'에 대한 우려가 본격적으로 제기되기 시작하였다. 2000년대 초에는 미국을 중심으로 '고용없는 경기회복'(jobless recovery)에 대한 우려가 확산되어 그 원인을 둘러싼 논의가 한창이었던 시기이기도 하여 국내에서도 논란이 크게 벌어졌다. 이러한 상황 속에서 고용정책의 방점도 실업대책에서 고용창출대책으로 급속히 전환해 갔으며 고용보험의 고용안정사업에도 고용창출과 고용촉진을 위한 사업들이 확충되어 갔다.

이와 함께 외환위기 이후에는 비정규직이 증가하면서 비정규직 문제가 노동시장의 커다란 이슈로 등장하였고 이에 따라 고용보험에도 비정규직의 정규직 전환 지원금, 비정규직의 직업능력개발 지원 등 고용의 질을 개선하기 위한 프로그램들이 확대되었다. 또한 직업능력개발사업은 산업현장 수요를 반영하고 평생직업능력개발을 지원하는 방향으로 꾸준히 보완되어 왔다.

그리고, 2001년부터는 모성보호급여제도가 고용보험에 도입되어 그 이후에는 여성근로자의 일·가정 양립지원을 위한 목적으로 육아휴직급여가 크게 확대되었다. 또한, 2008년 세계금융위기와 2020년 코로나19에 따른 위기를 겪으면서 일시적인 시장외적 충격에 대응해 고용안정을 도모할 수 있도록 고용유지지원제도가 대폭 확충되었다.

이렇게 하여 1990년대 초반에 원활한 고용조정의 지원과 실업자의 생활안정, 재직근로자의 향상훈련 등을 주요 정책목표로 시작된 고용보험은 현재에는 고용창출, 고용유지, 고용촉진, 고용의 질 개선, 실업자의 생계안정과 취업지원, 모성보호, 기업의 인력개발과 평생직업능력개발까지를 정책목표로 하는 종합적인 노동시장 프로그램으로 확대되었다.

2020년 코로나19 팬데믹이 발생하면서 세계공통의 위기 상황을 맞아 각 국가들이 어떻게 대응했는지를 비교해 볼 수 있는 기회가 있었다. 사실 코로나19 팬데믹은 경제외적으로 발생한 충격이었고 각 국가마다 방역상황에 따른 차이가 있기는 하였으나 기본적으로는 방역을 위한 경제봉쇄 또는 사회적 거리두기로 인하여 노동시장에 어려움이 발생하였다는 점에서는 동일하였다. 그래서 대부분의 국가들이 고용유지지원과 소득지원을 패키지로 한 정책을 추진하였다. 그러나 평소에 이를 위한 제도적 틀이 만들어져 있는 국가와 그렇지 못한 국가 사이에서는 대응 방식에서 큰 차이를 보일 수밖에 없었다.

고용안전망이 비교적 잘 갖추어져 있는 북유럽, 독일과 같은 국가들은 기존의 제도를 확대하고 요건을 일시적으로 완화하는 방식으로 대처할 수 있었던 반면, 미국과 같이 실업보험을 제외하고는 다른 제도가 불충분한 국가에서는 CARES Act와 같은 대규모의 임시대책을 긴급히 만들어 대처할 수밖에 없었다. 그러다 보니 법률은 긴급히 제정되었다 해도 실무적으로까지 시행 준비를 마치는 데에는 상당한 시간이 소요될 수밖에 없었다. 대륙계 유럽국가들과 미국의 중간 정도의 제도를 가지고 있는 영국의 경우에는 근로시간단축지원(SWT)제도가 없었기 때문에 코로나19 고용유지지원제(Coronavirus Job Retention Scheme)라는 임시대책을 만들어 계속 연장하는 방식으로 운영할 수밖에 없었다.

우리나라의 경우에는 임금근로자에 대해서는 고용보험을 중심으로 한 고용안전망이 갖추어져 있어서 고용유지지원금과 실업급여 등 기존 제도의 확대와 요건 완화를 통해 적시에 필요한 지원을 할 수 있었다. 그러나, 특수근로형태종사자나 자영업자에 대해서는 이러한 제도가 없었기 때문에 긴급고용안정지원금 등과 같은 임시적인 재정대책을 만들어 대처할 수밖에 없었다.

2021년 1월부터는 한국형 실업부조인 '국민취업지원제도'가 시행됨으로써 우리나라에도 실업부조와 고용보험으로 구성되는 중층적 고용안전망이 구축된 것은 다행스러운 일이다. 앞으로는 노동시장에서 일정 기간 이상 일을 하면서 고용보험료를 납입하다 실직한 실업자들은 고용보험에 의한 실업급여를 지급받을 수 있고, 그렇지 못하여 고용보험에 의한 실업급여 수급자격이 없는 저소득 가구의 실업자와 청년 구직자들의 경우에는 국민취업지원제를 통하여 일반회계예산을 재원으로 하는 구직촉진수당을 지급받으면서 취업지원을 받을 수 있게 되었다.

코로나19 위기 상황 속에서 고용보험제 도입 당시 정부 내에서 논란이 컸던 고용보험관리운영기구에 관해서도 다시 한번 되돌아보는 기회가 되었다. 고용유지지원금과 실업급여의 신청이 급증하는 가운데 특수근로형태종사자와 자영업자를 위한 긴급고용안정지원금까지 만들어 시행하다 보니 자연히 고용센터에는 업무량이 폭증하였다. 위기 상황이기 때문에 인력 증원도 제대로 이루어지지 못한 채 쏟아지는 업무를 처리할 수밖에 없었고, 고용센터 이외의 업무를 담당하는 직원들도 가용한 범위 내에서 최대한 고용센터에 투입하는 수밖에 없었다.

만약 고용보험 도입 당시 정부 일각에서 주장했던 대로 공단 형태로 고용보험관리운영기구를 설치하였다면 현재 우리는 어떻게 위기에 대처하고 필요한 고용서비스를 제공할 수 있었을지 의문이 든다. 공공기관의 경우 공무원보다 인력증원이 쉽기 때문에 고용센터의 인력확보 측면에서는 상대적으로 유리했을 것이라는 점은 부인할 수 없다. 그러나 코로나19와 같은 위기 상황 속에서 일선 현장에 있는 고용센터 직원들의 의견까지 수렴해 신속하게 정책을 결정하고 결정된 정책에 따라 일선기관까지 일사불란하게 움직이는 것은 사실상 불가능했을 것이다. 우리나라에서 공공기관은 정해져 있는 업무를 안정적으로 집행하는 데에는 장점이 있으나,

고용정책과 같이 노동시장 상황에 따라 수시로 변경되거나 위기 상황에서 급증하는 업무를 정책담당부처와 일체가 되어 신속히 처리해야 하는 경우에는 일정한 한계를 보일 수밖에 없기 때문이다.

그런 측면에서 보면 정부기관 형태로 고용보험관리운영기구를 설정하여 직업안정기관을 육성함으로써 적극적 노동시장정책을 추진하고자 했던 제도 도입 당시의 목적대로 위기 상황 속에서 정책의 추진·전달체계가 작동했던 것으로 보인다. 다만, 고용센터의 서비스 인력이 부족하고 이질적인 인력 구성으로 인해 늘어나는 고용서비스 수요에 대응하기 어려우므로 고용센터의 실질적 인력확충과 효과적인 업무체계 정비를 통하여 고용서비스가 더욱 발전할 수 있게 되기를 기대해 본다. 특히 실업부조의 성격을 가지면서 취업지원서비스와의 연계가 필요한 국민취업지원제도가 2021년 1월부터 시행되고 있으므로 제도의 실효성을 확보하기 위해서는 고용서비스 인프라 확충과 효율화가 무엇보다 중요한 시점이기도 하다.

2. 최근의 제도 변화와 과제

(1) 보편적 고용안전망으로의 발전

현재 고용보험은 임금근로자를 1인 이상 채용하는 사업은 모두 가입대상이 되도록 규정하고 있다. 제도적으로도 아직 미비한 부분이 있고 그동안 사각지대 해소를 위한 정책적 노력이 계속됐는데도 아직 고용보험의 보호를 받지 못하는 근로자가 광범위하게 존재하고 있다. 이러한 사각지대를 해소하기 위해 정부는 2020년 12월에 발표된 '전 국민 고용보험 로드맵'에 따라 적용범위를 획기적으로 확대하고 이를 위한 인프라 구축과 고용보험 적용체제의 변신을 적극적으로 추진하고 있다.

오늘날의 시대는 인공지능, IoT, 빅데이터 등으로 대표되는 디지털 신기술의 시대이다. 산업현장에서는 기술혁신에 의해 생산방식과 작업방식이 변경되고 플랫폼비즈니스와 같은 신산업이 출현하고 있다. 노동시장에서는 이에 따라 특수형태근로종사자, 플랫폼종사자 등 일하는 형태가 더욱 다양하게 변화하고 있다. 그러다 보니 전통적인 임금근로자 이외의 형태로 일하는 노동자와 자영업자들에 대해 사회적 보호를 어떻게 마련하느냐 하는 것이 모든 국가의 공통적인 고민이 되었다. 우리나라 노동시장의 고질적인 문제인 이중노동시장의 문제가 더이상 우리나라만의 문제가 아니라 대부분의 OECD 국가들이 공통으로 고민하는 문제가 된 것이다. 임금근로자와 이들 다양한 형태로 일하는 노동자·자영업자 사이에 사회적 보호의 격차가 커졌기 때문이다.

이러한 고민을 반영해 OECD는 2018년에 특수형태근로종사자 개념과 유사한 '의존적 계약자(dependent contractor)'들에 대한 사회적 보호방안을 어떻게 구축할 것인지에 대한 정책보고서[95]까지 발간하게 되었다. 물론 그 중심에는 실업보험 또는 고용보험이 있다. 유럽연합에서는 2019년에 동일한 고민을 담아 회원국들에게 모든 노동자에 대해서는 고용형태에 관계없이 강제적으로, 그리고 자영업자에 대해서는 임의적 또

95 The Future of Social Protection: What Works for Non-Standard Workers (OECD, 2018)

는 강제적으로 실업을 포함한 모든 사회적 위험에 대해 적절한 사회적 보호체계를 구축하도록 하는 권고를 채택한 바 있다.[96] 이와 같이 모든 사회적 위험에 대해 사회보험 등 사회적 보호체계를 강화하고자 하는 것은 모든 일하는 사람들의 노동시장 참여를 증진시키고 이·전직, 취·창업 등을 활발하게 하여 경제의 역동성과 지속가능성을 높일 수 있기 때문이라고 밝히고 있다.

우리나라의 경우 특수형태근로종사자가 그동안 비정규직 논란의 중심에 있었다. 그래서 노무전속성이 있는 특수형태근로종사자의 경우에는 산재보험이 적용되게 되었으나 노무전속성이 없는 특수형태근로종사자의 경우에는 그렇지도 못하여 사회적 보호의 사각지대에 놓여 있었다. 이러한 가운데 코로나19가 확산되면서 플랫폼비즈니스가 급격히 확대되고 플랫폼노동자가 크게 증가하게 되었다. 플랫폼노동자들은 디지털 플랫폼에 등록해 디지털 플랫폼으로부터 일을 배정받아 일을 하고 그 대가를 수수료 형태로 받는 것이 일반적이다.

나날이 발전하고 있는 디지털 기술이 다양한 비즈니스에 적용되면서 디지털 플랫폼이 다양해지고 그 결과 플랫폼노동도 다양한 직종으로 확대되고 있다. 배달의 민족과 같은 오토바이 음식배달원뿐만 아니라 과거에는 오프라인으로 일을 하던 청소원, 가사노동자들도 이제는 온라인에서 일을 찾게 되었다. 또한 클라우드워크, 데이터 레이블러와 같이 온라

96 Council Recommendations of 8 November 2019 on access to social protection for workers and self-employed (2019/C 387/01)

인에서 일을 배정받아 온라인에서만 일을 하는 노동자들도 늘어나고 있다. 보통 전자를 '지역기반 플랫폼노동자'라 하고, 후자를 '웹기반 플랫폼노동자'라고 분류한다. 일을 배정받는 방식은 디지털 플랫폼을 통해서 하지만 실제 일하는 방식이 서로 다르기 때문이다. 특히 '웹기반 플랫폼노동자'의 경우에는 프리랜서와 같은 형태로 일하는 경우가 많아 자영업자, 특히 1인 자영업자와의 구분을 더욱 어렵게 한다.

사정이 이러하다 보니 과거에는 산업화 과정에서 임금근로자에 대한 고용안전망만 고민하면 되었으나, 현대 사회에서는 특수형태근로종사자와 플랫폼종사자, 나아가 자영업자에 대해서까지 고용안전망을 고민하게 된 것이다. 이들을 고용안전망의 사각지대에 방치하게 되면 4차 산업혁명 시대와 같이 산업과 일자리의 변동이 큰 시대에 자칫 실업과 같은 사회적 위험에 노출되었을 때에 재기의 기회가 주어지지 않고 빈곤의 나락으로 떨어져 개인은 물론 결국 사회에도 큰 부담이 될 수밖에 없기 때문이다. 그래서 이들에 대한 적절한 고용안전망을 갖추는 것이 4차 산업혁명 시대를 대비하는 중요한 정책과제가 되었다.

'전 국민 고용보험 로드맵'에 따라 고용보험은 2021.1월에는 예술인, 2021.7월에는 12개 직종의 특수형태근로종사자, 2022.1월에는 2개 직종의 플랫폼종사자, 2022.7월에는 기타 특수형태근로종사자와 플랫폼종사자의 순으로 단계적으로 적용확대해 나가고 있다. 특수형태근로종사자와 플랫폼종사자에게 적용될 고용보험체제의 내용은 이미 고용보험법과 시행령이 개정되어 반영되어 있고 구체적인 직종과 일정 등을 시행령에 구체화하면서 추진되고 있다. 자영업자의 경우에는 현재는 임의가입 방식으로 적용되고 있으나 가입률이 미미한 상태에 머무르고 있어 2022년까지 사회적 대화를 통해 고용보험 적용방안을 새로이 마련할 계획이다. 국가에 따라 임의가입부터 강제가입까지, 임금근로자와 동일한 방식에서부터 완전히 다른 방식까지 매우 다양한 상황이라 우리나라에 적합한 방식에 대한 사회적 논의가 필요하기 때문이다.

그런데 이와 같이 적용범위를 확대한다고 하여 보편적 고용안전망이 그냥 완성되는 것은 아니다. 현행 고용보험제와 같이 적용대상을 특정해 보험을 적용하는 방식은 독일식의 조합주의적 방식이고 이러한 방식에서는 으레 적용대상인 사람과 적용대상이 아닌 사람이 있기 때문에 경계선상에서 적용대상으로부터 누락되는 사람이 발생하기 마련이다.

예를 들어 현행 고용보험법에서는 1개월간 소정근로시간이 60시간 미만인 근로자는 적용제외하도록 규정하고 있다. 그런데 소정근로시간을 기준으로 적용대상 여부를 판단하다 보니 어떤 근로자가 적용제외 대상에 해당하는지를 알기 위해서는 고용보험 적용·징수업무를 담당하는 근로복지공단 직원이 현장을 방문하여 근로계약서상의 근로시간을 일일이 확인해야 하는 어려움이 있다. 더욱이 현행 고용보험법은 두 개 이상의 일자리에 취업하고 있는 경우에 주된 일자리에서만 고용보험 가입을 인정하고 있어서 제도적으로 일을 하고 있어도 고용보험에 가입되지 않는 경우가 있기 때문에 근로복지공단 직원이 일일이 모든 현장을 조사해 주된 일자리에서 보험에 가입되어 있는 사람인지의 여부까지 확인하지 않으면 법 적용대상임에도 누락된 것인지의 여부를 사실상 알기 어려운 구조로 되어 있다.

그래서 많은 국가에서는 소득액을 기준으로 고용보험의 적용대상을 규정하는 방식을 사용하고 있다. 사실 현재 국가가 가지고 있는 자료 중 가장 방대하면서도 사업주들의 보고의무 준수율이 가장 높은 자료는 국세청이 보유하고 있는 소득관련 자료이다. 소득액은 국세청에 신고되는 자료이기 때문에 소득액을 기준으로 고용보험의 적용여부를 판단하게 되면 사업장에서는 사용자와 근로자 모두 가입대상 여부를 확인하기가 용이하고 사회보험기관에서도 전산자료만으로도 가입대상 여부의 확인이 가능하기 때문이다. 또한, 복수의 고용보험 가입자격 인정도 용이하게 되고 부분실업의 경우 소득상실액의 판단도 용이해진다.

'전 국민 고용보험 로드맵'에서는 2025년까지 고용보험의 적용체계를 소득정보 기반으로 전면개편한다는 계획을 밝히고 있다. 이렇게 소득기반 고용보험체제로 전환되면 모든 취업자를 대상으로 일정 소득 이상인 일자리는 모두 고용보험에 가입되어 실질적으로나 제도적으로 사각지대가 없는 보편적 고용안전망이 완성될 것으로 기대된다. 다만, 이를 위해서는 취업자의 소득정보를 현재보다 촘촘히 확인할 수 있는 소득파악체계 구축이 선행되어야 한다. 현재 기획재정부와 국세청이 추진하고 있는 소득파악체계 구축작업이 성과를 내어 우리나라에도 명실상부한 중층적이고 보편적인 고용안전망이 구축될 수 있기를 기대해 본다. 이 과정에서 노동시장의 정확한 실태를 바탕으로 이들 계층에게 충분한 고용안전망을 제공하면서도 자칫 발생할 수 있는 노동의욕 저하, 도덕적 해이 등은 발생하지 않도록 철저히 준비해야 함은 물론이라 하겠다.

소득을 중심으로 한 고용안전망을 구축하기 위해서는 조세와 사회보험료의 통합징수가 필요하다. 소득세 원천징수 시 사회보험료를 함께 납부하는 방식으로 조세와 사회보험료를 통합하여 징수하고 소득세와 동일하게 개인별 사회보험료를 정산하는 체계로 전환되어야 한다. 일찍이 노무현 정부에서는 4대 사회보험의 적용·징수업무를 국세청 소속의 징수공단을 신설하여 담당하는 것으로 방침을 정하고 법개정안까지 마련하여 국회에 제출한 바도 있었다. 결국 이명박 정부 하에서 2011년 4대 보험의 징수업무는 건강보험공단으로 통합되었다. 그러나, 보험 적용과 보험료 부과는 통합되지 않아 효율성이 떨어지고 사각지대 해소에도 기여하지 못하고 있다.[97]

사회보험 사각지대 해소와 사회보험의 효율적인 관리를 위해서는 사회보험의 적용기준을 소득으로 일원화하고 사회보험료를 소득세와 함께 통합징수할 필요가 있다. 이를 위해서는 효율적이고 신뢰성 있는 소득파악체계 구축을 전제로 하여 사회보험의 적용과 징수기관을 국세청으로 일원화하는 방안도 검토할 필요가 있어 보인다.

(2) 고용보험사업의 효과성 제고

현재 고용보험은 실업급여, 모성보호급여, 고용안정·직업능력개발사업으로 구성되어 있고 사업의 종류도 크게 확대되어 있다. 특히 고용안정사업의 경우 경제위기 시마다 그 규모가 크게 확대되어 왔고 이로 인해 사중손실효과나 구축효과와 같은 부정적인 요인이 커지면서 사업의 효과

97 '4대 사회보험 적용·징수 통합 추진과 향후 과제'(장신철, 2017), 서울대출판부, pp. 456-486

성에 대한 논란도 증가하여 온 것이 사실이다. 경제상황과 연계되어 고용안정사업의 변동성이 워낙 큰 특성을 고려하여 고용보험제도 도입 당시에는 고용안정사업과 직업능력개발사업을 별도로 구분하여 운영하도록 하였다. 그 후 경제상황이 안정된 평상시 고용안정사업 기금의 과다 축적으로 인한 요율 인하압력과 통합운영을 통한 기금운영의 효율성 제고 등을 이유로 고용안정사업과 직업능력개발사업을 통합하여 운영하고 있다.

그러나 고용안정사업이 경제상황이 악화되어 그 규모가 크게 증가할 경우 직업능력개발사업을 위축시키는 부정적 효과를 가져올 수 있다. 특히 고용안정사업의 경우 정책적 필요에 따라 과도하게 확대될 수 있어 이러한 우려가 커질 수 있고 고용안정사업의 효율성도 떨어뜨릴 수 있다. 실제 운영과정에서도 직업능력개발사업에 부정적인 영향을 주어 사업을 위축시킴으로써 이러한 우려가 현실적으로 문제가 되기도 했다. 정책을 담당하는 입장에서는 선택지가 넓어 장점도 있으나 사업의 안정적이고 효율적인 운영 측면에서는 정책의 신뢰를 떨어뜨릴 우려도 있으므로 면밀한 재평가가 필요한 것으로 보인다.

최근 저성장기조가 고착화되고 일자리창출이 강조되면서 특히 고용안정사업이 고용창출과 고용촉진 등을 목적으로 급격하게 확대되어 왔다. 그런데 고용안정사업의 경우 국내외를 막론하고 항상 사중손실효과나 구축효과 등 사업의 효율성을 둘러싼 논란이 제기되어 왔다. 즉 고용보험에서 별도로 지원하지 않아도 그러한 방향으로 움직이는 사업체에다 지원금이나 장려금을 지급하는 것이 아니냐는 논란이다. 고용유지지원금의 경우에는 대체적으로 세계금융위기와 코로나19를 겪으면서 그 중요성이 입증되었으므로 보다 효과적으로 작동될 수 있도록 보완해 나갈 필요가 있다. 반면 고용창출과 고용촉진을 위한 지원금의 경우에는 기금목적을 벗어나거나 방만하게 운영된 측면은 없는지, 실질적인 효과가 있는지 등에 대한 면밀한 평가를 통해 사업의 효율성을 높여나가야 한다. 이를 위해 사중손실효과를 줄일 수 있도록 지원대상과 요건을 명확하게 설정하고 지원금과 장려금의 금액이 확실한 인센티브가 될 수 있도록 해야 한다. 즉, 타겟은 좁혀서 꼭 필요한 곳을 대상으로 하되, 금액은 높여서 그 타겟이 실제로 움직일 수 있도록 해야 한다는 것이다.

흔히 사업시행 초기의 성과가 좋을 경우 대상이 무분별하게 확대되고 요건도 완화되어 사중손실효과가 커지는 사례가 많다. 정기적인 평가를 통해 지속적인 피드백이 이루어지도록 함으로써 필요한 사업이 필요한 만큼 추진될 수 있도록 제도를 운영해 나가야 한다. 아울러 노동시장에서 일자리사업의 중요성이 계속 커지는 가운데 고용창출이나 고용촉진 등을 위한 고용보험기금의 재정부담이 지속적으로 늘어나는 경향을 보이고 있으므로 일반회계재정에서도 일정부분 고용안정사업 재원을 부담할 필요가 있다.

실업급여의 경우에는 사회보장성 측면에서는 전체적으로 다른 나라에 비해 낮은 것이 사실이다. 실업급여의 지급기간도 짧고 소득대체율도 높은 편은 아니다. 그러나 기여요건과 같은 수급자격요건은 다른 나라에 비해 관대한 편이고 실업급여의 하한액으로 인해 저임금근로자에 대한 소득대체율은 상대적으로 높은 편이다. 그러면서도 자발적 이직에 대해서는 실업급여를 지급하지 않고 시간제근로자가 복수의 일자리에서 일을 하는 경우에도 주된 하나의 일자리에서만 실업급여에 가입하는 체계를 유지하고 있다.

고용보험 도입 당시와 비교해 보면 보장성이 크게 강화되기는 하였으나 전체적으로 정합성이 결여된 모습이라고 할 수 있다. 제도 운영과정에서도 반복수급을 유발하는 왜곡된 계약 관행, 이직사유 확인 미흡 등으로 인하여 모럴해저드가 발생하고 있다고 보인다. 노동시장이 앞으로 더욱 고용형태가 다양화되는 방향으로 전개되고 여성 등 잠재인력의 노동시장 참여가 확대될수록 복수의 일자리에서 일을 하는 사람들이 늘어날 것으로 예상되므로 수급자격에서부터 실업급여의 지급까지 노동시장 변화에 맞춰 재정비하여 도덕적 해이가 발생하지 않으면서도 실업기간 중 적절한 소득지원이 이루어질 수 있도록 할 필요가 있다.

이와 함께 한국형 실업부조제도라고 할 수 있는 국민취업지원제도와 연계하여 자발적 이직에 대한 실업급여 수급자격을 조정하여 실직자에 대한 실질적인 소득보장기능을 확충하는 방안에 대해서도 종합적으로 검토해 나가는 한편 청년실업기간이 장기화됨에 따라 연령별 실업급여 지급기간 설정방식을 재검토하되 조기재취업수당 및 실질적인 직업지도·취업지원과의 연계를 통하여 구직급여 수급기간 중 조기재취업을 유도할 필요가 있다. 현재 구직급여 하한액은 최저임금의 일정비율로 고정적인 산정방식을 고용보험법에서 정하고 있으나 구직급여 상한액은 특별한 산정방식 없이 시행령에 위임하고 있어 상·하한액이 역전되는 등의 문제가 발생하고 있으므로 적정한 수준과 범위에서 구직급여의 상·하한액이 설정될 수 있도록 제도개선이 필요하다.

경험요율제와 관련해서는 미국과 달리 우리나라는 해고를 정당한 이유가 있는 경우로 제한하고 있고 보험료를 노사가 분담하는 등 제도적 차이가 있어 제도 도입에 대한 찬반 논란이 있는 것은 사실이다. 그러나 제도 도입시 우려했던 반복 수급이나 부정수급 등 도덕적 해이를 방지하고 사업체의 단기계약 반복 관행 등 노무관리 개선을 유도할 필요가 있다는 점에서 경험요율제를 포함해 종합적인 개선방안을 검토할 필요가 있으며 중소기업에 부담이 집중되지 않도록 하는 방안이 필요할 것으로 생각된다.

(3) 국민 평생직업능력개발의 지원

2021년 8월에 종전의 '근로자 직업능력개발법'이 '국민 평생 직업능력개발법'으로 개정되었다. 우리나라 직업능력개발 사업이 재직근로자와 실업자 중심으로부터 모든 국민의 평생에 걸친 직업능력개발 지원으로 확대된 것이다. 또한 지원범위도 직무와 직접 관련이 있는 훈련과정뿐만 아니라 4차 산업혁명 시대에 필요한 직무역량 습득을 위해 디지털 기초훈련과 문제해결능력, 창의력, 인문소양과정 등 포괄적 직무기초능력개발 과정까지 폭넓게 지원할 수 있게 되었다. 단순히 직무에 필요한 기능기술 습득만이 아니라 디지털 시대에 모든 직업이 필요로 하는 디지털 기초능력은 물론 직무훈련 과정에서 기업들이 중요시하는 디지털 직무역량까지 갖추도록 지원하여 창의·융합형 인재로 양성해 나가기 위함이다.

'국민 평생 직업능력개발법' 제정에 의해 국민내일배움카드제가 지향하고 있는 전 국민 평생직업능력개발에 대한 법적 토대가 완성되었다. 2020년 1월부터 시행된 국민내일배움카드제는 1인당 5년 동안 300~500만원을 지원하여 개인들이 원하는 훈련기관과 훈련과정을 선택하여 수강할 수 있는 선진국형 개인학습계좌제(Individual Learning Account) 훈련제도이다.[98] 사업장을 이동하더라도 개인들이 자유롭게 사용할 수 있고, 과거 훈련을 받기 어려웠던 기간제, 파견근로자, 특수고용형태종사자, 영세자영업자 등에게도 차별없이 카드를 발급함으로써 훈련의 사각지대를 크게 줄인 것이 장점이다.

'국민 평생 직업능력개발법'은 고용보험법과 연결되어 있다. '국민 평생 직업능력개발법'에서 직업능력개발의 틀과 내용이 마련되면 고용보험에서 필요한 비용을 지원하는 방식으로 운영된다. 그러다 보니 '전 국민 고용보험 로드맵'에 따라 모든 일하는 사람에게 고용보험이 확대 적용되면 결국 모든 일하는 사람들에 대한 평생직업능력개발 지원을 고용보험이 담당하게 된다. 이제 고용보험제 도입 당시 구상하였던 평생 직업능력개발 지원체제가 4차 산업혁명시대에 본격적으로 실현될 수 있는 제도적 기반이 마련된 것이다.

'국민 평생 직업능력개발법' 제정이 디지털혁명 시대에는 디지털 혁신을 끌고 갈 인력양성과 함께 취약계층 등에 대한 디지털 기초훈련 제공 등 본격적인 전 국민의 평생학습이 필요하다는 인식에서 출발한 것이나

98 「Individual Learning Account」(OECD, 2019), OECD Publishing, Paris.

추진과정에서 평생교육기능과의 중복 문제로 갈등이 없었던 것은 아니다.

그러나 전 국민에 대한 직업능력개발을 직업생애 전반에 걸쳐 지원하기 위해 법 개정이 이루어진 만큼 아직 국민내일배움카드제의 발급대상에서 제외되어 있는 일부 국민들도 지원 대상으로 포함시켜 나가는 것이 필요하다.[99] 아울러 훈련과정이나 훈련비용 등에 대한 기업의 자율성을 확대해 나가되 훈련과정과 훈련기관에 대한 평가체계를 강화하여 직업능력개발훈련의 품질을 제고해 나갈 필요가 있다.

한편 근로자의 자기주도적인 직업능력개발에 있어서는 2022년 예산이 1.2조원이 넘는 비약적인 발전을 이루고 있지만, 기업이 필요로 하는 재직근로자에 대한 재교육 등 기업주도적 직업능력개발 지원이 갈수록 위축되고 있는데 대해서는 검토와 보완이 필요하다. 최근 중소기업을 대상으로 기업직업훈련카드를 도입해 중소기업 재직자 훈련을 촉진하는 새로운 정책을 시작하는데 성과를 면밀히 살펴보고 보완하면서 이 분야에 대한 정책적 관심을 강화할 필요가 있겠다.

(4) 일하는 사람 모두의 일·양육 양립지원

전 국민 고용보험은 디지털 혁명시대의 보편적 고용안전망 구축과 평생 직업능력개발 지원에만 그치는 것이 아니다. 저출산·고령화 시대에 모든 일하는 사람들의 출산과 육아휴직을 지원하는 역할까지 담당하게 된다. 그동안 고용보험은 임금근로자들에 대한 모성보호급여를 통하여

---

99 현재 공무원과 사립학교 교직원, 45세 미만의 월 소득 300만원 이상인자, 월 소득 300만원 이상인 특수고용형태종사자 및 자영업자 등은 국민내일배움카드 발급대상에서 제외되어 있다. 이들을 제외하고 있는 것은 재원의 한계 때문이다.

출산휴가와 육아휴직 기간의 소득지원을 담당해 왔는데, 전 국민 고용보험을 통하여 모성보호급여를 모든 일하는 사람들에게로 확대할 수 있게 된 것이다.

현재 개정되어 있는 고용보험법에서는 예술가와 특수형태근로종사자에 대하여 출산전후급여를 지급하도록 규정하고 있다. 육아휴직급여는 일단 반영되어 있지 않지만, '전 국민 고용보험 로드맵'에서 특고, 예술인, 플랫폼노동자, 프리랜서, 자영업자 등으로 육아휴직급여를 확대해 나간다는 방침을 세웠다. 사회적 협의를 거쳐 2022년부터 단계적으로 지급대상을 확대해 나간다는 계획이다. 이와 같은 내용은 2020년 말에 발표된 '제4차 저출산·고령사회 기본계획'에도 그대로 반영되어 고용보험이 저출산·고령사회에서 모든 일하는 사람들의 육아휴직을 지원하는 역할을 담당하게 될 것이다.

저출산 문제를 해결하기 위하여 출산·육아휴직 비용을 사회가 분담하는 경우 그 비용을 어디에서 부담할 것인지에 대한 논란이 있다. 국가마다 다른 것이 사실이나 사회보험방식으로 하는 경우 우리나라와 캐나다는 고용보험에서 담당하고 있다. 당초에 모성보호급여의 사회보험 부담방안을 논의하면서 건강보험에서 부담하는 것이 적정한 것이 아닌지에 대한 논의도 있었으나 우리나라 건강보험에서 상병수당제도를 도입하지 않는 이상 고용보험에서 모성보호급여를 운영하는 것은 불가피한 측면이 있다.

우리나라는 일반회계의 전입을 전제로 실업급여계정에서 이를 부담하는 형태를 취하는 반면, 캐나다의 경우에는 출산·육아휴직급여에 필요한 보험료를 별도로 산정해 고용보험료에 포함하여 징수하고 있다. 출산을 늘리고 고령사회에서 여성의 노동시장 참여를 최대한 증대시키기 위해서는 출산과 육아 부담완화를 위한 사회적 지원체계를 어떻게 구축할 것인가가 가장 중요한 과제 중의 하나이기 때문에 모성보호급여를 모든 일하는 사람으로 확대하는 것은 고령사회에서의 고용정책 측면에서도 매우 중요한 정책과제이다.

그러나 이를 위해서는 적절한 재원마련 방안이 강구되어야 한다. 지금과 같이 실업급여기금에서 모성보호급여의 재원을 사용하는 방안은 지속가능하지도 않고 실업급여의 재정불안정 요인이 될 수밖에 없기 때문이다. 최근 모성보호급여에 대한 일반회계 전입이 지속적으로 확대되어 오고는 있으나, 당초 모성보호급여가 고용보험에 편입될 당시 국회 논의 수준에 비추어보면 아직도 턱없이 낮은 수준에 머무르고 있다. 따라서 육아휴직급여를 확대하는 과정에서 근본적인 재원확충 방안이 함께 마련되어야 하겠다.

(5) 고용보험의 중장기적인 재정안정

2020년부터 코로나19 위기에 대응해 오면서 실업급여와 고용유지지원금의 지출이 크게 늘어남으로써 고용보험기금의 재정은 크게 악화된 상황이다. 우리나라 실업급여 지급수준과 지급기간이 다른 국가와 비교해 아직 높은 것이 아니고 고용유지지원금도 다른 국가와 비교해 관대한 것이 아니기 때문에 일정부분 위기 상황에 대응해 고용보험이 본래의 목적대로 자기의 소임을 다하고 있는 결과로 보아야 하겠다. 과거 세계금융위기가 발생했을 때에도 위기 대응을 위하여 고용보험의 재정지출이 크게 늘어나면서 재정이 악화되었다가 위기가 종료된 이후 수년에 걸쳐 다시 재정이 안정화되었던 사례가 있다. 다만, 세계금융위기와 비교해 보면 이번 코로나19는 그 기간도 길고 우리 경제사회에 미친 영향도 커서 고용보험 재정에 미치는 영향도 훨씬 클 수밖에 없는 상황이다. 그래서 재정건전화 대책도 더 면밀히 수립해 나갈 필요가 있겠다.

실업급여 계정과 관련해서는 모성보호급여에 대한 일반회계 전입금을 대폭 확대하거나 캐나다의 경우처럼 모성보호급여에 필요한 재정추계를 별도로 하여 정식으로 보험료를 징수하는 방안 등 근본적인 재원마련 방안을 강구해 나가는 한편 구직급여제도 개선을 통해 지출요인을 합리적으로 효율화해 나갈 필요가 있다. 고용안정·직업능력개발사업 계정의 경우에는 사업의 구체적인 내용을 살펴 일반회계예산으로 추진하는 것이 적절한 사업은 더 적극적으로 이관하고 방만하거나 효과성이 낮은 사업에 대해서는 과감하게 정비해 나갈 필요가 있겠다.

3. 마무리 글

고용보험법 제정의 역사에 대한 우리의 출판작업이 드디어 마무리되었다. 야심차게 출발했는데 우리의 저작이 외부에서 어떤 평가를 받게 될지 자못 궁금하다. 최근의 공직 환경이나 공직자의 자세가 우리가 근무하던 시대와 많이 달라져서 후배 공무원들이 우리의 경험을 어떻게 받아들일지도 모르겠다. 어떤 이들은 집필자들이 자기 업적을 너무 내세우는 것 아니냐고 생각할 수도 있겠으나 20여 년이 지난 지금 그런 것이 무슨 의미가 있겠는가. 우리가 오로지 원했던 것은 고용정책의 핵심 제도가 어떻게 탄생되었는가는 반드시 기록으로 남겨두어야 한다는 책임감이었음을 강조하고 싶다.

고용보험법이 시행된 이래 지난 2015년에는 고용보험 시행 20주년 기념식이 성대히 열렸고 『고용보험 20년사』도 발간되었다. 그런데 2005년에 발간된 『고용보험 10년사』에 이어 『고용보험 20년사』에도 정부 내의 추진과정과 논의 내용이 대부분 누락되고 여기에 참여한 학자들을 중심으로 논의된 내용 위주로 수록되어 있다. 그 당시에 기록을 제대로 남기지 못한 우리 관료들의 책임이 크다고 생각한다. 이 책에서는 『고용보험 10년사』와 『고용보험 20년사』에 기록되지 않았던 행정부 내부에서 고용보험제 도입을 둘러싸고 전개되었던 고민과 갈등, 정책 결정 과정과 거기에 관여했던 주역들을 있는 그대로 기록하였다. 이 기록을 작성하면서 그동안 고용보험제 도입의 역사에서 비어 있었던 공백을 메우는 느낌이 들었고, 술자리에서나 가끔 후배 공무원들에게 들려주었던 이야기들을 늦게나마 모두 정리하게 되어서 어느 정도 책임을 다했다는 후련함도 든다.

2022년은 조순문 전 한국산업안전공단 이사장님이 타계하신 지 19년

이 되는 해이다. 노동부 고용보험제 탄생의 핵심 주역이신 조 이사장님이 2003년 8월 아프리카 킬리만자로 산행 중 타계하신 것은 대한민국에 큰 손실이었고 우리 후배들에게도 엄청난 충격이었다. 모두 그분을 중심으로 고용정책을 배우며 열정적으로 일했는데 그 빈 자리를 어떻게 메워야 할지 막막했었다. 이 책의 본문에 조 이사장(당시 직업안정국장)님의 역할을 많이 기술했는데 그것으로는 그분의 공적을 충분히 보여드리기에 많이 미흡할 것이다. 그래도 이 책을 통하여 오랫동안 우리의 가슴에 묻어두었던 책임감을 조금이나마 덜 수 있게 되었다.

이 책은 주로 정부 관료 중심으로 기술하여 학자들의 역할이 크게 부각되어 있지 않다. 고용보험연구기획단에 참여한 많은 학자들뿐만 아니라 노동연구원의 연구원을 비롯한 많은 학자들이 헌신적으로 참여하고 기여했다. 특히 당시 노동연구원의 유길상 박사와 어수봉 박사는 고용보험과 고용정책 연구에 전념하여 제도의 설계와 발전에 헌신적으로 기여했다. 두 분은 이후 한국기술교육대 교수로 자리를 옮겨서도 계속 관련연구를 이어가며 고용보험제와 고용정책 발전에 기여했다. 유길상 교수는 한국고용정보원장을 역임했고 어수봉 교수는 현재 한국산업인력공단 이사장으로 재직중이다. 두 분에게는 특별한 감사의 뜻을 표한다.

고용보험제의 도입, 시행과 관련해서는 이 책에 기록된 주역들 외에도 참으로 많은 관계자들의 참여와 노력이 함께 했으나 여기에서는 고용보험법령 제정과정을 중심으로 기록하다 보니 법령 제정 이후의 구체적인 시행 과정을 모두 기술하지는 못했다. 오랜 세월이 지난 후에 정리한 기록이다 보니 일부 미흡한 부분도 있겠지만 현재의 고용보험제도를 이해하고 더욱 발전시켜 나가는 데 도움이 되기를 기대하며 마무리하고자 한다.

고용보험법
제정의 역사

초판 2쇄 2022년 08월 31일
초판 1쇄 2022년 04월 11일
초판발행 2022년 04월 11일

저 자 정병석·신영철·이재갑
발 행 인 이성기

인 쇄 광화문미디어
주 소 서울 종로구 대학로 44, 704호 (효제동, 우일빌딩)
전 화 02-739-9188

발 행 처 한국기술교육대학교
주 소 충청남도 천안시 동남구 병천면 충절로 1600 한국기술교육대학교
전 화 041-560-1387
홈페이지 https://www.koreatech.ac.kr

ISBN 979-11-90716-62-8(93360)

가 격 25,000원